ARMIN TEYMOURI

Die juristische Abwicklung von (Teil-)Einrichtungen und von Unternehmen der ehemaligen DDR

D1724755

Schriften zur Rechtsgeschichte

Band 198

Die juristische Abwicklung von (Teil-)Einrichtungen und von Unternehmen der ehemaligen DDR

Eine deskriptive Analyse am Beispiel der Hochschulauflösung auf Grundlage von Art. 13 Abs. 1 Satz 4 EinigungsV und eine exemplarische Analyse am Beispiel der Interflug unter Berücksichtigung der Rechtsprechung und der zeitgenössischen Literatur

Von

Armin Teymouri

Duncker & Humblot · Berlin

Die Juristische Fakultät der Julius-Maximilians-Universität Würzburg
hat diese Arbeit im Jahre 2020 als Dissertation angenommen.

Bibliografische Information der Deutschen Nationalbibliothek

Die Deutsche Nationalbibliothek verzeichnet diese Publikation in
der Deutschen Nationalbibliografie; detaillierte bibliografische Daten
sind im Internet über http://dnb.d-nb.de abrufbar.

Satz: 3w+p GmbH, Rimpar
Druck: CPI buchbücher.de gmbh, Birkach
Printed in Germany

ISSN 0720-7379
ISBN 978-3-428-18237-4 (Print)
ISBN 978-3-428-58237-2 (E-Book)

Gedruckt auf alterungsbeständigem (säurefreiem) Papier
entsprechend ISO 9706 ♾

Internet: http://www.duncker-humblot.de

Danksagung

Die vorliegende Arbeit wurde im Sommersemester 2020 von der Juristischen Fakultät der Julius-Maximilians-Universität Würzburg als Dissertation angenommen. Die Disputation fand am 15. 07. 2020 statt.

Diese Arbeit hätte ohne die Unterstützung zahlreicher Personen nicht verfasst werden können.

Mein größter Dank gilt meinem Doktorvater und Erstgutachter, Herrn Prof. Dr. Steffen Schlinker, der mich in unvergleichlicher Art und Weise sowohl fachlich als auch persönlich unterstützt hat. Seine wertvollen Hinweise und Ratschläge haben maßgeblich zum Gelingen meiner Arbeit beigetragen. Er hatte stets ein offenes Ohr und gewährte mir wissenschaftlichen Freiraum. Für diese uneingeschränkte Unterstützung möchte ich mich von ganzem Herzen bei ihm bedanken.

Ein großer Dank gilt auch Herrn Prof. Dr. Kyrill-Alexander Schwarz für die außerordentlich schnelle Erstellung des Zweitgutachtens.

Die Dissertation wurde zudem durch ein Begabtenstipendium der Hanns-Seidel-Stiftung aus Mitteln des Bundesministeriums für Bildung und Forschung (BMBF) gefördert. In dieser einzigartigen Zeit durfte ich meinen fachlichen Horizont erweitern und neue Freunde gewinnen. Für die großzügige ideelle und finanzielle Förderung möchte ich mich vom ganzen Herzen bedanken. Ein besonderer Dank gilt hierbei Herrn Prof. Hans-Peter Niedermeier und Herrn Dr. Michael Czepalla für die großartige Betreuung und Unterstützung ihrer Stipendiat*innen.

Zudem bedanke ich mich herzlich bei der FAZIT-Stiftung für die großzügige finanzielle Unterstützung meiner Arbeit durch einen Druckkostenzuschuss.

Ich bedanke mich außerdem bei Herrn Bundestagspräsidenten Dr. Wolfgang Schäuble und bei Herrn Staatsminister a.D. Prof. Dr. Hans-Joachim Meyer dafür, dass sie mir als Interviewpartner zur Verfügung standen und mir wertvolle Einblicke in die Zeit der deutschen Einheit gegeben haben.

München, im Mai 2021   *Armin Teymouri*

Inhaltsverzeichnis

Dritter Teil

Die juristische Abwicklung der Interflug 180

Abkürzungsverzeichnis

a.A.	andere Ansicht
Absch.	Abschnitt
AktG	Aktiengesetz
Anl.	Anlage
ArbG	Arbeitsgericht
Art.	Artikel
BAG	Bundesarbeitsgericht
BArch	Bundesarchiv
Beschl.	Beschluss
BezG	Bezirksgericht
BGB	Bürgerliches Gesetzbuch
BGBl.	Bundesgesetzblatt
BildG-DDR	DDR-Gesetz über das einheitliche sozialistische Bildungssystem
bspw.	beispielsweise
Bundesministerium für Finanzen	Bundesministerium der Finanzen
BVerfG	Bundesverfassungsgericht
BVerfGG	Bundesverfassungsgerichtsgesetz
BVerwG	Bundesverwaltungsgericht
BvS	Bundesanstalt für vereinigungsbedingte Sonderaufgaben
bzw.	beziehungsweise
ca.	circa
DDR	Deutsche Demokratische Republik
DDR-Verf.	Verfassung der Deutschen Demokratischen Republik
DÖD	Der öffentliche Dienst
EinigungsV	Vertrag zwischen der Bundesrepublik Deutschland und der Deutschen Demokratischen Republik über die Herstellung der Einheit Deutschlands
etc.	et cetera
FAZ	Frankfurter Allgemeine Zeitung
GG	Grundgesetz
GmbHG	Gesetz betreffend die Gesellschaften mit beschränkter Haftung
HGB	Handelsgesetzbuch
Hochschul-VO (DDR)	DDR-Verordnung über die Aufgaben der Universitäten, wissenschaftlichen Hochschulen und wissenschaftlichen Einrichtungen mit Hochschulcharakter
HochschulberufVO-DDR	DDR-Verordnung über die Berufung und Stellung der Hochschullehrer an den wissenschaftlichen Hochschulen
HStR	Handbuch des Staatsrechts der Bundesrepublik Deutschland
i.S.v.	im Sinne von
Jg.	Jahrgang
Kap.	Kapitel

KreisG	Kreisgericht
LAG	Landesarbeitsgericht
LASA	Landesarchiv Sachsen-Anhalt, Magdeburg
LKV	Landes- und Kommunalverwaltung, Verwaltungsrechts-Zeitschrift für die Länder Berlin, Brandenburg, Sachsen, Sachsen-Anhalt und Thüringen
MDR	Mitteldeutscher Rundfunk
MittHV	Mitteilungen des Hochschulverbandes, Zeitschrift
m.w.N.	mit weiteren Nachweisen
NDR	Norddeutscher Rundfunk
NJ	Neue Justiz, Zeitschrift für Rechtsentwicklung und Rechtsprechung
NJW	Neue Juristische Wochenschrift
NVwZ	Neue Zeitschrift für Verwaltungsrecht
NZA	Neue Zeitschrift für Arbeitsrecht
OVG	Oberverwaltungsgericht
Politbüro	Politisches Büro des Zentralkomitees der Kommunistischen Partei der Sowjetunion
RGBl.	Reichsgesetzblatt
Sachg.	Sachgebiet
SED	Sozialistische Einheitspartei Deutschlands
sog.	sogenannte(n)
taz	die tageszeitung
Treuhandanstalt-Statut	Statut der Treuhandanstalt
TreuhG	Gesetz zur Privatisierung und Reorganisation des volkseigenen Vermögens
u. a.	unter anderem
UAHW	Universitätsarchiv Halle-Wittenberg
Umwandl.-VO (DDR)	DDR-Verordnung zur Umwandlung von volkseigenen Kombinaten, Betrieben und Einrichtungen in Kapitalgesellschaften
Urt.	Urteil
UrTreuhandanstalt	Ur-Treuhandanstalt
UrTreuhandanstalt-Statut	Statut der Ur-Treuhandanstalt
v.	vom
VEB	Volkseigener Betrieb
VG	Verwaltungsgericht
VHO-DDR	Vorläufige Hochschulordnung der DDR
VIZ	Zeitschrift für Vermögens- und Immobilienrecht
VwGO	Verwaltungsgerichtsordnung
VwVfG	Verwaltungsverfahrensordnung
WWSUVtr	Vertrag über die Schaffung einer Währungs-, Wirtschafts- und Sozialunion zwischen der Bundesrepublik Deutschland und der Deutschen Demokratischen Republik
z.B.	zum Beispiel
ZTR	Zeitschrift für Tarifrecht

Einleitung

A. Hinführung zum Thema

Zu Recht wird die deutsche Wiedervereinigung vom 3. Oktober 1990 als historische Einmaligkeit der deutschen Geschichte beschrieben. Sie markiert ein bis dato beispielloses Ereignis. Auch in rechtlicher Hinsicht ist die Abwicklung der staatlichen Strukturen eines ehemals eingeschränkt souveränen Staates einzigartig. Denn die deutsche Einheit brachte angesichts der Neuordnung des Wirtschaftssystems und der Verwaltungsstrukturen sowie der Auflösung bestehender Behörden und Institutionen eine Vielzahl komplexer Rechtsfragen öffentlich- und zivilrechtlicher Natur mit sich. Dies soll in dieser Arbeit anhand von zwei Beispielen aus dem wissenschaftlichen und ökonomischen Bereich analysiert werden.

Ein wesentlicher Aspekt der Wiedervereinigung bestand in der juristischen Abwicklung der Verwaltungsstrukturen und (öffentlichen) Einrichtungen der ehemaligen Deutschen Demokratischen Republik (DDR). Zwar gab es bereits Mitte des 20. Jahrhunderts juristische Regelungswerke für die Behandlung übergegangener Einrichtungen, wie etwa das Eingliederungsgesetz von 1956, um den Beitritt des Saarlandes zu regeln. Die Wiedereingliederung des Saarlandes ist jedoch in Größe und Komplexität nicht annähernd vergleichbar mit der Herstellung der deutschen Einheit 1990. Bei der Abwicklung der Verwaltungsstrukturen der DDR mussten bis Ende 1990 über das Schicksal von ca. 1000 Einrichtungen entschieden werden.[1]

Der Auflösungs- und Abwicklungsprozess folgte dabei keineswegs einem einheitlichen Regelungsregime: Der Einigungsvertrag selbst beinhaltete eine Reihe von Regelungen, die nicht nur rechtlich unterschiedlich, sondern teilweise auch unvollständig ausgestaltet waren. In Art. 13 EinigungsV wurde beispielsweise nichts über das anzuwendende Verfahren gesagt, obwohl er die zentrale Regelung zur Abwicklung der Verwaltungsstrukturen der ehemaligen DDR war. Das Treuhandgesetz der letzten DDR-Volkskammer, welches durch Art. 25 EinigungsV anwendbar blieb, diente der Abwicklung nicht sanierungsfähiger Unternehmen der ehemaligen DDR und folgte einem eigenen Regelungsregime. § 8 TreuhG sah in diesem Zusammenhang die „Stilllegung und Verwertung" vor. Die genannten Beispiele offenbaren bereits, dass die Abwicklung und Auflösung im Kontext der

---

[1] Deutscher Bundestag, Unterrichtung durch die Bundesregierung. Materialien zur Deutschen Einheit und zum Aufbau in den neuen Bundesländern, 08.09.1995, Drs. 13/2280, S. 51 unter 4., wobei nicht erkennbar wird, ob mit „Einrichtungen" auch die Teileinrichtungen erfasst sind.

deutschen Einheit einen „Flickenteppich" aus unterschiedlichsten Regelungswerken darstellen, die jeweils einzeln zu analysieren sind.

Die vorliegende Dissertation möchte deshalb einen rechtshistorischen, kritischen Beitrag zur genannten Thematik leisten, indem sie zwei unterschiedliche Abwicklungsregime zum Gegenstand ihrer Analyse macht.

Es zeigte sich nämlich bald, dass die Auflösung universitärer bzw. wissenschaftlicher Einrichtungen der ehemaligen DDR besondere juristische Schwierigkeiten bereitete. Nach Inkrafttreten des Vertrages zwischen der Bundesrepublik Deutschland und der Deutschen Demokratischen Republik über die Herstellung der Einheit Deutschlands („EinigungsV")[2], wurde unter anderem die Auflösung einer Vielzahl wissenschaftlicher (Teil-)Einrichtungen beschlossen. Hierzu zählten etwa die Sektion Sozial- und Politikwissenschaften der Friedrich-Schiller-Universität Jena oder die Abwicklung von fünf Fachbereichen der Humboldt-Universität zu Berlin. Die Dreh- und Angelnorm zur Abwicklung bildete dabei Art. 13 Abs. 1 Satz 4 EinigungsV.

Nicht alle Einrichtungen waren dazu bereit, die beschlossene Auflösung juristisch zu akzeptieren. Zahlreiche wissenschaftliche (Teil-)Einrichtungen und deren Arbeitnehmer erhoben anschließend Klage gegen die Abwicklung bzw. gegen die Auflösung ihrer Arbeitsverhältnisse. Die Rechtsprechung setzte sich daraufhin intensiv mit dem juristischen Abwicklungsmechanismus des Art. 13 Abs. 1 Satz 4 EinigungsV auseinander. Hierbei wurde deutlich, dass die juristische Auflösung der Hochschuleinrichtungen bzw. wissenschaftlicher Einrichtungen besonders komplexe Rechtsfragen des Verfassungs-, Verwaltungs-, Prozess- und des Zivilrechts nach sich zog. Dies wird auch durch einen Blick in die Rechtsprechung bestätigt, wonach der überwiegende Anteil der veröffentlichten Gerichtsentscheidungen zu Art. 13 Abs. 1 Satz 4 EinigungsV einen Bezug zur Hochschulauflösung aufweist. Entscheidungen zur Behördenabwicklung, etwa zu Ministerien oder Botschaften der ehemaligen DDR, finden sich hingegen kaum.

Die vorliegende Dissertation wird daher anhand der Rechtsprechung umfassend darstellen, um welche juristischen Probleme es sich bei der Hochschulauflösung nach Art. 13 Abs. 1 Satz 4 EinigungsV handelte. Auch die Auffassung der zeitgenössischen Literatur sowie die Überlegungen der politischen Protagonisten werden berücksichtigt.

Die Abwicklung begrenzte sich keineswegs auf öffentliche (Teil)Einrichtungen und staatliche Verwaltungsstrukturen. Mit der Treuhandanstalt als zeitweise „größte Holding der Welt" wurde eine Vielzahl von Unternehmen und volkseigenen Betrieben der ehemaligen DDR liquidiert. Wie bereits erwähnt, erfolgte die Abwicklung durch die Treuhandanstalt auf Grundlage des Treuhandgesetzes. Am Beispiel

---

[2] Vertrag zwischen der Bundesrepublik Deutschland und der Deutschen Demokratischen Republik über die Herstellung der Einheit Deutschlands v. 31.08.1990, BGBl., Teil II, S. 885 ff.

der ehemaligen staatlichen Airline der DDR, der Interflug Gesellschaft für internationalen Flugverkehr mit beschränkter Haftung, wird die Abwicklung durch die Treuhandanstalt juristisch untersucht. Hierbei soll herausgearbeitet werden, wie sich die Abwicklung juristisch vollzogen hat, ob etwa ein standardisiertes Verfahren existierte oder ob die Abwicklung individuell geplant wurde. Neben der genauen Dokumentation der Abläufe wird auch berücksichtigt, inwieweit den abzuwickelnden Einrichtungen Mitspracherechte zukamen.

B. Stand der Forschung

Eine Monographie zu Art. 13 Abs. 1 Satz 4 EinigungsV existiert bis dato nicht, wohl aber eine Reihe von wissenschaftlichen Aufsätzen. Die Mehrheit dieser Beiträge stammt aus dem Jahr 1991 und thematisiert schwerpunktmäßig die sog. Warteschleifenentscheidung des BVerfG vom 24.04.1991.[3] Diese Entscheidung befasst sich aber nur mit der Verfassungsmäßigkeit der arbeitsrechtlichen Regelung der im öffentlichen Dienst stehenden Personen. Art. 13 EinigungsV bildet gerade nicht den Gegenstand dieser Entscheidung. Im Gegensatz dazu beschäftigt sich Fink zwar intensiver mit der Abwicklung der Hochschulen der ehemaligen DDR, nimmt dabei aber nur einzelne Aspekte in den Blick.[4] Günther thematisiert die Frage, ob die Abwicklungsentscheidung gegenüber den Arbeitnehmern einen Verwaltungsakt darstellt.[5] Sein Beitrag erschien jedoch 1991 und konnte daher die spätere Rechtsprechung noch nicht berücksichtigen.

Prozessuale Fragen der Abwicklungsanfechtung wurden bereits von Germelmann und Körting thematisiert.[6] Die Beiträge erschienen allerdings ebenfalls im Zeitraum

---

[3] Etwa *Berger-Delhey*, Das sog. Warteschleifenurteil des Bundesverfassungsgerichts und seine Folgen, ZTR 1991, 418 ff.; ferner: *Wolter*, Das Bundesverfassungsgericht zur „Warteschleife" nach dem Einigungsvertrag. Ansätze zur Erforschung eines neuen Rechtsinstituts, ZTR 1991, Ausgabe 7, 273 ff.; ebenso: *Zundel*, Nochmals: Zur Warteschleife des Einigungsvertrages – Bemerkungen zur „Warteschleife", dem Urteil des Bundesverfassungsgerichts und den „Ansätzen zur Erforschung eines neuen Rechtsinstituts", von *Wolter*, ZTR 1991, 311 ff.; *Däubler*, Die sogenannte Warteschleife auf dem verfassungsrechtlichen Prüfstand. Erste Konsequenzen aus dem Karlsruher Urteil, NJ 1991, 233 ff.

[4] *Fink*, Die Abwicklung v. Hochschuleinrichtungen der ehemaligen DDR und die Auswirkungen auf die Arbeitsverhältnisse der dort beschäftigten Arbeitnehmer, in: Wissenschaftsrecht, Wissenschaftsverwaltung, Wissenschaftsförderung: Zeitschrift für Recht und Verwaltung der wissenschaftlichen Hochschulen und der wissenschaftspflegenden und -fördernden Organisationen und Stiftungen, Bd. 26, 1993, S. 18 ff.

[5] *Günther*, „Abwicklungs"-Beschluß mit „Ruhens"-Folge als Verwaltungsakt gegenüber den Beschäftigten?, DÖD 1991, Ausgabe 10, 221 ff.

[6] *Germelmann*, Nochmals: Die prozessuale Überprüfbarkeit der Auflösungsentscheidung nach Art. 13 EinigungsV, NZA 1991, 629 ff.; *Körting*, Keine gesonderte Anfechtung beider Abwicklung von Einrichtungen der ehemaligen DDR, NZA 1992, 205, 206. *Germelmann*, Nochmals: die prozessuale Überprüfbarkeit der Auflösungsentscheidung nach Art. 13 EinigungsV, NZA 1992, 207 ff.

1991 bis 1992, sodass auch hier die nachfolgende Rechtsprechung unberücksichtigt blieb.

Neuere Literaturbeiträge zur Behördenabwicklung auf Grundlage des Art. 13 Abs. 1 Satz 4 EinigungsV im Kontext der Hochschulabwicklung finden sich kaum. Der aktuellste Aufsatz mit dem Titel Behördenabwicklung nach der Wiedervereinigung wurde im Jahr 2001 veröffentlicht.[7] Der Beitrag weist zwar auf die grundsätzlichen Probleme des Art. 13 Abs. 1 Satz 4 EinigungsV unter Berücksichtigung einzelner Gerichtsentscheidungen hin, geht aber auf die vielfältigen juristischen Probleme kaum ein. So wird beispielsweise die Entwicklung der Rechtsprechung im Hinblick auf Art. 13 Abs. 1 Satz 4 EinigungsV stark verkürzt erläutert und wesentliche Bereiche, wie etwa die verfassungsrechtlichen Probleme, bleiben außerhalb der Darstellung.[8] Auch die Besonderheiten bezüglich der Abwicklung von Hochschuleinrichtungen bzw. wissenschaftlichen Einrichtungen werden darin nicht aufgegriffen. Die Rechtsauffassungen der zeitgenössischen Literatur gibt der Autor vielmehr nur stark verkürzt in einer Fußnote wieder.[9] Prozessuale Fragen bezüglich der Abwicklung werden ausschließlich aus Sicht der betroffenen Arbeitnehmer erläutert. Probleme infolge der Klageerhebung durch Sektionen bzw. Fachbereiche der Hochschuleinrichtungen der ehemaligen DDR finden keine Berücksichtigung.

Der Beitrag Einigungsvertrag und Wahlvertrag aus der Reihe Verträge und Rechtsakte zur Deutschen Einheit ist lediglich als Textsammlung konzipiert, um „Überblick und Durchblick zu vermitteln" und zwar ohne vertiefte Kommentierungen.[10] Darüber hinaus wurde dieser Band bereits am 22. Januar 1991 veröffentlicht. Die ersten Entscheidungen der Rechtsprechung zu Art. 13 Abs. 1 Satz 4 EinigungsV datieren jedoch ab Februar 1991[11] und reichen vereinzelt bis zum Jahr 1999.[12] Entsprechend wird die gesamte Entwicklung der Rechtsprechung nicht berücksichtigt. Eine neuere Auflage von Einigungsvertrag und Wahlvertrag existiert bis dato nicht.

Das Handbuch des Staatsrechts erwähnt im IX. Band Die Einheit Deutschlands – Festigung und Übergang –[13] die Abwicklung der Hochschuleinrichtungen in knapper Form, klammert aber eine differenzierte Darstellung der Entwicklung der Recht-

---

[7] *Bath*, Behördenabwicklung nach der Wiedervereinigung, NVwZ-Beil. 2001, 27, 29.

[8] Stark verkürzt im Sinne der Auslassung der Sachverhaltsbeschreibung und ohne ausführliche Darstellung der Rechtsauffassung des jeweiligen Gerichts.

[9] *Bath*, NVwZ-Beil. 2001, 27, 32 Fn. 24.

[10] So einschließlich des Zitats *Stern/Schmidt-Bleibtreu*, Einigungsvertrag und Wahlvertrag, Bd. 2, 1. Aufl., 1991.

[11] Z.B. KreisG Halle, Beschl. v. 13.02.1991 – 2 VG B 6/91, in: LASA, L 2, Nr. 653; VG Berlin, Beschl. v. 20.02.1991 – 7 A 266/90, in: Beschl. v. 24.06.1991 – 8 S 79/91, LKV 1991, 343.

[12] BVerfG, Beschl. v. 6.10.1999 – 1 BvR 2110/93, NJW 2000, 1483.

[13] *Isensee/Kirchhof*, Handbuch des Staatsrechts der Bundesrepublik Deutschland, Band IX: Die Einheit Deutschlands – Festigung und Übergang –, 1997.

sprechung und anschließenden Folgeproblemen aus.[14] Andere Literaturbeiträge, etwa solche von Markovits[15] oder das Handbuch zur deutschen Einheit 1949–1989–1999[16] lassen diese juristische Thematik unberührt oder sprechen sie nur am Rande an.[17]

Im Gegensatz hierzu wird im Münchener Kommentar die zivilrechtliche Beendigung der Arbeitsverhältnisse als Rechtsfolge der Abwicklungsentscheidung nach Art. 13 Abs. 1 Satz 4 EinigungsV ausführlich behandelt.[18] Die Ausführungen zu Art. 13 Abs. 1 Satz 4 EinigungsV sind aber auch hier begrenzt.

Ausführlich befasst sich Sievers mit der Abwicklung von Treuhandunternehmen unter Berücksichtigung einzelner Unternehmen.[19] Die Arbeit thematisiert aber schwerpunktmäßig die rechtlichen Grundlagen der Abwicklung und der Privatisierung durch die Treuhandanstalt. Die exemplarische Analyse eines Unternehmens bildet gerade keinen Gegenstand der Arbeit. Wandel skizziert nur beispielhaft die Liquidation mehrerer Unternehmen, ohne dabei in die Tiefe zu gehen.[20]

Dasselbe gilt für Ebbing, der sich in seiner Arbeit „Die Verkaufspraxis der Treuhandanstalt" ausführlich mit den Aufgaben und der Rechtsnatur der Treuhandanstalt und ihren Maßnahmen befasst.[21] König und Heimann sprechen hingegen die Abwicklung der Interflug an, allerdings nur in Bezug auf die Vermögenszuordnung im öffentlichen Sektor.[22] Andere Beiträge zur Interflug thematisieren zwar

---

[14] *Heintzen*, Erziehung, Wissenschaft, Kultur, Sport in: Isensee/Kirchhof, HStR IX, § 218, Rn. 45–54.

[15] Etwa *Markovits*, Gerechtigkeit in Lüritz. Eine ostdeutsche Rechtsgeschichte, 2. Aufl., 2014.

[16] *Weidenfeld/Korte*, Handbuch zur deutschen Einheit 1949–1989–1999, Bundeszentrale für politische Bildung, 1999.

[17] Etwa *Pasternack*, Demokratische Erneuerung. Eine universitätsgeschichtliche Untersuchung des ostdeutschen Hochschulumbaus 1989–1995. Mit zwei Fallstudien: Universität Leipzig und Humboldt-Universität zu Berlin, Weinheim 1999, S. 140 ff. und S. 244 ff.

[18] *Säcker/Oetker*, Kommentierung zu Kapitel XIX Sachgebiet A. Abschnitt III in Anlage I zum EinigungsV in: Rebmann/Säcker, Münchener Kommentar: Bürgerliches Gesetzbuch. Zivilrecht im Einigungsvertrag 1991, S. 277 ff.

[19] *Sievers*, Die Abwicklung von Treuhandunternehmen, Hamburg 1995. Der Autor analysiert dabei die Liquidation folgender Unternehmen: Deko AG, Heipa Heiligenstadt Papier GmbH, Teppichwerk Nord GmbH.

[20] Etwa die Liquidation der Mitteldeutschen Beton- und Kieswerke GmbH oder der Sächsischen Elektronikwerke GmbH, vgl. *Wandel*, Abwicklung nicht sanierungsfähiger Unternehmen durch die Treuhandanstalt, in: Fischer/Hax/Schneider, Treuhandanstalt. Das Unmögliche wagen, 1993, S. 305–306.

[21] *Ebbing*, Die Verkaufspraxis der Treuhandanstalt, Köln 1995.

[22] *König/Heimann*, Vermögenszuordnung im Aufgabenzuschnitt des öffentlichen Sektors der neuen Bundesländer – Ein Zwischenbericht –, Forschungsinstitut für öffentliche Verwaltung bei der Hochschule für Verwaltungswissenschaften Speyer, Speyerer Forschungsberichte 133, 1994, S. 58–62.

die Abwicklung[23], setzen ihren Schwerpunkt aber nicht auf die juristischen Mechanismen.

Eine umfassende, rechtshistorische Darstellung zu Art. 13 Abs. 1 Satz 4 EinigungsV und zur Abwicklung der Interflug unter Berücksichtigung der Rechtsprechung, der zeitgenössischen Literatur und der Erinnerungen politischer Protagonisten der Wiedervereinigungszeit fehlt also.

C. Forschungsanliegen

Die vorliegende Arbeit analysiert als ersten Schwerpunkt die juristische Hochschulauflösung auf Grundlage von Art. 13 Abs. 1 Satz 4 EinigungsV unter Berücksichtigung der Rechtsprechung und der zeitgenössischen Literatur im letzten Jahrzehnt des 20. Jahrhunderts. Hierdurch wird die oben beschriebene Forschungslücke zu Art. 13 Abs. 1 Satz 4 EinigungsV geschlossen und eine historisch-kritische Betrachtung der jeweils vertretenen Rechtsauffassungen herausgearbeitet.

Der Fokus wird insbesondere auf die Entwicklung der Rechtsprechung ab dem 03. 10. 1990 gelegt. Hierbei wird untersucht, mit welchen Rechtsproblemen sich die Gerichte konfrontiert sahen, welche Auffassungen vertreten wurden und welche Rechtsansicht sich schließlich durchsetzen konnte. Auch die Auffassungen der zeitgenössischen Literatur werden berücksichtigt und es wird überlegt, inwieweit juristischer Konsens mit der Rechtsprechung vorherrschte. Auch soll berücksichtigt werden, ob Art. 13 Abs. 1 Satz 4 EinigungsV nach der Intention der Vertragsparteien für die Hochschulabwicklung bestimmt war. Ergänzt werden die Ausführungen durch Erinnerungen zeitgenössischer Protagonisten.

Schwerpunkt der Analyse bilden die Tatbestandsvoraussetzungen des Art. 13 Abs. 1 Satz 4 EinigungsV unter besonderer Berücksichtigung der Rechtsnatur der Abwicklungsentscheidung. Dabei werden Folgeprobleme des Verwaltungs-, Verfahrens- und Verfassungsrechts ebenso gewürdigt. Die Ausführungen werden dabei von zeitgenössischen Dokumenten, wie etwa persönlichen Briefen von Beteiligten, oder Beschlüssen von Landesregierungen, ergänzt, um einen Einblick in die damaligen Vorgänge zu gewährleisten.

Die Arbeit analysiert daneben auch prozessuale Fragen infolge der Klageerhebung gegen die Abwicklung durch die (Teil-)Einrichtung bzw. ihrer Angestellten. Dabei soll stets beleuchtet werden, ob und inwieweit die Auffassung der Rechtsprechung mit derjenigen der zeitgenössischen Literatur übereinstimmt. Abschließend sollen grundsätzliche Erkenntnisse über die Abwicklung ehemaliger staatlicher

---

[23] Etwa *Breiler*, Vom Fliegen und Landen. Zur Geschichte der ostdeutschen Luftfahrt, Leipzig 2012; *Erfurth*, Interflug, 2009; *Seifert*, Weg und Absturz der Interflug. Die Geschichte des Unternehmens, Zweibrücken 2008; *Braunburg,* Interflug. Die deutsche Fluggesellschaft jenseits der Mauer, 1992.

Einrichtungen formuliert werden, die sich aus der vorangegangenen Analyse ergeben.

Die juristischen Ausführungen werden schließlich um ein Interview mit Hans Joachim Meyer ergänzt, der als letzter Bildungsminister der DDR unter Lothar de Maizière sowie im neuen Bundesland Sachsen als Staatsminister für Wissenschaft und Kunst fungierte. Er war unmittelbar für die Abwicklungsvorgänge in Sachsen verantwortlich. Das Interview wird zeigen, inwieweit sich die Politik der juristischen Probleme des Art. 13 Abs. 1 Satz 4 EinigungsV bewusst war.

Ebenso sollen die zeitgenössischen Medien analysiert werden, um das damals vorherrschende Stimmungsbild zu transportieren. Abschließend sollen grundsätzliche Erkenntnisse über die Abwicklung ehemaliger staatlicher Einrichtungen formuliert werden, die sich aus der vorangegangenen Analyse ergeben. Ziel ist es, zu vermitteln, weshalb der Hochschulabwicklung, im Gegensatz zur Abwicklung anderer (Teil-)Einrichtungen der ehemaligen DDR aufgrund seiner juristischen Komplexität eine übergeordnete Rolle zukam.

Als zweiten Schwerpunkt analysiert die vorliegende Arbeit die Abwicklung eines Wirtschaftsunternehmens durch die Treuhandanstalt. Als Gegenstand der Analyse wird die ehemalige Interflug herangezogen. Dabei wurde bewusst ein Beispiel aus dem ökonomischen Bereich gewählt, weil dort ein anderes Abwicklungsregime angewendet wird als bei der Hochschulauflösung. Infolgedessen gestaltet sich der juristische Prozess anders als im ersten Schwerpunkt. Hierdurch soll die rechtliche Vielschichtigkeit und Komplexität der Abwicklung demonstriert werden.

Die Interflug ist dabei unter mehreren Gesichtspunkten untersuchungswürdig. Zum einen beschäftigte sie zum Zeitpunkt der Abwicklungsentscheidung knapp 3.000 Mitarbeiter und war damit ein wirtschaftlich bedeutsames Unternehmen in der ehemaligen DDR. Die Interflug besaß zudem eine Vielzahl von Flugmaschinen, darunter drei Flugzeuge des Typs Airbus A 310–304, sowie verschiedene Verkehrsflughäfen und Agrarflugplätze. Die Abwicklungen der vorhandenen juristischen Strukturen unter Mitwirkung der Treuhandanstalt und des Bundesministeriums für Finanzen auf Grundlage des Treuhandgesetzes soll daher in den Vordergrund gestellt werden. Zudem existiert im Gegensatz zu anderen abgewickelten Unternehmen ein großer Aktenbestand der Interflug im Bundesarchiv Berlin-Lichterfelde und ermöglicht damit eine sorgfältige Untersuchung.

Ziel der Untersuchung ist nicht die umfassende Darstellung aller Liquidierungsvorgänge im Zusammenhang des Unternehmens. Auch verfolgt die Arbeit nicht das Ziel, ein abschließendes Werturteil über die Auflösungsentscheidung zur Interflug zu treffen. Vielmehr sollen die wesentlichen Abwicklungsprozesse auf ihre juristischen Mechanismen analysiert werden. Dabei wird erörtert, wie sich die Abwicklung juristisch vollzogen hat, ob etwa ein standardisiertes Verfahren existierte oder ob die Abwicklung individuell geplant wurde und wem die generierten Erlöse zukamen. Daneben wird untersucht, ob die Verwertung bestimmter Betriebsvermögen besondere juristische Schwierigkeiten bereitete. Neben der genauen

Dokumentation der Abläufe wird auch berücksichtigt, inwieweit den abzuwickelnden Einrichtungen Mitspracherechte zukamen. Von Interesse ist außerdem die Entwicklung und eventuelle Änderungen des zu Grunde liegenden Liquidationsprozesses.

Der exemplarischen Analyse soll aufgrund ihrer historischen Bedeutung die Geschichte der Treuhandanstalt vorangestellt werden.

Auf Grundlage der erzielten Ergebnisse schließt die Arbeit mit den juristischen Gemeinsamkeiten und Unterschieden der beiden Abwicklungsprozesse.

Zwar ist eine Bewertung gerichtlicher Entscheidungen oder wissenschaftlicher Meinungen in einer verfassungshistorischen Darstellung an sich nicht angebracht. Allerdings liegen die hier behandelten Vorgänge nur sehr kurze Zeit zurück und sind noch für die Gegenwart aktuell, so dass ich mich hin und wieder – wie in einer Arbeit zum geltenden Recht – zu einer kritischen Würdigung sowohl der Rechtsprechung als auch der Literatur entschlossen habe.

D. Eingrenzung der Thematik

Gegenstand der vorliegenden Arbeit bildet ausschließlich die Auflösung der (Teil)Einrichtungen auf Grundlage von Art. 13 Abs. 1 Satz 4 EinigungsV. Die anschließende Erneuerung und der Neuaufbau einer Vielzahl universitärer (Teil-) Einrichtungen in den neuen Bundesländern bleibt ausgeklammert.[24] Dasselbe gilt für die durchgeführten Evaluierungen und Neueinstellungen im Zuge des Neuaufbaus.[25]

Die juristische Auflösung wird ausschließlich anhand der veröffentlichten Rechtsprechung zu Art. 13 Abs. 1 Satz 4 EinigungsV und anhand der zeitgenössischen Literatur mit Bezug zu Hochschuleinrichtungen dargestellt. Bei den Hochschuleinrichtungen handelt es sich größtenteils um geisteswissenschaftliche Fachbereiche. Vereinzelt werden auch Entscheidungen herangezogen, die keine Hoch-

---

[24] In diesem Zusammenhang wurden von den jeweiligen Landesministerien für Bildung und Wissenschaft Arbeitsempfehlungen zur Einleitung für den Neuaufbau herausgegeben. In Sachsen-Anhalt etwa die „Arbeitsempfehlung zur Durchführung des Kabinettsbeschlusses vom 11. 12. 1990 zur Abwicklung von Fachbereichen an Universitäten und Hochschulen des Landes Sachsen-Anhalt", Ministerium für Bildung, Wissenschaft und Kultur in Sachsen-Anhalt, undatiert, in: LASA, L 2, Nr. 651; in Sachsen: Erlaß des Ministers des Sächsischen Staatsministeriums für Wissenschaft zur Umsetzung der Beschlüsse der sächsischen Staatsregierung v. 11. 12. 1990 und v. 7. 1. 1991 über die Abwicklung v. Einrichtungen an Universitäten und Hochschulen, 09. 01. 1991, in: Reader zur Abwicklung und den Studentischen Protesten Dez. '90/Jan. '91 in Leipzig, Teil II, hrsg. von den roten studenten, die ihre roten professoren an ihrer roten uni retten wollten, seilschaften verlag leipzig 1991.

[25] Zur personellen Erneuerung an der Universität Leipzig und an der Humboldt-Universität zu Berlin sei bspw. verwiesen auf *Pasternack*, Demokratische Erneuerung; ebenso zur Universität Leipzig: *Schluchter*, Der Um- und Neuaufbau der Hochschulen in Ostdeutschland. Ein Erfahrungsbericht am Beispiel der Universität Leipzig. Teil 1, in: hochschule ost, Nr. 8/93, Teil 1, S. 29 ff.; zu Teil 2: hochschule ost, Nr. 9/93, S. 5 ff.

schulen betreffen, aber juristisch wertvolle Erkenntnisse zu Art. 13 Abs. 1 Satz 4 EinigungsV liefern. Ausgeklammert bleiben die arbeitsrechtlichen Folgen der Auflösung gemäß Anl. I Kap. XIX Sachg. A Abschn. III Nr. 1 zum EinigungsV. Die Bestimmungen dieser Anlage werden nur dort berücksichtigt, wo sich für Art. 13 Abs. 1 Satz 4 EinigungsV relevante Erkenntnisse ergeben.

Ferner wird die Entwicklung der Hochschullandschaft in der ehemaligen DDR analysiert. Die Arbeit verfolgt hierbei nicht das Ziel, eine abschließende und umfassende Bewertung der wissenschaftlichen Forschung in der DDR vorzunehmen. Ebenso bleibt ausgeklammert, welche individuelle Rolle den Professoren in der ehemaligen DDR bei der Festigung ideologischer Vorstellungen zukam. Das in dieser Arbeit gezeichnete Bild basiert auf der Untersuchung der Hochschul- bzw. Hochschullehrerverordnung sowie auf den Bildungsgesetzen.[26]

Hinsichtlich der Abwicklung der Interflug wird die Analyse dahingehend begrenzt, wie das Vermögen der Interflug verwertet wurde und auf welcher rechtlichen Basis. Wie bereits erläutert, hat diese Arbeit nicht zum Hauptgegenstand, ob die Entscheidung der Treuhandanstalt, die Interflug abzuwickeln, richtig oder falsch war. Zwar werden einzelne, hierzu vertretene Auffassungen durchaus angesprochen. Schwerpunkt und Forschungsanliegen bleiben aber die juristischen Folgefragen, die sich aus der getroffenen Abwicklungsentscheidung ergaben. Dabei wird die Untersuchung wie folgt eingegrenzt:

Bezüglich des Betriebsvermögens wird ausschließlich die juristische Abwicklung und Verwertung des wesentlichen Betriebsvermögens der Interflug näher untersucht, nämlich die Verwertung der Flugmaschinen und der Grundstücke. Auch arbeitsrechtliche Fragen der Abwicklung sollen angesprochen werden. Die Analyse der Flugmaschinen beschränkt sich dabei auf folgende Flugzeugmodelle: Drei Flugzeuge des Typs Airbus A 310–314, fünf Flugzeuge vom Typ Iljuschin IL-18, sieben Flugzeuge vom Typ Iljuschin IL-62M und fünfzehn Flugzeuge vom Typ Tupolew TU-135 A. Die Verwertung der Grundstücke beschränkt sich auf die Verkehrsflughäfen in Berlin-Schönefeld, Erfurt, Leipzig und Dresden. Des Weiteren werden auch der Teilbetrieb „Flugsicherung" sowie die Grundstücke der FSB Flugservice und Development GmbH und die Ferienobjekte einbezogen. Die Untersuchung der arbeitsrechtlichen Fragen der Abwicklung beschränkt sich auf das Gerichtsverfahren hinsichtlich der Abfindungszahlungen im Arbeitsgerichtsverfahren.

Ausgeklammert bleiben die Abwicklungen der Unternehmensbeteiligungen[27] sowie die Beendigung der Dauerschuldverhältnisse[28]. Ebenso bleiben ausgeklam-

---

[26] Beispielsweise die Verordnung über die Aufgaben der Universitäten, wissenschaftlichen Hochschulen und wissenschaftlichen Einrichtungen mit Hochschulcharakter v. 25.02.1970, DDR GBl. 1970, Teil II, Nr. 26, S. 189 ff.

[27] Gemeint sind hier die Beteiligungen der Interflug an der Interhansa Service GmbH (Anteil: 50%), Interhansa Simulatorzentrum Berlin GmbH (Anteil: 50%), START in Berlin GmbH – Datentechnik für Reise und Touristik (20%), Suntravel Flugreisen (Anteil: 49%),

mert die Verwertung des Sachanlagevermögens und des Umlaufvermögens minderer Bedeutung, etwa Bürotechnik sowie technische Anlagen oder Lagermaterialien. Dasselbe gilt für die Auflösung der Verkaufsbereiche der Interflug im In- und Ausland. Auch wird die Abwicklung der Schadensersatzansprüche nicht thematisiert.

Die Untersuchung der zu Grunde liegenden Rechtsvorschriften werden wie folgt eingegrenzt. Im Vordergrund stehen die Regelungen des EinigungsV und des TreuhG, insbesondere die §§ 11 Abs. 2, 23 TreuhG. Fragen der Schlussbilanz oder Liquidationseröffnungsbilanz bleiben ausgeklammert. Dasselbe gilt hinsichtlich der Rechtsfragen im Zusammenhang mit dem Gesetz über die Eröffnungsbilanz in Deutscher Mark und die Kapitalneufestsetzung vom 23. September 1990.[29] Auch die Durchführungsverordnungen zum TreuhG bleiben außer Betracht.[30] Dasselbe gilt für das Vermögenszuordnungsgesetz.[31]

E. Quellenlage

Als Primärquellen dienen die zu Art. 13 Abs. 1 Satz 4 EinigungsV ergangenen Gerichtsentscheidungen bzw. Beschlüsse, die größtenteils in den Printmedien abgedruckt sind.[32] Hierbei handelt es sich überwiegend um Entscheidungen der Verwaltungsgerichte[33], aber auch um solche der Arbeitsgerichte[34] bzw. vereinzelt um Entscheidungen des Verfassungsgerichts.[35] Auch die zeitgenössische Literatur ist in den Printmedien zugänglich.[36] Zeitgenössische Dokumente, wie etwa Mitteilungen einzelner Sektionen oder die Entscheidungen der Landesregierungen, sind im Landesarchiv Sachsen-Anhalt in Magdeburg, sowie im Universitätsarchiv Halle-Wittenberg zugänglich. Außerdem fließen auch zwei Interviews mit Hans Joachim Meyer und mit Wolfgang Schäuble in die Darstellungen mit ein. Hinsichtlich des

---

Interlease GmbH Aviation Leasing International (Anteil: 50%), Berolina Travel Ltd. (Anteil: 5%), Berliner Stadtbank AG (Anteil in Höhe von 2,5 Millionen DM).

[28] Etwa Kreditkartenverträge, Agentur-Veträge über Fracht, Bodenabfertigungsverträge.

[29] Gesetz über die Eröffnungsbilanz in Deutscher Mark und die Kapitalneufestsetzung vom 23.09.1990, BGBl., Teil I, S. 1842.

[30] Etwa die fünfte Durchführungsverordnung zum Treuhandgesetz, DDR GBl., 1990, Teil I, S. 1466.

[31] Gesetz über die Feststellung der Zuordnung von ehemals volkseigenem Vermögen in der Fassung der Bekanntmachung vom 29.03.1994, BGBl. 1994, Teil I, S. 709.

[32] Hier insbesondere die Landes- und Kommunalverwaltung der Jahrgänge 1991, 1992; einzelne Entscheidungen bilden Teil des Archivbestands, etwa KreisG Halle, Beschl. v. 13.02.1991−2 VG B 6/91, in: LASA, L 2, Nr. 653.

[33] Etwa: VG Berlin, OVG Berlin, KreisG Halle, KreisG Dresden, BezG Dresden, BVerwG.

[34] Hierbei überwiegend Entscheidungen des BAG.

[35] Hierbei ausschließlich Entscheidungen des BVerfG.

[36] Etwa: NJ, ZTR, DÖD.

Dritten Teils bilden die Archivbestände des Bundesarchivs Berlin Lichterfelde die Erkenntnisquelle zur Dokumentation der juristischen Abwicklung der Interflug.

F. Gang der Untersuchung

Die Arbeit beginnt im Ersten Teil mit der Geschichte des Einigungsvertrags und analysiert anschließend die Abwicklungsregelungen im Einigungsvertrag. Dabei wird untersucht, ob und inwieweit die Regelungen einer bestimmten Systematik folgten und ob sie auch das anzuwendende Verfahren enthielten. Anschließend befassen sich die Ausführungen mit dem Abwicklungsbegriff im Allgemeinen und mit dem Abwicklungsbegriff in Art. 13 Abs. 1 Satz 4 EinigungsV bzw. im Treuhandgesetz im Besonderen.

Der Zweite Teil der Dissertation behandelt die Abwicklung auf Grundlage von Art. 13 Abs. 1 Satz 4 EinigungsV unter besonderer Würdigung der Hochschulauflösung. § 4 geht daher auf die (rechtliche) Stellung und Entwicklung der Hochschulen in der ehemaligen DDR ein. Besondere Berücksichtigung finden in diesem Zusammenhang die drei Hochschulreformen und die damit verbundenen Gesetze und Verordnungen, § 4 A. I. – III. Die Ausführungen sollen aber auch die Entwicklung der Hochschulen unmittelbar nach der friedlichen Revolution von 1989 bis zur Wiedervereinigung beleuchten (§ 4 B.). Schließlich werden in § 4 C. die politischen Vorbereitungsmaßnahmen zur teilweisen Abwicklung der Hochschullandschaft dargestellt.

Das Ziel dieses Abschnitts besteht darin, anhand der gewonnenen Erkenntnisse die Notwendigkeit der Abwicklung und der wissenschaftlichen Neuordnung der Hochschullandschaft im Rahmen der Wiedervereinigung zu verdeutlichen.

Anschließend behandeln die § 5 ff. schwerpunktmäßig die juristische Abwicklung der wissenschaftlichen Einrichtungen auf Grundlage des Art. 13 Abs. 1 Satz 4 EinigungsV unter Berücksichtigung der Rechtsprechung und der zeitgenössischen Literatur. § 5 fasst zunächst die Sachverhalte zusammen, die Gegenstand eines Gerichtsverfahrens geworden sind und geht auf die abzuwickelnden (Teil-)Einrichtungen ein, wobei unter § 5 A. die Sachverhalte mit Bezug zur Abwicklung ganzer Hochschulen zusammengefasst werden und unter § 5 B. die Sektionsabwicklungen. Unter § 5 C. werden schließlich Sachverhalte zu nicht-wissenschaftlichen (Teil-)Einrichtungen zusammengefasst, zu denen Gerichtsentscheidungen ergangen sind, die ebenfalls wertvolle Erkenntnisse zu Art. 13 Abs. 1 Satz 4 EinigungsV liefern werden.

§ 6 befasst sich anschließend mit der Frage der Anwendbarkeit des Art. 13 Abs. 1 Satz 4 EinigungsV auf Hochschuleinrichtungen, u. a. vor dem Hintergrund ihres Selbstverwaltungsrechts (§ 6 B.) und des Art. 38 EinigungsV (§ 6 C.).

§ 7 stellt sodann die Rechtsnatur der Abwicklungsentscheidung nach Art. 13 Abs. 1 Satz 4 EinigungsV in den Vordergrund. Dreh- und Angelpunkt bildet die

Rechtsfrage, ob diese als Verwaltungsakt oder als innerstaatliche Organisationsmaßnahme einzustufen war. Wie unter § 7 A. zu zeigen sein wird, hatte die Entscheidung für die eine oder andere Rechtsauffassung erhebliche Auswirkungen auf Fragen und Anforderungen des Verwaltungs-, Prozess- und des Verfassungsrechts. Anschließend wird die Entwicklung der Rechtsprechung hinsichtlich der Rechtsnatur des Art. 13 Abs. 1 Satz 4 EinigungsV untersucht. Die Analyse erfolgt dabei in den Zeitabschnitten Februar bis Juni 1991 (§ 7 B.), sowie Juni 1991 bis Juli 1994 (§ 7 C.). Gegenstand der Analyse bilden überwiegend Entscheidungen bzw. Beschlüsse mit Bezügen zu (Teil-)Einrichtungen von Hochschulen.

§ 7 D. beleuchtet die Rechtsauffassungen der zeitgenössischen Literatur, ehe § 7 E. darauf eingeht, welche Rückschlüsse die Rechtsprechung und die zeitgenössische Literatur aus dem noch zu erläuternden Warteschleifenurteil des BVerfG gezogen haben. Die Zusammenfassung des Abschnitts erfolgt in § 7 F.

Sodann geht § 8 auf den Abwicklungsmechanismus des Art. 13 Abs. 1 Satz 4 EinigungsV ein. Hier wird ausführlich erörtert, unter welchen rechtlichen Voraussetzungen die Rechtsprechung die juristische Abwicklung einer wissenschaftlichen Einrichtung der DDR annahm. Zunächst wird unter § 8 A. dargestellt, weshalb Hochschuleinrichtungen als (Teil-)Einrichtungen i.S.v. Art. 13 Abs. 1 Satz 4 EinigungsV galten. § 8 B. thematisiert anschließend den Funktionswegfall der Hochschuleinrichtung als Tatbestandsvoraussetzung der Abwicklung. Daran anknüpfend werden anhand ausgewählter Entscheidungen die Abgrenzung der Abwicklung zur Überführung dargestellt (§ 8 C.). Die Zwischenergebnisse werden unter § 8 D. zusammengefasst.

§ 9 behandelt anschließend verfahrensrechtliche Fragen der Abwicklungsentscheidung, wie der Bekanntgabe und der Anhörung. Sodann werden unter § 10 verfassungsrechtliche Probleme des Art. 13 Abs. 1 Satz 4 EinigungsV behandelt. Zum einen wird die Gesetzgebungskompetenz des Bundes hinsichtlich Art. 13 Abs. 1 Satz 4 EinigungsV erörtert (§ 10 A.). Ferner wird die Vereinbarkeit der Abwicklung der Hochschuleinrichtungen vor dem Hintergrund der Wissenschaftsfreiheit aus Art. 5 Abs. 3 GG gewürdigt (§ 10 B.). Die Ergebnisse des Abschnitts werden unter § 10 C. zusammengefasst.

§ 11 behandelt prozessuale Probleme erhobener Klagen gegen die Abwicklungsentscheidung. Dabei wird zwischen der Klageerhebung durch die abzuwickelnde Einrichtung (§ 11 A.) und der Klageerhebung durch die Beschäftigten differenziert (§ 11 B.). Im Rahmen der Klageerhebung durch die Hochschuleinrichtung wird insbesondere die Klagebefugnis und die Beteiligtenfähigkeit thematisiert.

Hinsichtlich der Klageerhebung durch die Arbeitnehmer wird darauf eingegangen, ob und wie sich die Beschäftigten prozessual gegen die Abwicklungsentscheidung im Allgemeinen wehren konnten. Dabei wird erörtert, ob die Beschäftigten prozessual gegen die Abwicklung der Arbeitsverhältnisse, gegen die Abwicklung der Einrichtung, oder sogar gegen beide Entscheidungen juristisch vorgehen konnten und gegebenenfalls mussten. Außerdem wird in diesem Zusammenhang die Klagebefugnis sowie die Beweis- und Darlegungslast bei der Abwicklung bzw. Überführung der (Teil-)Einrichtung thematisiert. § 11 C. fasst die Zwischenergebnisse zusammen,

Schließlich gibt § 12 einen Einblick in das Stimmungsbild der zeitgenössischen Medien, bevor die Arbeit mit einer Gesamtwürdigung endet (§ 13).

Der Dritte Teil wird in § 14 A. I., II. die Geschichte der Treuhandanstalt analysieren. Dabei wird ein besonderes Augenmerk darauf gerichtet, welche Zielsetzungen die Treuhandanstalt ursprünglich verfolgte und wie sich diese im Zuge des Einigungsprozesses veränderten. Die juristischen Regelwerke, etwa das Statut der Treuhandanstalt sowie das Treuhandgesetz werden in der Analyse berücksichtigt. Abschließend wird in § 14 III. die Verfahrensweise der Treuhandanstalt bis zur Abwicklungsentscheidung beschrieben.

§ 15 geht kurz auf den Vertrag über die Wirtschafts-, Währungs- und Sozialunion zwischen der DDR und der Bundesrepublik Deutschland[37] ein, da dieser einen entscheidenden Einfluss auf die rechtliche Struktur der Interflug ausübte.

Anschließend befassen sich die §§ 16 ff. mit der Abwicklung der Interflug. § 16 analysiert zunächst die Geschichte und Entwicklung der Interflug bis zur Auflösung im Februar 1991. In § 16 A. I. wird zunächst untersucht, welche politischen Rahmenbedingungen zum Zeitpunkt der Gründung der ehemaligen DDR vorlagen, insbesondere ob die DDR im Verhältnis zur UdSSR die politische Souveränität über ihre Flugangelegenheiten hatte. Einer der Schwerpunkte der Analyse wird in der rechtlichen Auseinandersetzung zwischen der in der Bundesrepublik Deutschland ansässigen Lufthansa AG und der in der ehemaligen DDR ansässigen Lufthansa VEB liegen. Da der Flughafen Berlin-Schönefeld die Heimatbasis der Interflug war, geht § 16 A. II. kurz auf die Entwicklung der politischen Verhandlungen zwischen Vertretern der ehemaligen DDR und der ehemaligen UdSSR ein. Schließlich analysiert § 16 A. III. die juristische Entwicklung der Interflug ab dem Jahre 1990 vor dem Hintergrund der Wirtschafts-, Währungs- und Sozialunion. Ebenfalls soll berücksichtigt werden, ob und wie die juristischen Rahmenbedingungen zwischen der Treuhandanstalt und (Teilen) der Interflug ausgestaltet wurden. § 17 untersucht, welche juristischen Konzepte zur Liquidierung der Interflug ausgearbeitet wurden und welches Konzept sich durchsetzen konnte. § 18 richtet seinen Fokus auf die Verwertung der genannten Flugmaschinen und erörtert, inwieweit die Veräußerung bestimmter Flugzeugmodelle besondere juristische oder politische Schwierigkeiten bereitete.

§ 19 analysiert die Abwicklung der Grundstücke, wie etwa die Agrarflugplätze sowie die Verkehrsflughäfen Berlin-Schönefeld, Erfurt, Leipzig und Dresden. Ein-

---

[37] Vertrag über die Schaffung einer Währungs-, Wirtschafts- und Sozialunion zwischen der Bundesrepublik Deutschland und der Deutschen Demokratischen Republik v. 25.06.1990, BGBl. 1990, Teil II, S. 518 ff.

gangs wird in § 19 A. herausgearbeitet, weshalb § 11 Abs. 2 TreuhG in diesem Zusammenhang eine besondere juristische Bedeutung zukam. Hierbei wird auch untersucht, ob und inwieweit zwischen der Treuhandanstalt und dem Bundesministerium für Finanzen unterschiedliche Rechtsauffassungen vorherrschten und wie diese gelöst wurden. § 20 behandelt die Abwicklung der arbeitsrechtlichen Angelegenheiten und beleuchtet dort den gerichtlich ausgetragenen Rechtsstreit um die vereinbarte Abfindungszahlung. Hierbei sollen die gegensätzlichen juristischen Positionen der Arbeitnehmer und der Treuhandanstalt erörtert und bewertet werden.

Schließlich gibt § 21 einen Einblick in das Stimmungsbild der zeitgenössischen Medien, bevor § 22 auf die Gesamtwürdigung der Abwicklung eingeht.

Schließlich fasst § 23 auf Grundlage der erzielten Ergebnisse die wichtigsten Gemeinsamkeiten und Unterschiede zwischen der Hochschulauflösung aus dem Zweiten Teil und der Abwicklung der Interflug aus dem Dritten Teil zusammen.

Erster Teil

Abwicklungsregelungen im Einigungsvertrag

§ 1 Systematik der Abwicklungsregelungen im Einigungsvertrag

Bevor spezifisch auf Art. 13 Abs. 1 Satz 4 EinigungsV eingegangen wird, werden im vorliegenden Abschnitt die im EinigungsV und seinen Anlagen enthaltenen Vorschriften zur Abwicklung umrissen. Dabei soll aufgezeigt werden, wie der EinigungsV die Abwicklung regelte und ob die Vorschriften einer bestimmten Systematik folgten.[1]

Dabei ist zunächst festzuhalten, dass der EinigungsV keinen eigenen Teil zur juristischen Abwicklung enthielt, sondern eine Vielzahl von Abwicklungsvorschriften zu verschiedenen Bereichen. Diese Vorschriften ließen sich in drei Kategorien einteilen. Zum einen regelte der EinigungsV selbst die Abwicklung bestimmter Bereiche (B.). Des Weiteren änderte oder erweiterte der EinigungsV in seinen Anlagen bereits bestehendes Bundesrecht bzw. ließ neue Gesetze in Kraft treten, wie etwa das Gesetz zur Errichtung der Staatlichen Versicherung in Abwicklung (C.). Schließlich modifizierte der EinigungsV auch fortbestehendes DDR-Recht, nämlich das Treuhandgesetz (D.). Zunächst aber wird die Geschichte des Einigungsvertrages den Ausführungen vorangestellt.

A. Geschichte des Einigungsvertrages

Mit dem Fall der Mauer am 9. November 1989 und der friedlichen Revolution wurden die Grundweichen für die deutsche Einheit gelegt. Bereits in der darauffolgenden Weihnachtspause des Bundestages machte sich Wolfgang Schäuble Gedanken zur rechtlichen Gestaltung einer Wiedervereinigung.[2] Er bekleidete zu dieser

---

[1] Zur Geschichte des EinigungsV sei verwiesen auf *Stern/Schmidt-Bleibtreu*, Einigungsvertrag und Wahlvertrag, S. 58 ff. und *Badura*, Die innerdeutschen Verträge, insbesondere der Einigungsvertrag, in: Isensee/Kirchhof, HStR VIII, § 189, Rn. 10 ff.

[2] Wolfgang Schäuble wurde am 18. 09. 1942 in Freiburg geboren und studierte Rechts- und Wirtschaftswissenschaften in Freiburg und Hamburg. Seit 1972 ist er Mitglied des Bundestages. Von 1989 bis 1991 war er Bundesminister des Innern unter Helmut Kohl und seit 1989 Mitglied im Bundesvorstand der Christlich Demokratischen Union Deutschlands. Als Bundesinnenminister oblag ihm die Verhandlung über die Wiederherstellung der deutschen Einheit.

Zeit das Amt des Innenministers der Bundesrepublik Deutschland im Kabinett von Helmut Kohl. Bereits im Februar 1990 wurden im Bundesinnenministerium geheime Vorbereitungen zur rechtlichen Wiedervereinigung getroffen.[3] Wie Wolfgang Schäuble ausführt, wollte er für den Fall, dass es tatsächlich zur Wiedervereinigung kam, entsprechend vorbereitet sein.[4] Dabei schloss er die Vollendung der deutschen Einheit für das kommende Jahr 1990 nicht aus, was ihm Kritik des damaligen Bundeskanzlers Helmut Kohl einbrachte.[5]

Für seine Überlegungen zog Wolfgang Schäuble die juristischen Grundlagen zur Wiedereingliederung des Saarlandes heran.[6] Der Landtag des Saarlandes hatte am 14. Dezember 1956 gemäß Art. 23 GG Satz 2 a.F. den Beitritt des Saarlandes zur Bundesrepublik Deutschland erklärt.

Dem Beitritt war der Vertrag zwischen der Bundesrepublik Deutschland und der Französischen Republik zur Regelung der Saarfrage vom 27. Oktober 1956 vorausgegangen.[7] Mit Frankreich gab es einen Vertragspartner außerhalb der Bundesrepublik Deutschland, der gleichzeitig als Aufsichtspartei zur Einhaltung der vereinbarten Regelungen fungierte. Wie Wolfgang Schäuble ausführt, hätte eine solche Aufsichtspartei im Falle des Beitritts der DDR zur Bundesrepublik Deutschland gefehlt.[8] Dieser Umstand führte ihn zu der Idee, der DDR die Aushandlung eines Vertrages anzubieten, der die genauen Modalitäten des Beitritts regeln sollte.[9] Damit existierte auch nach Beitritt der DDR ein rechtlich verbindlicher Rahmen für die Bundesrepublik Deutschland. Lothar de Maizière, der letzte Ministerpräsident der DDR, gab dem Vertrag schließlich den Namen des heutigen Einigungsvertrages.[10]

Mit dem Sieg des Wahlbündnisses „Allianz für Deutschland" bei der Volkskammerwahl der DDR vom 18. März 1990 sprach sich der überwiegende Teil der DDR-Bevölkerung für die Wiederherstellung der deutschen Einheit aus. Anschließend entbrannte in der Bundesrepublik Deutschland eine emotionale Debatte darüber, ob die Wiedervereinigung durch einen Beitritt der DDR nach Art. 23

---

[3] *Schäuble*, Der Vertrag. Wie ich über die deutsche Einheit verhandelte, Stuttgart 1993, S. 151.

[4] *Teymouri*, Interview mit Schäuble v. 09.05.2019.

[5] *Teymouri*, Interview mit Schäuble v. 09.05.2019.

[6] *Teymouri*, Interview mit Schäuble v. 09.05.2019; zur Vertiefung: *Thoss*, Die Lösung der Saarfrage 1954/55, Vierteljahreshefte für Zeitgeschichte, Jahrgang 38 (1990), Heft 2, S. 225 ff.

[7] Vertrag zwischen der Bundesrepublik Deutschland und der Französischen Republik zur Regelung der Saarfrage vom 27. Oktober 1956, BGBl. 1956 II, S. 1589 ff.; das entsprechende Kabinettsprotokoll v. 11.10.1956 der Bundesregierung mit Vorüberlegungen zum genannten Vertrag ist abrufbar unter: http://www.bundesarchiv.de/cocoon/barch/01/k/k1956k/kap1_2/kap2_55/para3_2.html.

[8] *Teymouri*, Interview mit Schäuble v. 09.05.2019.

[9] *Teymouri*, Interview mit Schäuble v. 09.05.2019.

[10] Bundesregierung, Verhandlungen über den deutschen Einigungsvertrag beginnen, 06.07. 1990, abgerufen am 20.05.2019 unter https://www.bundesregierung.de/breg-de/themen/deutsche-einheit/verhandlungen-ueber-den-einigungsvertrag-beginnen-438424.

Satz 2 GG a.F., oder durch die Ausarbeitung einer gesamtdeutschen Verfassung nach Art. 146 GG realisiert werden sollte.[11] Die erste Auffassung sollte sich durchsetzen. Wolfgang Schäuble befürchtete insbesondere, dass sich die Umstände im Zuge der friedlichen Revolution beschleunigen und zum Kontrollverlust führen konnten.[12] Daher befürwortete er den Weg des Art. 23 Satz 2 GG a.F., weil die Ausarbeitung einer neuen Verfassung zu viel Zeit beansprucht hätte.

Am 3. Juli 1990 folgte schließlich der Beschluss der Regierung der DDR zur Vorbereitung einer Beitrittserklärung nach Art. 23 Satz 2 GG a.F.

Die ersten Verhandlungsgespräche fanden am 6. Juli 1990 in Berlin statt.[13] Der Delegationsleiter der Bundesrepublik Deutschland war Wolfgang Schäuble, der Delegationsleiter der DDR der Parlamentarische Staatssekretär Günther Krause.[14] Lothar de Maizière schlug u. a. vor, den Einigungsvertrag als einen allgemeinen Teil mit einer Zielbeschreibung abzufassen und einen zweiten Teil in Form der Anlagen hinzuzufügen.[15] Nachdem der zeitliche und fachliche Rahmen für den Einigungsvertrag gesteckt wurde, führten die einzelnen Bundesressorts und die entsprechenden Ressorts der DDR-Fachgespräche in Berlin und Bonn.[16] Dies geschah im Zeitraum vom 10. bis 20. Juli 1990. Dabei konnte Konsens hinsichtlich einer Vielzahl von entscheidenden Punkten erreicht werden, etwa hinsichtlich der beitrittsbedingten Änderung des Grundgesetzes oder hinsichtlich der Überleitung von Bundesrecht.[17] Hinsichtlich der Änderungen des Grundgesetzes hatte Wolfgang Schäuble stets im Blick, nur zwingende, für den Einigungsvertrag notwendige Änderungen vorzunehmen.[18] Dahinter stand seine Überlegung, mit dem Einigungsprozess nicht Tür und Tor für eine grundsätzliche Änderung des Grundgesetzes zu öffnen.[19]

---

[11] Hierzu vertiefend *Münch*, 1990: Grundgesetz oder neue Verfassung?, 01.09.2008, Bundeszentrale für politische Bildung, abgerufen am 20.05.2019 unter http://www.bpb.de/ geschichte/deutsche-geschichte/grundgesetz-und-parlamentarischer-rat/38984/deutsche-einheit; zu den staatsrechtlichen Hauptproblemen des Einigungsvertrages sei auf *Stern/Schmidt-Bleibtreu*, Einigungsvertrag und Wahlvertrag, Verträge und Rechtsakte zur Deutschen Einheit, Band 2, 1990, S. 33 ff. verwiesen.

[12] *Schäuble*, Der Vertrag. Wie ich über die deutsche Einheit verhandelte, Stuttgart 1993, S. 15.

[13] *Stern/Schmidt-Bleibtreu*, Einigungsvertrag und Wahlvertrag, Verträge und Rechtsakte zur Deutschen Einheit, Band 2, 1990, S. 58.

[14] Eingebunden in die Verhandlungen waren von Anfang an auch die Bundesländer, das Parlament über den Ausschuss „Deutsche Einheit" sowie der Generalsekretär oder Vertreter der Kommission der damaligen Europäischen Gemeinschaft, nachgewiesen bei *Stern/Schmidt-Bleibtreu*, Einigungsvertrag und Wahlvertrag, Verträge und Rechtsakte zur Deutschen Einheit, Band 2, 1990, S. 58.

[15] *Schäuble*, Der Vertrag. Wie ich über die deutsche Einheit verhandelte, Stuttgart 1993, S. 126.

[16] Ausführlich zur ersten Verhandlungsrunde *Schäuble*, Der Vertrag. Wie ich über die deutsche Einheit verhandelte, Stuttgart 1993, S. 123 ff.

[17] *Stern/Schmidt-Bleibtreu*, Einigungsvertrag und Wahlvertrag, Verträge und Rechtsakte zur Deutschen Einheit, Band 2, 1990, S. 59.

[18] *Teymouri*, Interview mit Schäuble v. 09.05.2019.

Die zweite Verhandlungsrunde fand vom 1. bis zum 3. August 1990 statt.[20] Gegenstand der Gespräche war die erste Lesung eines von der DDR ausgearbeiteten Vertragentwurfs, der im Ausschuss „Deutsche Einheit" diskutiert wurde.[21] In einer weiteren Verhandlungsrunde vom 20. bis zum 24. August 1990 konnten so weitreichende Ergebnisse erzielt werden, sodass der Abschluss der Verhandlungen in der letzten Verhandlungsrunde vom 30. August 1990 erreicht werden konnte.[22] Unterzeichnet wurde der Vertrag schließlich in den frühen Morgenstunden des 31. August 1990 von Wolfgang Schäuble und Günther Krause. Der Einigungsvertrag war verfassungsrechtlich mit dem Grundgesetz konform und wurde nie vom Bundesverfassungsgericht beanstandet. Der Einigungsvertrag folgte dabei dem Prinzip, dass generell das Recht der Bundesrepublik Deutschland Anwendung fand, mit Ausnahme solcher DDR-Gesetze, die ausdrücklich im Vertrag oder seinen Anlagen genannten wurden. Wolfgang Schäuble warb im Einigungsprozess für das gegenteilige Verhältnis, nämlich für die DDR-Gesetze als Regel- und das Recht der Bundesrepublik Deutschland als Ausnahmefall.[23] Er konnte sich damit letztlich nicht durchsetzen, da u. a. die Bundesregierung dagegen war.[24] Auch die Delegierten der DDR sprachen sich in der zweiten Runde für diese Variante aus.[25] In seinen Erinnerungen hatten die ehemaligen Funktionärseliten der DDR keinen Einfluss auf den Einigungsprozess.[26] Der Einigungsvertrag umfasste 45 Artikel in neun Kapiteln.

B. Abwicklungsregelungen im Allgemeinen Teil

Zu den vertraglich vereinbarten Abwicklungsregelungen zählten solche Vorschriften, die der EinigungsV in Form von Zuständigkeits- und Verfahrensvorschriften selbst enthielt. In insgesamt neun Kapiteln regelte der EinigungsV eine Vielzahl von Bereichen der ehemaligen DDR. Der Begriff der Abwicklung bzw.

---

[19] *Teymouri*, Interview mit Schäuble v. 09.05.2019.

[20] Neben den Delegationsleitern und den Vertretern der DDR waren diesmal fast alle Bundesressorts durch ihre Vertreter mit anwesend, nachgewiesen bei *Stern/Schmidt-Bleibtreu*, Einigungsvertrag und Wahlvertrag, Verträge und Rechtsakte zur Deutschen Einheit, Band 2, 1990, S. 59. Ausführlich zur zweiten Verhandlungsrunde *Schäuble*, Der Vertrag. Wie ich über die deutsche Einheit verhandelte, Stuttgart 1993, S. 150 ff.

[21] *Stern/Schmidt-Bleibtreu*, Einigungsvertrag und Wahlvertrag, Verträge und Rechtsakte zur Deutschen Einheit, Band 2, 1990, S. 59.

[22] Ausführlich zur dritten Verhandlungsrunde *Schäuble*, Der Vertrag. Wie ich über die deutsche Einheit verhandelte, Stuttgart 1993, S. 185 ff.

[23] *Teymouri*, Interview mit Schäuble v. 09.05.2019.

[24] *Schäuble*, Der Vertrag. Wie ich über die deutsche Einheit verhandelte, Stuttgart 1993, S. 14.

[25] *Schäuble*, Der Vertrag. Wie ich über die deutsche Einheit verhandelte, Stuttgart 1993, S. 155.

[26] *Teymouri*, Interview mit Schäuble v. 09.05.2019.

Auflösung wird dabei in den Regelungen der Art. 13, 23 Abs. 5, 24, 36 Abs. 6 Satz 2, 38 Abs. 7 EinigungsV verwendet.

Nach Art. 13 Abs. 1 Satz 4 EinigungsV war es beispielsweise der Landesregierung sinngemäß übertragen, die Abwicklung oder Überführung u. a. der Verwaltungsorgane und sonstige der öffentlichen Verwaltung dienende Einrichtungen zu regeln, die sich in den neu entstandenen Bundesländern befanden. Dieselbe Kompetenz räumte Art. 13 Abs. 2 EinigungsV den Obersten Bundesbehörden bezüglich solcher (Teil)Einrichtungen ein, deren Aufgaben nach dem Grundgesetz dem Bund zuzuordnen waren.

Art. 13 EinigungsV ließ jedoch offen, welches Verfahren bzgl. der Abwicklungsentscheidung anzuwenden war. Ob in diesem Zusammenhang die allgemeinen Verfahrensvorschriften des VwVfG Anwendung fanden, war unklar. Das BVerfG nahm allerdings die Geltung des VwVfG an und führte aus:

„Die Verfahrensfragen brauchten im Einigungsvertrag nicht besonders geregelt zu werden, zumal das Verwaltungsverfahrensgesetz mit dem Beitritt in Kraft gesetzt worden ist (Anl. I Kap. II Sachg. B Abschnitt III Nr. 1).“[27]

Der Einigungsvertrag ordnete nur punktuell die Auflösung bestimmter Einrichtungen an. Genannt sei hierbei Art. 38 Abs. 7 EinigungsV, wonach „mit dem Wirksamwerden des Beitritts […] der Forschungsrat der Deutschen Demokratischen Republik aufgelöst“ wurde. Dasselbe galt für Art. 23 Abs. 5 EinigungsV, wonach das „Sondervermögen […] mit Ablauf des Jahres 1993 aufgelöst“ wurde.[28] Nach Art. 36 Abs. 6 Satz 2 EinigungsV wurde die Auflösung des „Rundfunks der DDR“ und des „Deutsche Fernsehfunks“ angeordnet, soweit bis zum 31. Dezember 1991 kein Staatsvertrag zustande kam. Art. 36 Abs. 6 Satz 3 EinigungsV ordnete im Falle der Auflösung den Übergang des Aktiv- und Passivvermögens auf die neuen Bundesländer an.

Klare Verfahrensregelungen fanden sich im Allgemeinen Teil des Einigungsvertrages hingegen nur punktuell, etwa in Art. 27 Abs. 2 EinigungsV:

„Der Bundesminister für Post und Telekommunikation regelt nach Anhörung der Unternehmen der Deutschen Bundespost abschließend die Aufteilung des Sondervermögens Deutsche Post in die Teilsondervermögen der drei Unternehmen. Der Bundesminister für Post und Telekommunikation legt nach Anhörung […] fest, welche Vermögensgegenstände den […] Zwecken dienen.“

Teilweise wurde auch im Protokoll zum EinigungsV, welches nach Art. 45 Abs. 1 EinigungsV Bindungswirkung entfaltete, eine solche Anhörungspflicht vorge-

---

[27] BVerfG, Urt. v. 24.04.1991 – 1 BvR 1341/90, NJW 1991, 1667, 1669 unter C. III. 3. b); Das Urteil wird in § 7 B. III., S. 100 genauer beleuchtet.

[28] Das Sondervermögen war nach Art. 23 Abs. 1 EinigungsV dazu bestimmt, die Gesamtverschuldung des Republikhaushalts der DDR, die zum Zeitpunkt des Beitritts bestand, durch Schuldendienstverpflichtung zu erfüllen. Das Sondervermögen war nicht rechtsfähig und wurde durch den Bund errichtet.

schrieben. In I., Nr. 12 des Protokolls zum EinigungsV wurde beispielsweise eine Klarstellung zu Art. 21 Abs. 1 Satz 1 EinigungsV getroffen. Art. 21 EinigungsV legte dabei fest, dass das Verwaltungsvermögen der ehemaligen DDR auf die Bundesrepublik Deutschland überging. Sofern dabei eine Liegenschaft ursprünglich militärisch genutzt worden war und nunmehr einer anderen Nutzung dienen sollte, so war das betroffene Land vorher anzuhören.

In manchen Regelungen wurden teilweise unbestimmte Rechtsbegriffe verwendet, wie beispielsweise in Art. 26 EinigungsV, der die Abwicklung des Sondervermögens der Deutschen Post regelte. Dort hieß es in Art. 26 Abs. 3 EinigungsV:

> „Der Vorsitzer des Vorstands der Deutschen Bundesbahn und der Vorsitzer des Vorstands der Deutschen Reichsbahn sind für die Koordinierung der beiden Sondervermögen verantwortlich. Dabei haben sie auf das Ziel hinzuwirken, die beiden Bahnen technisch und organisatorisch zusammenzuführen."

Wie das Verfahren der Koordinierung bzw. der technischen und organisatorischen Zusammenführung juristisch ausgestaltet werden sollte, wurde in Art. 27 EinigungsV nicht weiter beschrieben.

Konkretere Regelungen fanden sich hingegen in den Anlagen zum Einigungsvertrag, etwa in der gemeinsamen Erklärung der Regierungen der Bundesrepublik Deutschland und der DDR zur Regelung offener Vermögensfragen vom 15. Juni 1990 in der Anl. II Kap. III B I zum EinigungsV. Die dort festgelegten Regeln sollten den von einer Enteignung Betroffenen unter bestimmten Voraussetzungen einen Anspruch auf Rückübereignung einräumen. Speziell wurden unter Nr. 13 der Anl. III Verfahrensvorschriften zur Durchführung der Abwicklung das folgendes festgelegt:

> „Zur Abwicklung:
>
> a) Die Deutsche Demokratische Republik wird die erforderlichen Rechtsvorschriften und Verfahrensregelungen umgehend schaffen.
>
> b) Sie wird bekanntmachen, wo und innerhalb welcher Frist die betroffenen Bürger ihre Ansprüche anmelden können. Die Antragsfrist wird sechs Monate nicht überschreiten […]."

Auch das Recht der im öffentlichen Dienst stehenden Personen in Anl. I Kap. XIX Sachg. A Abschn. III zum EinigungsV zählte zu den detaillierteren Regelungen. Festzuhalten ist damit, dass in allen genannten Abwicklungsvorschriften die Frage der Zuständigkeit, aber keine eindeutige Verfahrensweise zur Abwicklung geregelt wurde. Wie im Verlauf dieser Arbeit zu zeigen sein wird, führte das Fehlen verfahrensrechtlicher Vorschriften im Einigungsvertrag zu erheblichen Rechtsproblemen im Rahmen des Art. 13 Abs. 1 Satz 4 EinigungsV.[29] Als Zwischenergebnis lässt sich festhalten, dass bei den vertraglich vereinbarten Abwicklungsregelungen kein bestimmtes Verfahrenssystem erkennbar ist.

---

[29] Etwa bei den verfahrensrechtlichen Fragen der Abwicklungsentscheidung, § 9, S. 137 ff.

C. Abwicklung in Form von Ergänzung und Änderung bestehenden Bundesrechts bzw. durch neu in Kraft tretende, gesetzliche Abwicklungsvorschriften in den Anlagen zum EinigungsV

I. Ergänzung bereits bestehenden Bundesrechts

Neben eigenen Regelungen enthielt der EinigungsV in seinen Anlagen eine Vielzahl von Gesetzen, mit welchen bereits bestehendes Bundesrecht ergänzt oder geändert wurde, um die Abwicklung bestimmter öffentlicher Einrichtungen der ehemaligen DDR zu regeln. Genannt sei beispielsweise das Gesetz zur Änderung des Gesetzes über das Apothekenwesen in der Anl. I Kap. X Sachg. D Abschn. II. Nr. 21 a) zum EinigungsV. Dort wurde gemäß Nr. 21a, b) der genannten Anlage § 28a Abs. 4 Satz 1 in das bereits bestehende ApothekenwesenG eingefügt. Demnach waren die Bezirksapothekeninspektionen und Bezirksdirektionen des Apotheken-wesens aufzulösen. Im Gegensatz zum EinigungsV selbst wurde hier auch teilweise das Verfahren geregelt.[30] So bestimmte Nr. 21a, b), Abs. 7 der genannten Anlage etwa:

> „Die zuständige Behörde hat die in Treuhandschaft zu überführenden Apotheken zum Kauf oder zur Verwaltung auszuschreiben. Sie erteilt auf Antrag eine Option zum Kauf oder zur Verwaltung einer Apotheke. Die Entscheidung trifft durch Stimmenmehrheit eine Kom-mission, die sich zusammensetzt aus:
>
> 1. einem Vertreter der zuständigen Behörde als Vorsitzenden,
>
> 2. einem Vertreter der Treuhandanstalt,
>
> 3. drei Apothekern, von denen mindestens einer Apothekenleiter und einer Mitarbeiter ist. Diese Apotheker werden von der Landesapothekerkammer benannt. Solange die Lan-desapothekerkammer noch nicht besteht, werden sie von dem Landesverband des Verbandes der Apotheker benannt."

Auch Nr. 21a Abs. VIII der genannten Anlage beinhaltete detaillierte Voraus-setzungen, wann ein in der DDR ausgebildeter Pharmazieingenieur seine Apotheke weiterführen durfte. Detaillierte Regelungen fanden sich auch hinsichtlich der Rechtsverhältnisse der Soldaten der ehemaligen Nationalen Volksarmee.[31]

II. Neu in Kraft tretende Gesetze zur Abwicklung

Schließlich traten mit Wirksamwerden des EinigungsV auch neue Gesetze zur Abwicklung bestimmter Bereiche in Kraft. Das charakteristische Merkmal dieser Vorschriften war zu meist die Gründung einer rechtsfähigen öffentlichen Anstalt. Diese wurde sodann für den Vollzug der Abwicklung bevollmächtigt. Genannt sei

---

[30] Etwa § 28a Abs. 5 in der genannten Anlage zum EinigungsV.

[31] Z. B. Anl. I Kap. XIX Sachg. B Abschn. II Nr. zum EinigungsV.

beispielsweise das Gesetz zur Errichtung der Staatlichen Versicherung in Abwicklung[32]. Diese hatte nach § 1 Satz 2 die Rechtsform einer Anstalt des öffentlichen Rechts und hat gemäß § 3 Satz 1 die Abwicklung der Vertragsverhältnisse der ehemaligen Staatlichen Versicherung der DDR zur Aufgabe. Die Anstalt konnte sich dazu nach § 3 Satz 2 Halbsatz 1 auch anderer Unternehmen bedienen. Nach § 2 wurden die Rechte und Pflichten auf die Anstalt übertragen, welche bis zum Zeitpunkt des Wirksamwerdens des EinigungsV die Staatliche Versicherung der DDR wahrnahm. Weitere Regelungen wurden auch hinsichtlich ihrer Aufsicht getroffen. Ein weiteres Beispiel bildete das Gesetz über die Überleitung der Staatsbank Berlin[33], wonach gem. § 2 Abs. 1 der Bundesminister der Finanzen „das Vermögen der Staatsbank Berlin als Ganzes ohne Abwicklung im Wege der Gesamtrechtsnachfolge auf ein öffentlich-rechtliches Kreditinstitut oder einen anderen Rechtsträger (…)" übertragen konnte. Unter bestimmten Umständen waren nach § 2 Abs. 2 „die Leitungs- und Aufsichtsorgane der Staatsbank Berlin und der beteiligten Rechtsträger zu hören". Ähnlich wie Art. 27 Abs. 2 EinigungsV wurde auch hier eine Anhörungspflicht festgelegt. Abschließend sei das Gesetz über die Errichtung eines Fonds „Kreditabwicklungsfonds" erwähnt[34]. Dieser übernahm unter anderem die Kosten der Abwicklung der dort näher definierten Verbindlichkeiten der ehemaligen DDR.

D. Modifizierung bestehender Abwicklungsregelungen

Als dritte Kategorie enthielt der EinigungsV und seine Anlagen Verweise auf andere Gesetze zur Abwicklung. Eine überragende und in seiner Bedeutung nicht zu unterschätzende Rolle übernahm Art. 25 EinigungsV, wonach das Treuhandgesetz[35] nach Beitritt der DDR in modifizierter Form fortgalt. Dieses komplexe Regelwerk diente der Privatisierung und Reorganisation des ehemaligen sog. volkseigenen Vermögens der DDR. Die Modifizierungen betrafen u. a. die Rechtsform der Treuhandanstalt und das Aufsichtsrecht. Art. 25 Abs. 1 Satz 3 EinigungsV bestimmte, dass die Treuhandanstalt rechtsfähige bundesunmittelbare Anstalt des öffentlichen Rechts wurde. Die Fach- und Rechtsaufsicht wurde nunmehr dem Bundesminister der Finanzen übertragen, Art. 25 Abs. 1 Satz 3 EinigungsV. Das genaue Abwicklungsverfahren wird im Dritten Teil in § 14 A. III.[36] erläutert.

---

[32] Anl. I Kap. IV Sachg. B Abschn. II Nr. 45 zum EinigungsV.

[33] Anl. I Kap. IV Sachg. B Abschn. II Nr. 46 zum EinigungsV.

[34] Anl. I Kap. IV Sachg. B Abschn. II Nr. 47 zum EinigungsV.

[35] Gesetz zur Privatisierung und Reorganisation des volkseigenen Vermögens vom 17. Juni 1990, DDR GBl. 1990, Teil I, Nr. 33, S. 300.

[36] S. 137 ff.

E. Zwischenergebnis

Die Untersuchungen haben gezeigt, dass der Einigungsvertrag kein einheitliches Abwicklungsregime regelte, sondern nur punktuelle Regelungen enthielt, die weder unmittelbar noch mittelbar im Zusammenhang standen. Im Allgemeinen Teil des Einigungsvertrages fanden sich mit Ausnahme der Art. 21, 27 EinigungsV kaum Verfahrensvorschriften. Im Gegensatz hierzu fanden sich in den Anlagen zum EinigungsV teilweise sehr detaillierte Anordnungen mit der Pflicht zur Anhörung.

§ 2 Zur Begriffsbestimmung der Abwicklung

In Art. 13 Abs. 1 Satz 4 EinigungsV hieß es: „Die Landesregierung regelt die Überführung oder Abwicklung". Bevor spezifisch auf den Abwicklungsbegriff in Art. 13 Abs. 1 Satz 4 EinigungsV und im Treuhandgesetz eingegangen wird, soll analysiert werden, wie der Begriff der Abwicklung bzw. der Auflösung in der bundesdeutschen Rechtsordnung ausgelegt wird. Das Augenmerk wird dabei auf die Vorschriften des Grundgesetzes und des Gesellschaftsrechts gelegt.[37] Anschließend werden die Abwicklungsbegriffe im Kontext des Art. 13 Abs. 1 Satz 4 EinigungsV und des Treuhandgesetzes untersucht und herausgearbeitet, ob und inwieweit auf die bestehenden Abwicklungsbegriffe in der deutschen Rechtsordnung zurückgegriffen wurde.

A. Der Abwicklungs- bzw. Auflösungsbegriff in der deutschen Rechtsordnung

I. Grundgesetz

Die Begriffe der Abwicklung und der Auflösung finden sich in vereinzelten Regelungen des Grundgesetzes. Besondere Bedeutung kommt Art. 130 GG zu, der die Behördenabwicklung des nationalsozialistischen Staats regelt. Nach Art. 130 Abs. 1 Satz 2 GG unterstehen „Verwaltungsorgane und sonstige der öffentlichen Verwaltung oder Rechtspflege dienende Einrichtungen [...] der Bundesregierung. Diese regelt [...] die Überführung, Auflösung oder Abwicklung." Die Vorschrift sollte im Zuge des Inkrafttretens des GG der neugeschaffenen Bundesrepublik Deutschland erste Handlungsfähigkeit verleihen, indem die Entscheidungskompetenz direkt auf die Bundesregierung übertragen wurde, um Zeit zu sparen.[38] Dem

---

[37] Der Begriff der Abwicklung bzw. Auflösung findet sich in weiteren Gesetzen, wie bspw. im Gesetz über das Kreditwesen (KWG), dort etwa in § 20 Nr. 3 KWG, § 25 k KWG, § 38 KWG, § 24 c Abs. 1 Satz 1 Nr. 1 KWG, § 35 Abs. 2 a KWG.

[38] *Klein*, in: Maunz/Dürig, Grundgesetz Kommentar, Stand: 86. EL, 2019, Art. 130 GG, Rn. 3.

Wortlaut nach räumt die Norm drei Handlungsalternativen ein, nämlich die Auflösung, Abwicklung oder die Überführung. In Wirklichkeit handelt es sich lediglich um zwei Alternativen, nämlich in Form der Überführung und der Abwicklung als Folge der geregelten Auflösung.[39] Die Abwicklung ist lediglich die „Durchführung der Auflösung".[40] Eine größere Bedeutung kommt den Begriffen der Auflösung und der Abwicklung im GG allerdings nicht zu. Die restlichen Vorschriften behandeln größtenteils die Auflösung des Bundestages.[41]

II. Gesellschaftsrecht

Eine besondere Bedeutung kommen den Begriffen im Personen- und Kapitalgesellschaftsrecht zu. So benennt das HGB den Begriff der Auflösung in zahlreichen Vorschriften[42] und behandelt beispielsweise mögliche Auflösungsgründe in § 131 HGB. Dort wird die Auflösung der Gesellschaft von der Abwicklung und der Vollbeendigung abgegrenzt.[43] Die Abwicklung in Form der „Auseinandersetzung" ist die Rechtsfolge der Auflösung und bemisst sich nach den §§ 145 ff. HGB sowie subsidiär nach den §§ 730 ff. BGB.[44] Mit der juristischen Auflösung erlischt die Gesellschaft nicht, sondern tritt in das Stadium der Liquidation ein.[45] Gesellschaftszweck wird nun ihre ordnungsgemäße Abwicklung.[46] Die Vollbeendigung der Gesellschaft tritt ein, wenn diese infolge der Auseinandersetzung kein Aktivvermögen mehr besitzt und damit als Rechtssubjekt untergegangen ist.[47] Auflösung und Abwicklung sind also klar von einander abzugrenzen.

Analog zum HGB werden Auflösung und Abwicklung auch im GmbHG und im AktG einheitlich ausgelegt, etwa in § 60 GmbHG.[48] Dort wird die Auflösung ebenfalls als Einleitung in die Liquidationsphase und abschließender Vollbeendi-

---

[39] *Klein*, in: Maunz/Dürig, Grundgesetz Kommentar, Stand: 86. EL, 2019, Art. 130 GG, Rn. 22; *Mager*, in: v. Münch/Kunig, Kommentar zum Grundgesetz, 6. Auflage, 2012, Art. 130, Rn. 5 1597

[40] So einschließlich des Zitats *Mager*, in: v. Münch/Kunig, Art. 130 Rn. 5.

[41] Etwa Art. 58 GG, Art. 68 Abs. 1 Satz 2 GG, Art. 115h Abs. 3 GG, Art. 136 Abs. 2 Satz 2 GG.

[42] Z. B. § 9b Abs. 2 Satz 3 Nr. 2 HGB; § 34 Abs. 1 HGB; § 113 Abs. IV HGB; § 133 Abs. 1, 3; § 140 Abs. 1; § 143 Abs. 1; § 159 Abs. 1, 2, 4 HGB.

[43] *Lorz*, in: Ebenroth/Boujong/Joost/Strohn, Handelsgesetzbuch, 3. Aufl., 2014, § 131 HGB, Rn. 9; *Schmidt*, in: Schmidt, Münchener Kommentar z. HGB, § 131, Bd. 2, 2016, Rn. 6.

[44] *Lorz*, in: Ebenroth/Boujong/Joost/Strohn, § 131 HGB, Rn. 9, der den Begriff der Liquidation synonym für die Abwicklung verwendet.

[45] *Schmidt*, in: Schmidt, Münchener Kommentar z. HGB, § 131, Rn. 6.

[46] *Koch*, in: Goette/Habersack, Münchener Kommentar z. AktG, 4. Aufl., 2016, § 262, Rn. 12.

[47] *Schmidt*, in: Schmidt, Münchener Kommentar z. HGB, § 131, Rn. 6.

[48] Auch das GmbHG verwendet den Begriff der Auflösung an zahlreichen Stellen, etwa bei § 58b Abs. 1 GmbHG; §§ 60–62 GmbHG; § 77 Abs. 1 GmbHG.

gung beschrieben.[49] Dieselben Ausführungen gelten im Wesentlichen für die Auflösungsgründe des § 262 AktG.[50] Das BGB benennt den Begriff der Auflösung und der Abwicklung an zahlreichen Stellen[51], insbesondere im Recht der BGB-Gesellschaft in den §§ 705 ff. BGB. Dort gelten für die Auflösung der BGB-Gesellschaft nach § 730 Abs. 1 BGB die eben dargelegten Ausführungen. Die Abwicklung lässt sich damit als das Stadium zwischen Auflösung und Beendigung einordnen.

III. Einigungsvertrag

Die Begriffe der Abwicklung und der Auflösung fanden sich an zahlreichen Stellen im Einigungsvertrag wieder, beispielsweise in Art. 13 Abs. 1 Satz 4 EinigungsV, wonach die Landesregierung die Abwicklung der öffentlichen (Teil-)Einrichtungen regelte. Auch Art. 40 Abs. 2 EinigungsV sprach von der Abwicklung der Vereinbarungen zwischen der Bundesrepublik Deutschland oder den Bundesländern und der DDR, soweit sie durch die Wiedervereinigung gegenstandslos geworden waren. Der Begriff der Auflösung fand sich beispielsweise in Art. 23 EinigungsV, Art. 36 Abs. 6 Satz 2 oder in den Art. 38 Abs. 2 Satz 2, Abs. 7 EinigungsV. Allerdings fehlte im Einigungsvertrag und in seinen Anlagen eine Definition der Auflösung bzw. Abwicklung.[52] Über die Wortlauslegung ließ sich nicht ermitteln, ob den Begriffen der Auflösung und der Abwicklung im Einigungsvertrag dieselbe Bedeutung zukam wie im Grundgesetz bzw. im Gesellschaftsrecht. Daher wird im Folgenden der Abwicklungsbegriff in Art. 13 Abs. 1 Satz 4 EinigungsV unter Berücksichtigung der Rechtsprechung und der zeitgenössischen Literatur analysiert.

B. „Abwicklung"
im Sinne von Art. 13 Abs. 1 Satz 4 Einigungsvertrag

I. Entwicklung der Rechtsprechung

Das VG Berlin befasste sich in seinem Beschluss vom 20. 02. 1991 als eines der ersten Gerichte mit Art. 13 Abs. 1 Satz 4 EinigungsV und dessen Auslegung. Dabei leitete es aus der Wortwahl der „Abwicklung" eine bewusste Entscheidung der Vertragsparteien gegen die Verwendung des Begriffs der Auflösung ab. Weil die

---

[49] *Arnold*, in: Henssler/Strohn (Hrsg.), Gesellschaftsrecht, 4. Aufl., 2019, § 60 GmbHG, Rn. 4, 5; *Wicke*, in: Wicke, § 60 GmbHG, 3. Aufl., 2016, Rn. 1; zu der im jüngeren Schrifttum vertretenen Differenzierung zwischen Auflösung und Auflösungsreife *Koch*, in: Münchener Kommentar z. AktG, 4. Aufl., 2016, § 262, Rn. 13 m.w.N.

[50] *Koch*, in: Münchener Kommentar z. AktG, 4. Aufl., 2016, § 262, Rn. 12.

[51] Etwa die Auflösung des Vereins nach § 45 Abs. 1 BGB oder die Auflösung der Ehe im Rahmen des § 1378 Abs. 3 BGB.

[52] *Germelmann*, Die prozessuale Überprüfbarkeit der Auflösungsentscheidung nach Art. 13 EinigungsV, NZA 1991, 629, 630.

Abwicklung die Rechtsfolge der Auflösung ist, schlussfolgerte das Gericht daraus, dass alle (Teil-)Einrichtungen i.S.v. Art. 13 Abs. 1 Satz 4 EinigungsV bereits kraft Einigungsvertrags aufgelöst worden seien. Einer Auflösungsentscheidung hätte es nicht mehr bedurft. Es stützte sich darauf, dass der EinigungsV sehr wohl zwischen der Auflösung und der Abwicklung unterschieden habe, wie bspw. in Art. 38 Abs. 7 EinigungsV.[53] Entsprechend sei es der Wille der Parteien gewesen, mit der Wortwahl der „Abwicklung" zum Ausdruck zu bringen, dass alle unter Art. 13 EinigungsV fallenden Einrichtungen den Status einer „unselbstständigen Verwaltungseinheit" eingenommen hätten.[54] Das VG Berlin zog auch die historischen Umstände zur Argumentation heran. Hervorgehoben wurde das große Interesse an einer zügigen Umstrukturierung des zentralisierten Staatsaufbaus der ehemaligen DDR zum föderalen System der Bundesrepublik Deutschland. Ferner hätte die Verwaltung der ehemaligen DDR zügig erneuert werden müssen, da sie u. a. eine unverhältnismäßig große Anzahl an Beamten beschäftigt hätte. Ferner seien die Verwaltungseinheiten und öffentlichen Einrichtungen infolge des Untergangs der DDR unselbständig geworden und seien daher zur Disposition der Exekutive gestanden. Die zuständige Landesregierung habe auf Grundlage des Art. 13 Abs. 1 Satz 4 EinigungsV über das noch vorhandene Personal und den verbliebenen Sachmitteln der aufgelösten Einrichtungen entscheiden sollen. Entsprechend habe ihnen Art. 13 Abs. 1 Satz 4 EinigungsV „eine weite organisatorische Entscheidungsbefugnis" eingeräumt.[55]

Knapp zwei Monate nach der Entscheidung des VG Berlin befasste sich auch das BVerfG in seiner sog. Warteschleifenentscheidung vom 24.04.1991 mit der Auslegung der Begriffe der Abwicklung und Auflösung. Hierzu führte es aus:

> „Die Abwicklung einer Einrichtung setzt ihre Auflösung voraus. Das entspricht rechtlichem Sprachgebrauch. Danach bedeutet Abwicklung so viel wie ordnungsgemäße Beendigung. Abgewickelt oder liquidiert werden etwa handelsrechtliche Gesellschaften nach ihrer Auflösung [...]. Hinreichend bestimmt ist auch, was unter der Auflösung einer Einrichtung zu verstehen ist. Sie führt jedenfalls dazu, daß die Einrichtung als organisatorische Einheit nicht mehr fortbesteht."[56]

Das BVerfG bezog sich bei seiner Auslegung auf allgemeine Rechtsgrundsätze der deutschen Rechtsordnung, insbesondere auf die oben dargestellten gesellschaftsrechtlichen Auffassungen. Darüber hinaus bezog es sich auf die Auslegung des Art. 130 Abs. 1 GG und hob hervor, dass sich der EinigungsV „[a]n diesen Sprachgebrauch" angelehnt und „erkennbar dasselbe wie Art. 130 Abs. 1 GG" gemeint habe.[57] Entsprechend habe Art. 13 Abs. 1 Satz 4 EinigungsV nur zwei Re-

---

[53] VG Berlin, Beschl. v. 20.02.1991 – 7 A 25/91, LKV 1991, 173, 175.

[54] VG Berlin, Beschl. v. 20.02.1991 – 7 A 25/91, LKV 1991, 173, 175.

[55] So einschließlich des Zitats VG Berlin, Beschl. v. 20.02.1991 – 7 A 25/91, LKV 1991, 173, 175.

[56] BVerfG, Urt. v. 24.04.1991 – 1 BvR 1341/90, NJW 1991, 1667, 1668 unter C. III. 3. b).

[57] So einschließlich des Zitats BVerfG, Urt. v. 24.04.1991 – 1 BvR 1341/90, NJW 1991, 1667, 1668 unter C. III. 3. b).

gelungsalternativen eingeräumt, nämlich die Auflösung oder die Überführung. Ähnlich wie das VG Berlin betonte auch das BVerfG die Notwendigkeit der raschen Umstrukturierung und des Abbaus der Verwaltung der ehemaligen DDR, zog daraus aber einen anderen Rückschluss.[58] Der oben zitierten Begriffsauslegung der Abwicklung durch das BVerfG schloss sich die spätere Rechtsprechung einhellig an.[59] Allerdings verwendete die Rechtsprechung die Begriffe der Abwicklung und der Auflösung z.T. auch synonym.[60] Inwieweit diese Auslegung durch das BVerfG nach § 31 BVerfGG Bindungswirkung erzeugte, wird an dieser Stelle ausgeklammert und in § 7 E. I.[61] erläutert.

II. Rechtsauffassung der zeitgenössischen Literatur

In der zeitgenössischen Literatur war die Begriffsbestimmung Gegenstand unterschiedlicher Meinungen. Teilweise stimmten die Verfasser mit der Rechtsauffassung des BVerfG überein.[62] Ähnlich wie das VG Berlin argumentierte dagegen Denhard, dass sich die Vertragsparteien innerhalb von Art. 13 Abs. 1 Satz 4 EinigungsV bewusst für den Begriff der Abwicklung entschieden hätten.[63] Da die Abwicklung stets die Folge der Auflösung ist, seien die (Teil-)Einrichtungen kraft Einigungsvertrags aufgelöst worden. Eine gesonderte Auflösungsentscheidung durch die Landesregierungen sei daher nicht mehr notwendig gewesen.

Dies sei durch die Tatsache untermauert worden, dass der EinigungsV in den Art. 38 Abs. 2 Satz 3 sowie Abs. 7 EinigungsV sehr wohl zwischen der Abwicklung und der Auflösung unterschieden habe.[64] Auch der Vergleich mit Art. 130 Abs. 1 Satz 2 GG sei problematisch gewesen, denn dieser habe im Gegensatz zu Art. 13 Abs. 1 Satz 4 EinigungsV zwischen der Auflösung und der Abwicklung unterschieden.

---

[58] BVerfG, Urt. v. 24.04.1991 – 1 BvR 1341/90, NJW 1991, 1667, 1669 unter C. III. 3.c).

[59] Etwa KreisG Gera-Stadt, Urt. v. 23.05.1991 – 1 D 41/90, LKV 1991, 274; ArbG Berlin, Urt. v. 20.06.1991 – 98 Ca9794/90, LKV 1992, 100, 101; BVerwG, Urt. v. 12.06.1992 – 7 C 5/92, LKV 1992, 375, 376; KreisG Dresden, Urt. v. 05.06.1991 – 35 D 99/90, LKV 1991, 381; BezG Dresden, Urt. v. 17.06.1992 – 2 BDB 47/91, LKV 1993, 276, das sich allerdings nicht explizit auf das BVerfG beruft.

[60] Etwa KreisG Halle, Beschl. v. 25.02.1991 – 2 VG B 10/91, LKV 1991, 273, wenn es von der Rechtmäßigkeit der Abwicklung spricht und damit die Auflösungsentscheidung nach Art. 13 Abs. 1 Satz 4 EinigungsV meint.

[61] S. 120.

[62] Etwa N.N., Begriffe des Verwaltungsrechts, LKV 1992, 56 unter 4.

[63] Denhard, Hochschul-„Abwicklung"?, NJ 1991, 295, 296.

[64] Denhard, Hochschul-„Abwicklung"?, NJ 1991, 295, 296.

Auch Körting[65] schlussfolgerte aus der Begriffswahl der Abwicklung eine bewusste Entscheidung der Vertragsparteien, dass alle betroffenen Einrichtungen kraft Einigungsvertrags aufgelöst worden seien. Die historische Auslegung habe gegen einen Vergleich des Art. 13 Abs. 1 Satz 4 EinigungsV mit Art. 130 Abs. 1 Satz 2 GG gesprochen. 1949 sei mit der Bundesrepublik Deutschland ein neuer Staat gebildet worden. Ausgangspunkt sei die Regelung „des Übergangs rudimentärer Reste des früheren deutschen Staates auf den neuen Staat gewesen"[66]. Mit dem Beitritt der DDR sei aber kein neuer Staat erschaffen, sondern die Bundesrepublik Deutschland erweitert worden. Die historischen Umstände seien daher nicht vergleichbar und ein Rückgriff auf Art. 130 Abs. 1 Satz 2 GG nicht geboten.

III. Stellungnahme

Dem VG Berlin war einzugestehen, dass die zügige Umstrukturierung des ehemaligen DDR-Apparates und die Verringerung der personell überbesetzten Verwaltung zwei Ziele der Abwicklung darstellten. Vor diesem Hintergrund erschien die Möglichkeit, dass sich Vertragsparteien bewusst für den Begriff der „Abwicklung" entschieden hatten, vertretbar. Meiner Auffassung nach verkannten das VG Berlin und die Vertreter der zeitgenössischen Literatur jedoch, dass die Auflösung aller (Teil-)Einrichtungen der ehemaligen DDR nicht im Interesse der neuen Bundesländer stehen konnte. Zwar hätte die Auflösung aller (Teil-)Einrichtungen finanzielle Aufwendungen in Form von Lohnzahlungen vermindert. Auf der anderen Seite hätte der komplette Neuaufbau der Verwaltung, einschließlich solcher Einrichtungen von höchstem öffentlichen Interesse, die neu entstandenen Bundesländer wohl handlungsunfähig gemacht. Auch wäre nicht absehbar gewesen, wie viel Zeit ein solcher Neuaufbau in Anspruch genommen hätte und welche finanziellen Belastungen er erzeugt hätte. Das Gericht stützte sich zur Argumentation auf den Wortlaut des Art. 38 Abs. 7 EinigungsV. Wie im Zweiten Teil in § 4 C. I.[67] zu erläutern sein wird, waren die Art. 37, 38 EinigungsV im Wesentlichen die Verhandlungsergebnisse der Gemeinsamen Bildungskommission. Es war meines Erachtens naheliegend, dass der dort zum Ausdruck kommende Wortlaut durchaus vom restlichen EinigungsV abweichen konnte, weil er nicht von denselben Verhandlungsführern ausgearbeitet worden war. Außerdem hatte Art. 38 EinigungsV eine andere systematische Stellung

---

[65] Der Autor wurde am 22.06.1942 in Berlin geboren und war vom 16.06.2001 bis zum 30.11.2011 Senator für Inneres und Sport von Berlin. Das juristische Referendariat beendete er 1970 in Berlin ab. Seit 1971 ist er Mitglied der SPD und seit 1981 als Rechtsanwalt tätig. Von 1970 bis 1972 war er wissenschaftlicher Mitarbeiter am BVerwG. Von 1972 bis 1975 war er Richter am Verwaltungsgericht. Anschließend war er in der Kommunalpolitik in Berlin-Charlottenburg tätig. Vor seiner Tätigkeit als Senator war er u. a. 1989/90 Mitglied im Abgeordnetenhaus von Berlin.

[66] *Körting*, Keine gesonderte Anfechtung beider Abwicklung von Einrichtungen der ehemaligen DDR, NZA 1992, 205, 206.

[67] S. 66.

im EinigungsV als Art. 13 EinigungsV. Wie bereits erläutert, wurden die Regelungen des Einigungsvertrages in Fachgesprächen zwischen den einzelnen Bundesressorts mit den entsprechenden Ressorts der DDR ausgehandelt. Angesichts des extremen Zeitdrucks, unter welchem die Verhandlungen zu führen waren, liegen keine Anhaltspunkte dafür vor, dass ausdrücklich auf eine einheitliche Begriffsverwendung Wert gelegt wurde. Vor diesem Hintergrund ist nicht belegt, dass der Begriff der „Abwicklung" in Abgrenzung zu den Art. 37, 38 EinigungsV gewählt wurde. Vielmehr handelte es sich um eine unpräzise Ausdrucksweise, die hätte vermieden werden können. Das BVerfG bestätigte dies zumindest mittelbar im oben zitierten Urteil.

Bezüglich des historischen Argumentes ist Körting in rechtlicher Hinsicht zu widersprechen, dass mit der Bundesrepublik Deutschland ein neuer Staat entstanden sei. So führte das BVerfG in seinem Urteil vom 31.07.1973 folgendes aus:

> „Mit der Errichtung der BRD wurde nicht ein neuer westdeutscher Staat gegründet, sondern ein Teil Deutschlands neu organisiert (…). Die BRD ist also nicht ‚Rechtsnachfolger' des Deutschen Reiches, sondern als Staat identisch mit dem Staat ‚Deutsches Reich', – in bezug auf seine räumliche Ausdehnung allerdings ‚teilidentisch', so daß insoweit die Identität keine Ausschließlichkeit beansprucht."[68]

Mit der Bundesrepublik Deutschland wurde gerade kein neuer Staat gegründet. Vielmehr deuten die Ausführungen des BVerfG mit der „Neuorganisation" im Jahr 1949 auf eine mit der deutschen Wiedervereinigung vergleichbare Situation hin. „Neuorganisation" kann in diesem Zusammenhang mit der Auflösung und Implementierung neuer rechtlicher Strukturen gleichgesetzt werden. 1949 wie 1990 wurde ein diktatorisch regierender Staatsapparat, einschließlich seiner (Teil-)Einrichtungen zentraler Verwaltungsstrukturen, aufgelöst. Auch die deutsche Wiedervereinigung konnte als „Neuorganisation" betrachtet werden, da das Staatsgebiet der Bundesrepublik Deutschland infolge des Beitritts der ehemaligen DDR erweitert wurde. Vor dem Hintergrund erschien der historische Vergleich zwischen Art. 130 GG und Art. 13 GG hinsichtlich der Neuschaffung von Verwaltungsstrukturen durchaus gerechtfertigt.

C. „Abwicklung" im Sinne des Art. 25 EinigungsV in Verbindung mit dem Treuhandgesetz

Im TreuhG wurde der Begriff der Abwicklung nicht verwendet. Vielmehr sprach das Gesetz in § 8 Abs. 1 TreuhG von der „Stilllegung und Verwertung des Vermögens von nicht sanierungsfähigen Unternehmen oder Unternehmensteilen". Der Begriff der Stilllegung fand sich lediglich an dieser Stelle. Die Verwertung des volkseigenen Vermögens fand sich in den §§ 2 Abs. 1, 7 Abs. 1 TreuhG wieder. Wie der Untersuchungsausschuss des Deutschen Bundestages ausführte, ersetzte die Treuhand-

---

[68] BVerfG, NJW 1973, 1539, 1540.

anstalt im Laufe der Zeit den Begriff der „Stilllegung" und sprach fortan von „Abwicklung":

„Für den Begriff der ‚Stilllegung' verwandte die Treuhandanstalt später den Begriff ‚Abwicklung'. Durch die andere Bezeichnung wollte sie zum Ausdruck bringen, daß die Abwicklung eines Unternehmens nicht unbedingt mit der vollständigen Einstellung seiner wirtschaftlichen Aktivitäten gleichbedeutend ist."[69]

Definiert wurde die Abwicklung nach handelsrechtlicher Auslegung, nämlich als „Aufgabe [...], nach Auflösung einer Handelsgesellschaft die persönlichen und vermögensrechtlichen Bindungen der Gesellschaft zu lösen, um so ihre Beendigung herbeizuführen".[70] Im Gegensatz zum Begriff der Stilllegung sollte der Ausdruck „Abwicklung" klarstellen, dass die Abwicklung nicht zwangsläufig zur umfassenden Betriebseinstellung führen musste.[71] Die juristische Grundlage zur Abwicklung bildeten in Abhängigkeit von der Rechtsform des Unternehmens die §§ 262 ff. AktG und die §§ 60 ff. GmbHG.[72] Die Anwendbarkeit dieser Gesetze ergab sich aus Art. 8 EinigungsV, wonach sinngemäß auf dem Gebiet der ehemaligen DDR das Recht der Bundesrepublik Deutschland Anwendung fand, soweit nichts anderes bestimmt war.

Der EinigungsV sprach in Art. 25 Abs. 1 Satz 1 EinigungsV lediglich von der Aufgabe der wettbewerblichen Strukturierung und Privatisierung, ohne dies näher zu konkretisieren.[73] Im Übrigen verwies er auf das TreuhG. Dieses benannte in § 8 Abs. 1 TreuhG die Stilllegung und Verwertung des Vermögens von nicht sanierungsfähigen Unternehmen und Unternehmensteilen.

Zu Recht verwies Stober darauf, dass sich die Aufgaben der Sanierung und der Privatisierung nicht klar voneinander trennen ließen.[74] Die Stillegung und Verwertung kamen nur in Betracht, sofern das Unternehmen nicht-sanierungsfähig war.[75] Insoweit waren die Stillegung und Verwertung im Verhältnis zur Sanierung und Privatisierung als ultima ratio anzusehen. Die Stillegung wurde auch in der Satzung der Treuhandanstalt[76] verankert. So hieß es in § 3 der Satzung, dass die Treuhandanstalt zur Durchführung ihrer Aufgaben die Auflösung von nicht sanierungsfähigen

---

[69] Untersuchungsausschuss des Deutschen Bundestages, Bericht vom 29.08.1994, Drs. 12/8404, S. 73, aufgerufen am 25.07.2018 unter http://dipbt.bundestag.de/doc/btd/12/084/1208404.pdf.

[70] Untersuchungsausschuss des Deutschen Bundestages, Bericht vom 29.08.1994, Drs. 12/8404, S. 73, aufgerufen am 25.07.2018 unter http://dipbt.bundestag.de/doc/btd/12/084/1208404.pdf.

[71] *Wandel*, Abwicklung nicht sanierungsfähiger Unternehmen durch die Treuhandanstalt, in: Fischer/Hax/Schneider, Treuhandanstalt. Das Unmögliche wagen, 1993, S. 284.

[72] *Wandel*, Abwicklung nicht sanierungsfähiger Unternehmen durch die Treuhandanstalt, in: Fischer/Hax/Schneider, Treuhandanstalt. Das Unmögliche wagen, 1993, S. 284.

[73] *Stober*, Zum Sanierungsauftrag der Treuhandanstalt, Studien zum öffentlichen Wirtschaftsrecht, Bd. 28, Köln, Berlin, Bonn, München 1993, S. 11.

[74] *Stober*, Sanierungsauftrag der Treuhandanstalt, S. 13.

[75] *Stober*, Sanierungsauftrag der Treuhandanstalt, S. 17.

[76] Satzung der Treuhandanstalt v. 18.07.1990, DDR GBl., 1990, Teil I, Nr. 33, S. 300.

Unternehmen beschließen konnte.[77] Wandel differenzierte den Abwicklungsbegriff und unterschied zwischen der Abwicklung als Verfahren zur Unternehmensauflösung, der Abwicklung als zeitlichem Prozess und der Abwicklung als Bezeichnung für die Organisationseinheit in der Treuhandanstalt.[78]

Im Gegensatz zu Art. 13 Abs. 1 Satz 4 EinigungsV wurde hierbei keine Diskussion um den rechtlichen Bedeutungsgehalt der „Stilllegung" oder der „Verwertung" geführt. Wie im Ersten Teil dargestellt, entbrannten bezüglich Art. 13 Abs. 1 Satz 4 EinigungsV juristische Meinungsverschiedenheiten hinsichtlich der Begriffsbestimmung der Abwicklung.[79] Eine ähnlich geartete Diskussion wurde im Rahmen der Abwicklung der Treuhandanstalt nicht geführt. Insofern lässt sich feststellen, dass hierbei eine größere Rechtssicherheit als bei Art. 13 Abs. 1 Satz 4 EinigungsV vorherrschte.

§ 3 Zusammenfassung und Schlussfolgerung

Als Ergebnis ist festzuhalten, dass der EinigungsV hinsichtlich der Abwicklungsvorschriften keiner klaren Systematik folgte. Neben den oben erwähnten drei Kategorien, in welchen sich die Vorschriften einteilen ließen, regelten die Vorschriften stets die Zuständigkeit, aber kaum das anzuwendende Verfahren. Ein allgemeines Abwicklungsregime wurde nicht geregelt. Ob die allgemeinen Regelungen des VwVfG anwendbar waren, ließ der EinigungsV ebenso offen wie die Regelung eines möglichen Rechtsbehelfs betroffener Einrichtungen bzw. ihrer Arbeitnehmer gegen die Abwicklung. Im Gegensatz hierzu enthielten die Anlagen zum EinigungsV ausdifferenziertere Regelungen. Charakteristisch war hierbei die Errichtung einer rechtsfähigen Anstalt öffentlichen Rechts zur Abwicklung eines bestimmten Bereichs. Eine ausdrückliche Anhörungspflicht betroffener Einrichtungen fand sich nur an vereinzelten Stellen. Wie u. a. im Zweiten Teil in § 7[80] zu zeigen sein wird, waren die Folgen der fehlenden Verfahrensvorschriften bei Art. 13 Abs. 1 Satz 4 EinigungsV Gegenstand unterschiedlicher, teils konträr zu einanderstehender Meinungen. In prozessualer Hinsicht (§ 11[81]) stellte sich außerdem die Frage, ob und wie den betroffenen (Teil-)Einrichtungen bzw. deren Arbeitnehmern Rechtsschutz gewährt werden konnte.

Des Weiteren ist festzuhalten, dass sich der Begriff der Abwicklung in Art. 13 Abs. 1 Satz 4 EinigungsV wesentlich von der Stilllegung und Verwertung im Sinne des § 8 Abs. 1 TreuhG unterschied. Art. 13 Abs. 1 Satz 4 EinigungsV war entgegen

---

[77] § 3, Spiegelstrich Nr. 5 der Satzung der Treuhandanstalt.

[78] *Wandel*, Abwicklung nicht sanierungsfähiger Unternehmen durch die Treuhandanstalt, S. 284, in: Fischer/Hax/Schneider, Treuhandanstalt. Das Unmögliche wagen, 1993.

[79] § 2 B., S. 44 ff.

[80] S. 94 ff.

[81] S. 151 ff.

seinem Wortlaut dahingehend auszulegen, dass die Landesregierung nicht die Abwicklung, sondern die Auflösung regelte. Art. 130 Abs. 1 GG diente insoweit als Vorbildnorm des Art. 13 Abs. 1 Satz 4 EinigungsV. Art. 130 Abs. 1 GG räumte lediglich zwei Handlungsalternativen in Form der Überführung und der Auflösung ein. Auch die Rechtsprechung befasste sich mit dem Abwicklungsbegriff des Art. 13 Abs. 1 Satz 4 EinigungsV. Während das VG Berlin aus dem Wortlaut des Art. 13 Abs. 1 Satz 4 EinigungsV die automatische Auflösung aller Verwaltungsorgane und öffentlichen Einrichtungen ableitete, schloss sich die Rechtsprechung später dem BVerfG an. Das BVerfG orientierte sich dabei an der Vorbildnorm des Art. 130 Abs. 1 GG sowie dem üblichen Sprachgebrauch der Abwicklung als Folge der Auflösung. In der zeitgenössischen Literatur hingegen bildete sich kein Konsens heraus.

Im Gegensatz hierzu wurden im Treuhandgesetz die Begriffe der Stilllegung und der Verwertung verwendet. Die Stilllegung musste nach der Intention des Gesetzgebers nicht zwingend zur umfassenden Betriebsaufgabe führen musste. Erst später verwendete die Treuhandanstalt anstatt der Stilllegung den Begriff der Abwicklung. Der juristische Spielraum des Treuhandgesetzes reichte damit wesentlich weiter als Art. 13 Abs. 1 Satz 4 EinigungsV, der ausschließlich die Auflösungsentscheidung einräumte, aber nicht die Regelung der Abwicklung.

Wie zu zeigen sein wird, stellen Art. 13 Abs. 1 Satz 4 EinigungsV und § 8 Abs. 1 TreuhG höchst unterschiedliche Voraussetzungen zur Auflösung bzw. zur Abwicklung auf. Aus diesem Grund wird die Hochschulauflösung auf Grundlage des Art. 13 Abs. 1 Satz 4 EinigungsV und die Abwicklung der Interflug auf Grundlage des Treuhandgesetzes im Zweiten Teil und im Dritten Teil getrennt voneinander analysiert.

Zweiter Teil

Hochschulauflösung auf Grundlage von Art. 13 Abs. 1 S. 4 EinigungsV

§ 4 Die Entwicklung der Hochschuleinrichtungen in der ehemaligen DDR bis zum Zeitpunkt der Auflösung

A. Der Weg der Hochschulen zur „sozialistischen Einrichtung"

Ernst-Joachim Gießman, ehemaliger DDR Minister für das Hoch- und Fachschulwesen:[1]

> „Unsere Hochschulen müssen sozialistische Fachleute ausbilden, die in sozialistischer Gemeinschaftsarbeit die notwendigen Pionierleistungen in Wissenschaft und Technik erzielen."[2]

Nach der Wiedervereinigung wurden weite Teile der Hochschullandschaft der ehemaligen DDR aufgelöst. Nicht selten wurden an den neu errichteten Fakultäten in den neuen Bundesländern ausschließlich westdeutsche Dekane berufen.[3] Die Einschätzung von Bath, wonach die „Bedeutung der Behördenabwicklung […] überschätzt" werde, erscheint zumindest im Hinblick auf die Hochschuleinrichtungen der ehemaligen DDR fragwürdig. Beispielsweise wurden im Land Sachsen-Anhalt zum Zeitpunkt des 21.02.1991 die in Abbildung 1[4] aufgelisteten Sektionen bzw. Institute auf Grundlage des Art. 13 Abs. 1 Satz 4 EinigungsV abgewickelt.[5] Bei den aufgelösten Hochschuleinrichtungen handelte es sich um 16 wissenschaftliche Einrich-

---

[1] Ernst-Joachim Gießmann lebte vom 12.02.1919 bis zum 17.10.2004 und war Physiker und Hochschullehrer. Zur Biographie: *Müller-Enbergs/Wielgohs/Hoffmann/Herbst/Kirschey-Feix*, Wer war wer in der DDR?, abrufbar in der Datenbank der Bundesstiftung zur Aufarbeitung der SED-Diktatur („Bundesstiftung") unter https://www.bundesstiftung-aufarbeitung. de/wer-war-wer-in-der-ddr-%2363%3B-1424.html?ID=992, aufgerufen am 02.07.2018.

[2] So der DDR-Minister für das Hoch- und Fachschulwesen Gießman, zitiert in: *N.N.*, Gesunde Ehe, Der Spiegel v. 17.03.1969, S. 41.

[3] *Leptien*, DtZ 1994, 14, 15 m.w.N.

[4] S. 53.

[5] Angelehnt an die tabellarische Übersicht v. *Helm* in einem nicht öffentlichen Brief vom Ministerium für Bildung, Wissenschaft und Kultur des Landes Sachsen-Anhalt („MiBWK-SA") vom 21.02.1991 an das Bundesministerium für Bildung und Wissenschaft („BBW") mit dem Betreff: Daten zum wissenschaftlichen Personal der Hochschulen, in: Landesarchiv Sachsen-Anhalt („LASA"), L 2, Nr. 651.

tungen mit etwa 650 Angestellten.[6] Der größte Anteil entfiel auf die Martin-Luther-Universität Halle-Wittenberg mit 220 Beschäftigten. Auch der überwiegende Teil der veröffentlichten Gerichtsentscheidungen zu Art. 13 Abs. 1 Satz 4 EinigungsV steht im Kontext der Abwicklung von Sektionen und anderen Hochschuleinrichtungen der ehemaligen DDR, was die Relevanz der Thematik unterstreicht.[7] Das oben genannte Zitat des ehemaligen DDR Ministers für Hoch- und Fachschulwesen Gießman offenbart dabei, was die Hochschuleinrichtungen in der ehemaligen DDR nicht waren: Ein Ort der freien Forschung und Lehre. Der Deutsche Bundestag sprach in diesem Zusammenhang von einer „durch zentralistische Lenkung und falsche inhaltliche und strukturelle Entscheidungen fehlgeleitete, in breiten Bereichen zum Mißerfolg geführte Wissenschaft".[8] Dieser Zustand bestand allerdings nicht schon seit der Gründung der DDR. Vielmehr unterlagen die Hochschulen ab 1949 einem tiefgreifenden Wandel infolge der drei Hochschulreformen. Der hierdurch geschaffene rechtliche Status der Hochschuleinrichtungen spielte eine wesentliche Rolle im Rahmen ihrer späteren Auflösung.[9] Daher werden im Folgenden die drei Hochschulreformen erläutert und insbesondere die III. Hochschulreform analysiert (§ 4 A. I.–III.). Anschließend wird noch die Entwicklung bis zum Zeitpunkt der Wirksamkeit des EinigungsV beleuchtet (§ 4 B.). Schließlich werden unter § 4 C. die politischen Vorbereitungsmaßnahmen für die spätere Abwicklung erläutert.

Die Ausführungen fokussieren sich ausschließlich auf die Entwicklung der Hochschuleinrichtungen und erheben nicht den Anspruch, die Wissenschaft und Forschung in der ehemaligen DDR im Allgemeinen zu beurteilen.[10] Ebenso ausgeklammert bleiben Ausführungen zu den Hochschulen der Ministerien der ehe-

---

[6] *Helm*, Nicht-öffentlicher Brief an BBW vom 21.02.1991 an das Bundesministerium für Bildung und Wissenschaft mit dem Betreff: Daten zum wissenschaftlichen Personal der Hochschulen, S. 3, in: LASA, L 2, Nr. 651.

[7] Etwa: KreisG Leipzig-Stadt, Urt. v. 29.01.1992 – I K 218/91, LKV 1993, 101 ff. bzgl. der Abwicklung der Sektion Sozial- und Politikwissenschaften der Friedrich-Schiller-Universität Jena; KreisG Halle, Beschl. v. 25.02.1991 – 2 VG B 10/91, LKV 1991, 273 ff. hinsichtlich vorläufigen Rechtsschutzes durch die Sektion Marxistisch-Leninistische Philosophie MLU.

[8] Deutscher Bundestag, Denkschrift zum Einigungsvertrag, 31.08.1990, Drs. 11/7760, S. 355, 375, abgerufen am 06.12.17 unter: http://dip21.bundestag.de/dip21/btd/11/077/1107760.pdf.

[9] Teilweise wird die Entwicklung der Hochschullandschaft der ehemaligen DDR auch in 5 Phasen eingeteilt, so etwa *Kehm*, Hochschulen in Deutschland. Entwicklung Probleme, Perspektiven, Bundeszentrale für politische Bildung, abgerufen am 05.08.2018 unter http://www.bpb.de/gesellschaft/bildung/zukunft-bildung/205721/hochschulen-in-deutschland?p=all.

[10] Einblicke gewährt Reich, der ab 1980 als Professor für Biomathematik am Zentralinstitut für Molekularbiologie in Berlin-Buch tätig war, im Interview mit *Kuhrt*, „Ich hatte Angst vor den verborgenen Überwachern", Interview v. 11.11.2014, abgerufen am 27.09.2018 auf Spiegel Online unter http://www.spiegel.de/wissenschaft/mensch/mauerfall-ddr-forscher-reich-angst-vor-den-ueberwachern-a-999790.html.

maligen DDR, etwa den Hochschuleinrichtungen des Ministeriums für Nationale Verteidigung oder des Ministeriums des Inneren.[11]

Name der Hochschule bzw. Universität	Abzuwickelnder Bereich
Technische Hochschule „Otto-von-Guericke" Magdeburg (TUM)	• Sektion Wirtschaftswissenschaften • Sektion Marxismus/Leninismus und Nachfolgeorganisationen (Aufbaustab Institut für Politikwissenschaft)
Pädagogische Hochschule Magdeburg (PHM)	• Institut für Sozialwissenschaften • Institut für Pädagogik • Institut für Psychologie
Martin-Luther-Universität Halle-Wittenberg	• Sektion Staats- und Rechtswissenschaften • Sektion Wirtschaftswissenschaften • Sektion Philosophie • Sektion Marxismus-Leninismus und Nachfolgeorganisation
Pädagogische Hochschule Halle-Köthen (PHH)	• Institut für Aus- und Weiterbildung von Fachschullehrern (keine Neugründung) • Bereich für internationale pädagogische Zusammenarbeit (keine Neugründung) • Fachbereich Erziehungswissenschaft mit den Lehrstühlen Pädagogik, Didaktik, Psychologie
Hochschule für Land- und Nahrungsgüterwirtschaft Bernburg (HSB)	• Institut für Volkswirtschaftslehre • Institut für Recht- und Sozialwissenschaften • Institut für Agrarpolitik und Marktlehre • Institut für Betriebswirtschaftslehre
Technische Hochschule Köthen (THK)	• Fakultät Wirtschaftswissenschaften
Technische Hochschule Leuna-Merseburg (THLM)	• Sektion Wirtschaftswissenschaften • Institut für Unternehmensführung • Sektion Philosophie und Sozialwissenschaft und Nachfolgeorganisation

Abbildung 1: Abwicklungsliste für Sachsen-Anhalt. Stand: 21.02.1991

---

[11] Hierzu ausführlich *Burkhardt*, Militär- und Polizeihochschulen in der DDR. Wissenschaftliche Dokumentation, hrsg. vom Institut für Hochschulforschung an der Martin-Luther-Universität Halle-Wittenberg. Wittenberg 2000.

I. Erste Hochschulreform

Eine erste Hochschulreform wurde im Zeitraum von 1945 bis 1951 durchgeführt. Ausgehend von Befehl Nr. 50 vom 04. 09. 1945 der Sowjetischen Militäradministration in Deutschland, wurden sechs Universitäten allerdings unter Schließung einiger Fakultäten wiedereröffnet.[12] Die Wiedereröffnung ging dabei mit der Entnazifizierung einher. Das als nationalsozialistisch eingestellte Personal wurde entlassen und gleichzeitig der erleichterte Hochschulzugang für Arbeiter- und Bauernkinder auf den Weg gebracht.

II. Zweite Hochschulreform

Den Beginn der zweiten Hochschulreform markierte das Jahr 1958.[13] Teilweise wird auch auf das Jahr 1951 abgestellt.[14] Kernmaßnahme dieser Reform war die Verquickung von Studium und Ideologie.[15] So wurde das „gesellschaftswissenschaftliche Grundstudium" im ersten Studienjahr für jeden Studenten verpflichtend.[16] Im Mittelpunkt standen dabei die Fächer Marxismus-Leninismus, die Politische Ökonomie, der dialektische sowie der historische Materialismus.[17] Dieses Grundstudium wurde später in „marxistisch-leninistisches Grundstudium" umbenannt und existierte bis zum Herbst 1989.[18] Infolgedessen wurden hierfür eigene Institute bzw. Sektionen geschaffen.

---

[12] Etwa die Schließung der Rechts- und Staatswissenschaftlichen Fakultät der Universität Greifswald von 1946 bis 1991 oder die Schließung der Juristischen Fakultät der Universität Rostock im Jahr 1950.

[13] Deutscher Bundestag, Bericht der Bunderegierung zur Wissenschaft und Forschung im geteilten Deutschland, 08. 09. 1969, Drs. V/4631, S. 16, abgerufen am 06. 12. 2017 unter: http:// dipbt.bundestag.de/doc/btd/05/046/0504631.pdf.

[14] So die Internetpräsenz der Fakultät Wirtschaftswissenschaften der Humboldt-Universität zu Berlin, abgerufen am 06. 12. 2017 unter: http://hicks.wiwi.hu-berlin.de/history/start.php?ty pe=iireform&links=0.

[15] Deutscher Bundestag, Bericht der Bunderegierung zur Wissenschaft und Forschung im geteilten Deutschland, 08. 09. 1969, Drs. V/4631, S. 16, abgerufen am 06. 12. 2017 unter: http:// dipbt.bundestag.de/doc/btd/05/046/0504631.pdf.

[16] So die Internetpräsenz der Fakultät Wirtschaftswissenschaften der Humboldt-Universität zu Berlin, abgerufen am 06. 12. 2017 unter: http://hicks.wiwi.hu-berlin.de/history/start.php?ty pe=iireform&links=0.

[17] So die Internetpräsenz der Fakultät Wirtschaftswissenschaften der Humboldt-Universität zu Berlin, abgerufen am 06. 12. 2017 unter: http://hicks.wiwi.hu-berlin.de/history/start.php?ty pe=iireform&links=0.

[18] *Ploenus*, Wie der Marxismus-Leninismus aus den Universitäten der DDR verschwand. Das Beispiel Jena, in: Hallische Beiträge zur Zeitgeschichte, 2006/1 (Heft 16), S. 67.

III. Dritte Hochschulreform

Die dritte Hochschulreform stellte die einschneidenste und prägendste Veränderung der Hochschullandschaft der DDR dar.[19] Der Beginn der Reform wird zeitlich unterschiedlich eingeordnet. Teils wird auf das Jahr 1965[20] bzw. auf das Jahr 1966[21] abgestellt. Das Ende dieser Phase markierte das Jahr 1971. Ein Eckpfeiler dieser Reform war der VII. Parteitag der SED im Jahr 1967. Dort wurde die Einbindung von Lehre und Forschung in die langfristigen Wirtschaftspläne beschlossen.[22] Die wesentlichen Maßnahmen dieser Reform erstrecken sich auf vier Bereiche. Hierzu zählen die Struktur der Hochschulen (1.), die Forschung (2.) sowie die Aus- und Weiterbildung (3.).[23]

1. Organisationsstrukturen der Hochschulen

Die maßgebliche Reform der Hochschulstruktur bestand im Ersatz der bisherigen Fakultäten durch sogenannte Sektionen.[24] Diese sollten einen engen Kontakt zur Wirtschaft pflegen. Insgesamt wurden 900 Institute der Universitäten und Hochschulen umstrukturiert und 170 Sektionen gebildet.[25] Dabei sei vorangestellt, dass der Name „Universität" in der DDR nicht dieselbe Bedeutung hatte wie in der Bundesrepublik Deutschland. Die DDR setzte, im Gegensatz zur Bundesrepublik Deutschland, auf Spezialuniversitäten und nicht auf die Gründung von Universitäten mit einem breiten Fächerkanon. Zwar erhielten einzelne Hochschulen, beispielsweise die Technische Hochschule Dresden oder die Technischen Hochschule Chemnitz, den Titel „Universität" verliehen.[26] Dabei wurde allerdings kein Wert daraufgelegt, das Fächerspektrum weiter zu entfalten, sodass es sich nicht um klassische Volluniversitäten handelte.

Innerhalb des Hochschulbaus wurden die akademischen Senate durch die „Wissenschaftlichen Räte", die „Gesellschaftlichen Räten" und durch das Konzil

---

[19] *Lambrecht*, Neuparzellierung einer gesamten Hochschullandschaft, in: die hochschule, Ausgabe 02/2007, S. 171, der diese Reform mit einer „Neuparzellierung" oder einer „Umpflügelung" gleichsetzt.

[20] *Lambrecht*, Neuparzellierung, S. 171.

[21] Deutscher Bundestag, Bericht der Bunderegierung zur Wissenschaft und Forschung im geteilten Deutschland, 08.09.1969, Drs. V/4631, 16, abgerufen am 06.12.2017 unter: http://dipbt.bundestag.de/doc/btd/05/046/0504631.pdf.

[22] *N.N.*, Gesunde Ehe, Der Spiegel v. 17.03.1969, S. 41.

[23] *Lambrecht*, Neuparzellierung, in: die hochschule, Ausgabe 02/2007, 171, 178, 180, 181, 185.

[24] *N.N.*, „Mit dem Latein am Ende", Der Spiegel v. 23.06.1969, S. 90.

[25] *Lambrecht*, Neuparzellierung, in: die hochschule, Ausgabe 02/2007, S. 171, 178, 179.

[26] *Teymouri*, Interview mit Meyer v. 09.05.2018.

ersetzt.[27] Der „Wissenschaftliche Rat" beriet die Hochschulleitung hinsichtlich der wissenschaftlichen Entwicklung der Einrichtungen. Auch der „Gesellschaftliche Rat" hatte eine beratende Funktion und konzentrierte sich auf die Außenbeziehungen der Hochschulen.[28] Die rechtliche Position des Hochschulrektors wurde unter anderem dadurch gestärkt, dass ihm der Sektionsdirektor direkt unterstellt wurde.[29]

2. Forschung

Das Forschungsfeld der ehemaligen DDR war bis zur dritten Hochschulreform eine uneinheitliche Landschaft. Die Forschungseinrichtungen waren nicht miteinander vernetzt und handelten selbstständig.[30] Als Folge hiervon entwickelten sie Forschungsvorhaben teilweise doppelt.[31] Aus diesem Grund wurden die Forschungsinstitute und Kooperationspartner nunmehr zum gegenseitigen Forschungsaustausch verpflichtet. Darüber hinaus sollten die Vorhaben der Institute in der staatlichen Forschungsplanung berücksichtigt werden. Das übergeordnete Ziel war eine „sozialistische Großforschung".[32] Erreicht werden sollte dieses Ziel mitunter durch staatlich gelenkte Investitionen.[33] Die Forschung wurde zumindest für den Bereich der Sozial- und Geisteswissenschaften teilweise auf externe Forschungseinrichtungen ausgelagert, auf die sog. Akademien.[34] Hierzu zählten im Bereich der Rechtswissenschaften beispielsweise die Akademie für Rechts- und Staatswissenschaften in Potsdam-Babelsberg oder das Institut für Rechtswissenschaften der Akademie der Wissenschaften in Berlin-Ost. Eine strikte Trennung von Lehre und Forschung hat in der DDR allerdings nicht stattgefunden.[35] Dies wird durch eine Studie des Wissenschaftsrates aus dem Jahre 1990 belegt, wonach im Jahr 1984 55 % der im Science Citation Index registrierten DDR-Veröffentlichungen aus den Hochschulen stammten und nur 33 % aus den Akademien.[36] Infolge der zentralen Planung der Forschungsinhalte, hatte die SED direkte Einflussnahmemöglichkei-

---

[27] So einschließlich des Zitats *N.N.*, „Mit dem Latein am Ende", Der Spiegel v. 23. 06. 1969, S. 90.

[28] *Lambrecht*, Neuparzellierung, in: die hochschule, Ausgabe 02/2007, S. 171, 179.

[29] *Lambrecht*, Neuparzellierung, in: die hochschule, Ausgabe 02/2007, S. 171, 180.

[30] *Lambrecht*, Neuparzellierung, in: die hochschule, Ausgabe 02/2007, S. 171, 180.

[31] *Lambrecht*, Neuparzellierung, in: die hochschule, Ausgabe 02/2007, S. 171, 180.

[32] So einschließlich des Zitats *Lambrecht*, Neuparzellierung, in: die hochschule, Ausgabe 02/2007, S. 171, 180.

[33] *Lambrecht*, Neuparzellierung, in: die hochschule, Ausgabe 02/2007, S. 171, 181.

[34] Wissenschaftsrat, Empfehlungen zu Forschung und Lehre auf dem Gebiet der Rechtswissenschaften in den neuen Ländern, Drs. 96/91, S. 9, abgerufen am 09. 09. 2017 unter: https://www.wissenschaftsrat.de/download/archiv/96-91.pdf.

[35] *Meyer*, In keiner Schublade, S. 131.

[36] Entnommen bei *Meyer*, In keiner Schublade, S. 131.

ten.[37] Eine dieser Möglichkeiten bestand in der Vorgabe des Forschungsthemas durch den Forschungsrat. Die Wahl eines eigenen Forschungsthemas blieb die Ausnahme. Aufgrund der Bindung an die sozialistischen Leitgedanken existierten auch keine abweichenden oder konkurrierenden Meinungsdarstellungen. Wer eine abweichende eigenständige Meinung kundtat, musste mit dem Ende der Karriere rechnen, da eine individuelle Ansicht in den Augen des DDR Regimes von einer mangelnden sozialistischen Persönlichkeit zeugen konnte.

3. Ausbildung

a) Erleichterter Hochschulzugang

Ferner wurde das Studium nunmehr aufgeteilt in ein 4-jähriges Grund-, Fach- und Spezialstudium, sowie ein etwa drei Jahre andauerndes Forschungsstudium.[38] Die Zahl der Studenten sollte nach dem Willen von Walter Ulbricht[39] bis 1975/1976 um das 2,5fache gesteigert werden. Diesem Ziel diente das Bildungsgesetz von 1965[40]. Es gewährte fortan einen erleichterten Zugang zu den Hochschulen, wovon insbesondere Menschen aus Arbeiter- und Bauernfamilien profitierten. Das Leitmotiv dieser Maßnahmen sollte auch den sog. Antifaschismus im Hochschulbau fördern.

b) Verquickung von Wissenschaft und Wirtschaft

Infolge der hierdurch erhöhten Studentenanzahl sollte ein Schwerpunkt auf den naturwissenschaftlich-technischen Bereich gelegt werden. Die „Praxisnähe" war dabei ein Eckpfeiler und Leitmotiv dieser Bildungsreform. Tatsächlich rückte der Marxismus-Leninismus durch diese Reform noch stärker in den Mittelpunkt.[41] Nach dem Willen des SED Regimes sollten die Universitäten „sozialistische Fachleute ausbilden, die in sozialistischer Gemeinschaftsarbeit die notwendigen Pionierleis-

---

[37] Wissenschaftsrat, Empfehlungen, Drs. 96/91, S. 4, abgerufen am 09.09.2017 unter: https://www.wissenschaftsrat.de/download/archiv/96-91.pdf.

[38] *N.N.*, Gesunde Ehe, Der Spiegel v. 17.03.1969, S. 41; ausführlich zum Inhalt der einzelnen Studiumsphasen: Prinzipien zur weiteren Entwicklung der Lehre und Forschung an den Hochschulen der DDR, in: Hochschulinformationen der Zentralstelle für Gesamtdeutsche Hochschulfrage, 18. Jg., Heft 3/4, 1967, S. 43–48, veröffentlicht in: Deutscher Bundestag, Bericht der Bunderegierung zur Wissenschaft und Forschung im geteilten Deutschland, 08.09. 1969, Drs. V/4631, 90, 91, abgerufen am 06.12.2017 unter: http://dipbt.bundestag.de/doc/btd/ 05/046/0504631.pdf.

[39] Walter Ulbricht lebte vom 30.06.1893 bis zum 01.08.1973 und war der erste Sekretär des Zentralkomitees der SED und Vorsitzender des Staatsrats. Zur Biographie: Müller-Enbergs/ Wielgohs/Hoffmann/Herbst/Kirschey-Feix, Wer war wer in der DDR?, in: Datenbank der Bundesstiftung, abrufbar unter https://www.bundesstiftung-aufarbeitung.de/wer-war-wer-in-der-ddr-%2363%3B-1424.html?ID=3596, aufgerufen am 02.07.2018.

[40] Gesetz über das einheitliche sozialistische Bildungssystem vom 25.06.1965, DDR GBl., Teil I, S. 299; aufgehoben durch die Schulgesetze in den neuen Bundesländern.

[41] *Lambrecht*, Neuparzellierung, in: die hochschule, Ausgabe 02/2007, S. 179.

tungen in Wissenschaft und Technik" erzielten.[42] Aus diesem Grund hatte die Ausbildung im engen Kontakt mit der Wirtschaft zu stehen und nach dem Willen Walter Ulbrichts „zum Normalfall [zu] werden".[43] Wissenschaft, Produktion, Hochschule und Industrie sollten derart mit einander verquickt werden, damit auf beiden Gebieten Höchstleistungen erbracht werden konnte. Letztlich beabsichtigten die politischen Parteien, die Industrie von dieser Verzahnung am Meisten profitieren zu lassen.

c) Wesentliche Gesetze und Verordnungen

Zu den zentralen Gesetzen und Verordnungen der III. Hochschulreform gehörte zum einen das bereits erwähnte Gesetz über das einheitliche sozialistische Bildungssystem („BildG-DDR").[44] Dessen Ziel bestand nach § 1 Abs. 1 BildG-DDR in der „hohen Bildung des ganzen Volkes, die Bildung und Erziehung allseitig und harmonisch entwickelter sozialistischer Persönlichkeiten, die bewußt das gesellschaftliche Leben [...] [gestalteten], die Natur [...] [veränderten], und ein erfülltes, glückliches, menschenwürdiges Leben [...] [führten]". Um das „sozialistische Bewusstsein" in der Bevölkerung zu stärken, erstreckte sich das BildG-DDR auf alle wesentlichen Lebensbereiche. Hierzu zählen etwa die Schulpflicht, die Regelung von Kindergärten und Kinderkrippen[45], die Schullaufbahn[46] oder etwa Einrichtungen der Berufsausbildung[47] sowie Universitäten. Hinsichtlich der Universitäten regelte § 52 Abs. 1 BildG-DDR:

> „Die Universitäten und Hochschulen der Deutschen Demokratischen Republik haben wissenschaftlich hochqualifizierte und sozialistisch bewußte Persönlichkeiten zu bilden und zu erziehen, die fähig und bereit sind, den Prozeß der immer tieferen Durchdringung der Produktion, der Kultur und aller anderen Bereiche der sozialistischen Gesellschaft mit den neuesten Erkenntnissen der Wissenschaft bewußt zu gestalten und verantwortliche Tätigkeiten zu übernehmen."

Der Forschungsauftrag an den Hochschulen und Universitäten war damit unmittelbar an die sozialistische Ideologie gekoppelt. Damit war eine freie Wissenschaft und Forschung nahezu ausgeschlossen. Zwar stand offiziell auch nach § 53 Abs. 1 Satz 2 BildG-DDR das „selbstständige wissenschaftliche Denken" im Mittelpunkt. Dieses Denken sollte aber im übergeordneten Sinn stets dem sozialistischen

---

[42] So der DDR-Minister für das Hoch- und Fachschulwesen *Gießman*, zitiert in: Gesunde Ehe, Der Spiegel v. 17.03.1969, S. 41.

[43] Zitat entnommen aus: Gesunde Ehe, Der Spiegel v. 17.03.1969, S. 42.

[44] Gesetz über das einheitliche sozialistische Bildungssystem vom 25.06.1965, DDR GBl., Teil I, S. 299; aufgehoben durch die Schulgesetze in den neuen Bundesländern.

[45] Geregelt in den §§ 10ff. BildG-DDR.

[46] Etwa die Etablierung der zehnklassigen allgemeinbildenden polytechnischen Oberschule als „grundlegenden einheitlichen Schultyp im einheitlichen sozialistischen Bildungssystem", § 13 Abs. 1 BildG-DDR.

[47] §§ 32ff. BildG-DDR.

Bewusstsein dienen. Partei- oder Systemkritik ging mit dem Karriereende einher. Das zeigen beispielhaft die Biographien von Robert Havemann[48] und Wolf Biermann[49]. Havemann wurde seinerseits aufgrund seiner politisch-philosophischen Vorlesung aus dem Lehrkörper der Humboldt-Universität ausgeschlossen.[50] Der Liedermacher Biermann hingegen wurde am 16. 11. 1976 aus der DDR ausgebürgert, während er in der Bundesrepublik Deutschland auf Tournee war.[51]

Nach § 53 Abs. 3 Satz 1 BildG-DDR wurde das Studium des Marxismus-Leninismus zum „wesentlichen Bestandteil der Hochschulbildung" erklärt. Dies sollte es den Studenten nach § 53 Abs. 3 Satz 2 BildG-DDR ermöglichen, „die allgemeinen Entwicklungsgesetze der Natur, der Gesellschaft und des menschlichen Denkens im Leben schöpferisch anzuwenden".

Gegen das Ende der III. Hochschulreform trat schließlich die Verordnung über die Aufgaben der Universitäten, wissenschaftlichen Hochschulen und wissenschaftlichen Einrichtungen mit Hochschulcharakter[52] („Hochschul-VO (DDR)") in Kraft. Die Stellung der Universitäten und Hochschulen wurde in § 1 Abs. 1 Hochschul-VO (DDR) wie folgt beschrieben:

> „Die Universitäten, wissenschaftlichen Hochschulen und wissenschaftliche Einrichtungen mit Hochschulcharakter [...] sind sozialistische Bildungseinrichtungen. Sie sind höchsten staatlichen Bildungseinrichtungen des Volkes im einheitlichen sozialistischen Bildungssystem und zugleich wichtige Forschungsstätten, die durch die Wissenschaftsorganisation mit allen Bereichen der sozialistischen Gesellschaft verbunden sind."

---

[48] Robert Havemann lebte vom 11. 03. 1910 bis zum 09. 04. 1982 und war ein Physikochemiker. Er war ordentlicher Professor an der Humboldt-Universität zu Berlin, wo er u. a. als Direktor des Instituts für Physikalische Chemie tätig war. 1950 trat er in die SED ein und war zwischen 1956 und 1963 als Informant des Ministeriums für Staatssicherheit tätig. In den 1960er wurde er zum bekanntesten und bedeutendsten Regimekritiker der DDR, nachdem er u. a. die Gängelung der Wissenschaft kritisierte. Daraufhin wurde er 1964 von der SED ausgeschlossen und von der Humboldt-Universität zu Berlin fristlos entlassen. Ein Hauarrest folgte vom 26. 11. 1976 bis zum 08. 05. 1979. Zur vollständige Biographie: Müller-Enbergs/Wielgohs/Hoffmann/Herbst/Kirschey-Feix, Wer war wer in der DDR?, in: Datenbank der Bundesstiftung: https://www.bundesstiftung-aufarbeitung.de/wer-war-wer-in-der-ddr-%2363%3B-1424.html?ID=1272 (aufgerufen am 04. 07. 2018).

[49] Wolf Biermann wurde am 15. 11. 1936 in Hamburg geboren und ist ein Liedermacher. 1953 siedelte er in die ehemalige DDR über. Zur Biographie: Müller-Enbergs/Wielgohs/Hoffmann/Herbst/Kirschey-Feix, Wer war wer in der DDR?, in: Datenbank der Bundesstiftung: https://www.bundesstiftung-aufarbeitung.de/wer-war-wer-in-der-ddr-%2363%3B-1424.html?ID=286 (aufgerufen am 04. 07. 2018).

[50] Die Zeit, Zur Person: Robert Havemann, Nr. 50/79, abgerufen am 15.03.18 unter: https://www.zeit.de/1979/50/robert-havemann.

[51] *Niemetz*, Wolf Biermann und seine Ausbürgerung, MDR, 16. 11. 1976, abgerufen am 15.03.18 unter https://www.mdr.de/zeitreise/ddr/biermann-ausbuergerung-ddr-100.html.

[52] Verordnung über die Aufgaben der Universitäten, wissenschaftlichen Hochschulen und wissenschaftlichen Einrichtungen mit Hochschulcharakter vom 25. 02. 1970, DDR GBl. 1970, Teil II, Nr. 26, S. 189 ff.

Auch hier wurde das sog. sozialistische Bewusstsein vorangestellt. Die Hochschulen galten als Ausbildungsstätten marxistisch-leninistischer Ideologie. In § 2 Abs. 1 Hochschul-VO (DDR) hieß es dazu:

> „Die Hochschule hat die Aufgabe, hochqualifizierte Fachkräfte mit festem sozialistischem Klassenbewußtsein zu erziehen, aus- und weiterzubilden, die auf der Grundlage des Marxismus-Leninismus in fester Verbundenheit mit der Arbeiterklasse und ihrer marxistisch-leninistischen Partei fähig und bereit sind, in sozialistischer Gemeinschaftsarbeit Pionier- und Spitzenleistungen zu vollbringen und Kollektive sozialistischer Werktätiger zu leiten."

Die „Verwirklichung der Beschlüsse der SED" zählte zu einer ihrer Hauptaufgaben, § 1 Abs. 2 Hochschul-VO (DDR). Diese Ideologie wurde auch verfassungsrechtlich verankert. Nach Art. 17 Abs. 2 Satz 2 der Verfassung der DDR („DDR-Verf.") sollte das „einheitliche sozialistische Bildungssystem" den Bürger dazu befähigen, „die sozialistische Gesellschaft zu gestalten" und an der sog. sozialistischen Demokratie teilzuhaben.[53] Dieselbe Ideologie wurde auch in der Hochschullehrerberufungsverordnung der DDR[54] verankert und gab strenge Vorgaben an die Hochschullehrer vor. So lautete § 1 Abs. 1 HochschulberufVO-DDR:

> „Hochschullehrer zu sein, ist für den Wissenschaftler der Deutschen Demokratischen Republik eine große Ehre und verpflichtet ihn, durch hohe Leistungen in Forschung, Lehre und Erziehung im Sinne der sozialistischen Verfassung aktiv zur Gestaltung des entwickelten gesellschaftlichen Systems des Sozialismus und zur Stärkung der Deutschen Demokratischen Republik."

Hochschullehrer sollten also nach § 1 Abs. 1 Satz 3 HochschulberufVO-DDR als „Erzieher an der verantwortungsvollen Aufgabe mit[wirken], hochqualifizierte sozialistische Persönlichkeiten heranzubilden". Außerdem mussten die Hochschullehrer ihre Weiterbildung nach § 1 Abs. 1 Satz 5 HochschulberufVO-DDR „mit der Vertiefung der marxistisch-leninistischen Kenntnisse […] verbinden" und nach § 1 Abs. 2 HochschulberufVO-DDR am „sozialistischen Aufbau aktiv teilnehmen".[55] Die genannten Pflichten zählten nach § 6 Abs. 1 HochschulberufVO-DDR zu den allgemeinen Voraussetzungen zur Berufung zum Hochschullehrer. Der Rat der Sektion beriet und beschloss die Berufung, wobei nach § 9 Abs. 1 HochschulberufVO-DDR u. a. die „Verantwortung [des Bewerbers] für ein hohes Niveau in der […] sozialistischen Erziehung" entscheidend sein sollte.

---

[53] Verfassung der Deutschen Demokratischen Republik v. 06.04.1968 (DDR GBl. 1968 DDR, Teil I, S. 425) in der Fassung des Gesetzes zur Ergänzung und Änderung der Verfassung der Deutschen Demokratischen Republik vom 07.10.1974, DDR GBl. 1974, Teil I, S. 432 ff.

[54] Verordnung über die Berufung und Stellung der Hochschullehrer an den wissenschaftlichen Hochschulen, DDR GBl. 1968, Teil II, 997 ff.

[55] Hochschullehrerverordnung, DDR GBl. 1968, Teil II, 997, 998.

B. „Wende" in der Hochschullandschaft im Zuge der friedlichen Revolution?

I. Aufhebung ideologischer Gesetze

Im Wege der friedlichen Revolution des Herbstes 1989, wurde im Juni 1990 eine Verfassungsänderung eingeleitet, mit der eine freiheitliche Grundordnung geschaffen wurde. So hieß es in Art. 1 Abs. 2 des Gesetzes zur Änderung und Ergänzung der Verfassung der DDR:

> „Vorschriften der Verfassung und sonstiger Rechtsvorschriften sind entsprechend diesem Verfassungsgesetz anzuwenden. Bestimmungen in Rechtsvorschriften, die den einzelnen oder Organe der staatlichen Gewalt auf die sozialistische Staats- und Rechtsordnung, auf das Prinzip des demokratischen Zentralismus, auf die sozialistische Gesetzlichkeit, das sozialistische Rechtsbewußtsein oder die Anschauung einzelner Bevölkerungsgruppen oder Parteien verpflichten, sind aufgehoben."

Bereits vorher hatten auf universitärer Ebene alle „Sektionen Marxismus-Leninismus" lediglich ihren Namen geändert, beispielsweise in die Sektion „Gesellschaftstheorie".[56] Die Mitarbeiter blieben aber zumeist erhalten, sodass häufig nur das äußere Erscheinungsbild angepasst wurde. Auch innerhalb der Sektionen wurden die Lehrstühle und Dozenturen umbenannt. So empfahl beispielsweise die neugegründete Sektion Sozial- und Politikwissenschaften Jena die Umbenennung des Lehrstuhls „Wissenschaftlicher Kommunismus" in „Soziologie" oder den Lehrstuhl „Politische Ökonomie" in „Volkswirtschaftslehre".[57] Die Akademie für Staats- und Rechtswissenschaften der DDR in Potsdam wurde am 2. Februar in die Hochschule für Recht und Verwaltung umgestaltet.[58] Der Betrieb der Juristischen Hochschule des Ministeriums für Staatssicherheit wurde dagegen bereits im Januar 1990 völlig eingestellt.[59]

Noch vor der Verfassungsänderung fasste der Ministerrat der ehemaligen DDR den Beschluss, alle Hochschullehrer für Marxismus-Leninismus abzuberufen. Dies wurde den Universitäten und Hochschulen am 23. Mai 1990 per Telegramm bekanntgegeben.[60] Ploenus spricht in diesem Zusammenhang von der „erste[n] Ab-

---

[56] *Pasternack*, Demokratische Erneuerung, S. 140.

[57] UAJ, M/I, Nr. 70, unpag., Umberufungsvorschläge vom 27.02.1990, entnommen aus: *Ploenus*, Wie der Marxismus-Leninismus aus den Universitäten der DDR verschwand. Das Beispiel Jena, in: Hallische Beiträge zur Zeitgeschichte, 2006/1 (Heft 16), S. 78.

[58] *Heintze*, Erziehung, Wissenschaft, Kultur, Sport, in: Isensee/Kirchhof, HStR IX, § 218, S. 827, Rn. 46.

[59] *Heintze*, Erziehung, Wissenschaft, Kultur, Sport, in: Isensee/Kirchhof, HStR IX, § 218, S. 824, Rn. 46.

[60] *Ploenus*, Wie der Marxismus-Leninismus aus den Universitäten der DDR verschwand. Das Beispiel Jena, in: Hallische Beiträge zur Zeitgeschichte, 2006/1 (Heft 16), S. 81.

wicklungswelle".[61] Die Abberufungen stellten für Hans Joachim Meyer[62] eine „notwendige Maßnahme" im Rahmen der „demokratische[n] Erneuerung" dar.[63] Von der Abberufung waren am 26. April 1990 257 Professoren und 349 Dozenten betroffen.[64] Arbeitsrechtlich kamen unterschiedliche Mechanismen zum Tragen, wie bspw. Überleitungsverträge oder Ruhestandsregelungen. Die zu besetzenden Stellen sollten inhaltlich neu bestimmt und in einem öffentlichen Verfahren ausgeschrieben werden.[65] Die abberufenen Professoren konnten sich erneut auf die Stelle bewerben. Hans Joachim Meyer schloss zudem eine Umberufung in Ausnahmefällen bei entsprechender fachlicher Qualifikation nicht aus.[66] Das Prozedere verlief an den verschiedenen Universitäten unterschiedlich. In Leipzig wurde eine Personalkommission zur Evaluierung der Professoren und Dozenten eingerichtet. Nach Aussage der Kommission erhielten dreizehn Professoren und Dozenten eine Stelle als wissenschaftlicher Mitarbeiter oder einen Zeitvertrag.[67] Diese waren ab dem Sommersemester 1995 nicht mehr an der Universität tätig.

An der Humboldt-Universität zu Berlin wurden ebenso 122 ehemalige Mitarbeiter in andere Bereiche übernommen.[68] Im Januar 1993 seien nur noch 2,3 % der ehemaligen Sektionsangehörigen an der Universität beschäftigt gewesen und zwar „allesamt befristet und bis auf einen Fall im nicht wissenschaftlichen Bereich".[69] Eine Umberufung erreichte bspw. Michael Brie, der zuvor als Dozent für „Histo-

---

[61] So einschließlich des Zitats *Ploenus*, Wie der Marxismus-Leninismus aus den Universitäten der DDR verschwand, in: Hallische Beiträge zur Zeitgeschichte, 2006/1 (Heft 16), S. 82; ähnlich äußert sich *Pasternack*, Demokratische Erneuerung, S. 334.

[62] Hans Joachim Meyer wurde am 13. 10. 1936 in Rostock geboren und war der letzte Minister für Bildung und Wissenschaft der ehemaligen DDR in der Regierung de Maizière. Er studierte ab 1955 an der Akademie für Staats- und Rechtswissenschaft in Potsdam, wo er nach eigenen Angaben im Jahr 1958 aufgrund „mangelnder Verbindung mit der Arbeiterklasse" relegiert wurde. Anschließend arbeitete er 1958/1959 beim VEB Lokomotivbau Potsdam-Babelsberg. Von 1959 bis 1964 studierte er Anglistik und Geschichte an der Humboldt-Universität zu Berlin. Von 1978 bis 1990 war er Leiter des Bereichs Sprachintensivausbildung an der Humboldt-Universität zu Berlin. Nachdem er sich 1981 zum Dr. sc. Phil. habilitierte, wurde er 1985 zum außerordentlichen Professor für angewandte Sprachwissenschaften ernannt. Er war außerdem Leiter der DDR-Delegation in der Gemeinsamen Bildungskommission, auf die in § 4 C. I. eingegangen wird. Von 1990 bis 2002 fungierte er außerdem als Sächsischer Minister für Wissenschaft und Kunst. Nach der Wiedervereinigung erhielt er zahlreiche Ehrungen, wie etwa den Ehrendoktor der Technischen Universität Dresden (2002) oder das Große Verdienstkreuz der Bundesrepublik Deutschland (2005).

[63] Zitat entnommen aus: *Pasternack*, Demokratische Erneuerung, S. 140.

[64] Bundesstiftung zur Aufarbeitung der SED-Diktatur, Ministerium für Wirtschaft, aufgerufen am 06. 08. 2018 unter https://deutsche-einheit-1990.de/ministerien/mfbw/uni/.

[65] Bundesstiftung zur Aufarbeitung der SED-Diktatur, Ministerium für Wirtschaft, aufgerufen am 06. 08. 2018 unter https://deutsche-einheit-1990.de/ministerien/mfbw/uni/.

[66] *Pasternack*, Demokratische Erneuerung, S. 141.

[67] *Pasternack*, Demokratische Erneuerung, S. 142.

[68] *Pasternack*, Demokratische Erneuerung, S. 244, wobei nicht klar wird, um wie viele Professoren, Dozenten oder nichtwissenschaftliches Personal es sich handelt.

[69] So einschließlich des Zitats *Pasternack*, Demokratische Erneuerung, S. 245.

rischen Materialismus" an der Universität tätig war und am 15. September 1990 zum Professor für Sozialphilosophie am Institut für interdisziplinäre Zivilisationsforschung berufen wurde.

Die Namensänderung bewirkte natürlich noch keine Änderung der vorhandenen Personalstrukturen. Gegen die Weiterbeschäftigung der alten SED-Kader regte sich zunehmend interner Widerstand, wie bspw. durch die Initiativgruppe zur Erneuerung der Martin-Luther-Universität Halle. In einem offenen Brief an alle Rektoren und Direktoren von Universitäten, Hochschulen und Fachschulen der „Noch-DDR" wies die Initiativgruppe auf die Fortexistenz der alten Führungsstrukturen hin und äußerte ihre Sorgen wie folgt:

> „Unser Anliegen erweist sich insofern als dringend erforderlich, als die alten Personalstrukturen des Margot-Honecker-Ministeriums für Volksbildung und des Ministeriums für Hoch- und Fachschulwesen eines Herrn H. J. Böhme, die extrem stalinistisch-zentralistisch geleitet wurde, nach wie vor existieren. Unter irreführender Vorspielung ihrer überholten Weisungsbefugnis stehen diese Institutionen jedem Erneuerungsprozeß hinderlich im Wege. Konstruktive Gedanken sind aus der alten ‚Zentrale' nicht zu erwarten."[70]

Auch andere Autoren sehen den Willen zur Selbsterneuerung an den Hochschulen eher kritisch.[71] Hans Joachim Meyer sieht jedenfalls den „Erneuerungswillen" als unbestreitbare Tatsache einer inneren Wende an, gesteht aber gleichzeitig, dass dieser nichtausreichend gewesen sei.[72] Die Entwicklungen im Zuge der Neuorganisation an den Hochschulen verlief dabei sehr unterschiedlich.[73]

II. Vorläufige Hochschulverordnung

Im September 1990 trat die die Vorläufige Hochschulordnung („VHO-DDR")[74] in Kraft. Die VHO-DDR diente nach der Auffassung von Hans Joachim Meyer als eine Art „vorübergehender Amtshilfe" um einen „völlig rechtsfreie[n] Raum" bis zum Erlass von Rechtsakten der neuen Bundesländer zu verhindern.[75] Daher regelte § 1

---

[70] *Mehlig*, Die Initiativgruppe zur Erneuerung der Martin-Luther-Universität Halle, Offener Brief, Eingangsdatum an der Universität Halle: 25.05.1990, S. 1, in: UAHW, Rep. 9, Nr. 515.

[71] Etwa *Hartmer*, Die Abwicklung der Übernahme, MittHV, Nr. 1/91, S. 4; *Schlicht*, „Die Universität trug leider nichts zur Wende bei", 29.09.2010, abgerufen am 18.02.2018 unter: https://www.tagesspiegel.de/wissen/ddr-hochschulen-nach-1989-die-universitaet-trug-leidernichts-zur-wende-bei/1945276.html.

[72] *Meyer*, Auswirkungen der 3. Hochschulreform der DDR, Vortrag auf dem Kolloquium „Perspektiven wissenschaftlicher Berufsausbildung im vereinten Deutschland" des Hochschullehrerbundes, Berlin, November 1990, in: *Meyer*, Erneuern und Bewahren. Reden, Aufsätze und Pressebeiträge zur Hochschul- und Wissenschaftspolitik, Teil I, 1990 bis 1993, S. 21.

[73] Zur Neubesetzung an der Karl-Marx-Universität Leipzig bzw. an der Humboldt-Universität zu Berlin sei verwiesen auf *Pasternack*, Demokratische Erneuerung, S. 85 ff. bzw. S. 193 ff.

[74] Vorläufige Hochschulordnung v. 26.09.1990, DDR GBl., Teil I, S. 1585 ff.

[75] *Meyer*, In keiner Schublade, S. 144, 145.

Abs. 1 VHO-DDR, dass diese Verordnung ab dem 03. 10. 1990 solange in den neuen Bundesländern gelten sollte, bis der Landesgesetzgeber eigene Regelungen erlassen hatte. Zu den Aufgaben der Hochschulen zählten nach § 2 Abs. 1 VHO-DDR u. a. die Pflege und Entwicklung der Wissenschaften und Künste durch Forschung, Lehre und Studium. Außerdem gewährleisteten sie nach § 2 Abs. 2 VHO-DDR ihre Bereitschaft und Fähigkeit zur Reform des Hochschulwesens. § 3 VHO-DDR sicherte die Freiheit von Kunst und Wissenschaft, Forschung, Lehre und Studium. Hinsichtlich der rechtlichen Stellung der Hochschulen sprach ihnen § 82 Abs. 1 Satz 2 VHO-DDR das Recht der Selbstverwaltung zu. § 83 VHO-DDR regelte die Selbstverwaltungsangelegenheiten. Auch die Auflösung von Fachbereichen und Fakultäten wurde in der VHO-DDR geregelt. So legte § 95 Abs. 2 Nr. 2 a) VHO-DDR fest, dass der Senat für die Bildung, Veränderung und Auflösung von Fachbereichen und Fakultäten u. a. nach Anhören der zuständigen Organe der Fachbereiche zuständig war. Wie § 104 Abs. 2 VHO-DDR allerdings klarstellte, sollte es sich hierbei nur um einen Vorschlag an den Minister handeln, welcher die Auflösung letztlich bestimmte. Im Gegensatz zur Hochschul-VO (DDR) erschuf diese Verordnung erstmals den Boden für einen Reformprozess und für eine freie Lehre und Forschung. Die VHO-DDR galt gem. Art. 3 Nr. 33 c) der Vereinbarung zwischen der DDR und der Bundesrepublik Deutschland zur Durchführung und Auslegung des Einigungsvertrages vom 18. 09. 1990 in den neuen Bundesländern fort. Ursprünglich sollte sie aber keinen Eingang in den EinigungsV finden.[76] Zunächst blockierte das Bundesbildungsministerium jede Zusammenarbeit im Hinblick auf die VHO-DDR.

Dies änderte sich allerdings, wie sich Hans Joachim Meyer erinnert:

„Dann habe ich so lange mit Lothar de Maizière gesprochen, der dann, was er nicht gerne tat, Helmut Kohl einen Brief schrieb, und Kohl sagte zu, sich hierfür einzusetzen. Daraufhin wurde ich zu einer Sitzung vorgelassen. Dort hatte ich den Eindruck, dass mir zugesagt wurde. Als ich weg war, ist dies auf Intervention von Wolfgang Clement wieder teilweise zurückgenommen worden, in meiner Abwesenheit."[77]

Auch bei der Arbeitsgruppe „Einigungsvertrag" des Hochschulausschusses der Kultusministerkonferenz stieß die VHO-DDR auf Kritik. In einem Empfehlungsentwurf vom 26. 10. 1990 konstatierte die Arbeitsgruppe hinsichtlich der VHO-DDR folgendes:

„Angesichts der Verhältnisse in den Hochschulen der neuen Länder bewirken die Regelungen der vorläufigen Hochschulordnung indessen, daß die gegenwärtige Situation der Hochschulen festgeschrieben und die strukturelle und personelle Erneuerung der Hochschulen verhindert würden. Insofern wäre eine Änderung der Verordnung dringend geboten."[78]

---

[76] *Meyer*, In keiner Schublade, S. 147.

[77] *Teymouri*, Interview mit Meyer v. 09. 05. 2018.

[78] Arbeitsgruppe „Einigungsvertrag" des Hochschulausschusses der Kultusministerkonferenz, Entwurf v. 26. 10. 1990 zu den Empfehlungen zur strukturellen und personellen Erneuerung der Einrichtungen der Wissenschaft in den Ländern Berlin, Brandenburg, Meck-

Des Weiteren wurde moniert, dass die Verordnung in mehrfacher Hinsicht von dem Vereinbarung-EinigungsV abgewichen sei, weshalb Zweifel am wirksamen Zustandekommen dieser Verordnung gehegt wurden.[79] Die Vertragspartner des EinigungsV konnten sich letztlich auf Fortgeltung der VHO-DDR einigen, womit den Hochschulen in den neuen Bundesländern vorübergehend ein rechtlicher Handlungsspielraum eingeräumt wurde.[80]

C. Vorbereitungsmaßnahmen zur teilweisen Abwicklung im Vorfeld der Wiedervereinigung

Nachdem im vorangegangenen Abschnitt die Hochschulen und ihre Entwicklung in der ehemaligen DDR thematisiert wurden, widmet sich der vorliegende Abschnitt den politischen Vorbereitungsmaßnahmen zur Abwicklung. Im Vorfeld der Wiedervereinigung wurde bereits am 16. Mai 1990 die Gemeinsame Bildungskommission der DDR und der Bundesrepublik Deutschland in Bonn gegründet.[81] Diese verfolgte das Ziel, die Zusammenarbeit in der Wissenschaft und Forschung zu stärken, sowie die Zusammenführung der genannten Bereiche vorzubereiten. Der Kommission gehörten je acht Vertreter beider Staaten an.[82] Auch die Ständige Konferenz der Kultusminister der Länder in der Bundesrepublik Deutschland („Kultusministerkonferenz") war hieran beteiligt.[83] Der folgende Abschnitt analysiert, ob und inwieweit die Gemeinsame Bildungskommission (§ 4 C. I.) und die Kultusministerkonferenz (§ 4 C. II.) einen Einfluss auf die spätere Hochschulabwicklung hatten.

---

lenburg-Vorpommern, Sachsen, Sachsen-Anhalt und Thüringen, S. 6, in: Ergebnisvermerk v. 30.10.1990, in: LASA, L 2, Nr. 651.

[79] Arbeitsgruppe „Einigungsvertrag", Empfehlungsentwurf v. 26.10.1990, S. 6, in: Ergebnisvermerk der Kultusministerkonferenz v. 30.10.1990, in: LASA, L 2, Nr. 651.

[80] *Meyer*, In keiner Schublade, S. 148.

[81] Protokoll über die 1. Sitzung der Gemeinsamen Bildungskommission am 16. Mai 1990 in Bonn, in: Köhler/Knauss/Zedler (Hrsg.), Der bildungspolitische Einigungsprozess 1990. Verlauf und Ergebnisse der deutsch-deutschen Verhandlungen zum Bildungssystem. Opladen 2000, S. 57 ff.

[82] Presse INFO BMBW v. 16.05.1990, Der Bundesminister für Bildung und Wissenschaft, 70/1990, S. 4, abgerufen am 10.03.2018 unter: https://deutsche-einheit-1990.de/wp-content/up loads/BArch-DR4-93-BildungskommissionMai.pdf.

[83] *Kreyenberg*, Die Rolle der Kultusministerkonferenz im Zuge des Einigungsprozesses, in: Mayntz, Aufbruch und Reform von oben. Ostdeutsche Universitäten im Transformationsprozeß, Schriften des Max-Planck-Instituts für Gesellschaftsforschung Köln, Bd. 19, 1994, S. 197.

I. Gründung der Gemeinsamen Bildungskommission

Die DDR-Delegation der Gemeinsamen Bildungskommission wurde von Hans Joachim Meyer geleitet, der zu dieser Zeit als Minister für Bildung und Forschung der DDR fungierte. Die Delegation der Bundesrepublik Deutschland leitete der damalige Bundesbildungsminister Möllemann[84]. Hinsichtlich der Notwendigkeit der Erneuerung der Hochschullandschaft gab es zwischen den Delegationen Konsens.[85] Insgesamt wurden vier Schwerpunkte festgelegt und für jeden eine Unterkommission gebildet. Die Themen waren die allgemeine schulische Bildung, die schulische und betriebliche Berufsbildung, Weiterbildung sowie Hochschule und Wissenschaft.[86] Die Aufgaben bestanden u. a. in der gegenseitigen Information über das Bildungswesen und der schrittweisen Zusammenfügung der Bildungssysteme.[87] In der Erinnerung von Hans Joachim Meyer wurde die Delegation der ehemaligen DDR nicht als gleichwertiger Partner betrachtet.[88] Für ihn stellten sich die Umstände als „kuriose Situation" dar, da er als Minister eine Zentralregierung vertrat und mit den Ministern der Bundesländer zu verhandeln hatte.[89] Die Delegierten der Bundesrepublik Deutschland seien nicht daran interessiert gewesen, mit dem DDR-Minister über künftige Politik zu sprechen, die nach der Wiedervereinigung von den neuen Bundesländern zu vollziehen war.[90]

Abgesehen von der Gründungssitzung tagte die Kommission noch am 21.06. 1990 und am 26.09.1990, also insgesamt drei Mal. In der Mitteilung über die zweite Sitzung der Gemeinsamen Kommission am 21.06.1990 in Berlin, stellte Hans Joachim Meyer bezüglich der Universitäten und Hochschulen der ehemaligen DDR folgendes fest:

> „Im gesamten Bildungswesen begann ein weitreichender Demokratisierungsprozeß. [...].
> An fast allen Universitäten und Hochschulen sind inzwischen neue akademische Gremien

---

[84] Jürgen Möllemann lebte vom 15.07.1945 bis zum 05.06.2003 und war Mitglied der FDP. Er fungierte u. a. als Bundesminister für Bildung und Wissenschaft (1987–1991) und als Bundesminister für Wirtschaft (1991–1993). Weitere biographische Angaben finden sich im Webarchiv des Deutschen Bundestages unter http://webarchiv.bundestag.de/archive/2007/0206/mdb/mdb15/bio/M/moellju0.html (aufgerufen am 03.07.2018).

[85] *Teymouri*, Interview mit Meyer v. 09.05.2018.

[86] Gemeinsame Bildungskommission, Mitteilung über die Sitzung der Gemeinsamen Bildungskommission am 16. Mai 1990 in Bonn, in: Köhler/Knauss/Zedler (Hrsg.), Der bildungspolitische Einigungsprozess 1990, S. 64, 67.

[87] Presse INFO BMBW v. 16.05.1990, Der Bundesminister für Bildung und Wissenschaft, Nr. 70/1990, S. 5, abgerufen am 10.03.2018 unter: https://deutsche-einheit-1990.de/wp-content/uploads/BArch-DR4-93-BildungskommissionMai.pdf.

[88] *Teymouri*, Interview mit Meyer v. 09.05.2018.

[89] So einschließlich des Zitats *Teymouri*, Interview mit Meyer v. 09.05.2018.

[90] *Teymouri*, Interview mit Meyer v. 09.05.2018.

gebildet. Die ehemaligen Strukturen des marxistisch-leninistischen Grundlagenstudiums werden bis Ende Juni 1990 aufgelöst, ihre Hochschullehrer sind abberufen.""[91]

In der abschließenden Sitzung vom 26.09.1990 wurden schließlich weitreichende Ergebnisse über die oben genannten Themenkomplexe erzielt. Einigkeit wurde u.a. dahingehend erzielt, „den Wissenschaftsrat mit einer umfassenden Bestandsaufnahme der Wissenschafts- und Forschungslandschaft in der DDR zu betrauen […]."[92] Die Bestandsaufnahme sollte sich dabei auf universitäre und außeruniversitäre Einrichtungen beziehen, um eine „Bewertung" derselben vornehmen zu können, wobei nicht klar wurde, ob der Wissenschaftsrat letztlich über das Schicksal der universitären Einrichtungen zu entscheiden hatte, wenn es heißt:

„Sie [die Bestandsaufnahme] soll Grundlage für eine Bewertung der Einrichtung durch den Wissenschaftsrat und für Empfehlungen des Wissenschaftsrats zur Struktur der Wissenschafts- und Forschungslandschaft in der DDR, zur Einordnung der Einrichtung und Institutionen in diese Struktur sowie zum Ausbau der Einrichtung sein."[93]

Hierdurch sollte die „Wiederherstellung der Freiheit und Pluralität von Lehre und Forschung" erreicht werden.[94] Die Ergebnisse der Gemeinsamen Bildungskommission haben sich in Form der Art. 37 EinigungsV[95] und Art. 38 EinigungsV niedergeschlagen. Art. 38 Abs. 1 Satz 1 EinigungsV lautete dabei wie folgt:

„Wissenschaft und Forschung bilden auch im vereinten Deutschland wichtige Grundlagen für Staat und Gesellschaft. Der notwendigen Erneuerung von Wissenschaft und Forschung unter Erhaltung leistungsfähiger Einrichtungen […] dient eine Begutachtung von öffentlich getragenen Einrichtungen durch den Wissenschaftsrat, die bis zum 31. Dezember 1991 abgeschlossen sein wird, wobei einzelne Ergebnisse schon vorher schrittweise umgesetzt werden sollen."

Wie noch zu zeigen sein wird, wurden die abzuwickelnden (Teil-)Einrichtungen der Hochschulen letztlich doch nicht umfassend obligatorisch vom Wissenschaftsrat

---

[91] Mitteilung über die zweite Sitzung der Gemeinsamen Bildungskommission am 21.06. 1990 in Berlin, abgerufen am 10.03.2018 unter: https://deutsche-einheit-1990.de/wp-content/uploads/BArch-DR4-33-Bd1-Bildungskommission.pdf.

[92] Kultusministerkonferenz, Gemeinsame Mitteilung über die dritte und abschließende Sitzung der Gemeinsamen Bildungskommission der Bundesrepublik und der Deutschen Demokratischen Republik am 26. September 1990 in Bonn, in: Köhler/Knauss/Zedler, Der bildungspolitische Einigungsprozess 1990, S. 102, 105.

[93] Kultusministerkonferenz, Gemeinsame Mitteilung über die dritte und abschließende Sitzung der Gemeinsamen Bildungskommission der Bundesrepublik und der Deutschen Demokratischen Republik am 26. September 1990 in Bonn, in: Köhler/Knauss/Zedler, Der bildungspolitische Einigungsprozess 1990, S. 102, 105.

[94] Kultusministerkonferenz, Gemeinsame Mitteilung über die dritte und abschließende Sitzung der Gemeinsamen Bildungskommission der Bundesrepublik und der Deutschen Demokratischen Republik am 26. September 1990 in Bonn, in: Köhler/Knauss/Zedler, Der bildungspolitische Einigungsprozess 1990, S. 102, 108.

[95] Art. 37 EinigungsV sicherte u.a. die Gleichwertigkeit der in der DDR erworbenen oder staatlich anerkannten schulischen, beruflichen und akademischen Abschlüsse zu.

begutachtet, was der Wissenschaftsrat bedauerte.[96] Wie es dazu kam, lässt sich nicht abschließend klären.

In der Erinnerung von Hans Joachim Meyer wurde der Begriff der „Abwicklung" in der Gemeinsamen Bildungskommission jedenfalls nicht verwendet. Die Sitzungsprotokolle der Gemeinsamen Bildungskommission bestätigen dies. Die Unterkommission „Hochschule und Wissenschaft", die von der DDR Delegation unter Eberhard Kallenbach[97] geleitet wurde, befasste sich u. a. mit der Lage der Studenten in der DDR, mit den Rechtssetzungsmaßnahmen in der DDR für die Übergangszeit bis zum Inkrafttreten der Länderhochschulgesetze oder mit der Öffnung der Hochschulen in der DDR.[98] Auch das Schicksal der Akademie der Wissenschaften der ehemaligen DDR wurde thematisiert.[99] Die Hochschulabwicklung auf Grundlage von Art. 13 EinigungsV wurde hingegen in keiner Sitzung besprochen. Damit ist festzuhalten, dass die Gemeinsame Bildungskommission insoweit keine Weichen für die spätere Hochschulabwicklung stellte, weil die Abwicklung kein Hauptthema in der Unterkommission „Hochschule und Wissenschaft" gewesen war. Weder aus den Protokollen noch aus den Mitteilungen der Gemeinsamen Bildungskommission geht Gegenteiliges hervor. Die Erinnerungen von Hans Joachim Meyer bestätigen dies.

II. Empfehlungen der Kultusministerkonferenz

Im Gegensatz zur Gemeinsamen Bildungskommission traf die Kultusminister-konferenz[100] die ersten Vorbereitungsmaßnahmen zur späteren (Teil-)Abwicklung der Hochschulen der ehemaligen DDR. Die Konferenz war im Jahr 1948 gegründet worden und umfasste lediglich die Kultusminister der westlichen Besatzungszonen, da die sowjetische Zone die Teilnahme ablehnte. Nach der Wiedervereinigung traten die neu gegründeten Bundesländer am 6. Dezember 1990 der Konferenz bei.

---

[96] *Krull*, Im Osten wie im Westen – nichts Neues? Zu den Empfehlungen des Wissenschaftsrates für die Neuordnung der Hochschulen auf dem Gebiet der ehemaligen DDR, in: Mayntz, Aufbruch und Reform von oben, S. 205.

[97] Eberhard Kallenbach lebte vom 16. 08. 1935 bis zum 19. 10. 2016 und war Professor für Mechatronik. Im Jahr 1979 wurde er von der Technischen Hochschule Ilmenau (heute: Technische Universität Ilmenau) zum ordentlichen Professor berufen. Kallenbach war kein Mitglied der SED, sondern der National-Demokratischen Partei Deutschlands (NDPD). Auch nach der Wiedervereinigung war er u. a. als Lehrstuhlleiter Mechatronik der Fakultät Maschinenbau tätig, wo er von 1997 bis 2000 als Dekan fungierte.

[98] Kultusministerkonferenz, Ergebnisniederschrift über die 3. Sitzung der Gemeinsamen Bildungskommission am 26. 09. 1990 in Bonn, unter 2.c., in: Köhler/Knauss/Zedler (Hrsg.), Der bildungspolitische Einigungsprozess 1990, S. 92, 97.

[99] Protokoll der 2. Sitzung der Gemeinsamen Bildungskommission am 21. 06. 1990 in Berlin-Ost, unter II. 4., in: Köhler/Knauss/Zedler (Hrsg.), Der bildungspolitische Einigungsprozess 1990, S. 82.

[100] Zur Rolle der Kultusministerkonferenz bei den Verhandlungen zum EinigungsV im Allgemeinen: *Kreyenberg*, Kultusministerkonferenz, in: Mayntz, Aufbruch und Reform von oben, S. 198–200.

Wie bereits unter § 4 B. II.[101] erwähnt, erarbeitete die Arbeitsgruppe „Einigungsvertrag" des Hochschulausschusses der Kultusministerkonferenz am 26. 10. 1990 ein Empfehlungsentwurf zur strukturellen und personellen Erneuerung der Einrichtungen der Wissenschaft in den neu zu gründenden Bundesländern.[102]

Der Sinn und Zweck dieses Entwurfs bestand nach Auffassung der Arbeitsgruppe darin, „über einen Beschluß der Kultusministerkonferenz ein möglichst einheitliches Vorgehen der neuen Länder in diesen Fragen zu erreichen".[103] Hervorgehoben wurde insbesondere die „einmalige Chance [...] der Möglichkeit der ‚Abwicklung von Einrichtungen'".[104] Der Entwurf wurde am 8./9. November 1990 von den Kultusministern beschlossen, also noch vor Beitritt der Minister der neuen Bundesländer.[105] Die Zuständigkeit ergab sich daraus, dass die Hochschulangelegenheiten Ländersache waren. Dabei wurde die Empfehlung ausgesprochen, im Zweifelsfall von der Abwicklung „vorsorglich Gebrauch [zu] machen":

> „Der Wissenschaftsrat ist gebeten worden, eine Evaluierung aller Einrichtungen des Hochschulbereichs vorzunehmen, um die von den neuen Ländern zu treffenden Strukturentscheidungen vorzubereiten. Da das Ergebnis der Evaluierung sein könnte, daß für einige Hochschuleinrichtungen aus strukturellen Gründen kein Bedarf besteht oder daß solche Einrichtungen nicht den qualitativen Anforderungen entsprechen, [...] ist es unerläßlich, den für strukturelle Entscheidungen notwendigen Spielraum herzustellen. Dieser kann nur geschaffen werden, wenn die neuen Länder in den Fällen, in denen die Auflösung oder eine weitreichende Veränderung einer Einrichtung nicht ausgeschlossen werden kann, von der Abwicklungsalternative vorsorglich Gebrauch machen."[106]

Die Empfehlung der Arbeitsgruppe ist meines Erachtens kritisch zu betrachten. Offenbar ging sie davon aus, dass die Hochschuleinrichtungen der uneingeschränkten Disposition der Landesregierung unterlagen, wenn sie von der „vorsorglichen Abwicklung" sprach. Insbesondere ließ die Empfehlung Angaben oder Anhaltspunkte darüber vermissen, unter welchen Umständen die Landesregierung davon ausgehen durfte, dass das Ergebnis der Evaluierung negativ ausfallen würde. Wo die Grenze zwischen reiner Willkür und hinreichenden Anhaltspunkten zur „vorsorglichen Abwicklung" verlief, ließ die Empfehlung ebenso nicht erkennen. Wie bereits erläutert, waren zwar die geisteswissenschaftlichen Fachbereiche ideologisch geprägt und bedurften der personellen und inhaltlichen Erneuerung, sodass die Abwicklung der (Teil-)Einrichtung als erster Schritt betrachtet werden konnte. Die Arbeitsgruppe ließ allerdings außer Betracht, dass in Art. 38 Abs. 1 EinigungsV der Wille zum Ausdruck kam, dass die (Teil-)Einrichtungen individuell

---

[101] S. 64, 65.

[102] Arbeitsgruppe „Einigungsvertrag", Empfehlungsentwurf v. 26. 10. 1990, S. 6, in: Ergebnisvermerk der Kultusministerkonferenz v. 30. 10. 1990, in: LASA, L 2, Nr. 651.

[103] Ergebnisvermerk der Kultusministerkonferenz v. 30. 10. 1990, in: LASA, L 2, Nr. 651.

[104] Ergebnisvermerk der Kultusministerkonferenz v. 30. 10. 1990, in: LASA, L 2, Nr. 651.

[105] *Pasternack*, Demokratische Erneuerung, S. 335.

[106] Arbeitsgruppe „Einigungsvertrag", Empfehlungsentwurf v. 26. 10. 1990, S. 3, in: Ergebnisvermerk der Kultusministerkonferenz v. 30. 10. 1990, in: LASA, L 2, Nr. 651.

begutachtet und bewertet werden sollten. Eine pauschale und vorsorgliche Abwicklung stand der Intention der Vertragsparteien gerade entgegen. Wie im Verlauf dieser Arbeit am Beispiel der Humboldt-Universität zu Berlin zu zeigen sein wird, war der Gebrauch der „vorsorglichen Abwicklung" juristisch kompliziert.

Kritisiert wurde, dass die Empfehlung ausschließlich von westdeutschen Politikern ausgearbeitet wurde und ostdeutsche (Teil-)Einrichtungen zum Gegenstand hatte. Hierbei ist nach meiner Auffassung zu hinterfragen, weshalb die Vorschläge nicht etwa in der Gemeinsamen Bildungskommission eingebracht und diskutiert wurden, sondern ausschließlich in einem westdeutschen Gremium. Erst am 6. Dezember traten die Minister der neuen Bundesländer der Konferenz bei. Hierbei ist kritisch zu hinterfragen, weshalb der Entwurf nicht unter Einbeziehung der neuen Bundesländer erfolgte. Wie unter § 12 zu zeigen sein wird[107], wurden die Abwicklungsbeschlüsse teilweise als einseitige, westdeutsche Maßnahmen scharf verurteilt. Dem hätte entgegengewirkt werden können, wenn der Empfehlungsbeschluss unter Einbeziehung der Kultusminister der neuen Bundesländer erfolgt wäre.

Allerdings zeigen die Unterlagen der Unterkommission „Hochschule und Wissenschaft" der Gemeinsamen Bildungskommission, dass die Abwicklungsentscheidung nach Art. 13 EinigungsV nicht thematisiert wurde. Wie Hans Joachim Meyer bestätigt, waren andere Themen, etwa die Anerkennung von Bildungsabschlüssen in der Bundesrepublik Deutschland, vorrangig.[108] Außerdem sei der Bereich der Hochschulen ohnehin den neu zu gründenden Bundesländern zuzuordnen gewesen. Zum anderen musste auch der außergewöhnliche Zeitdruck, unter dem die deutsche Wiedervereinigung stand, in die Betrachtung einbezogen werden. Ebenso stellte sich die Frage nach der Sinnhaftigkeit der Einbeziehung ehemaliger DDR-Politiker in den Abwicklungsprozess, da sie die ideologische Hochschullandschaft selbst herbeigeführt hatten.

III. Zwischenergebnis

Auf Grundlage der vorherigen Ausführungen lassen sich folgende Aspekte festhalten: Die Hochschullandschaft der ehemaligen DDR war bis hin zur Wiedervereinigung einem stetigen Wandel unterworfen. Die durchgeführten drei Hochschulreformen Anfang 1945, 1951, sowie 1961 formten die Hochschulen zu einer Erziehungs- und Lehranstalt marxistisch-leninistischer Ideologie. Zwar wurde auch in der DDR geforscht, allerdings stark belastet und eingeschränkt durch das übergeordnete Ziel der Schaffung eines sozialistischen Klassenbewusstseins. Diese Anschauung wurde u. a. in § 1 Abs. 1 Hochschul-VO (DDR) bzw. Art. 17 Abs. 2 Satz 2 DDR-Verf. kodifiziert. Die Bindung der Lehre, Erziehung und Forschung an ideologische Grundsätze stand dabei im Kontrast zum westlichen Verständnis der

---

[107] S. 166 ff.

[108] *Teymouri*, Interview mit Meyer v. 09. 05. 2018.

Hochschulen als Einheit der freien Forschung und Lehre. Nach der friedlichen Revolution wurde im Juni 1990 die Verfassung der DDR geändert und alle dem „Sozialismus" gewidmeten Gesetze und Rechtsvorschriften aufgehoben. Um den Hochschulen und Universitäten in den neuen Bundesländern vorübergehenden juristischen Spielraum einzuräumen, trat im September 1990 die VHO-DDR in Kraft.

Wie in § 10 B. zu zeigen sein wird[109], spielten die dargestellten Aspekte der Forschung und Lehre eine wesentliche Rolle bei der Frage, ob sich die wissenschaftlichen Einrichtungen im Zuge ihrer Abwicklung auf Art. 5 Abs. 3 Satz 1 GG berufen konnten. Hier wird insbesondere die Weisungsgebundenheit der Sektionen zu thematisieren sein. Auch das erwähnte Selbstverwaltungsrecht wird hierbei eine Rolle spielen. Gleichzeitig warf die aufgezeigte Stellung der (Teil-)Einrichtungen auch prozessuale Fragen der Klagebefugnis auf, vgl. in § 11 A. II.[110]

Die Ausführungen zur Gemeinsamen Bildungskommission haben gezeigt, dass ursprünglich vorgesehen war, alle universitären und außeruniversitären (Teil-)Einrichtungen der Begutachtung durch den Wissenschaftsrat zu unterziehen. Jedoch wurde dieser Plan letztlich nicht umgesetzt.

§ 5 Die Abwicklung von Institutionen als Gegenstand von Gerichtsverfahren

Bevor in den Abschnitten § 6 – § 11 auf rechtliche Fragestellungen eingegangen wird, werden im Folgenden die Sachverhalte dargestellt, die Gegenstand eines Gerichtsverfahrens geworden sind. Dabei beschreibt § 5 A. zunächst solche Sachverhalte, die die vollumfängliche Abwicklung von Hochschulen zum Gegenstand hatten. Unter § 5 B. werden sodann die Sachverhalte zur Abwicklung von Sektionen dargestellt. § 5 C. behandelt außerdem Sachverhalte zur Abwicklung nicht-wissenschaftlicher Einrichtungen, die im Verlauf dieser Arbeit wichtige Erkenntnisse zu Art. 13 Abs. 1 Satz 4 EinigungsV liefern werden.

A. Die Auflösung von Hochschulen

I. Deutsche Hochschule für Körperkultur

Die Deutsche Hochschule für Körperkultur („DHfK") sollte nach dem Willen der Landesregierung von Sachsen abgewickelt werden. Dies wurde der DHfK am 12.12. 1990 mitgeteilt. Am 18.12.1990 wurde ein Arbeitnehmer der DHfK darüber informiert, dass sein Arbeitsverhältnis infolge der Abwicklung ab dem 02.01.1991

---

[109] S. 146.
[110] S. 153.

ruhe. Daraufhin erhob dieser Anfechtungsklage gegen die Abwicklungsentscheidung der Hochschule. Die DHfK war eine in Leipzig ansässige Sporthochschule mit
internationalem Renommee und Bekanntheitsgrad. Allein 4000 ausländische Trainer
nahmen an Kursen der DHfK teil.[111] Zum Teil fungierten Absolventen der DHfK als
hochrangige Sportfunktionäre. Hierzu zählt etwa Günther Heinze, der an der DHfK
studierte und später dem Internationalen Olympischen Komitee angehörte.[112] Der
dem DHfK angeschlossene SC DHfK Leipzig ist, gemessen an den gewonnenen
Medaillen, der erfolgreichste Sportclub der Welt. So konnte der SC DHfK Leipzig
insgesamt 384 gewonnene Medaillen bei Weltmeisterschaften und Olympischen
Spielen verzeichnen.[113] Gegründet wurde sie am 22. 10. 1950 und wurde 1951 zur
staatlichen Hochschule der ehemaligen DDR. Absolventen erhielten ab 1952 den
staatlich anerkannten Grad des „Diplomsportlehrers". Das Ziel des DHfK bestand
unter anderem in der Ausbildung eines „ideologisch sattelfeste[n] Funktionska-
der[s]".[114] Hierzu absolvierten die Studenten 300 Unterrichtsstunden im Marxistisch-
leninistischen Grundlagenstudium. Dieses teilte sich auf in Philosophie, Politische
Ökonomie des Sozialismus und Kapitalismus und Wissenschaftlichen Sozialismus
sowie Geschichte der Arbeiterbewegung.[115] Der gesteigerte Leistungsdruck führte
dazu, dass zwischen 1968 und 1972 Versuche zur Leistungssteigerung unter Ein-
nahme von Anabolika durchgeführt wurden.[116] Diese Umstände gelangten nach der
Wiedervereinigung an die Öffentlichkeit. Dies war einer der Hauptgründe, weshalb
die Regierung des Freistaats Sachsen am 11. 12. 1990 die Abwicklung der DHfK
beschloss.[117] Des Weiteren wurden auch finanzielle Gründe angeführt.[118] Hans
Joachim Meyer sprach in diesem Zusammenhang von einem „unlösbare[n] Problem":

„Sachsen konnte weder für Ostdeutschland noch für ganz Deutschland eine Einrichtung
solcher Dimension weiter unterhalten. Es hätte nahegelegen, sie zusammen mit der Kölner
Sporthochschule zum Bestandteil einer Einrichtung des Bundes zu machen."[119]

---

[111] MDR, Die Deutsche Hochschule für Körperkultur, 22. 10. 2010, abgerufen am 06. 03.
2018 unter www.mdr.de/damals/archiv/artikel101700.html.

[112] Weitere Angaben zu seiner Biographie: https://www.bundesstiftung-aufarbeitung.de/
wer-war-wer-in-der-ddr-%2363%3B-1424.html?ID=1307.

[113] Leipziger Internet Zeitung, Weltrekorde für den SC DHfK Leipzig, 04. 06. 2015, abgerufen am 06. 03. 2018 unter: https://www.l-iz.de/melder/sportmelder/2015/06/der-sc-dhfk-ist-
offiziell-erfolgreichster-sportverein-der-welt-93047.

[114] *N.N.*, Der Spiegel, Rührt euch, weitermachen, 27. 10. 1975, 44/1975, S. 202.

[115] *Rogalski*, DHfK, in: Lehmann/Kalb/Rogalski/Schröter/Wonneberger (Hrsg.), Deutsche
Hochschule für Körperkultur Leipzig 1950–1990, 2007, S. 239.

[116] MDR, Die Deutsche Hochschule für Körperkultur, 22. 10. 2010, abgerufen am 06. 03.
2018 unter https://www.mdr.de/damals/archiv/artikel101700.html.

[117] KreisG Leipzig-Stadt, Urt. v. 12. 06. 1991 – I K 31/91, LKV 1992, 143.

[118] *Wonneberger*, DHfK, in: Lehmann/Kalb/Rogalski/Schröter/Wonneberger (Hrsg.),
Deutsche Hochschule für Körperkultur Leipzig 1950–1990, 2007, S. 25.

[119] *Meyer*, In keiner Schublade, S. 238.

Insgesamt 1050 Mitarbeiter verloren infolgedessen ihren Arbeitsplatz. In der Literatur werden die offiziellen Motive teilweise angezweifelt und als Vorwand zur Liquidierung der DHfK eingestuft.[120] Die Angestellten der Hochschule bewerteten die Liquidation teilweise als „sportfeindliche[s] Ressentiment" und als „Akt politischer Willkür".[121] Im Allgemeinen hatte der Sport in der ehemaligen DDR eine überwiegend politische Ausrichtung. Sie sollte der SED-Führung internationale Anerkennung erbringen.[122] Hierzu wurde im Jahr 1974 ein geheimer Staatsplan mit der Bezeichnung „14.25" beschlossen, der neben der Forschung mit Dopingmitteln auch den Aufbau eines Dopingsystems in der DDR vorsah.[123] Die Verabreichung von Dopingmitteln zur sportlichen Leistungssteigerung wurde somit staatlich angeordnet.[124] Das Ministerium für Staatssicherheit übernahm hierbei die Federführung.[125] Hiervon sollen bis zu 15.000 Sportler betroffen gewesen sein, darunter auch viele Minderjährige.[126] Eine erhebliche Anzahl, darunter auch Kinder, wurde unwissentlich gedopt und leidet bis heute an den verursachten Langzeitschäden.[127] Das Staatsdoping war einer der Hauptgründe für den internationalen Erfolg der damaligen DDR-Sportler.[128]

---

[120] So *Wonneberger*, DHfK, in: Lehmann/Kalb/Rogalski/Schröter/Wonneberger (Hrsg.), Deutsche Hochschule für Körperkultur Leipzig 1950–1990, 2007, S. 25, der argumentiert, dass das internationale Renommee der DHfK nicht zum negativ geprägten Bild der DDR passte.

[121] So einschließlich des Zitats *Wonneberger*, DHfK, in: Lehmann/Kalb/Rogalski/Schröter/Wonneberger, Deutsche Hochschule für Körperkultur Leipzig 1950–1990, 2007, S. 25.

[122] *Kowalczuk*, „Ich habe ein behindertes Kind" – DDR Doping und die Folgen, 30.09. 2005, Webseite der Bundeszentrale für politische Bildung, abgerufen am 04.07.2018 unter http://www.bpb.de/geschichte/deutsche-einheit/kontraste/42507/ddr-doping-und-die-folgen.

[123] *Scheer*, Rezension zu *Geipel*, Verlorene Spiele, 23.04.2001, aufgerufen am 04.07.2018 auf der Webseite des Deutschlandfunks unter https://www.deutschlandfunk.de/ines-geipel-verlo rene-spiele.730.de.html?dram:article_id=101568.

[124] *Fritsch*, Vergiftet von der DDR, 26.03.2018, abrufbar auf Zeit-Online unter https:// www.zeit.de/sport/2018-02/doping-ddr-sport-dopingopfer-kinder-folgen-hilfe (aufgerufen am 03.07.2018).

[125] Bundeszentrale für politische Bildung, Staatsplan „Sieg". Die Stasi im Leistungssport, 06.01.2017, abgerufen am 04.07.2018 unter http://www.bpb.de/geschichte/deutsche-geschich te/stasi/219625/sport.

[126] *Bernhard*, „Leistungseugenik einer Diktatur", 07.03.2018, abrufbar auf der Webseite des Deutschlandfunks unter https://www.deutschlandfunk.de/doping-in-der-ddr-leistungseuge nik-einer-diktatur.890.de.html?dram:article_id=412452 (abgerufen am 03.07.2018).

[127] *Fritsch*, Vergiftet von der DDR, 26.03.2018, abrufbar auf zeit-Online unter https://www. zeit.de/sport/2018-02/doping-ddr-sport-dopingopfer-kinder-folgen-hilfe (aufgerufen am 03.07. 2018).

[128] Zum Leistungssport- und Dopingsystem der ehemaligen DDR sei verwiesen auf Marxen/Werle, Gefangenenmisshandlung, Doping und sonstiges DDR-Unrecht, Bd. 7 der Dokumentation Strafjustiz und DDR-Unrecht, Berlin 2009, S. 205 ff.

II. Hochschule für Ökonomie

Die Gesamtberliner Landesregierung beschloss am 18. 12. 1990 die Abwicklung der Hochschule für Ökonomie („HfÖ“) mit Wirkung vom 01. 01. 1991. Im Beschluss wurde unter anderem festgelegt, den immatrikulierten Studenten die Möglichkeit des Abschlusses ihres Studiums bis zum 30. 09. 1991 einzuräumen. Die Einrichtung wurde also zunächst fortgeführt. Dies sollte unter der Verantwortung anderer Berliner Hochschulen geschehen. Entsprechend wurde den Beschäftigten der HfÖ ein Angebot auf ein befristetes Arbeitsverhältnis bis zum 30. 09. 1991 eingeräumt.[129] Die Klägerin lehnte dieses Angebot ab und begehrte die Feststellung, dass ihr Arbeitsverhältnis fortbestand, da auch die HfÖ in Wirklichkeit überführt und nicht abgewickelt worden sei. Dabei stützte sie sich insbesondere auf den Umstand der vorläufigen Fortführung der Einrichtung. Die in Berlin-Karlshorst ansässige HfÖ war am 04. 10. 1950 als Hochschule für Planökonomie gegründet worden und hatte kurze Zeit später den Ruf der „Kaderschmiede“.[130] Sie sollte u. a. die Kinder von Arbeiterinnen und Arbeitern ausbilden.[131] 1956 und 1958 wurde die HfÖ mit der Hochschule für Finanzen, Potsdam-Babelsberg und der Hochschule für Außenhandel, Berlin-Staaken, zusammengelegt, was zu großen Fortschritten in der Lehre und Forschung führte. In den 1980er Jahren zählte die HfÖ sechs Sektionen, etwa die Sektion Außenwirtschaft oder die Sektion Sozialistische Betriebswirtschaft. Fachrichtungen gab es u. a. für Sozialistische Volkswirtschaft oder etwa Rechnungsführung und Statistik. Sie war die größte wirtschaftswissenschaftliche Lehr- und Forschungseinrichtung in der ehemaligen DDR.[132] Hierzu zählten ehemalige Mitarbeiter des International Institute for Applied Systems Analysis in Laxenberg bei Wien oder des Institute for National Planning in Kairo.[133] 1972 wurde ihr der Name „Bruno Leuschner“[134] verliehen. Noch vor Inkrafttreten des EinigungsV stimmten

---

[129] BAG, Urt. v. 23. 09. 1993 – 8 AZR 268/92, NZA 1994, 881.

[130] *Kupferschmidt*, 41 Jahre Hochschule für Ökonomie Berlin – eine Bilanz, in: Krause/Luft/Steinitz (Hrsg.): Wirtschaftstheorie in zwei Gesellschaftssystemen Deutschlands, Reihe: Texte/Rosa-Luxemburg-Stiftung, Bd. 74, 2011, S. 85, 86.

[131] *Kupferschmidt*, 41 Jahre Hochschule für Ökonomie Berlin, S. 85.

[132] *Kupferschmidt*, Abwicklung einer „Kaderschmiede“, in: neues deutschland, 24. 09. 2011, abgerufen am 20. 03. 2018 unter: https://www.neues-deutschland.de/artikel/207475.abwicklung-einer-kaderschmiede.html.

[133] *Kupferschmidt*, Abwicklung einer „Kaderschmiede“, in: neues deutschland, 24. 09. 2011, abgerufen am 20. 03. 2018 unter: https://www.neues-deutschland.de/artikel/207475.abwicklung-einer-kaderschmiede.html.

[134] Bruno Leuschner lebte vom 12. 08. 1910 bis zum 10. 02. 1965 und war Mitglied des Politbüros des Zentralkomitees der SED sowie Vorsitzender der Staatlichen Plankommission. Weiter Angaben zur Biographie in Müller-Enbergs/Wielgohs/Hoffmann/Herbst/Kirschey-Feix, Wer war wer in der DDR?, in: Datenbank der Bundesstiftung: https://www.bundesstiftung-aufarbeitung.de/wer-war-wer-in-der-ddr-%2363%3B-1424.html?ID=2086 (aufgerufen am 04. 07. 2018).

80 % der Professoren, Studenten und Angehörige der Hochschule für die Streichung des Namens.[135]

III. Zentrale Hochschule für leitende Funktionäre der Landwirtschaftlichen Produktionsgemeinschaften

Am 11. 12. 1990 wurde die Abwicklung der 1952 gegründeten „Zentralen Hochschule für leitende Funktionäre der Landwirtschaftlichen Produktionsgenossenschaften" von der Regierung des Freistaates Sachsen beschlossen.[136] Die in Meißen ansässige Hochschule erhob daraufhin Klage gegen die Abwicklungsentscheidung. Da die landwirtschaftliche Produktionsgemeinschaft („LPG") eine herausragende Rolle in der Agrarpolitik der SED einnahm, konzentrieren sich nachfolgende Ausführungen auf die LPG. Zunächst sei vorangestellt, dass das Eigentum bzw. dessen Vergemeinschaftung eine zentrale Rolle in der DDR einnahm. Exemplarisch sei hierzu die „Aktion Rose" vom 10. Februar 1953 genannt, die am 10. März zur Enteignung der an der Ostseeküste ansässigen Hoteliers und Restaurantbesitzer führte. Zur Eigentumsstellung in der ehemaligen DDR äußert sich Markovits wie folgt:

> „Der Sozialismus war in ähnlicher Weise vom Eigentum fasziniert, ja, geradezu auf es fixiert, wie das Christentum auf die Sünde. Ohne Sündenfall keine Heilsgeschichte. Ohne Eigentum oder das, was der Kapitalismus daraus gemacht hatte, kein historischer Bedarf für ein Gesellschaftssystem, das die Fehlentwicklung einer Eigentumsgesellschaft überwinden sollte: die Ausbeutung derer, die nichts besaßen als ihre Arbeitskraft, durch die Eigentümer der Produktionsmittel."[137]

Bezüglich der LPG basierte dessen Gründung auf dem Beschluss der 2. Parteikonferenz der SED vom 9. bis 12. Juli 1952 in Berlin.[138] Dabei wurde zwischen 3 verschiedenen Typen an LPGs unterschieden. Typ I sah nur die Einbringung des Grundes in die LPG vor. Typ II schrieb die Einbringung des Ackerlandes, der Maschinen, der Zugtiere und der Geräte für die Bodenverarbeitung vor.[139] Typ III sah zusätzlich die gemeinschaftliche Nutzung privater Gebäude und Viehbestände vor.[140] Offiziell war die Beteiligung an einer LPG freiwillig. Erfolgreiche Landwirte blieben der LPG jedoch fern.[141] Zu groß schien ihnen das Risiko an einer Beteiligung an

---

[135]   N.N., „Sie werden Millionäre haben", Der Spiegel, Ausgabe 36/1990, S. 148.

[136]   KreisG Dresden, Urt. v. 05. 06. 1991 – 35 D 99/90, LKV 1991, 381.

[137]   Markovits, Gerechtigkeit in Lüritz, S. 41.

[138]   NDR, LPG: Vom Bauern zum Agrargenossen, 21. 09. 2016, abgerufen am 29. 03. 2018 unter www.ndr.de/kultur/geschichte/chronologie/LPG-Vom-Kleinbauern-zum-Agrargenossen, lpg101.html.

[139]   Schöne, Die Landwirtschaft der DDR 1945–1990, Landeszentrale für politische Bildung Thüringen, 2005, S. 25.

[140]   Schöne, Die Landwirtschaft der DDR, S. 25.

[141]   Schöne, Die Landwirtschaft der DDR, S. 25.

„ausschließlich [...] kaum überlebensfähigen Neubauernbetrieben".[142] Jedoch drängte der Staat insbesondere Landwirte mit mehr als 20 Hektar Land in die LPG. Dies geschah unter anderem durch das Aufbürden höherer Abgabepflichten oder durch die Drosselung von Produktionsmitteln bzw. einer wirtschaftlichen Ungleichbehandlung im Vergleich zu den LPG.[143] Eine Vielzahl von Bauern und Beschäftigten in der Landwirtschaft verließen daraufhin die DDR. Alleine 1960 waren es über 10.000 Personen. Zwischen 1960 und 1961 traten derart viele LPG-Mitglieder aus, sodass hieraus eine existentielle Gefahr für die LPG resultierte.[144] Die SED Politik drohte zu scheitern. Dies war einer von mehreren Gründen, die am 13. August 1961 zum Mauerbau führten.[145] In der nachfolgenden Zeit etablierte sich die LPG im Allgemeinen und Typ III im Besonderen. In den 1970er Jahren wurden von der SED Anstrengungen unternommen, um eine Großraumwirtschaft bzw. eine Spezialisierung der Produktion zu erreichen.[146] Im Zuge dessen wurde die Bodenbewirtschaftung faktisch aus der LPG ausgegliedert und nunmehr von der Kooperativen Abteilungen Pflanzenproduktion („KAP") wahrgenommen.[147] Die oben beschriebene Entwicklung zielte auf die Vergemeinschaftung von Eigentum ab.

IV. Zusammenfassung

Festzuhalten bleibt damit, dass alle drei genannten Hochschulen spezifische Ideen der Plan- und Zwangswirtschaft der ehemaligen DDR voraussetzten und der Verwirklichung der marxistisch-leninistischen Ideologie dienten. Damit verwirklichten die Einrichtungen ihren Sinn und Zweck im Sinne des § 52 Abs. 1 BildG und bildeten „hochqualifizierte und sozialistisch bewußte Persönlichkeiten" aus. Dasselbe galt auch für die DHfK, die die DDR letztlich internationale Anerkennung bringen sollte, indem Leistungssportler auf staatliche Anordnung Dopingmittel verabreicht wurden. Kritisches oder freies Denken wurde aus der Ausbildung ausgeklammert und konnte zur Exmatrikulation führen. In einer erheblichen Anzahl an Fällen wurden Sportler unwissentlich gedopt und leiden z. T. bis heute an den Spätfolgen.

---

[142] So einschließlich des Zitats *Schöne*, Die Landwirtschaft der DDR, S. 26, 27.

[143] NDR, LPG: Vom Bauern zum Agrargenossen, 21.09.2016, abgerufen am 29.03.2018 unter www.ndr.de/kultur/geschichte/chronologie/LPG-Vom-Kleinbauern-zum-Agrargenossen, lpg101.html.

[144] *Schöne*, Die Landwirtschaft der DDR, S. 40.

[145] *Schöne*, Die Landwirtschaft der DDR, S. 41.

[146] *Schöne*, Die Landwirtschaft der DDR, S. 52.

[147] Zur weiteren Entwicklung *Schöne*, Die Landwirtschaft der DDR, S. 52 ff.

B. Die Abwicklung einzelner Sektionen

Wie in § 4 A. III.[148] beschrieben, waren die Lehren der Geistes- und Gesellschaftswissenschaften in der ehemaligen DDR am Marxismus-Leninismus orientiert. Dies war insbesondere das Ergebnis der III. Hochschulreform, deren Ziel in der
Ausbildung „sozialistischer Persönlichkeiten" bestand. Aufgrund dieser ideologischen Prägung sowie der einseitigen Lehre und dem mangelnden Demokratiever-
ständnis wurde die Abwicklung zahlreicher Sektionen bzw. Fachbereiche der
Geistes- und Sozialwissenschaften beschlossen. So hielt der Wissenschaftsrat einen
„grundlegende[n] Neuaufbau" der Fächer, wie bspw. Rechtswissenschaft[149],
Volkswirtschaft, Betriebswirtschaft, Geschichtswissenschaft, Philosophie, Pädagogik, sowie der gesamten Lehrerausbildung, für erforderlich.[150] Diese seien „einseitig
auf die marxistisch-leninistische Gesellschaftstheorie, der realsozialistischen
Staatslehre und die staatsmonopolistische Zentralverwaltungswirtschaft ausgerich-
tet" gewesen. Infolgedessen wurde u. a. in Berlin, Sachsen, Sachsen-Anhalt und in
Thüringen die Abwicklung zahlreicher Sektionen bzw. Fachbereiche beschlossen.
Nachfolgende Sachverhalte wurden dabei Gegenstand eines Gerichtsverfahrens.

I. Humboldt-Universität zu Berlin

Am 18. 12. 1990 beschloss die Gesamtberliner Landesregierung die Überführung
der Humboldt-Universität zu Berlin.[151] Am 22. 12. 1990 ergänzte sie ihren Beschluss
um die Abwicklung der Teileinrichtungen der Fachbereiche Rechtswissenschaft,
Wirtschaftswissenschaft, Geschichte, Erziehungswissenschaften und des Instituts
für Philosophie.[152] Die sofortige Vollziehung wurde für beide Beschlüsse angeordnet.
Mit ihrem Antrag beim VG Berlin begehrte die Humboldt-Universität u. a. die
aufschiebende Wirkung ihrer Klage gegen die Abwicklungsentscheidungen. Hilfs-
weise wurde die einstweilige Anordnung beantragt, die Teileinrichtungen bis zur
Entscheidung in der Hauptsache zu überführen.

---

[148] S. 55 ff.

[149] Zu den Juristen in der DDR im Spannungsfeld zwischen dem Recht und dem Macht-
anspruch der SED jetzt *Markovits*, Diener zweier Herren. DDR-Juristen zwischen Recht und
Macht, Berlin 2020.

[150] Wissenschaftsrat, Perspektiven für Wissenschaft und Forschung auf dem Weg zur
deutschen Einheit. Zwölf Empfehlungen, Drs. 9847/90, 06.07.1990, S. 15.

[151] Beschluß Nr. 274/90 vom 18. 12. 1990 der Gesamtberliner Landesregierung, entnommen aus: VG Berlin, Beschl. v. 20.02.1991 – 7 A 25/91, LKV 1991, 173.

[152] Beschluß Nr. 275/90 vom 18. 12. 1990 der Gesamtberliner Landesregierung, entnommen aus: VG Berlin, Beschl. v. 20.02.1991 – 7 A 25/91, LKV 1991, 173.

II. Karl-Marx-Universität Leipzig

Die sächsische Staatsregierung traf am 11.12.1990 die Entscheidung zur Teilabwicklung der Karl-Marx-Universität Leipzig („KMU"). Hierunter fielen u. a. die Sektionen Journalistik, Rechtswissenschaften, sowie die Sektion marxistisch-leninistische Philosophie.[153] Der damalige Sächsische Staatsminister für Wissenschaft Hans Joachim Meyer beauftragte daher am 12.12.1990 den Rektor der Universität, die betroffenen Arbeitnehmer bis zum 21.12.1990 hierüber zu unterrichten.[154]

1. Sektion Marxismus-Leninismus

Am 23.08.1991 erhob ein Arbeitnehmer der abzuwickelnden Sektion Marxismus-Leninismus (Teilbereich wissenschaftlicher Kommunismus) Anfechtungsklage gegen die Abwicklungsentscheidung der Sächsischen Staatsregierung. Dem Kläger wurde angeboten, in der Sektion Politikwissenschaften und Soziologie zur „ausschließlichen Durchführung und Beendigung der Lehre im Studienprogramm der abgewickelten Einrichtungen" und der „anteilsmäßige[n] Durchführung und Beendigung der Lehre im Studienprogramm der abgewickelten Einrichtungen und Lehre in den neuen Studiengängen" tätig zu werden.[155] Nach der Auffassung des Klägers sei die Sektion nie abgewickelt, sondern als Sektion Politikwissenschaft und Soziologie fortgeführt worden, da nur die Lehrinhalte geändert worden seien. Des Weiteren argumentierte er, dass der Teilbereich wissenschaftlicher Kommunismus organisationsrechtlich nicht mit der Sektion Marxismus-Leninismus übereinstimmte.[156]

2. Sektion Journalistik

Der genannte Beschluss der Staatsregierung umfasste auch die Abwicklung der Sektion Journalistik. Die Ausbildung der Sektion wurde gleichzeitig durch das Studienprogramm „Publizistik und Medienkunde" weitergeführt, um den betroffenen Studenten den Abschluss des Studiums zu ermöglichen. Die Sektion Journalistik

---

[153] Wie sich aus einer Klageschrift vom 20.12.1990 an das VG Dresden ergibt, erhoben folgende Teilbereiche Klage gegen ihre Abwicklung, wobei das Urteil nicht veröffentlicht wurde: Juristische Fakultät, Wirtschaftswissenschaftliche Fakultät, Sektion Philosophie, Sektion Journalistik, Sektion Politikwissenschaft und Soziologie, Sektion Afrika- und Nahostwissenschaften, Sektion Pädagogik, Institut für Internationale Studien, in: Reader zur Abwicklung und den Studentischen Protesten Dez. '90/Jan. '91 in Leipzig, Teil I, hrsg. von den roten studenten, die ihre roten professoren an ihrer roten uni retten wollten, seilschaften verlag leipzig 1991; die juristische Fakultät erhob am 17.12.1990 sogar Beschwerde zum BVerfG, Reader zur Abwicklung, Teil I, es ist aber davon auszugehen, dass diese nicht zugelassen wurde.

[154] *Meyer*, Nicht öffentlicher Brief an den Rektor der Universität Leipzig vom 12.12.1990 zur Unterrichtung über die Auflösung, in: Reader zur Abwicklung, Teil I.

[155] KreisG Leipzig-Stadt, Urt. v. 29.01.1992 – I K 218/91, LKV 1993, 101.

[156] KreisG Leipzig-Stadt, Urt. v. 29.01.1992 – I K 218/91, LKV 1993, 101.

gehörte zu den wenigen abzuwickelnden Einrichtungen, für welche keine Neugründung mit veränderten Lehrinhalten vorgesehen war.[157] Die Klägerin machte im
Wesentlichen geltend, dass die inhaltliche Änderung des Studienprogrammes zu
keiner Abwicklung geführt habe und klagte auf Fortbestand ihres Arbeitsverhältnisses. Vielmehr sei die Sektion Journalistik überführt worden.[158]

III. Martin-Luther-Universität Halle-Wittenberg

Am 20. 12. 1990 entschied die Landesregierung von Sachsen-Anhalt die Abwicklung der Sektionen „Staats- und Rechtswissenschaft"[159], „Wirtschaftswissenschaften"[160], „Philosophie-Marxismus-Leninismus" und der Sektion „Marxismus-
Leninismus und Gesellschaftskunde" der Martin-Luther-Universität Halle-Wittenberg („MLU") abzuwickeln.[161] Hierzu wurde in der 7. Sitzung des Landeskabinetts
von Sachsen-Anhalt das „MBWK [Ministerium für Bildung, Wissenschaft und
Kunst] ermächtigt, […] belastete Fachbereiche […] abzuwickeln […]."[162] Mit
Schreiben vom 21. 12. 1990 forderte der damalige Wissenschaftsminister von
Sachsen-Anhalt Sobetzko den Rektor der MLU zur Einleitung der Abwicklung auf.

Die Entscheidung stieß teilweise auf scharfe Ablehnung. So argumentierten etwa
die wissenschaftlichen und technischen Mitarbeiter der Sektion Staats- und
Rechtswissenschaften der Martin-Luther-Universität Halle-Wittenberg, dass bereits
eine innere Neugestaltung geplant und eine Abwicklung vor diesem Hintergrund
nicht gerechtfertigt war:

> „Die Sektion Rechtswissenschaft hat eine umfassende Konzeption zur Neugestaltung der
> Lehre vorgelegt, die als kompatibel mit den altbundesdeutschen Verhältnissen begutachtet
> wurde. Weder von daher, noch durch die individuelle Umsetzung dieser Konzeption durch
> die Ordinarien und wissenschaftlichen Mitarbeiter lässt sich auch nur im Ansatz ein Anhalt
> auf Verfassungswidrigkeit oder gar Verfassungs[un]treue erkennen."[163]

---

[157] Zur Abwicklung und der anschließenden Neugründung sei auf folgenden Beitrag verwiesen: *Reimers*, Von der DDR-Journalistik an der Karl-Marx-Universität zur Kommunika-
tions- und Medienwissenschaft an der heutigen Universität Leipzig, hochschule ost, Nr. 1/97,
S. 9 ff.

[158] BAG, Urt. v. 15. 12. 1994 – 8 AZR 23/93, BeckRS 9998, 151795.

[159] Zur Geschichte der Juristischen Fakultät der MLU: *Lieberwirth*, Geschichte der Juristischen Fakultät der Universität Halle-Wittenberg nach 1945. Fakten und Erinnerungen,
Hallesche Schriften zum Recht, Bd. 25, 2008.

[160] Ausgeklammert hiervon der Bereich Wirtschaftsinformatik.

[161] KreisG Halle, Beschl. v. 13.02.1991 – 2 VG B 6/91, S. 3, 4, in: LASA, L 2, Nr. 653.

[162] Niederschrift über die 7. Sitzung des Landeskabinetts Sachsen-Anhalt am 11. Dezember
1990 in Magdeburg, S. 6, in: LASA, L 2, Nr. 650.

[163] Erklärung der wissenschaftlichen und technischen Mitarbeiter der Sektion Staats- und
Rechtswissenschaft der Martin-Luther-Universität Halle-Wittenberg, undatiert, in: LASA, L 2,
Nr. 651.

Hierbei ist allerdings kritisch anzumerken, dass ab dem Zeitpunkt der Wiedervereinigung die Rechtsordnung der Bundesrepublik Deutschland galt, deren Gesetze die Mitarbeiter der rechtswissenschaftlichen Sektionen nicht kannten und daher nicht lehren konnten. Die Sektion Wirtschaftswissenschaften MLU erhob am 24.01. 1991 Klage und begehrte u. a. die Aufhebung des „Akt[s] der Abwicklung und die dazu nachfolgend getroffenen Abwicklungsentscheidungen wegen Rechtswidrigkeit".[164]

IV. Friedrich-Schiller-Universität Jena

In Jena sollte die am 01.01.1990 gegründete Sektion Sozial- und Politikwissenschaften der Friedrich-Schiller-Universität Jena nach dem Willen der Thüringer Landesregierung zum 01.01.1991 abgewickelt werden. Die genannte Sektion war dabei eine Neugründung der im Dezember 1990 aufgelösten Sektion Marxismus-Leninismus. Die personellen Strukturen blieben allerdings, wie in den meisten umbenannten Sektionen, nahezu unverändert. Der Sachverhalt hatte die Besonderheit, dass die Abwicklungsentscheidung nicht wie üblich von der Landesregierung bekannt gegeben, sondern am 27.12.1990 im Verordnungsblatt veröffentlicht wurde.[165] Die Entscheidung war der Universität Jena bereits am 17.12.1990 kommuniziert worden. Daraufhin erhob die Sektion am 27.12.1990 Anfechtungsklage gegen die Abwicklungsentscheidung beim KreisG Gera-Stadt.

V. Pädagogische Hochschule Erfurt/Mühlhausen

Die Landesregierung von Thüringen hatte außerdem entschieden, die Sektion Pädagogik/Psychologie sowie das Institut für Unterstufenmethodik abzuwickeln. Die genannten Teileinrichtungen wurden vor ihrer Abwicklung in den Fachbereich Erziehungswissenschaft der Pädagogischen Hochschule Erfurt/Mühlhausen umgewandelt. Der Fachbereich erhob daraufhin Klage gegen die Entscheidung der Landesregierung, soweit sie die Abwicklung der oben genannten Teileinrichtungen betraf.

C. Sonstige

Die vorliegende Arbeit berücksichtigt auch Entscheidungen, die keinen Bezug zu wissenschaftlichen Einrichtungen haben, aber wertvolle Rechtserkenntnisse zu

---

[164] Entnommen aus KreisG Halle, Beschl. v. 13.02.1991 – 2 VG B 6/91, S. 4, in: LASA, L 2, Nr. 653.

[165] KreisG Gera-Stadt, Urt. v. 23.05.1991 – 1 D 41/90, LKV 1991, 274.

Art. 13 Abs. 1 Satz 4 EinigungsV liefern. Daher werden nachfolgende Sachverhalte in die Analyse mit einbezogen.

I. Abwicklung des Ministeriums für Wirtschaft der ehemaligen DDR

Das Ministerium für Wirtschaft der ehemaligen DDR wurde im Zuge der Wiedervereinigung abgewickelt.[166] Dieses Ministerium war erst im April 1990 erschaffen worden. Bis dahin gab es in der ehemaligen DDR sieben unterschiedliche Ministerien mit Bezug zur Wirtschaft.[167] Zwischen April und dem 2. Oktober 1990 existierten nur noch das neu zusammengelegte Ministerium für Wirtschaft und das Ministerium für Handel und Tourismus. Eine der Hauptaufgaben des Ministeriums für Wirtschaft der ehemaligen DDR war der organisierte Übergang von der sozialistischen Planwirtschaft zur sozialen Marktwirtschaft.[168] Weitere Aufgabenfelder bildeten die Verbraucherschutzpolitik und Fragen des unlauteren Wettbewerbs. Das Ministerium für Wirtschaft der ehemaligen DDR passte dabei seinen Organisationsplan an den des Bundesministeriums für Wirtschaft an.[169] Im Zuge des Beitritts der DDR wurde bekanntgegeben, künftig nur ein einheitliches Ministerium fortzuführen. Damit sollte das Bestehen zweier Ministerien vermieden werden. Die Vorbereitungen zur Abwicklung begannen August 1990. Mit Wirkung vom 01.01. 1991 stellte das Bundesministerium für Wirtschaft 480 Arbeitnehmer ein, die zuvor noch in einem Arbeitsverhältnis mit dem Ministerium für Wirtschaft der ehemaligen DDR standen. Dies entsprach etwa 25 % der zuletzt aktiv Beschäftigten dieses Ministeriums. Diese wurden größtenteils in einer neu geschaffenen Außenstelle in Berlin eingesetzt.

1. Klage auf Feststellung der Überführung

Die Klägerin, der ein solches Übernahmeangebot nicht gemacht worden war, klagte auf Feststellung des Fortbestehens ihres Arbeitsverhältnisses. Das Ministerium für Wirtschaft der ehemaligen DDR sei angesichts der großen Anzahl an weiterbeschäftigten Arbeitnehmern nicht aufgelöst, sondern teilweise überführt worden.[170]

---

[166] LAG Berlin, Urt. v. 18.11.1991 – 12 Sa 44/91, NZA 1992, 361.

[167] LAG Berlin, Urt. v. 18.11.1991 – 12 Sa 44/91, NZA 1992, 361.

[168] Bundesstiftung zur Aufarbeitung der SED-Diktatur, Ministerium für Wirtschaft, aufgerufen am 06.03.2018 unter https://deutsche-einheit-1990.de/ministerien/ministerium-fuer-wirtschaft/.

[169] LAG Berlin, Urt. v. 18.11.1991 – 12 Sa 44/91, NZA 1992, 361.

[170] LAG Berlin, Urt. v. 18.11.1991 – 12 Sa 44/91, NZA 1992, 361; ArbG Berlin, Urt. v. 20.06.1991 – 98 Ca9794/90, LKV 1992, 100 behandelt ebenso die Feststellungsklage auf Fortbestehen des Arbeitsverhältnisses aufgrund der Abwicklung eines Ministeriums. Konkrete Angaben bzgl. des Ministeriums und den Beteiligten wurden im Urteil anonymisiert.

2. Verfassungsbeschwerde gegen die „Warteschleifenregelung"

Etwa 304 ehemalige Beschäftigte u. a. des Wirtschaftsministeriums der ehemaligen DDR legten in der Folgezeit beim BverfG Verfassungsbeschwerde ein, die über den Arbeitslosenverband Deutschland e.V. koordiniert wurde.[171] Wie im Verlauf dieser Arbeit zu zeigen sein wird, nahm die sog. Warteschleifenentscheidung des BverfG eine wichtige Rolle im Rahmen des Abwicklungsprozesses ein. Auf das Urteil ist bereits oben eingegangen worden. Die Arbeitsverhältnisse der genannten Beschwerdeführer wurden je nach Alter zum 02.04.1991 oder zum 2.7.1991 beendet. Die Verfassungsbeschwerde richtete sich ausschließlich gegen die Warteschleifenregelung in Anl. I Kap. XIX Sachg. A Abschn. III. Nr. 1. Abs. 2 und 3 zum EinigungsV. Diese Vorschrift regelte das Schicksal der Arbeitsverhältnisse der abgewickelten Einrichtungen. Konkret wurde das Bestehen oder Nichtbestehen des Arbeitsverhältnisses von der Abwicklung oder Überführung der Einrichtung nach Art. 13 Abs. 1 Satz 4 EinigungsV abhängig gemacht. Im Falle der Überführung der Einrichtung bestanden die Arbeitsverhältnisse zum Bund bzw. zu den Ländern fort, Anl. I Kap. XIX Sachg. A, Abschnitt III., 1., Abs. 2 Satz 1 i.V.m. Abs. 3 zum EinigungsV. Im Falle der Auflösung der Einrichtung „ruhten" die Arbeitsverhältnisse ab dem Tage des Beitritts der DDR, vgl. Anl. I Kap. XIX Sachg. A Abschn. III. Nr. 1. Abs. 2 Satz 2 zum EinigungsV. Mit Urteil vom 24.04.1991 entschied das Bundesverfassungsgericht u. a., dass die Regelungsanordnung des „Ruhens" mit dem Grundgesetz unvereinbar und nichtig war, soweit dadurch die Kündigungsvorschriften des Mutterschutzrechts durchbrochen wurden.[172]

II. Staatliches Tanzensemble der ehemaligen DDR

Im Dezember 1990 wurde das Tanzensemble der ehemaligen DDR dem Land Berlin mit dem Ziel der Abwicklung übergeben.[173] Am 09.04.1991 und am 19.06.1991 gab das Land Berlin den Mitarbeitern des Tanzensembles die Beendigung ihrer Arbeitsverhältnisse bekannt. Ein Mitglied erhob daraufhin Anfechtungsklage gegen die Abwicklungsentscheidung. Das Tanzensemble war dabei keine unabhängige, sportliche Vereinigung, sondern sollte den politischen Ideen der SED kulturellen Ausdruck verleihen. Im Allgemeinen erstreckte sich die politische SED-Ideologie nämlich auch auf das kulturelle Leben in der ehemaligen DDR. Die Kultur wurde „politisch und ideologisch reglementiert, bolschewisiert und säkularisiert".[174] Auf der „Kulturkonferenz der SED zur Entwicklung der sozialistischen Kultur" wurde beispielsweise festgelegt, dass das Kulturprogramm u. a. den „heldenhaften, opfer-

---

[171] *Wolter*, ZTR 1991, Ausgabe 7, 273, 277.

[172] BVerfG, Urt. v. 24.04.1991 – 1 BvR 1341/90, NJW 1991, 1667 dort unter B.; eine Stellungnahme zu den Rechtsausführungen finden sich in § 7 B. IV, S. 100.

[173] OVG Berlin, Beschl. 02.12.1991 – 4 S 36/91, LKV 1992, 97.

[174] So einschließlich des Zitats *Walsdorf*, Bewegte Propaganda, 2010, S. 138.

reichen Kampf [...] der Arbeiterklasse" thematisieren musste.[175] Insbesondere
dienten staatliche Tanz- bzw. Kunstensembles der gesellschaftlichen Verankerung
der politischen Vorstellungen der SED. Bereits am 12.09.1949 wurde im kleineren
Sekretariat des Politbüros der SED folgendes beschlossen:

> „Zur Unterstützung der Laien- und Volkstanzgruppen sind fortschrittliche Künstler und
> Schriftsteller heranzuziehen. [...] Die vom Veranstaltungsdienst eingesetzten Künstler-
> gruppen sind genau zu überprüfen und in jedem Falle auszuschalten, wenn von diesen
> Truppen eine offene oder versteckte amerikanische Kulturpropaganda getrieben wird. [...]
> Sie [= die Laienkünstler] sind unbedingt zu fördern, aber nur dann, wenn ihre Leistungen
> überzeugend und ideologisch einwandfrei sind."[176]

Das Zentralhaus für Kulturarbeit der ehemaligen DDR war dabei zuständig für
den Volkstanz.[177] Aus der ursprünglich 1950 gegründeten Nationalen Kulturgruppe
der FDJ ging 1962, nach mehreren Umbenennungen, das Staatliche Tanzensemble
der DDR hervor.[178] Dieses war dem Ministerium für Kultur der DDR zugeordnet.
Bereits ab 1955 gab es einen fest vorgeschriebenen Ausbildungsplan, der nach zwei
Jahren mit der Absolvierung der ersten „Staatliche[n] Prüfung von Bühnentänzern
für die Fachrichtung Volkstanz" endete.[179] Pflichtfächer waren u.a. Tänzerische
Grundlagen und Gymnastik, Technik des klassischen Tanzes sowie Gesellschafts-
wissenschaft und Volkskundliches Arbeiten.[180] Der Volkstanz sollte der SED-Ideo-
logie Ausdruck verleihen und gesellschaftlich verankert werden. Entsprechend
thematisierten die Choreographien sozialistische Themen, wie beispielsweise die
Vergemeinschaftung der Landwirtschaftsbetriebe.[181] Grundlage der Ausbildung der
Tanzgruppenleiterinnen und -leiter war der Marxismus-Leninismus.[182] Das Ziel der
Ausbildung wurde u.a. darin gesehen, „die reichen Schätze [des] folkloristischen
Erbes unseren Werktätigen auf einer neuen, künstlerischen Ebene nahe zu brin-
gen."[183]

III. Bezirksinstitut für Blutspende- und Transfusionswesen

Die Gesamtberliner Landesregierung bestimmte am 20.11.1990, das Bezirksinstitut für Blutspende und Transfusionswesen ab dem 31.12.1990 abzuwickeln.[184]

---

[175] Zitat entnommen aus: *Walsdorf*, Bewegte Propaganda, 2010, S. 172.

[176] Zitat entnommen aus: *Walsdorf*, Bewegte Propaganda, 2010, S. 149.

[177] Dieses wurde 1952 als „Zentralhaus für Laienkunst" gegründet und 1962 umbenannt.

[178] Ein weiteres staatliches Tanzensemble war das Staatliche Folkloreensemble der DDR.

[179] So einschließlich des Zitats *Walsdorf*, Bewegte Propaganda, 2010, S. 157.

[180] *Walsdorf*, Bewegte Propaganda, 2010, S. 157.

[181] *Walsdorf*, Bewegte Propaganda, 2010, S. 167.

[182] *Walsdorf*, Bewegte Propaganda, 2010, S. 236.

[183] Zitat entnommen aus: *Walsdorf*, Bewegte Propaganda, 2010, S. 157.

[184] BVerwG, Urt. v. 12.06.1992 – 7 C 5/92, LKV 1992, 375.

Das Institut gehörte zur öffentlichen Verwaltung der ehemaligen DDR. Am 13.12. 1990 wurde der Klägerin, einer Beschäftigten dieser Einrichtung, das Ruhen und die Beendigung des Arbeitsverhältnisses infolge der Abwicklung mitgeteilt. Die Klägerin erhob Anfechtungsklage gegen die Abwicklung der Einrichtung.

IV. Tierpark Berlin-Friedrichsfelde

Ferner beschloss die Gesamtberliner Regierung am 06.11.1990 mit Wirkung vom 15.12.1990 die Abwicklung des Tierparks Berlin-Friedrichsfelde. Hierzu führte es aus:

> „Gründung einer GmbH vorgesehen; Übergangslösung; Berichtsauftrag [...]: Konzeption für die Fortführung des Betriebs in Abstimmung mit dem Zoologischen Garten; Termin: 31.12.1990."[185]

Die Klägerin begehrte die Feststellung, dass ihr Arbeitsverhältnis nicht beendet worden sei. Der Tierpark Berlin-Friedrichsfelde sei in Wirklichkeit nicht abgewickelt, sondern überführt worden.

D. Zwischenergebnis

Die dargestellten Sachverhalte zeigen, dass die Abwicklung auf Grundlage von Art. 13 Abs. 1 Satz 4 EinigungsV Verfahrensgegenstand verschiedener Gerichtsbarkeiten wurde. In der Anfangszeit riefen die betroffenen Institutionen sowie die Mitarbeiter insbesondere die Verwaltungsgerichte, ab Juni 1991 zunehmend auch die Arbeitsgerichte an. Verfassungsbeschwerden, wie diejenige vor dem BverfG, blieben die Ausnahme. Der überwiegende Anteil der Sachverhalte bzgl. Art. 13 Abs. 1 Satz 4 EinigungsV behandelt die Abwicklung von Hochschulen bzw. ihre Einrichtungen. Nur vereinzelt sind auch andere Bereiche betroffen, etwa das Tanzensemble aus dem Bereich der Kultur oder das Blutspendewesen im Rahmen der Allgemeinversorgung.

Auf Klägerseite waren es insbesondere die Sektionen, die vor dem Verwaltungsgericht gegen die Abwicklungsentscheidung klagten. Dies war der Tatsache geschuldet, dass die Landesregierungen in den meisten Fällen die Hochschulen nur teil abwickelten. Vollumfänglich abgewickelte Hochschulen klagten in weit weniger Fällen gegen die Entscheidung. Bei Klagen von Mitarbeitern gegen eine Teilabwicklung brachten die Kläger häufig das Argument, dass die (Teil-)Einrichtungen in Wirklichkeit nicht abgewickelt, sondern überführt worden seien, weil sie beispielsweise ihre Tätigkeit nicht ab dem Zeitpunkt der Abwicklungsentscheidung eingestellt, sondern fortgeführt haben sollen.

---

[185] Entnommen aus: BAG, Urt. v. 27.10.1994 – 8 AZR 687/92, NZA 1995, 735.

Wie der Sachverhalt der Sektion „Marxismus-Leninismus" der KMU gezeigt hat, erhoben nicht nur die (Teil-)Einrichtungen Klage, sondern auch deren Angestellten der (Teil-)Einrichtung gegen die Abwicklungsentscheidung. Andere Arbeitnehmer wiederum klagten auf Feststellung des Bestehens ihres Arbeitsverhältnisses vor dem Arbeitsgericht.

In prozessualer Hinsicht wird hierbei zu würdigen sein, inwieweit etwa die Sektionen beteiligungsfähig waren und ob die Arbeitnehmer im Verwaltungsprozess klagebefugt waren, da sie nicht Adressat der Abwicklungsentscheidung waren.

§ 6 Die Anwendbarkeit des Art. 13 Abs. 1 S. 4 EinigungsV auf die Hochschulen

Der Vorbehalt des Gesetzes ist eine Ausprägung des Rechtstaatsprinzips und gebietet, dass belastende, staatliche Eingriffe einer Rechtsgrundlage bedürfen. Im Hinblick auf die Hochschulabwicklung war die einschlägige Rechtsgrundlage aber nicht eindeutig erkennbar. Daher stellte sich die allgemeine Frage der Anwendbarkeit des Art. 13 Abs. 1 Satz 4 EinigungsV auf Hochschuleinrichtungen. Strittig war, ob die (Teil-)Einrichtungen im Zeitpunkt des Beitritts der DDR überhaupt noch fortbestanden (§ 6 A.). Probleme ergaben sich auch vor dem Hintergrund des Selbstverwaltungsrechts (§ 6 B.). Zum anderen war das Verhältnis zwischen Art. 13 EinigungsV und Art. 38 EinigungsV nicht geklärt (§ 6 C.).

A. Juristische Auflösung der Einrichtungen kraft Wirksamwerdens des Beitritts?

In der anfänglichen Rechtsprechung und Literatur war umstritten, ob die Hochschuleinrichtungen nicht bereits im Zeitpunkt des Wirksamwerdens des EinigungsV als aufgelöst betrachtet werden mussten.

I. Auffassung der Rechtsprechung

Das KreisG Gera-Stadt argumentierte etwa, dass die Auflösung der öffentlichen Einrichtungen bereits mit dem Wirksamwerden des Beitritts der DDR eingetreten sei. Es stützte sich dabei auf den Wortlaut des Art. 13 Abs. 1 Satz 4 EinigungsV. Das Gericht erachtete die Wortwahl der „Abwicklung" als bewusste Entscheidung der Vertragsparteien. Mit Untergang der DDR als Rechtssubjekt seien ipso iure auch die öffentlichen Einrichtungen als Rechtssubjekte weggefallen. Die Landesregierung habe die (Teil-)Einrichtung nach Art. 13 Abs. 1 Satz 4 EinigungsV quasi nachträglich überführen können. Die gegenteilige Auffassung vertrat das BezG Erfurt und stützt sich auf Anl. I Kap. XIX Sachg. A Abschn. III. Nr. 1 Abs. 2 zum Einigungs V.[186] Dort hieß es:

> „Ist eine Entscheidung nach Artikel 13 Abs. 2 bis zum Tage des Wirksamwerdens des Beitritts nicht möglich, kann bestimmt werden, daß der nach Satz 2 maßgebende Zeitpunkt um bis zu drei Monate hinausgeschoben wird. Bis zu diesem Zeitpunkt gilt Satz 1."

Demnach seien die Vertragsparteien selbst davon ausgegangen, dass eine Entscheidung nach Art. 13 EinigungsV getroffen werden musste. Die übrige Rechtsprechung griff diese Rechtsfrage nicht auf und setzte den vorläufigen Fortbestand der Einrichtungen auch nach dem Beitritt der neuen Bundesländer voraus. Die Rechtsauffassung des KreisG Gera-Stadt hatte sich damit nicht durchsetzen können.

II. Auffassung der Literatur

Von Seiten der Literatur vertrat Körting im Ergebnis dieselbe Rechtsauffassung wie das KreisG Gera-Stadt und legte den Fokus auf den Wortlaut des Art. 13 EinigungsV. Art. 13 EinigungsV habe lediglich zwischen der Überführung und der Abwicklung unterschieden. Die Notwendigkeit einer selbstständigen Auflösungsentscheidung habe der EinigungsV gerade nicht vorgesehen. Die (Teil-)Einrichtungen seien kraft Einigungsvertrags aufgelöst worden. Daher habe der EinigungsV nur die Entscheidungsform der nachträglichen Überführung der (Teil-)Einrichtung eingeräumt.[187] Gestützt sei diese Ansicht durch Nr. 7 des Protokolls zum EinigungsV geworden, welches nach Art. 45 EinigungsV Bindungswirkung erzeugte. Dort hieß es zu Art. 13 Abs. 2 EinigungsV:

> „Soweit Einrichtungen ganz oder teilweise auf den Bund überführt werden, ist geeignetes Personal entsprechend den Notwendigkeiten der Aufgabenerfüllung in angemessenem Umfang zu übernehmen."

Der EinigungsV sei davon ausgegangen, dass die Auflösung der Einrichtungen der Regelfall gewesen sei. Allerdings konnte sich auch Körting mit seiner Auffassung nicht durchsetzen.

Nach dem Wortlaut Art. 13 Abs. 1 Satz 1 EinigungsV unterstanden die Einrichtungen zunächst der Regierung des Landes. Aus dem Begriff des Unterstehens schlussfolgerte Wolter[188], dass die Einrichtungen zunächst funktionell dem Land zugeordnet worden sei.[189] Anschließend habe das Land die Überführung oder Ab-

---

[186] BezG Erfurt, Beschl. v. 20. 3. 1992 – 1 B 8/91, LKV 1993, 274, 275.

[187] *Körting*, Keine gesonderte Anfechtung beider Abwicklung von Einrichtungen der ehemaligen DDR, NZA 1992, 205, 206.

[188] Der Autor wurde 1944 geboren und habilitierte 1997 an der Humboldt-Universität zu Berlin.

[189] Ob es sich bei Art. 13 EinigungsV um eine Universalsukzession oder um eine Funktionsnachfolge handelt ist nicht ersichtlich, Ausführungen hierzu *Wolter*, ZTR 1991, Ausgabe 7, 273, 282.

wicklung regeln müssen. Wolter ging im Ergebnis davon aus, dass die Auflösung der Einrichtung nicht durch den Beitritt der DDR eingetreten sei. Ähnlich wie die Rechtsprechung hat auch die zeitgenössische Literatur diese Rechtsfrage nicht weiter aufgegriffen, sondern den juristischen Fortbestand im Zeitpunkt des Beitritts der DDR vorausgesetzt.

III. Stellungnahme

Der Auffassung, wonach die (Teil-)Einrichtungen kraft EinigungsV aufgelöst wurden, ist meines Erachtens zu Recht kritisiert worden. Zum einen erscheint es fernliegend, dass die Vertragsparteien des EinigungsV alle öffentlichen Einrichtungen pauschal auflösen wollten, ohne nach ihrer konkreten Funktion oder Aufgabe zu differenzieren. Unstreitig entfiel beispielsweise die Legitimationsbasis des Ministeriums für Staatssicherheit oder des Außenministeriums der ehemaligen DDR. Allerdings schrieb Art. 38 Abs. 1 EinigungsV vor, dass wissenschaftliche (Teil-)Einrichtungen durch den Wissenschaftsrat begutachtet werden mussten. Einer Begutachtung hätte es aber nicht mehr bedurft und wäre auch nicht möglich gewesen, wenn die Einrichtungen schon kraft Vertrages nicht mehr existiert hätten. In einem solchen Fall wäre von einer Neugründung oder Neukonzeption die Rede gewesen. Zum anderen widersprach die Auffassung des KreisG Gera-Stadt auch dem Ziel der Vertragsparteien, die Einigung schnell zu vollziehen. Der Einigungsprozess hätte sich erheblich verzögert, wenn die Bundesrepublik Deutschland einen umfassenden Neuaufbau aller ehemaligen öffentlichen (Teil-)Einrichtungen, darunter Kindergärten und Schulen, hätte vornehmen müssen. Dies hätte einen zusätzlichen finanziellen Aufwand zur ohnehin kostspieligen Wiedervereinigung bedeutet. Wie Hans Joachim Meyer berichtet, gab es zwar von Seiten der Kultusministerkonferenz durchaus Erwägungen, alle ostdeutschen Hochschuleinrichtungen zunächst zu schließen.[190] Diese Idee wurde letztlich nie umgesetzt. Daher scheint auch der Wille der handelnden Politiker dafür zu sprechen, dass die (Teil-)Einrichtungen nicht kraft EinigungsV aufgelöst wurden. Festzuhalten bleibt damit, dass der überwiegende Teil der Rechtsprechung und der Literatur im Ergebnis darin übereinstimmten, dass die (Teil-)Einrichtungen im Rahmen des Art. 13 EinigungsV nicht automatisch im Zeitpunkt des Wirksamwerdens des Einigungsvertrages aufgelöst wurden.

---

[190] *Teymouri*, Interview mit Meyer v. 09.05.2018.

B. Art. 13 Abs. 1 Satz 4 EinigungsV im Spannungsfeld des Selbstverwaltungsrechts der Hochschulen

I. Ablehnende Haltung des KreisG Dresden

Seinem Wortlaut nach erstreckte sich Art. 13 Abs. 1 Satz 1 in Abs. 3 Nr. 1 Var. 3 EinigungsV auch auf wissenschaftliche Einrichtungen, worunter die Hochschulen subsumiert wurden. Trotzdem wurden vom KreisG Dresden rechtliche Zweifel angemeldet, ob Art. 13 Abs. 1 Satz 4 EinigungsV auf Hochschulen der ehemaligen DDR anwendbar war. Dies wurde damit begründet, dass die Abwicklung der Hochschule das Selbstverwaltungsrecht verletzt habe. Die Beeinträchtigung des Selbstbestimmungsrechts sei aber ausschließlich dem Landesgesetzgeber eingeräumt worden und nicht der Landesregierung. Die Auflösung einer Selbstverwaltungskörperschaft habe daher „[e]ine ganz andere Rechtsqualität" besessen.[191] Dies sei jedenfalls dann der Fall gewesen, wenn der EinigungsV das Selbstverwaltungsrecht der jeweiligen Einrichtung bzw. Behörde auch nach Beitritt der DDR aufrechterhalten habe. In diesem Zusammenhang verwies das Gericht auf Art. 3 Nr. 33 c) Vereinbarung-EinigungsV, der die VHO-DDR auch nach Beitritt der DDR für wirksam erklärte und den Hochschulen in § 82 VHO-DDR das Selbstverwaltungsrecht einräumte. Das Recht der Selbstverwaltung, so das Gericht, wäre aber leergelaufen, wenn die Landesregierung die Einrichtungen jederzeit hätte auflösen können. Art. 13 Abs. 1 Satz 4 EinigungsV sei dahingehend auszulegen gewesen, dass sie auf Hochschulen keine Anwendung fand.[192] Des Weiteren habe Satz 2 der Fußnote in Anl. I Kap. XVI Sachg. A Abschn. II zum EinigungsV den Willen der Vertragsparteien offenbart, wo es hieß:

> „Der im Zeitpunkt des Wirksamwerdens des Beitritts bestehende Status der Universitäten, der anderen Hochschulen und der Fachschulen in diesem Gebiet kann im übrigen nur durch Landesgesetz geändert werden."

Die Fußnote sei kein unverbindlicher Hinweis, sondern rechtlich bindend gewesen. Hierfür habe nicht nur die Verortung der Fußnote in Anlage I zum EinigungsV gesprochen, der die Hochschulangelegenheiten festlegte. Die Wortwahl „im übrigen" habe zudem verdeutlicht, dass die Vertragsparteien diese Rechtsfolge bindend herbeiführen wollten.[193] Diese Rechtsauffassungen fand in der zeitgenössischen Literatur teilweise Anklang.[194]

---

[191] So einschließlich des Zitats KreisG Dresden, Urt. v. 05.06.1991 – 35 D 99/90, LKV 1991, 381, 382.

[192] KreisG Dresden, Urt. v. 05.06.1991 – 35 D 99/90, LKV 1991, 381, 382

[193] KreisG Dresden, Urt. v. 05.06.1991 – 35 D 99/90, LKV 1991, 381, 382.

[194] Etwa *Denhard*, Hochschul-„Abwicklung"?, NJ 1991, 295, 297.

II. Gegenteilige Rechtsauffassungen

Das BezG Dresden als höhere Instanz widersprach allerdings dieser Rechtsauffassung. Das KreisG Dresden hätte demnach Satz 2 der Fußnote in Anl. I Kap. XVI Sachg. A Abschn. II falsch ausgelegt. Dieser sei im Lichte des Satzes 1 derselben Fußnote auszulegen gewesen, wo es hieß:

„Bis zum Erlaß der Landesgesetze nach § 72 Abs. 1 Satz 3 des Hochschulrahmengesetzes […] bestimmt das bis dahin geltende Landesrecht in den […] Ländern […] in dem das Grundgesetz bisher nicht galt, was Hochschulen und Hochschuleinrichtungen im Sinne des § 4 des Hochschulbauförderungsgesetzes sind.“

Satz 2 der genannten Anlage zum EinigungsV habe daher nur den Zweck verfolgt, eine Abgrenzung der Hochschule und Hochschuleinrichtungen nach § 4 des Hochschulbauförderungsgesetzes von anderen Bildungseinrichtungen zu ermöglichen. Die Abgrenzung sei über den Status erfolgt, der nach Satz 2 nur durch den Gesetzgeber geändert werden konnte. Darüber hinaus sei dieser Fußnote keine Regelung über die Auflösung von Hochschulen zu entnehmen gewesen. Art. 13 Abs. 1 Satz 4 EinigungsV hatte nach Überzeugung des Gerichts Vorrang. Umgekehrt, so das BezG Dresden, hätte Art. 13 Abs. 1 Satz 4 EinigungsV gerade keine „ausschließliche Entscheidungszuständigkeit der Exekutive“ normiert.[195] Daher habe auch der Gesetzgeber die Auflösung der Hochschule regeln können.[196] Die Zuständigkeit der Exekutive hätte den Zweck verfolgt, das langwierige Gesetzgebungsverfahren zu vermeiden, um die zügige Neuordnung der Forschungslandschaft zu ermöglichen.[197]

III. Stellungnahme

Dieser Auffassung des BezG Dresden ist zuzustimmen und insbesondere hervorzuheben, dass die zügige Neuordnung keinen Selbstzweck verfolgte, sondern auch eine Abwanderung der ostdeutschen Studenten nach Westdeutschland vermeiden sollte. Über 300.000 Menschen waren bereits zwischen Oktober 1989 und Januar 1990 von der DDR in die Bundesrepublik Deutschland ausgewandert.[198] Die ostdeutschen Hochschulen sollten in absehbarer Zeit ein konkurrenzfähiges Niveau erreichen. Die Maßnahmen und Regelungen mussten stets vor dem Hintergrund eines außergewöhnlich hohen Zeitdruckes gewertet werden. Von der Rechtsprechung

---

[195] BezG Dresden, Urt. v. 17.06.1992 – 2 BDB 47/91, LKV 1993, 276.

[196] BezG Dresden, Urt. v. 17.06.1992 – 2 BDB 47/91, LKV 1993, 276, 277.

[197] BezG Dresden, Urt. v. 17.06.1992 – 2 BDB 47/91, LKV 1993, 276, 277.

[198] Deutscher Bundestag, Die Währungs-, Wirtschafts- und Sozialunion vom 01.07.1990 – Entscheidender Schritt zur Deutschen Einheit, aufgerufen am 03.08.2018 unter https://www.bundestag.de/blob/379774/378f312e32542d5765f03b5e04226bf5/die-waehrungs-wirtschaft-und-sozialunion-vom-1-juli-1990-data.pdf.

wurde die Anwendbarkeit des Art. 13 Abs. 1 Satz 4 EinigungsV ansonsten nicht thematisiert und scheinbar vorausgesetzt.[199]

Das KreisG Dresden verkannte, dass die VHO-DDR vorläufiger Natur war und den Hochschulen lediglich einen rechtlichen Handlungsspielraum in den neuen Bundesländern einräumen sollte. Wie bereits erläutert, waren die autonomen Strukturen in den Hochschuleinrichtungen der ehemaligen DDR (noch) nicht vorhanden und musste erst am Maßstab des Art. 5 Abs. 3 GG implementiert werden. Des Weiteren widersprach die Auffassung des Gerichts dem eindeutigen Wortlaut des Art. 13 Abs. 1 Satz 4, Abs. 3 Nr. 1 Var. 3 EinigungsV, wonach auch Einrichtungen der Wissenschaft unter Art. 13 Abs. 1 EinigungsV fielen. Wäre es der Wille der Vertragsparteien gewesen, die Hochschuleinrichtungen auszuklammern, so hätten sie bei Art. 13 Abs. 1 Satz 4, Abs. 3 Nr. 1 Var. 3 EinigungsV eine Einschränkung vornehmen können, was aber nicht geschah. Außerdem war diese Auffassung kaum mit Art. 38 Abs. 1 EinigungsV vereinbar, wonach wissenschaftliche Einrichtungen durch den Wissenschaftsrat begutachtet werden sollten. Die negative Evaluierung hätte zur Abwicklung der Einrichtung geführt. Die Intention der Vertragsparteien war es, diese Regelung auch auf universitäre Einrichtungen anzuwenden. Daher vermochte die Auffassung des KreisG Dresden nicht zu überzeugen.

Weder in der Rechtsprechung noch in der zeitgenössischen Literatur konnte sich die dargelegte Rechtsauffassung des KreisG Dresden durchsetzen.

C. Art. 38 EinigungsV als lex specialis hinsichtlich der wissenschaftlichen Einrichtungen?

I. Teilweise vertretene Auffassung der zeitgenössischen Literatur

Wie bereits unter § 4 C. I.[200] beschrieben, veröffentlichte die Gemeinsame Bildungskommission am 26. 09. 1990 das Ergebnis, u. a. alle universitären (Teil-)Einrichtungen durch den Wissenschaftsrat evaluieren zu wollen. Eine gegenteilige Bekanntgabe oder gar Revidierung dieser Einigung erfolgte nicht. Daher sahen Teile der zeitgenössischen Literatur Art. 38 Abs. 1 EinigungsV als vorrangige Regelung hinsichtlich der Abwicklung wissenschaftlicher Einrichtungen an. Die Regelung bezweckte ihrem Wortlaut nach die „Erneuerung von Wissenschaft und Forschung unter Erhaltung leistungsfähiger Einrichtungen". Art. 38 Abs. 1 EinigungsV sah vor, dass die öffentlichen wissenschaftlichen Einrichtungen durch den Wissenschaftsrat[201] begutachtet werden mussten, um eine „gemeinsame Forschungsstruktur" in der

---

[199] Etwa OVG Berlin, Beschl. v. 24. 06. 1991 – 8 S 79/91, LKV 1991, 343, 344.

[200] S. 67.

[201] Ausführlich zur Geschichte und Funktion des Wissenschaftsrats: *Bartz*, Der Wissenschaftsrat. Entwicklungslinien der Wissenschaftspolitik in der Bundesrepublik Deutschland 1957–2007, 2007.

Bundesrepublik Deutschland zu erreichen. Nach Auffassung von Denhard erfüllte dieses Verfahren keinen Zweck, weil die Landesregierung die Hochschuleinrichtungen jederzeit nach Art. 13 Abs. 1 Satz 4 EinigungsV abwickeln durfte.[202] Die systematische Auslegung habe deshalb ergeben, dass die Landesregierung die Hochschuleinrichtung erst nach Begutachtung abwickeln durfte.[203] Entsprechend hätten alle Abwicklungsentscheidungen im Jahr 1990 mangels Abwarten der Begutachtung an einem „Verfahrensmangel" gelitten.[204] Dieser Rechtsauffassung scheint zunächst mit den Ergebnissen der abschließenden Gemeinsamen Bildungskommission übereinzustimmen, der eine Begutachtung der universitären und außeruniversitären (Teil-)Einrichtungen durch den Wissenschaftsrat vorsah.

II. Gegenteilige Auffassungen

Fink[205] sah Art. 38 EinigungsV zwar nicht als speziellere Regelung, aber als Verdeutlichung dafür, dass „die Aufgabe der Reorganisation der Hochschulen von andere Qualität war als die Fortführung einer Baubehörde oder einer Polizeiinspektion".[206] Hierzu führt er aus:

---

[202] *Denhard*, Hochschul-„Abwicklung"?, NJ 1991, 295, 296.

[203] *Denhard*, Hochschul-„Abwicklung"?, NJ 1991, 295, 297.

[204] *Denhard*, Hochschul-„Abwicklung"?, NJ 1991, 295, 297, der die Rechtsfolgen aber nicht weiter thematisiert.

[205] Heinrich Fink wurde am 31.03.1935 in Korntal (Rumänien) geboren. 1940 siedelte die Familie aufgrund des Hitler-Stalin-Pakts nach Poznan und flüchteten 1945 nach Glienecke. Fink studierte von 1954 bis 1960 evangelische Theologie an der Humboldt Universität zu Berlin, wo er sich 1965 promovierte. 1979 wurde er zum ordentlichen Professor für praktische Theologie an der Humboldt Universität zu Berlin berufen. 1990 wurde er zum Rektor der Universität gewählt. Anschließend wurde Fink verdächtigt, von 1968 bis 1989 als inoffizieller Mitarbeiter „Heiner" des Ministeriums für Staatssicherheit (MfS) tätig gewesen zu sein. 1992 wurde er deshalb fristlos entlassen, was ein großes Medienecho erzeugte. Fink klagte zunächst erfolgreich vor dem Arbeitsgericht gegen seine Entlassung. Das Urteil wurde allerdings vom Landesarbeitsgericht abgeändert und die Klage abgewiesen. Das Landesarbeitsgericht sah es als erwiesen an, dass Fink als inoffizieller Mitarbeiter des MfS tätig gewesen war. Fink scheiterte schließlich vor dem Bundesverfassungsgericht, welches in der Entlassung keine Verletzung seiner Grundrechte sah. Fink bestreitet die vorgeworfene Tätigkeit für die MfS, obwohl Der Spiegel im Jahr 2005 von rekonstruierten Akten berichtete, die klar belegen, dass Fink „von sich aus auf Einzelpersonen aufmerksam" gemacht und Studenten denunziert hat. Die Arbeitsweise wurde in der Stasi-Akte wie folgt charakterisiert: „konspirativ, hält sich an die festgelegte Auftragserteilung und ist selbst aktiv", nachgewiesen bei *Wensierski*, Akte aus dem Sack, Der Spiegel, Ausgabe 19/2005, abgerufen am 10.09.2018 unter http://www.spiegel.de/spiegel/print/d-40325357.html. Das Urteil des BVerfG ist abrufbar unter https://www.bundesverfassungsgericht.de/SharedDocs/Entscheidungen/DE/1997/07/rs19970708_1bvr193493.html; Zur Vita: Wer war wer in der DDR?, in: Datenbank der Bundesstiftung: https://www.bundesstiftung-aufarbeitung.de/wer-war-wer-in-der-ddr-%2363%3B-1424.html?ID=805.

[206] So einschließlich des Zitats *Fink*, Ist die Abwicklung von Hochschuleinrichtungen in den neuen Bundesländern gescheitert?, MittHV, Nr. 4/91, S. 205.

„Art. 38 EV [= EinigungsV] verleiht mithin der Abwicklung wissenschaftlicher Einrichtungen i.S.d. Art. 13 Abs. 1 EV eine andere Zweckrichtung. Er begreift diese Maßnahme vorrangig als Instrument zur personellen Erneuerung im Sinne eines Aufbaus von Institutionen, an denen ein freier und deshalb notwendig unparteilicher wissenschaftlicher Geist herrscht, was vielfach, sicherlich beileibe nicht in allen Fällen, nur mit einer vollständigen Diskontinuität der neuen Einrichtung von den alten erreicht werden kann.“[207]

Auch die Rechtsprechung, die diese Rechtsfrage mit Ausnahme des BAG nicht aufgriff, erklärte Art. 13 EinigungsV für anwendbar. Das BAG führte diesbezüglich aus, dass Art. 13 Abs. 1 Satz 4 EinigungsV den Sinn und Zweck der vereinfachten Liquidation verfolgt habe, wohingegen Art. 38 EinigungsV hiervon unabhängig nur die Erneuerung der Wissenschaft bezweckt habe.[208] Entsprechend habe Art. 38 EinigungsV kein vorrangiges Verfahren normiert.

III. Stellungnahme

Dies dürfte dem Willen der Vertragsparteien am nächsten gekommen sein. So führt Hans Joachim Meyer, der die Delegation der DDR in der Gemeinsamen Bildungskommission leitete, in diesem Zusammenhang folgendes aus:

„Daher war ich auch, vor und nach dem 3. Oktober 1990, strikt gegen eine ähnlich dominierende Position des Wissenschaftsrates gegenüber den Universitäten und Hochschulen in den wieder entstehenden Ländern. Denn noch hatte ich die Hoffnung, diese hätten die Kraft zu einen angemesseneren und ausgewogeneren Sicht.“[209]

Der Wissenschaftsrat galt, zumindest am Anfang des Wiedervereinigungsprozesses, als westdeutsche Einrichtung mit ausschließlich westdeutschen Vertretern.[210] Außerdem merkt Hans Joachim Meyer an, dass er als sächsischer Wissenschaftsminister aufgrund politischen Drucks auch nicht die zeitliche Möglichkeit gehabt hätte, sich ausschließlich auf ein Gremium zu verlassen.[211] Bezüglich der vom BAG angesprochenen Möglichkeit der vereinfachten Liquidation durch Art. 13 EinigungsV sei allerdings angemerkt, dass diese Regelung ursprünglich zur Behördenabwicklung gedacht war.[212] Behörden, die in der DDR Aufgaben erfüllten, die in der Bundesrepublik Deutschland nicht mehr existierten, sollten auf dieser Rechtsgrundlage abgewickelt werden.

---

[207] *Fink*, Abwicklung von Hochschuleinrichtungen, MittHV, Nr. 4/91, S. 205.

[208] BAG, Urteil v. 15. 12. 1994 – 8 AZR 23/93, BeckRS 9998, 151795.

[209] *Meyer*, In keiner Schublade, S. 142.

[210] *Teymouri,* Interview mit Meyer v. 09. 05. 2018.

[211] *Teymouri,* Interview mit Meyer v. 09. 05. 2018.

[212] *Teymouri,* Interview mit Meyer v. 09. 05. 2018.

Außerdem spricht auch die Entstehungsgeschichte des Art. 13 EinigungsV gegen den Vorrang des Art. 38 EinigungsV. Im ersten Entwurf des Einigungsvertrages vom 2. August 1990 lautete Art. 15 EinigungsV a.F. wie folgt:

„(1) (…). Die Landesregierung regelt die Überführung oder Abwicklung, soweit erforderlich durch Rechtsverordnung. (…).

(2) Soweit die in Absatz 1 Satz 1 genannten Einrichtungen bis zum Beitritt Aufgaben erfüllt haben, die nach der Ordnung des Grundgesetzes vom Bund wahrzunehmen sind, unterstehen sie dem zuständigen Bundesminister. Dieser regelt die Überführung oder Abwicklung, soweit erforderlich durch Rechtsverordnung.“[213]

Im Vergleich zur finalen Version des Art. 13 EinigungsV fehlte also der dritte Absatz, der die Abwicklung wissenschaftliche (Teil-)Einrichtungen explizit anordnete. Hätten die Vertragsparteien den Willen gehabt, dass Art. 38 EinigungsV die vorrangige Regelung darstellte, so hätte es der nachträglichen Ergänzung des Absatzes 3 in Art. 13 EinigungsV nicht bedurft. Das nachträgliche Hinzufügen muss deshalb dahingehend ausgelegt werden, dass die Vertragsparteien Art. 13 EinigungsV Vorrang einräumen wollten.

Daher kam es letztendlich dazu, dass die Abwicklungsentscheidungen ohne den Wissenschaftsrat erfolgt sind. Die Aufgabe des Wissenschaftsrates bezüglich der Hochschulen bestand damit nicht in der Evaluierung, sondern in der Koordinierung und Begleitung des Aufbaus der neuen Hochschulstrukturen.[214] Entsprechend wurde die Hochschulabwicklung auf Grundlage des Art. 13 Abs. 1 Satz 4 EinigungsV lediglich im Lichte von Art. 38 EinigungsV ausgelegt.[215] Jedenfalls sprachen die damaligen politischen Entwicklungen gegen eine obligatorische Einbeziehung des Wissenschaftsrates im Rahmen der Abwicklungsentscheidungen.

D. Zwischenergebnis

Damit bleibt festzuhalten, das Art. 13 Abs. 1 Satz 4 EinigungsV von der überwiegenden Mehrheit der Rechtsprechung und der zeitgenössischen Literatur im Rahmen der Hochschulabwicklung für anwendbar erklärt wurde. Auch die Ausführung von Hans Joachim Meyer lässt den Schluss zu, dass die Vertragsparteien des EinigungsV dem Art. 38 EinigungsV keinen Vorrang einräumen wollten.

---

[213] *Meyer*, E-Mail v. 31.05.2018.

[214] *Krull*, Im Osten wie im Westen – nichts Neues?, in: Mayntz, Aufbruch und Reform von oben, S. 206.

[215] *Heintze*, Erziehung, Wissenschaft, Kultur, Sport, in: Isensee/Kirchhof, HStR IX, § 218, S. 828, Rn. 47.

§ 7 Die Rechtsnatur der Abwicklungsentscheidung

Der vorliegende Abschnitt untersucht, ob die Abwicklungsentscheidung nach Art. 13 Abs. 1 Satz 4 EinigungsV einen Verwaltungsakt darstellte und daran anknüpfend, ob Art. 13 Abs. 1 Satz 4 EinigungsV zwingend eine positive Entscheidung zur Auflösung vorausgesetzt hat. Gestützt wird die Analyse auf die Rechtsprechung und auf die Auffassungen der zeitgenössischen Literatur. Dabei wird zunächst vorangestellt, weshalb der Rechtsnatur des Art. 13 Abs. 1 Satz 4 EinigungsV im Abwicklungsverfahren zentrale Bedeutung zukam (§ 7 A.). Zunächst analysiert der Unterabschnitt § 7 B. die Rechtsprechung des Zeitabschnitts Februar 1991 bis Juni 1991. Anschließend wird unter § 7 C. der Zeitraum von Juni 1991 bis Juli 1994 untersucht. Sodann werden unter § 7 D. die Auffassungen der zeitgenössischen Literatur dargestellt. Dabei werden die juristischen Differenzen und Gemeinsamkeiten mit der Rechtsprechung herausgearbeitet. Schließlich wird unter § 7 E. beleuchtet, welche Rückschlüsse die Rechtsprechung und die zeitgenössische Literatur aus dem Warteschleifenurteil des BverfG bezüglich der Rechtsnatur des Art. 13 Abs. 1 Satz 4 EinigungsV gezogen haben. Der Abschnitt endet mit der Zusammenfassung (§ 7 F.).

A. Die zentrale Bedeutung der Rechtsnatur der Abwicklungsentscheidung im Rahmen des Abwicklungsprozesses

I. Auswirkungen auf Fragen des Verfassungs-, Verwaltungs- und des Prozessrechts

Bevor die genauen Voraussetzungen der juristischen Auflösung der wissenschaftlichen Einrichtung des Art. 13 Abs. 1 Satz 4 EinigungsV thematisiert werden, wird auf Grundlage der genannten Sachverhalte erörtert, wie die Rechtsprechung und die zeitgenössische Literatur den Abwicklungsbescheid hinsichtlich der wissenschaftlichen Einrichtungen rechtlich qualifiziert haben. An die Beurteilung der Rechtsnatur schloss sich eine Vielzahl komplexer Rechtsfragen des Verfassungs-, Verwaltungs- und des Prozessrechts an, sodass dieser Rechtsfrage eine zentrale Bedeutung zukam. Wurde die Abwicklungsentscheidung beispielsweise als Verwaltungsakt im Sinne des § 35 VwVfG qualifiziert, so mussten folgerichtig auch die Regelungen des Verwaltungsverfahrensrechts Anwendung finden.

Die Rechtsnatur war ferner bedeutsam für den Rechtsschutz gegen die Abwicklungsentscheidung. Nur wenn die Rechtsnatur der Entscheidung eindeutig qualifiziert wurde, konnten die (Teil)Einrichtungen und ihre Mitarbeiter Überlegungen anstellen, welche prozessualen Schritte sie gegen den Abwicklungsbescheid einleiten wollten.[216]

Ein belastender Verwaltungsakt nach § 35 VwVfG zeitigte darüber hinaus auch eine Regelungswirkung gegenüber dem Adressaten. Diese Wirkung beeinträchtigte für gewöhnlich dessen Rechtsposition. Die Rechtsbeeinträchtigung war gleichzeitig eine Frage der Klagebefugnis, also des Prozessrechts. Die beeinträchtigte Rechtsposition konnte darüber hinaus ein Grundrecht sein, sodass auch Fragen des Verfassungsrechts tangiert wurden.[217]

Umgekehrt führte aber die Ablehnung eines Verwaltungsakts dazu, dass die eben genannten Rechtsfragen weitgehend offenblieben. Das anzuwendende Verfahren wäre ebenso ungeklärt geblieben, wie auch Fragen des Prozess- und des Verfassungsrechts.

Wie bereits erläutert, regelte Art. 13 Abs. 1 Satz 4 EinigungsV weder das Verfahren noch Rechtsschutz gegen die Abwicklungsentscheidung. Die (Teil-)Einrichtungen und Mitarbeiter entschieden sich anfangs überwiegend dafür, Anfechtungsklage nach § 42 Abs. 1 Var. 1 VwGO gegen den Abwicklungsbescheid zu erheben. Dies hätte vorausgesetzt, dass der Abwicklungsbescheid als Verwaltungsakt im Sinne von § 35 VwVfG einzustufen war. Nach § 35 VwVfG ist ein Verwaltungsakt jede Verfügung, Entscheidung oder andere hoheitliche Maßnahme, die eine Behörde zur Regelung eines Einzelfalls auf dem Gebiet des öffentlichen Rechts trifft und die auf unmittelbare Rechtswirkung nach außen gerichtet ist.

II. Die Problematik der Außenwirkung im Sinne von § 35 VwVfG bei Abwicklung öffentlicher Einrichtungen

Dreh- und Angelpunkt wurde damit die Frage, ob der Abwicklungsbescheid tatsächlich „unmittelbare Rechtswirkungen nach außen" erzeugt. Das Kriterium der Außenwirkung grenzt den Verwaltungsakt allgemein von verwaltungsinternen Maßnahmen ab.[218] Diese Wirkung muss von der jeweiligen Behörde intendiert sein.[219] Entscheidend ist deshalb ausschließlich, ob die hoheitliche Maßnahme nach ihrem objektiven Sinngehalt dazu bestimmt ist, Außenwirkung zu zeitigen. Eine im Einzelfall zufällige erzeugte Außenwirkung ist rechtlich irrelevant.[220] Vielmehr muss

---

[216] Die prozessualen Probleme werden unter § 11, S. 151 ff. erörtert.

[217] Die verfassungsrechtlichen Probleme werden unter § 10, S. 142 ff. dargestellt.

[218] v. Alemann/Scheffczyk, in: Bader/Ronellenfitsch, Beck'scher Onlinekommentar VwVfG, 38. Ed., 2018, § 35, Rn. 221.

[219] v. Alemann/Scheffczyk, in: Bader/Ronellenfitsch, Beck'scher Onlinekommentar VwVfG, 38. Ed., 2018, § 35, Rn. 222.

[220] v. Alemann/Scheffczyk, in: Bader/Ronellenfitsch, Beck'scher Onlinekommentar VwVfG, 38. Ed., 2018, § 35, Rn. 222.

die unmittelbare Feststellung oder Gestaltung subjektiver Rechte natürlicher oder juristischer Personen im Vordergrund stehen.[221]

Die Frage der Außenwirkung im Rahmen der Abwicklung öffentlicher Einrichtungen wurde bereits von der Rechtsprechung behandelt. Außenwirkung wurde beispielsweise bei der Schließung einer Schule[222] sowie bei schulorganisatorischen Maßnahmen angenommen.[223] Ebenso wurde die sofortige Entbindung eines geschäftsleitenden Beamten bei einem Amtsgericht als außenwirksamer Verwaltungsakt eingestuft.[224] Außenwirkung wurde auch im Verhältnis zu einem Professor bejaht, der infolge der Fakultätsauflösung temporär bis zur Neubildung als provisorisches Organ fungierte.[225] Andererseits wurde die Außenwirkung im Rahmen der Schließung eines öffentlichen Schlachthofes verneint.[226]

Bezogen auf Art. 13 Abs. 1 Satz 4 EinigungsV lehnten alle Landesregierungen die Außenwirkung ausnahmslos ab. In diesem Zusammenhang führte das Ministerium für Wissenschaft und Forschung des Landes Sachsen-Anhalt („MWF-SA") in der Klageerwiderung das folgende aus:

> „Die Übernahme- bzw. Abwicklungsentscheidung der Landesregierung ist eine Festlegung politischen Charakters, die erst noch der Umsetzung bzw. Konkretisierung durch einen Verwaltungsakt bedarf. [...] Die Entscheidung der Landesregierung als Akt politischer Willensbildung in Gestalt eines Kabinettsbeschlusses stellt einen internen Organisationsakt dar, der zwar rechtserheblich ist, jedoch die nachgeordneten Behörden bindet [...]. Qualitativ ist ein Kabinettsbeschluß eher mit einer Richtlinie vergleichbar, die anerkanntermaßen keine Verwaltungsqualität hat [...]. Auch wenn man auf die äußere Form der Entscheidung abstellt [...], handelt es sich nicht um einen Verwaltungsakt. Adressat der Entscheidung ist das zuständige Ministerium."[227]

Nachfolgende Ausführungen sollen daher analysieren, wie die Rechtsprechung die Abwicklung der wissenschaftlichen Einrichtungen beurteilte.

---

[221] *v. Alemann/Scheffczyk*, Bader/Ronellenfitsch, Beck'scher Onlinekommentar VwVfG, 38. Ed., 2018, § 35, Rn. 223.

[222] BVerwGE 18, 40 ff.

[223] BVerwG, Beschl. v. 24.04.1978 – 7 B 111/77, NJW 1978, 2211 ff.

[224] BVerwG, Urt. v. 20.03.1962 – C 6/60, NJW 1962, 1313.

[225] BVerwGE 45, 39, 42, entnommen aus: KreisG Leipzig, Urt. v. 29.01.1992 – I K 218/91, LKV 1993, 101, 103.

[226] ArbG Berlin, Urt. v. 20.06.1991 – 98 Ca 9794/90, LKV 1992, 100, 102.

[227] Ministerium für Wissenschaft und Forschung des Landes-Sachsen, Klageerwiderungsschrift an das KreisG Magdeburg v. 02.01.19912 (3 VG A 441/91), S. 3, 4, in: LASA, L 2, Nr. 652.

B. Analyse der gerichtlichen Entscheidungen im Zeitabschnitt von Februar 1991 bis Juni 1991

I. Annahme eines Verwaltungsakts aufgrund der Beeinträchtigung des Selbstverwaltungsrechts der Hochschuleinrichtungen

Mit seinem Beschluss vom 13.02.1991 war das KreisG Halle das erste Gericht, das sich mit Art. 13 Abs. 1 Satz 4 EinigungsV befasste.[228] Es qualifizierte die Abwicklungsentscheidung der Landesregierung als Verwaltungsakt.[229] Nach Auffassung des KreisG Halle lag gerade kein Organisationsakt vor, sondern eine über das Verwaltungsinternum hinausgehende Maßnahme mit Außenwirkung.[230] Das Gericht ging davon aus, dass durch die Abwicklungsentscheidung „die Rechtsstellung (Grundverhältnis) der Sektionen [...], wenn nicht aufgehoben, so doch gemindert [wurde]".[231] Um welches beeinträchtigte Recht es sich konkret handelte, ließ das Gericht nicht erkennen. Dabei legte das KreisG Halle das Begehren der Sektion aber zu deren Gunsten aus und bejahte eine mögliche Beeinträchtigung ihres Rechts aus Art. 5 Abs. 3 Satz 1 GG. Vor dem Hintergrund des verfassungsrechtlich verankerten effektiven Rechtsschutzes musste nach Auffassung des KreisG Halle ein Verwaltungsakt angenommen werden.[232] Weitere Ausführungen zu Art. 5 Abs. 3 GG erfolgten nicht.

Auch das KreisG Leipzig-Stadt stufte den Abwicklungsbescheid in seinem Urteil vom 12.06.1991 als Verwaltungsakt im Sinne von § 35 Satz 1 VwVfG ein.[233] Die Außenwirkung des Abwicklungsbescheids wurde nach Auffassung des Gerichts dadurch erzeugt, dass die Hochschule in ihrer Rechtsstellung berührt wurde. Im Gegensatz zum KreisG Halle bezog sich das KreisG Leipzig-Stadt konkret auf den rechtlichen Status als Körperschaft des Öffentlichen Rechts aus § 82 Abs. 1 Satz 1 der Vorläufigen Hochschulordnung der DDR („VHO-DDR"), wo es hieß:

„Die Hochschule ist Körperschaft des öffentlichen Rechts und zugleich staatliche Einrichtung. Sie hat das Recht der Selbstverwaltung."[234]

---

[228] Insoweit unzutreffend *Bath*, NVwZ-Beil. 2001, 27, 29, der den Beschl. v. VG Berlin, Beschl. v. 20.02.1991 – 7 A 25/91, LKV 1991, 173 als erste Sachentscheidung zu Art. 13 EinigungsV bezeichnet.

[229] KreisG Halle, Beschl. v. 13.02.1991 – 2 VG B 6/91, S. 8, 9, in: LASA, L 2, Nr. 653; ebenso KreisG Halle, Beschl. v. 25.02.1991 – 2 VG B 10/91, LKV 1991, 273, wobei nicht genau bezeichnet wird, welche Form des Verwaltungsakts angenommen wird.

[230] KreisG Halle, Beschl. v. 13.02.1991 – 2 VG B 6/91, S. 9, in: LASA, L 2, Nr. 653; ebenso KreisG Halle, Beschl. v. 25.02.1991 – 2 VG B 10/91, LKV 1991, 273.

[231] KreisG Halle, Beschl. v. 13.02.1991 – 2 VG B 6/91, S. 9, in: LASA, L 2, Nr. 653.

[232] KreisG Halle, Beschl. v. 13.02.1991 – 2 VG B 6/91, S. 10, in: LASA, L 2, Nr. 653; ebenso KreisG Halle, Beschl. v. 25.02.1991 – 2 VG B 10/91, LKV 1991, 273.

[233] KreisG Leipzig-Stadt, Urt. v. 12.06.1991 – I K 31/91, LKV 1992, 143.

[234] KreisG Leipzig-Stadt, Urt. v. 12.06.1991 – I K 31/91, LKV 1992, 143, 144.

Auch das Selbstverwaltungsrecht sah das Gericht tangiert, da dieses Recht auch nach Beitritt der DDR nach Anl. II Kap. XVI Sachg. S Abschn. III c) zum EinigungsV wirksam geblieben sei.

Das KreisG Dresden bejahte ebenfalls einen Verwaltungsakt nach § 35 VwVfG.[235] Ob es sich auf § 35 VwVfG Satz 1 oder Satz 2 stützte, ließ das Gericht nicht erkennen. Ebenso wurde nicht deutlich, auf welcher Grundlage das Gericht die Außenwirkung der Abwicklungsentscheidung annahm. Da aber das KreisG Dresden im Rahmen der Klagebefugnis auf die Beeinträchtigung des Selbstverwaltungsrechts aus § 82 Abs. 1 Satz 2 VHO-DDR abhob, scheint es hieraus die Außenwirkung abgeleitet zu haben.

Das KreisG Gera-Stadt qualifizierte die Abwicklungsentscheidung erstmals als Verwaltungsakt in Form der Allgemeinverfügung, § 35 Satz 2 Alt. 2 VwVfG. Der zu entscheidende Fall hatte die Besonderheit, dass die Abwicklungsentscheidung im Verordnungsblatt veröffentlicht wurde. Entsprechend war zwischen den Beteiligten die juristische Frage umstritten, ob die Abwicklungsentscheidung als Verwaltungsakt oder als Rechtssetzung einzustufen war.[236]

Daher befasste sich das Gericht mit der Abgrenzung des Verwaltungsakts zur Rechtsnorm.[237] Das Augenmerk legte das Gericht zunächst auf die äußere Form.[238] Die Veröffentlichung der Abwicklungsentscheidung im Verordnungsblatt sah das KreisG Gera-Stadt nicht als zwingendes Kriterium zur Einstufung als Rechtsnorm.[239] Es argumentierte, dass das im Verordnungsblatt auch „sonstige Veröffentlichungen von wesentlicher Bedeutung" enthalten gewesen seien, also nicht nur Rechtsnormen.[240] Ferner betonte das Gericht die Möglichkeit der öffentlichen Bekanntgabe eines Verwaltungsakts im Verordnungsblatt nach § 41 Abs. 3 VwVfG. Nach Rechtsauffassung des KreisG Gera-Stadt konnte der Veröffentlichung im Verordnungsblatt daher keine eindeutige Rechtsnatur entnommen werden.[241] Außerdem merkte das Gericht an, dass eine für einen Verwaltungsakt charakteristische Rechtsmittelbelehrung gefehlt habe.[242]

Aus diesem Grund wandte sich das Gericht dem Inhalt der Entscheidung zu und schloss daraus auf ihre Rechtsnatur.[243] Dabei hielt das KreisG Gera-Stadt fest, dass die Landesregierung mit ihrem Beschluss „materielle Verwaltungsaufgaben" wahrgenommen habe und bejahte die Tatbestandsvoraussetzungen des § 35 S. 2

---

[235] KreisG Dresden, Urt. v. 05.06.1991 – 35 D 99/90, LKV 1991, 381.

[236] Dies hatte insbesondere prozessuale Auswirkungen, etwa auf die statthafte Klageart.

[237] KreisG Gera-Stadt, Urt. v. 23.05.1991 – 1 D 41/90, LKV 1991, 274, 275.

[238] KreisG Gera-Stadt, Urt. v. 23.05.1991 – 1 D 41/90, LKV 1991, 274, 275.

[239] KreisG Gera-Stadt, Urt. v. 23.05.1991 – 1 D 41/90, LKV 1991, 274, 275.

[240] So einschließlich des Zitats KreisG Gera-Stadt, Urt. v. 23.05.1991 – 1 D 41/90, LKV 1991, 274, 275.

[241] KreisG Gera-Stadt, Urt. v. 23.05.1991 – 1 D 41/90, LKV 1991, 274, 275.

[242] KreisG Gera-Stadt, Urt. v. 23.05.1991 – 1 D 41/90, LKV 1991, 274, 275.

[243] KreisG Gera-Stadt, Urt. v. 23.05.1991 – 1 D 41/90, LKV 1991, 274, 275.

Alt. 2 VwVfG. Insbesondere lag nach Rechtsauffassung des Gerichts unmittelbare Außenwirkung vor, da mit der Abwicklung die Auflösung der Einrichtung einhergegangen und damit die „öffentlich-rechtliche Eigenschaft" der Hochschule[244] sowie die „Benutzung durch die Allgemeinheit" berührt worden sei.[245]

II. Einstufung der Abwicklungsentscheidung als Ablehnung einer begünstigenden Maßnahme durch das VG Berlin

Im Gegensatz zu den eben genannten Auffassungen vertrat das VG Berlin eine eigene Ansicht. Es bejahte zwar eine „organisatorische Maßnahme" mit „rechtlichen Auswirkungen"[246] für die Teileinrichtungen und deren Beschäftigten.[247] Die Qualität eines Verwaltungsakts sprach das VG Berlin der Abwicklungsentscheidung trotzdem ab. Das Gericht führte zur Begründung aus, dass der Beschluss vom 22. 12. 1990 nicht isoliert von der Überführungsentscheidung betrachtet werden konnte.[248] Es argumentierte, dass die Abwicklung untrennbar mit der Grundsatzentscheidung der Überführung verbunden gewesen sei.[249] Das Hauptmotiv der Landesregierung sei die Abwicklung ideologiebelasteter Verwaltungseinheiten gewesen.[250] Ohne die Abwicklung wäre nach Überzeugung des Gerichts auch keine Überführung erfolgt. Vor diesen Hintergrund kam das VG Berlin zu dem Ergebnis, dass die Abwicklungsentscheidung kein eigenständiger, belastender Verwaltungsakt war.[251] Vielmehr hätte mit der Entscheidung gegen eine vollständige Überführung der Humboldt-Universität zu Berlin die „Ablehnung einer begünstigenden Maßnahme" vorgelegen.[252]

---

[244] Welche Eigenschaft genau betroffen ist, führt das Gericht nicht näher aus.

[245] KreisG Gera-Stadt, Urt. v. 23. 05. 1991 – 1 D 41/90, LKV 1991, 274, 275; insoweit bestätigt vom BezG Erfurt, Beschl. v. 20. 3. 1992 – 1 B 8/91, LKV 1993, 274.

[246] Ob das Gericht damit auf die Außenwirkung im Sinne des § 35 VwVfG hinweist, lässt sich der Entscheidung nicht abschließend entnehmen.

[247] VG Berlin, Beschl. v. 20. 02. 1991 – 7 A 25/91, LKV 1991, 173. Die Entscheidung wird nachgewiesen und kurz besprochen bei *Bath*, NVwZ-Beil. 2001, 27, 29.

[248] VG Berlin, Beschl. v. 20. 02. 1991 – 7 A 25/91, LKV 1991, 173, 174.

[249] VG Berlin, Beschl. v. 20. 02. 1991 – 7 A 25/91, LKV 1991, 173, 174.

[250] Hier vor allem wissenschaftliche Einrichtungen mit dem Schwerpunkt Marxismus-Leninismus, marxistisch-leninistische Philosophie und/oder wissenschaftlicher Kommunismus, vgl. VG Berlin, Beschl. v. 20. 02. 1991 – 7 A 25/91, LKV 1991, 173, 174.

[251] VG Berlin, Beschl. v. 20. 02. 1991 – 7 A 25/91, LKV 1991, 173, 176.

[252] VG Berlin, Beschl. v. 20. 02. 1991 – 7 A 25/91, LKV 1991, 173, 176; insoweit wohl zustimmend OVG Berlin, Beschl. v. 06. 06. 1991 – 8 S 76/91, LKV 1991, 269, wenn es den diesbezüglichen Ausführungen des VG Berlin nicht widersprach und die Abwicklungsentscheidung als „unselbstständiges Element gerichtlichen Spruchs" bezeichnete.

III. Beurteilung der Rechtsnatur durch das BVerfG
im sog. Warteschleifenurteil

Auch das BVerfG äußerte sich in seinem Urteil vom 24. 04. 1991 zu Art. 13 Abs. 1 Satz 4 EinigungsV. Die Ausführungen des BVerfG zur Frage der Rechtsnatur der Abwicklungsentscheidung wurden allerdings in der nachfolgenden Rechtsprechung und zeitgenössische Literatur höchst unterschiedlich interpretiert. So wies das BVerfG hinsichtlich der fehlenden Verfahrensvorschriften zur Abwicklung in Art. 13 Abs. 1 Satz 4 EinigungsV darauf hin, dass „[d]ie Verfahrensfragen […] im Einigungsvertrag nicht besonders geregelt zu werden [brauchten], zumal das Verwaltungsverfahrensgesetz mit dem Beitritt in Kraft gesetzt worden […]" sei.[253]

Demgemäß ging das BVerfG von der Anwendbarkeit des VwVfG auf den EinigungsV aus. Insbesondere verwies es auf die Vorschriften zur Bekanntgabe bzw. Wirksamkeit des Verwaltungsakts nach den §§ 41, 43 VwVfG.[254] Weiter sprach das BVerfG davon, dass die Abwicklungsentscheidung „gegenüber den dort Beschäftigten unmittelbare Rechtswirkung" infolge des Ruhens oder der Befristung ihrer Arbeitsverhältnisse nach sich zog.[255] Diese Wirkung verstand es aber nicht als Außenwirkung im Sinne von § 35 Satz 1 VwVfG. Dasselbe galt für den Verweis auf die §§ 41, 43 VwVfG. Obwohl sich diese Vorschriften ihrem Wortlaut nach auf einen Verwaltungsakt bezogen, bezeichnete das BVerfG die Abwicklungsentscheidung nach Art. 13 Abs. 1 Satz 4 EinigungsV in keiner Passage seines Urteils eindeutig als Verwaltungsakt. Damit öffnete das BVerfG Tür und Tor für unterschiedliche Auslegungen der genannten Urteilspassagen. Die rechtlichen Rückschlüsse der Rechtsprechung und Literatur aus diesem Urteil fielen entsprechend unterschiedlich, teilweise konträr zueinander aus.

IV. Stellungnahme

Das BVerfG wollte mit seiner Warteschleifenentscheidung für Rechtsklarheit „in einer Vielzahl gleichliegender Fälle" schaffen, dennoch vermochten die Ausführungen die Rechtsunsicherheit kaum zu beseitigen. Die Urteilspassagen ließen zu viel Spielraum zur juristischen Interpretation. So verwies das BVerfG zwar auf die Vorschriften des VwVfG, insbesondere auf die §§ 41,43 VwVfG und sprach von der unmittelbaren Außenwirkung der Abwicklungsentscheidung auf die Arbeitsverhältnisse der Beschäftigten. Dennoch qualifizierte das Gericht die Entscheidung nicht eindeutig als Verwaltungsakt im Sinne des § 35 VwVfG und

---

[253] So einschließlich des Zitats BVerfG, Urt. v. 24.04.1991 – 1 BvR 1341/90, NJW 1991, 1667, 1669, dort unter C. III. 3. b).

[254] BVerfG, Urt. v. 24.04.1991 – 1 BvR 1341/90, NJW 1991, 1667, 1670, dort unter C. VII. 2.

[255] So einschließlich des Zitats BVerfG, Urt. v. 24.04.1991 – 1 BvR 1341/90, NJW 1991, 1667, 1668 dort unter C. III. 3. b); insoweit wiederholt sich das Gericht.

schürte damit große Rechtsunsicherheit. Trotzdem schien sich im Juni 1991 eine m. E. einschätzbare Rechtslage abzuzeichnen. So sprach sich die Rechtsprechung mehrheitlich für eine Einstufung der Abwicklungsentscheidung als Verwaltungsakt aus.

Die Einordnung als Verwaltungsakt sehe ich aufgrund folgender Aspekte allerdings kritisch. Zum einen wurde der Abgrenzung zwischen dem Verwaltungsakt und der innerorganisationsrechtlichen Maßnahme von den Gerichten keine Bedeutung beigemessen und die Außenwirkung stattdessen oberflächlich bejaht. Auch die Annahme der Außenwirkung aufgrund der Beeinträchtigung des Selbstverwaltungsrechts erscheint wenig überzeugend. Die VHO-DDR diente dem Zweck, wie Hans Joachim Meyer erklärt, den Hochschulen und Universitäten nach der Wiedervereinigung einen juristischen Spielraum einzuräumen. Das Selbstverwaltungsrecht existierte rein formell und bedeutete gerade nicht, dass den Hochschuleinrichtungen eine eigene Forschungsautonomie zukam. Wie bereits erläutert, wurden die Hochschuleinrichtungen im Zuge der drei Hochschulreformen zu Institutionen umgebildet, deren Ziel einzig und allein in der Vermittlung ideologischer Inhalte beruhte. Die freie Forschung und Lehre oder Selbstverwaltung war den Hochschulen geradezu wesensfremd. An diesem Zustand konnte auch die VHO-DDR nicht wesentliches ändern. Die Gerichte ließen daher rechtliche Ausführungen darüber vermissen, inwieweit die in der VHO-DDR vorgesehene Selbstverwaltung tatsächlich ein Teil der Hochschullandschaft geworden war und zum anderen den Umstand, dass die VHO-DDR nur vorläufiger Natur war. Das Beispiel der DHfK hat gezeigt, dass die Hochschulen z. T. als verlängerter Arm des Staates fungierten und gerade keine Verwaltungsautonomie genossen. Dasselbe galt für die mögliche Beeinträchtigung der Wissenschaftsfreiheit aus Art. 5 Abs. 3 GG. Eine freie Forschung und Lehre gab es zumindest bei den Geisteswissenschaften nicht. Daher war nicht ersichtlich, inwieweit die Gerichte eine freie Forschung gefährdet sahen, die jahrzehntelang systematisch bekämpft worden war. Die rechtliche Begründung der Gerichte vermag daher nicht zu überzeugen.

Ebenso wenig leuchtet die Auffassung des VG Berlin ein, dass die Abwicklung die Ablehnung einer begünstigenden Maßnahme war. Zum einen differenzierte Art. 13 Abs. 1 Satz 4 EinigungsV klar zwischen der Abwicklung und der Überführung. Die Argumentation des Gerichts, dass die Teilabwicklung eine Unterform der Überführung, nämlich eine Teilüberführung darstellte, ließ sich weder dem Wortlaut des Art. 13 Abs. 1 Satz 4 EinigungsV, noch der Intention der Vertragsparteien entnehmen. In diesem Fall hätte es ausgereicht, wenn die Vertragsparteien in Art. 13 Abs. 1 Satz 4 EinigungsV lediglich die Möglichkeit der (Teil-)Überführung geregelt hätten.

V. Zwischenergebnis

Auf Grundlage der Ausführungen lassen sich folgende Zwischenergebnisse festhalten. Die Rechtsprechung qualifizierte bis Mitte 1991 die Abwicklungsentscheidung überwiegend als Verwaltungsakt im Sinne von § 35 Satz 1 VwVfG, teilweise als Allgemeinverfügung nach § 35 S. 2 VwVfG. Daran änderte auch die Veröffentlichung der Entscheidung im Amtsblatt nichts, da sich der Charakter des Verwaltungsakts aus der Inhaltsauslegung ergab. Die Außenwirkung wurde nach Überzeugung der Gerichte infolge der Beeinträchtigung des Selbstverwaltungsrechts der abzuwickelnden Hochschuleinrichtungen erzeugt. Diese Rechtsposition ergab sich nach Auffassung der Rechtsprechung aus § 82 VHO-DDR, der nach Beitritt der DDR fortgalt. Die Begründung hierfür fiel stets sehr knapp aus. Eine differenzierte Darstellung, weshalb eine Beeinträchtigung der Rechte vorliegen sollte, erfolgte nicht. Eine andere Rechtsauffassung vertraten das VG Berlin und das OVG Berlin, die eine isolierte Betrachtung der Abwicklung von Teileinrichtungen ablehnten. Die Nicht-Überführung war ihrer Auffassung nach keine Abwicklung, sondern eine Ablehnung einer begünstigenden Maßnahme. Inwieweit eine Rechtsposition aus der Wissenschaftsfreiheit gem. Art. 5 Abs. 3 GG beeinträchtigt war, klammerte die Rechtsprechung insgesamt noch aus. Ebenso wurde das Kriterium der intendierten Außenwirkung kaum aufgegriffen, also die Frage, ob die Rechtsbeeinträchtigung von der Landesregierung beabsichtigt wurde. Ausführungen darüber, inwieweit der Abwicklungsentscheidung der Landesregierung lediglich politischen Charakter zukam und lediglich die Ministerien adressierte, wurden ausgeklammert.

C. Analyse der gerichtlichen Entscheidungen im Zeitabschnitt von Juni 1991 bis Juli 1994

Die nachfolgende Analyse des Zeitabschnitts Juni 1991 bis Juli 1994 wird ihren Schwerpunkt insbesondere auf die Beurteilung der Rechtsnatur der Auflösungsentscheidung durch das BVerwG (§ 7 C. IV.) legen.

I. Ablehnung des Verwaltungsakts aufgrund fehlender intendierter Wirkung

Ab Juni 1991 erschienen nunmehr auch Entscheidungen der Arbeitsgerichte. Diese befassten sich zwar mit der möglichen Beendigung des Arbeitsverhältnisses auf Grundlage des Anl. I Kap. XIX Sachg. A Abschn. III Nr. 1. Diese Frage hing aber von der Vorfrage einer wirksamen Abwicklung gem. Art. 13 Abs. 1 Satz 4 EinigungsV ab.

Das ArbG Berlin hatte als erstes Arbeitsgericht zu dieser Frage Stellung zu nehmen. Die nach § 35 VwVfG erforderliche Außenwirkung der Abwicklungsentscheidung lehnte das ArbG Berlin mangels intendierter Wirkung ab. Eine nur mittelbare Außenwirkung reichte nach Auffassung des ArbG Berlin nicht aus. Zwar sprach sich das Gericht für einen Organisationsakt aus, der grundsätzlich auch in Form des Verwaltungsakts im Sinne von § 35 VwVfG erlassen werden konnte. Im vorliegenden Fall sei die Wirkung der Maßnahme aber nicht über das Verwaltungsgericht hinausgegangen. Das einzige Ziel der Abwicklung war nach Überzeugung des Gerichts die Auflösung der Einrichtung. Auch wenn eine solche Maßnahme mit „Nachteilen" für die beschäftigten Personen verbunden gewesen sei, lehnte das Gericht die Beeinträchtigung von Rechten Dritter ab. Die Finalität sei auch nicht durch die Rechtskenntnisse der Behörde erzeugt worden, dass die Abwicklung das Ruhen bzw. die Beendigung der Arbeitsverhältnisse nach sich zog.[256] Jedenfalls sei „eine dem objektiven Sinngehalt der Organisationsverfügung entnehmbare Absicht, unmittelbare Rechtswirkungen bezüglich der Arbeitsverhältnisse hervorzubringen […] nicht ersichtlich" gewesen.[257]

Auch das OVG Berlin verneinte die unmittelbare Außenwirkung der Abwicklungsentscheidung und damit das Vorliegen eines Verwaltungsakts.[258] Nach Auffassung des Gerichts sei die „Errichtung oder Auflösung von Behörden" stets als Organisationsverfügung einzustufen gewesen. In Übereinstimmung mit dem ArbG Berlin stellte es darauf ab, dass die unmittelbare Beeinträchtigung subjektiver Rechtspositionen von Außenstehenden nicht „beabsichtigt" worden sei. Eine solche Beabsichtigung hätte nach Überzeugung des Gerichts vorgelegen, wenn die Entscheidung in Form eines Rechtssatzes erlassen worden wäre, was aber nicht geschehen sei.[259] Auch hinsichtlich des Rechtschutzbedürfnisses der Beschäftigten hätte sich keine andere Beurteilung ergeben. Diese hätten ihre aus dem Beschäftigungsverhältnis resultierenden Rechtspositionen vor der zuständigen Gerichtsbarkeit geltend machen können.[260] Allein der Umstand, dass die Auflösung der Einrichtung nach Art. 13 Abs. 1 Satz 4 EinigungsV auch das Ruhen und womöglich die Beendigung der Arbeitsverhältnisse nach Art. 20 EinigungsV in Verbindung mit Anl. I Kap. XIX Sachg. A Abschn. III. Nr. 1 Abs. 2 zum EinigungsV nach sich zog, habe noch keine Außenwirkung gezeigt. Das Ruhen sei gerade nicht durch Art. 13 Abs. 1 Satz 4 EinigungsV bezweckt worden, sondern sei unmittelbare Rechtsfolge des Art. 20 EinigungsV gewesen.[261] Damit stellte das Gericht das Kriterium der intendierten Außenwirkung in den Vordergrund und verneinte im Ergebnis den Verwaltungsakt.

---

[256] ArbG Berlin, Urt. v. 20.06.1991 – 98 Ca9794/90, LKV 1992, 100, 102.

[257] So einschließlich des Zitats ArbG Berlin, Urt. v. 20.06.1991 – 98 Ca9794/90, LKV 1992, 100, 102.

[258] OVG Berlin, Beschl. 02.12.1991 – 4 S 36/91, LKV 1992, 97.

[259] OVG Berlin, Beschl. 02.12.1991 – 4 S 36/91, LKV 1992, 97.

[260] OVG Berlin, Beschl. 02.12.1991 – 4 S 36/91, LKV 1992, 97.

[261] OVG Berlin, Beschl. 02.12.1991 – 4 S 36/91, LKV 1992, 97.

II. Ablehnung eines Verwaltungsakts aufgrund der Unmöglichkeit der Bekanntgabe am 03. 10. 1990

Auch das LAG Berlin lehnte die Einstufung der Abwicklungsentscheidung als Verwaltungsakt ab. Es stützt sich dabei auf die Auslegung des Wortlautes der Anl. I Kap. XIX Sachg. A Abschn. III. Nr. 1. Abs. 2 Satz 2 zum EinigungsV. Danach ruhten die Arbeitsverhältnisse, sofern die (Teil-)Einrichtung nicht überführt wurden, vom Tage des Wirksamwerdens des Beitritts an. Der Tag des Wirksamwerdens war der 03. 10. 1990. Nach Auffassung des LAG Berlin ging der EinigungsV davon aus, dass das Ruhen der Arbeitsverhältnisse am 03. 10. 1990 eintreten konnte.[262] Das Hauptargument des Gerichts bestand nun darin, dass die Abwicklungsentscheidung kein Verwaltungsakt sein konnte, weil dann keine Bekanntgabe am 03. 10. 1990 möglich gewesen wäre.

Wäre die Abwicklungsentscheidung ein Verwaltungsakt gewesen, so das LAG Berlin, hätte dieser den Arbeitnehmern nach § 43 Abs. 1 VwVfG bekanntgegeben werden müssen. Andernfalls wäre der Verwaltungsakt nicht wirksam gewesen. Wenn der EinigungsV aber erst am 03. 10. 1990 in Kraft getreten sei, so konnte eine Abwicklungsentscheidung in Form eines Verwaltungsaktes erst ab diesem Zeitpunkt erlassen werden.[263] Eine Bekanntgabe vor dem 03. 10. 1990 sei damit mangels Wirksamkeit des EinigungsV unmöglich gewesen. Aber auch eine Bekanntgabe direkt am 03. 10. 1990, also am Tag des Inkrafttretens, sei nach Rechtsauffassung des LAG Berlin aus nachfolgenden Erwägungen unmöglich gewesen. Zum einen sei es undenkbar gewesen, allen Mitarbeitern der abzuwickelnden Einrichtungen die Abwicklungsentscheidung am 03. 10. 1990 bekanntzugeben, zumal es sich um einen gesetzlichen Feiertag gehandelt habe. Zum anderen hätte der vermeintliche Verwaltungsakt den Mitarbeitern am 03. 10. 1990 per Post zugesendet werden müssen. Nach § 41 Abs. 3 VwVfG gilt aber ein schriftlicher Verwaltungsakt, der im Inland durch die Post übermittelt wurde, am dritten Tag nach der Aufgabe zur Post als bekanntgegeben. Bei Aufgabe der Post am 03. 10. 1990 wäre der Verwaltungsakt nach Auffassung des Gerichts am 06. 10. 1990 bekanntgegeben worden.[264] Schließlich sei auch eine öffentliche Bekanntmachung am 03. 10. 1990 nach § 43 Abs. 2 VwVfG unmöglich gewesen. Nach dieser Vorschrift durfte eine Allgemeinverfügung öffentlich bekannt gegeben werden, wenn eine Bekanntgabe an die Beteiligten untunlich sei. Eine Bekanntgabe an die Beteiligten sei aber gerade nicht untunlich gewesen. Auch sei dieses Kriterium nicht bereits infolge eines „großen Verwaltungsaufwand[s]" zu verneinen gewesen. Vielmehr hätte der Personenkreis nicht bestimmt, sondern lediglich bestimmbar sein müssen. Im Ergebnis, so das LAG Berlin, wäre der Eintritt des Ruhens des Arbeitsverhältnisses am 03. 10. 1990 nicht möglich gewesen, wenn die Abwicklungsentscheidung ein Verwaltungsakt gewesen

---

[262] LAG Berlin, Urt. v. 18. 11. 1991 – 12 Sa 44/91, NZA 1992, 361, 363.

[263] LAG Berlin, Urt. v. 18. 11. 1991 – 12 Sa 44/91, NZA 1992, 361, 363.

[264] LAG Berlin, Urt. v. 18. 11. 1991 – 12 Sa 44/91, NZA 1992, 361, 363.

wäre. Die mögliche Wirksamkeit am 03.10.1990 habe aber dem klaren Wortlaut des EinigungsV und seinen Anlagen entsprochen.

Diese Rechtsauffassung vermochte vor dem Hintergrund der genannten Bekanntgaberegeln durchaus Sinn ergeben. Zweifelhaft erscheint aber, ob die Vertragsparteien bei der Festlegung des 03.10.1990 tatsächlich daran gedacht hatten, dass sich hierdurch Schwierigkeiten bezüglich der Bekanntgabe am 03.10.1990 ergeben konnten. Zu beachten war außerdem der außergewöhnlich hohe Zeitdruck, unter dem die Vertragsparteien standen. Das Regelwerk des EinigungsV musste zum Zeitpunkt des 03.10.1990 alle wesentlichen Rahmenbedingungen des Beitritts regeln. Es liegt auf der Hand, dass die Verhandlungsführer nicht innerhalb dieses kurzen Zeitraumes jedes juristische Detail regeln konnten. Wie bereits unter § 1 erläutert, ließ der EinigungsV an zahlreichen Stellen detaillierte Verfahrensregeln vermissen.[265] Vor diesem Hintergrund erscheint es rückblickend kaum vertretbar, Art. 13 Abs. 1 Satz 4 EinigungsV im Lichte des 03.10.1990 auszulegen und hieraus auf die Rechtsnatur der Abwicklungsentscheidung zu schließen. Das Gericht ließ hierbei die Außergewöhnlichkeit der Situation völlig ausgeklammert. Außerdem verkannte das Gericht, dass die Frage, ob eine Abwicklungsentscheidung wirksam am 03.10.1990 ergehen konnte, in der Praxis völlig irrelevant war, da die meisten Landesregierungen erst im Dezember 1990 eine Abwicklungsentscheidung erließen und die oben dargestellte Problematik nie in Erscheinung trat.

III. Gegensätzliche Auffassung des KreisG Leipzig-Stadt

Nachdem das KreisG Leipzig-Stadt die Abwicklungsentscheidung in seinem Urteil vom 12.06.1991 als Verwaltungsakt eingestuft hatte[266], hielt es an dieser Rechtsauffassung fest und widersprach den Ausführungen des OVG Berlin.[267] Genaugenommen habe eine Allgemeinverfügung im Sinne des § 35 Satz 2 VwVfG vorgelegen, da der Verwaltungsakt an einen bestimmbaren Personenkreis gerichtet gewesen sei.[268] Da die Sächsische Landesregierung bei der Abwicklungsentscheidung „materielle Verwaltungsaufgaben" wahrgenommen habe, sei sie als Behörde im Sinne des § 1 Abs. 4 VwVfG tätig geworden. Zur Annahme der unmittelbaren Außenwirkung kam das KreisG Leipzig-Stadt durch Auslegung der Anl. I Kap. XIX Sachg. A III. 1. Abs. 2 und 3 zum EinigungsV. Es widersprach der Auffassung des OVG Berlin, wonach der Eintritt der Ruhensfolgen für die Arbeitnehmer von Ländereinrichtungen kraft Gesetzes eingetreten sei. Der Eintritt der Ruhensfolgen der Arbeitsverhältnisse sei bei der Abwicklung der Ländereinrichtungen stets eine Folge der Abwicklungsentscheidung gewesen. Dies hätte die Wortlautauslegung der

---

[265] S. 36 ff.

[266] KreisG Leipzig-Stadt, Urt. v. 12.06.1991 – I K 31/91, LKV 1992, 143 ff.

[267] OVG Berlin, Beschl. 02.12.1991 – 4 S 36/91, LKV 1992, 97.

[268] KreisG Leipzig-Stadt, Urt. v. 29.01.1992 – I K 218/91, LKV 1993, 101.

Abs. 2 und Abs. 3 der eben erwähnten Anlagen zum EinigungsV ergeben.[269] Der Abs. 3, der sich auf die Ländereinrichtungen bezog, verwies nur auf die entsprechende Anwendbarkeit des Abs. 2. Aus diesem Verweis schlussfolgerte das KreisG Leipzig-Stadt, dass die gesetzliche Folge des Ruhens nur in Abs. 2 im Rahmen der Bundesbehörden eintrat, nicht hingegen in den Fällen des Abs. 3 bei Ländereinrichtungen. Dort sei immer eine Abwicklungsentscheidung nach Art. 13 Abs. 1 Satz 4 EinigungsV notwendig gewesen. Erst wenn eine solche Entscheidung getroffen worden sei, könnten die Ruhensfolgen aus Abs. 2 der genannten Anlagen eintreten. Den neuen Bundesländern habe damit die Entscheidungsbefugnis eingeräumt werden sollen, selbst zu entscheiden, welche Einrichtungen zukünftig benötigt wurden.[270] Damit hätte auch unmittelbare Außenwirkung vorgelegen, da das Ruhen der Arbeitsverhältnisse unmittelbar von der Abwicklungsentscheidung bezweckt worden sei. Die gegenteilige Rechtsauffassung, wonach es entscheidend auf die Absicht der Behörde ankam, sei „kein brauchbares Kriterium" gewesen.[271] Ferner habe die rein subjektive Intention der Behörde als Abgrenzungsmerkmal das rechtsstaatliche Gebot der Bestimmtheit nicht erfüllt.

Die Auffassung des KreisG Leipzig-Stadt, wonach Abs. 2 und Abs. 3 der genannten Anlage unterschiedliche Rechtsfolgen zeitigten, war wenig überzeugend. Der Verweis einer entsprechenden Anwendbarkeit einer anderen Regelung ist seit jeher eine gängige Formulierung, um Wiederholungen zu vermeiden. Sie können im Einzelfall unterschiedliche Rechtsfolgen herbeiführen, doch müsste ein solcher Wille des Urhebers der Regelungen offen zu Tage treten. Gerade dies war aber vorliegend nicht der Fall. Das KreisG Leipzig-Stadt interpretierte in den Satz entsprechend mehr hinein, als die Vertragsparteien vorgesehen hatten. Hätten die Vertragsparteien den Mechanismus des Art. 13 EinigungsV bezüglich Bundes- und Landesbehörde unterschiedlich ausdifferenzieren wollen, ist es unwahrscheinlich, dass sie diesen Willen in Form der „entsprechenden Anwendbarkeit" in der Anlage zum EinigungsV kundgetan hätten. Vielmehr wäre ein solcher Wille in Art. 13 EinigungsV selbst hervorgetreten. Dies war aber nicht der Fall. Daher vermochte die Auffassung des KreisG Leipzig-Stadt nicht zu überzeugen. Auch hier muss angesichts hohen Zeitdrucks des Einigungsprozesses bei der Interpretation einer einzelnen Regelungspassage des EinigungsV Vorsicht walten.

---

[269] Anl. I Kap. XIX Sachg. A Abschn. III. Nr. 1. Abs. 2 Satz 1, 2 zum EinigungsV lautet: Soweit Einrichtungen nach Artikel 13 Abs. 2 des Vertrages ganz oder teilweise auf den Bund überführt werden, bestehen die Arbeitsverhältnisse der dort beschäftigten Arbeitnehmer nach Absatz 1 zum Bund; […] Die Arbeitsverhältnisse der übrigen Arbeitnehmer ruhen vom Tage des Wirksamwerdens des Beitritts […]. Demgegenüber heißt es in Abs. 3 derselben Anlage, dass Abs. 2 „entsprechend für die Arbeitnehmer bei Einrichtungen, die Aufgaben der Länder […] wahrnehmen" gilt.

[270] KreisG Leipzig-Stadt, Urt. v. 29.01.1992 – I K 218/91, LKV 1993, 101, 102.

[271] So einschließlich des Zitats KreisG Leipzig-Stadt, Urt. v. 29.01.1992 – I K 218/91, LKV 1993, 101, 102.

IV. Beurteilung durch das BVerwG

1. Sinn und Zweck des Art. 13 Abs. 1 Satz 4 EinigungsV als aufgabenorientierte Entscheidung

Auch das BVerwG schloss sich der Rechtsauffassung an, dass die Abwicklungsentscheidung keinen Verwaltungsakt darstellte. Zum einen berief es sich auf den Sinn und Zweck der Abwicklung als „aufgaben- nicht aber personenorientiert[er]" Entscheidung.[272] Es folgte also der Rechtsauffassung des OVG Berlin[273] und der Literatur[274], dass die Auflösung der Einrichtung stets eine Folge des Wegfalls der von ihr ehemals betriebenen Aufgaben war.[275] Der Wegfall sei dabei infolge der „neue[n] Rechtsordnung, [...] [und] beitrittsbedingte[n] [...] Strukturveränderungen" eingetreten.[276] Zudem stützte sich das BVerwG auf die Ausführungen des BVerfG, das in diesem Zusammenhang von „nicht mehr benötigten Verwaltungseinrichtungen" gesprochen und damit auf den künftigen fehlenden Bedarf verwiesen hatte.[277] Damit, so das BVerwG, war das Motiv der Entscheidung nach Art. 13 Abs. 1 Satz 4 EinigungsV lediglich der Behördenbedarf. Aus diesem Grunde schloss das Gericht die mögliche Einstufung der Entscheidung als Verwaltungsakt aus. Der Umstand, dass die Abwicklungsentscheidung nach Art. 13 Abs. 1 Satz 4 EinigungsV in das Ruhen bzw. in die Beendigung der Arbeitsverhältnisse mündete, zeitigte nach der Rechtsauffassung des Gerichts noch keine Außenwirkung. Eine solche Annahme, so das BVerwG, hätte den „bloßen Rechtsreflex" mit der „gezielten Rechtswirkung" gleichgesetzt.[278] Das Erfordernis einer „Regelung" im Sinne von § 35 VwVfG hätte aber eine solche Differenzierung vorausgesetzt. Ebenfalls verwies das BVerwG auf die fehlende intendierte Außenwirkung der Entscheidung hinsichtlich des Ruhens der Arbeitsverhältnisse.

---

[272] So einschließlich des wörtlichen Zitats BVerwG, Urt. v. 12.06.1992 – 7 C 5/92, LKV 1992, 375, 376.

[273] OVG Berlin, Beschl. v. 24.06.1991 – 8 S 79/91, LKV 1991, 343, 345.

[274] Etwa *Günther*, DÖD 1991, Ausgabe 10, 221, 223.

[275] BVerwG, Urt. v. 12.06.1992 – 7 C 5/92, LKV 1992, 375, 376.

[276] So einschließlich des wörtlichen Zitats BVerwG, Urt. v. 12.06.1992 – 7 C 5/92, LKV 1992, 375, 376.

[277] BVerfG, NJW 1991, 1667, 1669 unter C.III.3.c), in: BVerwG, Urt. v. 12.06.1992 – 7 C 5/92, LKV 1992, 375, 376.

[278] So einschließlich des Zitats BVerwG, Urt. v. 12.06.1992 – 7 C 5/92, LKV 1992, 375, 376.

2. Die Entlastung der öffentlichen Hand als Regelung des Art. 13 Abs. 1 Satz 4 EinigungsV?

Schließlich lehnte das BVerwG die von der Literatur[279] vertretene Ansicht ab, dass Art. 13 Abs. 1 Satz 4 EinigungsV zumindest auch den Zweck des Personalabbaus der öffentlichen Behörden verfolgte.[280] Das Gericht entgegnete, dass der Personalabbau gerade nicht Sinn und Zweck der jeweiligen Entscheidung gewesen sei, sondern nur die Folge der weggefallenen Aufgaben. Dies sei dadurch belegt, dass die arbeitsrechtlichen Folgen des Ruhens an anderer Stelle des EinigungsV geregelt wurden und absichtlich aus dem Entscheidungsprogramm des Art. 13 Abs. 1 Satz 4 EinigungsV herausgenommen worden seien.[281]

3. Auslegung der Gesetzessystematik

Ferner stützte sich das BVerwG zur Argumentation auf die Systematik des EinigungsV. Der Wille der Bundesregierung während dem Gesetzgebungsverfahren sei derjenige gewesen, eine Einrichtung auch bei bloßer Untätigkeit der Landesregierung bzw. im Falle der Nicht-Überführung als abgewickelt anzusehen.[282] Das „bloße Unterlassen" habe aber keine Regelung im Sinne des § 35 VwVfG darstellen können.[283]

4. Telos des Gesetzes

Des Weiteren stützte sich das Gericht auf Ausführungen des BVerfG hinsichtlich des Ziels des EinigungsV. Demnach habe „im Beitrittsgebiet unter sparsamen Umgang mit den nur eingeschränkt verfügbaren öffentlichen Mitteln möglichst rasch eine den gewandelten Anforderungen entsprechende leistungsfähige Verwaltung" aufgebaut werden sollen.[284] Dem hatte es nach Auffassung des Gerichts entgegengestanden, wenn jeder von der Abwicklung betroffene Arbeitnehmer durch Einlegung von Rechtsbehelfen die aufschiebende Wirkung nach § 80 Abs. 1 Satz 1

---

[279] *Germelmann*, Nochmals: Auflösungsentscheidung, NZA 1992, 207, 209. Der Autor wurde 1940 geboren. Er studierte Chemie und anschließend Rechtswissenschaften an der FU Berlin. 1973 wurde er zum Richter auf Lebenszeit ernannt und 1976 zum Vorsitzenden Richter am LAG Berlin. Er war seit 1987 Vizepräsident am LAG Berlin. Ab 1994 lehrte er als Honorarprofessor für Arbeitsrecht am Fachbereich Rechtswissenschaft der FU Berlin. Am 30. 11. 2005 wurde *Germelmann* offiziell aus dem aktiven Landesdienst verabschiedet.

[280] BVerwG, Urt. v. 12. 06. 1992 – 7 C 5/92, LKV 1992, 375, 376.

[281] BVerwG, Urt. v. 12. 06. 1992 – 7 C 5/92, LKV 1992, 375, 376.

[282] BVerwG, Urt. v. 12. 06. 1992 – 7 C 5/92, LKV 1992, 375, 376.

[283] So einschließlich des Zitats BVerwG, Urt. v. 12. 06. 1992 – 7 C 5/92, LKV 1992, 375, 376.

[284] OVG Berlin, LKV 1992, 96, 98 mit Verweis auf das BVerfG, Urt. v. 24. 04. 1991 – 1 BvR 1341/90, NJW 1991, 1667, 1669, in: BVerwG, Urt. v. 12. 06. 1992 – 7 C 5/92, LKV 1992, 375, 377.

VwGO hätte erzeugen können. Hierdurch hätte sich die Prozedur der Abwicklung infolge eines „Verfahrensstau[s]" weiter verzögert.[285]

5. Zwischenergebnis

Damit lehnte das BVerwG einen Verwaltungsakt ab. In einer späteren Entscheidung ließ es die Rechtsnatur der Abwicklungsentscheidung allerdings wieder offen.[286] Das BAG schloss sich den Ausführungen des BVerwG in seinem Urteil vom 12.06.1992 an und bejahte eine auf das Verwaltungsinternum gerichtete Organisationsmaßnahme ohne Außenwirkung.[287] Diese Auffassung bildete seither ständige Rechtsprechung des BAG.[288]

V. Schlussfolgerungen: Auflösung kraft Nicht-Überführung

Anknüpfend an die Diskussion um die Rechtsnatur des nach Art. 13 Abs. 1 Satz 4 EinigungsV stellte sich die Frage, ob die Auflösung nach Art. 13 Abs. 1 Satz 4 EinigungsV eine positive Entscheidung der Landesregierung voraussetzte oder ob die Auflösung auch infolge der Nicht-Überführung der (Teil-)Einrichtung eintreten konnte.

Die Mehrheit der Rechtsprechung kam zum Ergebnis, dass Art. 13 Abs. 1 Satz 4 EinigungsV mangels eines Verwaltungsakts auch keine Entscheidungspflicht der Landesregierungen aufgestellt habe, sondern dass die Auflösung der (Teil-)Einrichtungen auch kraft Vertrags infolge der Nicht-Überführung eingetreten sei.[289] Nur die positive Überführungsentscheidung habe die Abwicklung verhindern können.

---

[285] BVerfG, Urt. v. 24.04.1991 – 1 BvR 1341/90, NJW 1991, 1667, 1669 unter C. III. 3. d) bb).

[286] BVerwG, Urt. v. 19.07.1994 – 6 C 27/92, LKV, 1995, 222, 223.

[287] BAG, Urt. v. 03.09.1992 – 8 AZR 45/92, NZA 1993, 120, 1. Leitsatz; BAG, Urt. v. 28.01.1993 – 8 AZR 169/92, NZA 1993, 1037, 1038; ebenso Bath, NVwZ-Beil. 2001, 27, 29.

[288] Etwa BAG, Urt. v 15.10.1992 – 8 AZR 145/92, NZA 1993, 407, 408; BAG, Urt. v. 28.01.1993 – 8 AZR 169/92, NZA 1993, 1037, 1038; BAG, Urt. v. 23.09.1993 – 8 AZR 268/92, NZA 1994, 881, 882; BAG, Urt. v. 21.07.1994 – 8 AZR 293/92, NZA 1995, 737, 738 (bzgl. der Überführungsentscheidung); BAG, Urt. v. 27.10.1994 – 8 AZR 687/92, NZA 1995, 735, 736.

[289] Vgl. etwa BVerwG, Urt. v. 12.06.1992 – 7 C 5/92, LKV 1992, 375, 376; OVG Berlin, Beschl. v. 06.06.1991 – 8 S 76/91, LKV 1991, 269, 270; BAG, Urt. v. 03.09.1992 – 8 AZR 45/92, NZA 1993, 120; BAG, Urt. v 15.10.1992 – 8 AZR 145/92, NZA 1993, 407, 408; BAG, Urt. v. 28.01.1993 – 8 AZR 169/92, NZA 1993, 1037, 1038; BAG, NZA 1994, 881, 882; a.A. KreisG Leipzig-Stadt, Urt. v. 12.06.1991 – I K 31/91, LKV 1992, 143, 144.

VI. Stellungnahme

Zu Recht stellte das BVerwG u. a. die Intention der Behörde in den Vordergrund und argumentierte, dass nicht jede rechtliche Beeinträchtigung von Rechten Dritter außerhalb des Verwaltungsinternums der Außenwirkung gleichzustellen war. Allerdings ließ es in seinen Ausführungen vermissen, inwieweit sich der vorliegende Sachverhalt von den Organisationsmaßnahmen unterschied, in welchen Außenwirkung bejaht wurde, etwa im Fall der Schließung einer Schule[290] oder bei schulorganisatorischen Maßnahmen.[291] Nicht ganz überzeugen konnte der Ansatz, dass der Personalabbau nicht auch ein Ziel der Abwicklung, sondern lediglich Folge der weggefallenen Aufgaben gewesen sei.

1. Die schnelle Wiedervereinigung als Leitmotiv der Verhandlungspartner

In diesem Zusammenhang muss beachtet werden, dass der überbesetzte Behördenapparat der ehemaligen DDR eine erhebliche finanzielle Mehrbelastung darstellte und die Minderung finanzieller Belastungen durchaus als Ziel der Abwicklung aufgefasst werden durfte. Hierbei sei auf folgende Ausführung von Wolfgang Schäuble am 05. 09. 1990 im Deutschen Bundestag verwiesen:

> „Es gehört zu den besonders schwierigen Aufgaben, die sich uns auch in den nächsten Wochen und Monaten stellen werden (…), daß das, was wir in der Bundesrepublik öffentliche Verwaltung nennen, in der DDR nach unseren Vorstellungen hoffnungslos personell übersetzt ist, so daß wir deswegen bei Bund und Ländern die Zahl der Beschäftigten in den öffentlichen Verwaltungen in den nächsten Wochen und Monaten in einem erheblichen Maße werden abbauen müssen. Jeder weiß dies. Es hat auch keinen Sinn, dies zu verschweigen. Wir wollen ehrlich und offen miteinander umgehen. Die finanzielle Leistungsfähigkeit von Bund und Ländern würde bei dem Besoldungs- und Bezahlungsniveau, das wir in der Bundesrepublik haben und das ja auch die Menschen in der DDR möglichst rasch für sich anstreben, völlig erdrosselt werden, wenn wir nicht zu einem erheblichen Personalabbau in den öffentlichen Verwaltungen bei Bund und Ländern kämen."[292]

Wie Wolfgang Schäuble ausführt, bestand diesbezüglich auch Konsens mit Günther Krause und den Delegierten der DDR.[293] Auf Grundlage der zitierten Passage ließ sich nur schwer vertreten, dass der Personalabbau keine eigenständige Motivation gewesen sei. Daher war es sehr wohl vertretbar, dass die Abwicklungsentscheidung auch das Ruhen bzw. die Beendigung der Arbeitsverhältnisse bezweckte. Die Annahme eines Verwaltungsaktes hätte aber, wie das BVerwG auch ausführt, zum untragbaren Ergebnis geführt, dass jeder Arbeitnehmer die Abwicklungsentscheidung hätte anfechten können. Dies hätte zu einem erheblichen Ver-

---

[290] BVerwGE 18, 40 ff.

[291] BVerwG, Beschl. v. 24. 04. 1978 – 7 B 111/77, NJW 1978, 2211 ff.

[292] Rede von *Schäuble*, Stenographischer Bericht der 222. Sitzung des Deutschen Bundestages (11. Wahlperiode) am 05. 09. 1990, S. 17493.

[293] *Teymouri*, Interview mit Schäuble v. 09. 05. 2019.

fahrensstau geführt, der die neu entstandenen Bundesländer handlungsunfähig gemacht hätte. Die zeitliche Hinauszögerung der deutschen Einheit hätte auch der Intention der Vertragsparteien widersprochen, wenn Wolfgang Schäuble ausführt:

„Von Anfang konnten Günther Krause und ich auf eine wichtige Gemeinsamkeit vertrauen, die uns das Vertragsgeschäft erleichterte: Wir wollten beide die politische Vereinigung lieber heute als morgen. Nach unserem etwas erschwerten Gespräch am 29. Mai [1990] drückte Krause aufs Tempo. [...] Krause sagte mir [...], er unterstütze unsere auf Zeitgewinn zielende Planung."[294]

Günther Krause dachte seinerseits an die damaligen innenpolitischen Probleme der ehemaligen DDR:

„Hinzu kam Krauses Angst, der DDR-Regierung könne die Kontrolle im eigenen Land entgleiten, wenn die materiellen, wirtschaftlichen, sozialen, aber auch die politischen Fortschritte noch lange auf sich warten ließen. Dann werde nämlich die demokratisch legitimierte Volkskammer sehr schnell handlungsunfähig werden. Die Zeichen standen bereits auf Sturm. Demonstrationen und Streiks waren auf der Tagesordnung. [...] Ende Juli [1990] geriet Krause angesichts des Chaos in Panik und rief seinen Chef an: „Lothar [de Maizière], wenn wir jetzt nicht voran machen, mache ich nicht mehr mit."[295]

Aus den genannten Gründen ist auch die Auffassung, wonach Art. 13 Abs. 1 Satz 4 EinigungsV keine Entscheidungspflicht enthielt, positiv zu werten. Wenn die Landesregierungen für jede einzelne (Teil-)Einrichtung eine Entscheidung i.S.v. Art. 13 Abs. 1 Satz 4 EinigungsV hätte treffen müssen, wären erhebliche Zeitverzögerungen eingetreten.

2. Wirtschaftliche Krise der DDR

Die zügige Herstellung der deutschen Einheit war auch im Hinblick auf die wirtschaftliche Schieflage der DDR von Vorteil. Die DDR befand sich bereits in den 1980er Jahren in der wirtschaftlichen Krise. Zurückzuführen war dies u. a. auf die Wirtschaftspolitik der 1970er Jahre.[296] Diese verfolgte drei Ziele, die wirtschaftlich nicht miteinander zu vereinbaren waren. Zum einen handelte es sich um die Beibehaltung oder Verbesserung des Lebensstandards innerhalb der DDR, zum anderen um die Investition in die volkseigene Wirtschaft und schließlich um die Bedienung ausländischer Schulden.[297] Im Jahr 1990 betrug das reale Bruttoinlandsprodukt je

---

[294] *Schäuble*, Der Vertrag. Wie ich über die deutsche Einheit verhandelte, Stuttgart 1993, S. 140.

[295] *Schäuble*, Der Vertrag. Wie ich über die deutsche Einheit verhandelte, Stuttgart 1993, S. 143, 144.

[296] *Martens*, Die Wirtschaft der DDR, 30.03.2019, Bundeszentrale für politische Bildung, aufgerufen am 08.07.2018 unter: http://www.bpb.de/geschichte/deutsche-einheit/lange-wege-der-deutschen-einheit/47076/ddr-wirtschaft.

[297] *Martens*, Die Wirtschaft der DDR, 30.03.2019, Bundeszentrale für politische Bildung, aufgerufen am 08.07.2018 unter: http://www.bpb.de/geschichte/deutsche-einheit/lange-wege-der-deutschen-einheit/47076/ddr-wirtschaft.

Einwohner der DDR nur ein Drittel im Vergleich zur Bundesrepublik Deutschland.[298] Die gesamtwirtschaftliche Produktivität der DDR betrug im Jahr 1989 lediglich 16 % – 20 % im Vergleich zur Bundesrepublik Deutschland. Auch die sektorale Produktionsstruktur der DDR entsprach im Vorfeld der Wiedervereinigung dem Niveau, auf dem sich Westdeutschland in den 1965er Jahren befand.[299] Die Auslandsverschuldung gegenüber den nichtsozialistischen Staaten betrug Ende 1989 21 Milliarden Dollar. Die Schulden waren auch eine Folge der getätigten staatlichen Subventionen, die vor der Wiedervereinigung 58 Milliarden Mark betrugen.[300] Große Auswirkungen hatten in diesem Zusammenhang die Erdölkrisen der Jahre 1973 und 1979/80.[301] Die verteuerten Erdölpreise führten dazu, dass die DDR Braunkohle zur Überwindung des energetischen Engpasses förderte. Im Jahr 1985 waren es bereits 30 % der Weltproduktion.[302] Hierfür wurden längst verschlissene Anlagen in Betrieb genommen, die aus den 1920er bzw. aus den 1930er Jahren stammten. Die zweite Erdölkrise im Jahr 1979/1980 verschärfte die wirtschaftliche Lage erheblich. Der bis dahin niedrige Einkaufspreis für Öl aus der Union der Sozialistischen Sowjetrepubliken wurden nunmehr dem Einkaufspreis auf dem Weltmarkt angeglichen und verteuerte sich für die DDR erheblich. Alle genannten Faktoren führten dazu, dass die DDR im Jahr 1990 weitestgehend von ihrer eigenen Wirtschaftspolitik gebeutelt war. Der Spiegel fasste die Situation wie folgt zusammen:

„[Die] Wirtschaft […] ist nach allgemeiner Einschätzung auch von DDR-Ökonomen am Ende, wenn nicht schnell Reformen in Gang kommen: eine aufgeblasene Planbürokratie lähmt jede Initiative, ein früher sozial gemeintes Subventionssystem betoniert falsche Strukturen; Preise werden per Plan statt im Markt gemacht. Die Devisenkasse ist leer, der Außenwert der DDR-Mark verfällt."[303]

Eine weitere Verzögerung der Wiedervereinigung hätte die wirtschaftliche Situation in der DDR also verschärft.

---

[298] *Schroeder*, Der SED-Staat. Geschichte und Strukturen der DDR 1949 – 1990, 2013, S. 655.

[299] *Schroeder*, Der SED-Staat. Geschichte und Strukturen der DDR 1949 – 1990, 2013, S. 656.

[300] *N.N.*, Handelsblatt, DDR im Herbst 1989: Die Planwirtschaft am Boden, 27. 10. 2014, aufgerufen am 07. 07. 2018 unter: https://www.handelsblatt.com/politik/deutschland/mauerfall/ddr-im-herbst-1989-die-planwirtschaft-am-boden/10895952-all.html.

[301] *Martens*, Die Wirtschaft der DDR, 30. 03. 2019, Bundeszentrale für politische Bildung, aufgerufen m 08. 07. 2018 unter: http://www.bpb.de/geschichte/deutsche-einheit/lange-wege-der-deutschen-einheit/47076/ddr-wirtschaft.

[302] *Martens*, Die Wirtschaft der DDR, 30. 03. 2019, Bundeszentrale für politische Bildung, aufgerufen m 08. 07. 2018 unter: http://www.bpb.de/geschichte/deutsche-einheit/lange-wege-der-deutschen-einheit/47076/ddr-wirtschaft.

[303] *N.N.*, Die Flut ist nicht zu stoppen, Der Spiegel, Ausgabe 45/1989, S. 20.

3. Zwischenergebnis

Die geschichtlichen Umstände und die Intention von Günther Krause und Wolfgang Schäuble sprachen daher insgesamt dafür, die Wiedervereinigung schnell herbeizuführen. Dem hätte offensichtlich entgegengestanden, wenn die Auflösung der alten Verwaltungsstrukturen der ehemaligen DDR gerichtlich hätten verteidigt werden müssen. Dies hätte womöglich Jahre gedauert und erhebliche finanzielle Belastungen generiert. Daher war den Gerichten, welche die Auflösungsentscheidung als organisationsrechtliche Maßnahme qualifizierten, Recht zu geben.

VII. Zwischenergebnis

Die eben dargestellte Rechtsprechung im Zeitabschnitt von Juni 1991 bis Juli 1994 zeigte eine klare Rechtsauffassung zugunsten der Einstufung als organisationsrechtliche Maßnahme ohne Außenwirkung. Das maßgebliche Argument bestand in der intendierten Außenwirkung. Alleine die Tatsache, dass mit der Abwicklungsentscheidung auch das Ruhen der Arbeitsverhältnisse einherging, erzeugte nach den oben geschilderten Auffassungen noch keine Außenwirkung im Sinne des § 35 VwVfG, sondern verlangte darüber hinaus die Beabsichtigung der Landesregierung eine Außenwirkung zu erzeugen. Wie aber die Ausführungen von Wolfgang Schäuble zeigen, war der Personalabbau durchaus intendiert und sollte erhebliche finanzielle Mehrbelastungen von Bund und Länder verhindern. Zudem war festzustellen, dass die Rechtsprechung seit Juni 1991 auch die teleologische Auslegung, sowie die Wortlautauslegung des Art. 13 Abs. 1 Satz 4 EinigungsV zur Argumentation heranzog. Eine solche Auslegung wurde von der Rechtsprechung anfänglich weitgehend ausgeklammert und die Außenwirkung ohne nähere Begründung bejaht. Die Arbeitsgerichte vertraten dabei ohne Ausnahme eine übereinstimmende Rechtsauffassung. Obwohl sich die Mehrheit der Verwaltungsgerichte für einen Verwaltungsakt ausgesprochen hatte, stellte sich das BVerwG dieser Auffassung entgegen und bejahte eine Organisationsmaßnahme. Die Gerichte vertraten mehrheitlich die Auffassung, dass die Auflösung der (Teil-)Einrichtungen auch kraft Vertrags infolge der Nicht-Überführung eingetreten sei.[304]

---

[304] Vgl. etwa BVerwG, Urt. v. 12.06.1992 – 7 C 5/92, LKV 1992, 375, 376; OVG Berlin, Beschl. v. 06.06.1991 – 8 S 76/91, LKV 1991, 269, 270; BAG, Urt. v. 03.09.1992 – 8 AZR 45/92, NZA 1993, 120; BAG, Urt. v 15.10.1992 – 8 AZR 145/92, NZA 1993, 407, 408; BAG, Urt. v. 28.01.1993 – 8 AZR 169/92, NZA 1993, 1037, 1038; BAG, NZA 1994, 881, 882; a.A. KreisG Leipzig-Stadt, Urt. v. 12.06.1991 – I K 31/91, LKV 1992, 143, 144.

D. Untersuchung der Rechtsauffassung der zeitgenössischen Literatur

I. Die Abwicklungsentscheidung als verwaltungsinterne Maßnahme

Im Allgemeinen setzte sich in der zeitgenössischen Literatur bezüglich der Rechtsnatur keine klare Rechtsauffassung durch. Auf der einen Seite wurde die nach § 35 Satz 1 VwVfG erforderliche Außenwirkung abgelehnt. So vertrat Günther[305] die Auffassung, dass die Auswirkung auf die Dienstverhältnisse nicht intendiert und daher kein „Part des Regelungs-‚Tenors'" gewesen sei.[306] Weiter lehnte Günther die Einstufung als Allgemeinverfügung im Sinne des § 35 Satz 2 Alt. 1 VwVfG[307] mit dem Argument ab, dass hierbei lediglich das Kriterium des Adressaten in Form des bestimmten oder bestimmbaren Personenkreises beschrieben worden sei.[308] Die Vorschrift habe gerade nicht auf die Voraussetzung einer Regelung nach § 35 Satz 1 VwVfG verzichtet. Dessen Vorliegen sei aber der rechtliche Streitpunkt gewesen. Ebenso wurde ernsthaft angezweifelt, ob die Regelung der öffentlich-rechtlichen Eigenschaft einer Sache" nach § 35 Satz 2 Alt. 2 VwVfG[309] vorgelegen habe. Strittig war insbesondere, ob tatsächlich die Eigenschaft einer „Sache" geregelt wurde, da die Auflösungsentscheidung nicht unmittelbar das Gebäude der Behörde tangiert habe.[310]

In Übereinstimmung mit der Rechtsprechung habe Art. 13 Abs. 1 Satz 4 EinigungsV keine Pflicht zur Abwicklungsentscheidung aufgestellt. Die Auflösung der Einrichtung sei im Falle der Nicht-Überführung kraft Einigungsvertrags eingetreten.[311] Dies habe sich aus der Gesamtschau des Art. 13 EinigungsV und der genannten Anlage mit der Ruhensfolge ergeben. Wäre eine pflichtmäßige Abwicklungsentscheidung gewollt gewesen, so Günther, hätte es der gesonderten Regelung der Überführung schon gar nicht bedurft. In diesem Fall wäre die Einräumung der Auflösungsbefugnis und die Ruhensregeln ausreichend gewesen. Dies habe auch die amtliche Erläuterung zu Anl. I Kap. XIX Sachg. A Abschn. III. Nr. 1. Abs. 2 zum EinigungsV offenbart, wo es hieß:

---

[305] Der Autor fungierte als Vorsitzender Richter am OVG Berlin und Lehrbeauftragter der Freien Universität Berlin, vgl. JURA 2013, Bd. 35, Heft 7, S. 672. Er gehört zu den Herausgebern der DÖD (Stand zum 02.07.2018).

[306] *Günther*, „Abwicklungs"-Beschluß mit „Ruhens"-Folge als Verwaltungsakt gegenüber den Beschäftigten?, DÖD 1991, Ausgabe 10, 221, 226.

[307] So das BezG Erfurt, Beschl. v. 20.3.1992 – 1 B 8/91, LKV 1993, 274.

[308] *Günther*, DÖD 1991, Ausgabe 10, 221, 226.

[309] So das KreisG Gera-Stadt, Urt. v. 23.05.1991 – 1 D 41/90, LKV 1991, 274, 275.

[310] So einschließlich des Zitats *Günther*, DÖD 1991, Ausgabe 10, 221, 226, wonach sowohl die enge als auch weite Auslegung des Begriffs der „Sache" nicht zielführend sei.

[311] *Günther*, DÖD 1991, Ausgabe 10, 221, m.w.N.

„Liegt im Kompetenzbereich des Bundes eine solche Entscheidung nach Art. 13 Abs. 2 [EinigungsV] nicht vor, besteht das Arbeitsverhältnis fort, kommt jedoch zum Ruhen."[312]

Der EinigungsV habe demnach die Ruhensfolgen selbst dann vorgesehen, wenn keine Entscheidung getroffen wurde.

Auch Körting lehnte das Vorliegen eines Verwaltungsaktes in Form der Allgemeinverfügung ab. Die Auflösung der Behörden qualifizierte er als „Teil der Organisationsgewalt der zuständigen öffentlichrechtlichen Körperschaft".[313] Art. 13 Abs. 1 Satz 4 EinigungsV habe keine positive Abwicklungsentscheidung vorausgesetzt.[314] Die Einrichtungen seien bereits im Zeitpunkt des Beitritts der DDR aufgelöst gewesen. Einer gesonderten Abwicklungsentscheidung habe es deshalb nicht mehr bedurft. Art. 13 EinigungsV habe lediglich die Entscheidung zur Überführung eingeräumt.[315] Der Sinn und Zweck des Art. 13 EinigungsV sei die Regelung „des Übergangs rudimentärer Reste des früheren deutschen Staates auf den neuen Staat".[316] Der EinigungsV sei daher „vom Regelfall des Wegfalls einer zentralstaatlichen Einrichtung" ausgegangen.[317] Die Abwicklungsentscheidung sei demnach keine „Entscheidung", sondern die Mitteilung der Nicht-Überführung gewesen.[318] Dies habe sich schon daraus ergeben, dass der EinigungsV den Begriff der „Abwicklungsentscheidung" bzw. der „Auflösungsentscheidung" nicht gekannt habe.[319]

II. Die Abwicklungsentscheidung als Verwaltungsakt

Germelmann qualifizierte die Abwicklungsentscheidung nach Art. 13 Abs. 1 Satz 4 EinigungsV als Verwaltungsakt. Zwar hätte grundsätzlich eine Organisationsmaßnahme vorgelegen, da die Abwicklung einer Einrichtung mit der Auflösung oder Umorganisation einer Behörde vergleichbar gewesen sei. Dennoch unterstellte er der Überführungsentscheidung die „Regelungsabsicht", die subjektiven Rechte der Beschäftigten „feststellend zu gestalten", da das Arbeitsverhältnis im Falle der Überführung rechtlich fortbestand.[320] Im Umkehrschluss bejahte Germelmann im Falle des Eintritts der juristischen Auflösung aufgrund der Nichtüberführung die

---

[312] Deutscher Bundestag, Unterrichtung durch die Bundesregierung. Erläuterungen zum Vertrag zwischen der Bundesrepublik Deutschland und der Deutschen Demokratischen Republik über die Herstellung der Einheit Deutschlands vom 31. August 1990, 10.09.1990, Drs. 11/7817, S. 179 r.S.

[313] So einschließlich des Zitats Körting, Anfechtung, NZA 1992, 205, 206.

[314] Körting, Anfechtung, NZA 1992, 205, 206.

[315] Körting, Anfechtung, NZA 1992, 205, 206.

[316] Körting, Anfechtung, NZA 1992, 205, 206.

[317] So einschließlich des Zitats Körting, Anfechtung, NZA 1992, 205, 206.

[318] So einschließlich des Zitats Körting, Anfechtung, NZA 1992, 205, 206.

[319] So einschließlich des Zitats Körting, Anfechtung, NZA 1992, 205, 206.

[320] Germelmann, Auflösungsentscheidung, NZA 1991, 629, 630.

Außenwirkung gegenüber den Beschäftigten. Nach seiner Rechtsauffassung basierte auch die Nichtüberführung auf einer „möglicherweise [...] nur auf schlüssigem Verhalten beruhende[n]" Entscheidung, deren Rechtsfolgen sich wegen der Anlage I unmittelbar auf die Rechte der Arbeitnehmer auswirkten.[321] Auf Grund dieser Ausführungen kam Germelmann zum Ergebnis, dass sowohl die Überführung als auch die Nichtüberführung eine Regelung eines Einzelfalles durch eine Behörde mit Außenwirkung einzustufen war. Die übrigen Tatbestandsmerkmale des Verwaltungsaktes lagen nach der Rechtsauffassung Germelmanns vor, der im Ergebnis eine Allgemeinverfügung annahm.[322]

Germelmann leitete daraus ab, dass die Abwicklungsentscheidung positiv getroffen werden musste und insoweit zwingende Voraussetzung des Pflichtenprogramms in Art. 13 Abs. 1 Satz 4 EinigungsV gewesen sei.[323] Er stützte sich dabei auf Satz 1 der Fußnote 2 zur Anl. I Kap. XIX Abschn. III Nr. 1 zum EinigungsV:

> „Ist eine Entscheidung nach Art. 13 Abs. 2 [EinigungsV] bis zum Tage des Wirksamwerdens des Beitritts nicht möglich, kann bestimmt werden, daß der nach Satz 2 maßgebliche Zeitpunkt um bis zu drei Monate hinausgeschoben wird."

Der EinigungsV sei demnach vom Erfordernis einer Entscheidung ausgegangen. Germelmanns Rechtsauffassung hat in der Folge entscheidend dazu beigetragen, dass eine Vielzahl von Klagen gegen die Abwicklungsentscheidung am Verwaltungsgericht erhoben wurden.[324]

Auch Hauck-Scholz leitete aus den Ausführungen und dem Verweis des BVerfG auf die Anwendbarkeit des VwVfG ab, dass die Abwicklungsentscheidung nach Art. 13 Abs. 1 Satz 4 EinigungsV als Verwaltungsakt in Form der Allgemeinverfügung einzustufen war.[325] Diese Entscheidung musste nach seiner Auffassung zwingend getroffen und den Angestellten nach § 41 VwVfG bekanntgegeben werden, um das Ruhen der Arbeitsverhältnisse zu erzeugen.[326]

---

[321] *Germelmann*, Auflösungsentscheidung, NZA 1991, 629, 630.

[322] *Germelmann*, Auflösungsentscheidung, NZA 1991, 629, 631, der sich insoweit wohl auf § 35 Satz 2 Alt. 1 VwVfG bezieht, da er einen „bestimmbaren Personenkreis" annimmt.

[323] *Germelmann,* Nochmals: die prozessuale Überprüfbarkeit der Auflösungsentscheidung nach Art. 13 EinigungsV, NZA 1992, 207, 208.

[324] So *Körting*, Anfechtung, NZA 1992, 205, 206.

[325] *Hauck-Scholz*, Voraussetzungen und Folgen der „Warteschleife", LKV 1991, 225, 227, wobei der Autor keine konkreten Angaben darüber macht, welche Alternativform der Allgemeinverfügung er annimmt. Der Autor wurde am 17.04.1940 in Berlin geboren und ist Rechtsanwalt mit dem Schwerpunktgebiet Familienrecht und Verfassungsrecht. Das Zweite Juristische Examen absolvierte er 1968 in Berlin. Nachdem er mehrere Stellen als wissenschaftlicher Assistent, u.a. an der Universität Bielefeld, wahrnahm, ist er seit 1977 als Rechtsanwalt in Marburg tätig und erhielt 1987 den Titel des Fachanwalts u.a. für Verwaltungsrecht. 2010 vertrat er Bodo Ramelow bei der Klageerhebung gegen die Sammlung personenbezogener Informationen über ihn durch das Bundesamt für Verfassungsschutz. Die Klage hatte in den ersten beiden Instanzen Erfolg, scheiterte aber vor dem BVerwG.

[326] *Hauck-Scholz*, „Warteschleife", LKV 1991, 225, 227.

Auch Wolter leitete aus den Ausführungen des BVerfG, insbesondere aus seinem Verweis auf die Anwendbarkeit des Verwaltungsverfahrensgesetzes, ab, dass die Abwicklungsentscheidung der Behörde gegenüber dem Arbeitnehmer als Verwaltungsakt einzustufen war.[327] Gegenüber Außenstehenden, so Wolter, sei die Schließung der Einrichtung als „dinglicher Verwaltungsakt" gemäß § 35 Satz 2 VwVfG einzustufen gewesen. Zundel schloss sich dieser Ansicht an.[328]

Wolter vertrat jedoch die Ansicht, dass die Auflösung der Einrichtung ohne Abwicklungsentscheidung eintreten konnte. Im Fall der Nicht-Überführung sei die Auflösung kraft Einigungsvertrags eingetreten. In seiner rechtlichen Begründung stimmte er mit Günther überein.[329]

Dem gegenüber verzichtete Däubler auf eine Stellungnahme zur Rechtsnatur der Abwicklungsentscheidung. Er leitete zwar aus den Ausführungen des BVerfG, dass die Abwicklungsentscheidung der Einrichtung „unmittelbare Rechtswirkungen" gegenüber den Arbeitnehmern entfaltete, die theoretische Möglichkeit einer Qualifizierung als Verwaltungsakts ab.[330] Er überlegte aber auch, ob nicht in Anlehnung an Art. 130 Abs. 1 Satz 2 GG die Abwicklungsentscheidung in Form der Rechtsverordnung ergangen sein könnte. Gleichzeitig sah er aber auch eine mögliche Qualifikation der Abwicklungsentscheidung als innerverwaltungsrechtliche Maßnahme. Eine klare Stellung bezog er daher nicht.[331]

Denhard benannte die Abwicklungsentscheidung zwar nicht ausdrücklich als Verwaltungsakt, er tendierte aber zur Annahme eines Verwaltungsakts. So stellte er in den Vordergrund, dass die Hochschulen der ehemaligen DDR eine Sonderrolle im Rahmen der öffentlichen Einrichtungen eingenommen hätten, da ihnen im Zeitpunkt des Beitritts das Selbstverwaltungsrecht zugestanden habe. Hierauf basierend nahm

---

[327] *Wolter*, Das Bundesverfassungsgericht zur „Warteschleife" nach dem Einigungsvertrag. Ansätze zur Erforschung eines neuen Rechtsinstituts, ZTR 1991, Ausgabe 7, 273, 284.

[328] *Zundel*, Nochmals: Zur Warteschleife des Einigungsvertrages, ZTR 1991, 311 ff. Der Autor wurde am 09.04.1930 geboren und verstarb am 21.01.2008. Seine juristische Ausbildung schloss er 1957 mit dem Zweiten Juristischen Staatsexamen in Frankfurt ab. Anschließend war er als Richter, Ministerialrat und Oberbürgermeister von Heidelberg tätig. 1963 trat er in die SPD ein, bevor er diese aufgrund interner Unstimmigkeiten 1981 verließ. Zwischen 1966 und 1990 fungierte er als Oberbürgermeister von Heidelberg. Nach seinem Austritt aus der SPD wurde er von der CDU und den Freien Wählern bei der Wiederwahl zum Oberbürgermeister unterstützt, blieb aber auch weiterhin parteilos.

[329] *Wolter*, ZTR 1991, Ausgabe 7, 273, 283; ebenso *Günther*, DÖD 1991, Ausgabe 10, 221.

[330] *Däubler*, Die sogenannte Warteschleife auf dem verfassungsrechtlichen Prüfstand. Erste Konsequenzen aus dem Karlsruher Urteil, NJ 1991, 233, 235. Der Verfasser wurde am 05.05. 1939 in Berlin-Zehlendorf geboren und ist Professor mit dem Schwerpunkt Arbeitsrecht. Sein juristisches Referendariat in Baden-Württemberg beendete er 1966. Von 1971 bis 2004 war er Inhaber des Lehrstuhls für Deutsches und Europäisches Arbeitsrecht, Bürgerliches Recht und Wirtschaftsrecht an der Universität Bremen. Es folgten Gastprofessuren u.a. an der Universität Trento. Daneben beriet er Gewerkschaften, Betriebsräte und fungierte u.a. als Schlichter. 1978 beriet er den SPD-Parteivorstand zu Fragen des Tarifvertragsrechts.

[331] *Däubler*, Warteschleife, NJ 1991, 233, 235.

er einen Eingriff in die „Arbeitsverträge" und in die „mitgliedschaftlichen Rechte der Betroffenen und in die Hochschulautonomie" an.[332]

III. Stellungnahme

An der Auffassung Germelmanns ist kritisch zu bewerten, dass die Abwicklung zweifelsohne auch organisationsrechtliche Ziele verfolgte und die Beendigung der Arbeitsverhältnisse sogar in erster Linie als Folge des Aufgabenwegfalls der (Teil-) Einrichtungen gewertet werden konnte. Insbesondere ließ Germelmann nicht erkennen, wie eine organisationsrechtliche Maßnahme vom Verwaltungsakt abzugrenzen war. Die deutsche Wiedervereinigung konnte als teilweise Neuorganisation der Bundesrepublik Deutschland gewertet werden. Das Staatsgebiet wurde erweitert und neue Verwaltungsstrukturen mussten erschaffen und implementiert werden. Das Gebiet der ehemaligen DDR musste von Grund auf neu organisiert werden. Germelmanns Einstufung, wonach die Abwicklungsentscheidung stets den Willen offenbart habe, subjektive Rechte der Arbeitnehmer gestaltend regeln zu wollen, erschien vor diesem Hintergrund als zu pauschal und undifferenziert.

Auch Wolter, Zundel und Hauck-Scholz sind im Ergebnis stets zur Annahme eines anfechtbaren Verwaltungsaktes gekommen, ohne die Möglichkeit einer organisationsrechtlichen Maßnahme in Betracht zu ziehen. Außerdem übersahen sie, dass das BVerfG im zitierten Urteil nicht erkennen ließ, ob der Verweis auf das VwVfG im Allgemeinen erfolgte oder auf Art. 13 Abs. 1 Satz 4 EinigungsV bezogen war. Des Weiteren ließen sie auch die historischen Umstände ausgeklammert, denn wie bereits erläutert, war es der Wille von Wolfgang Schäuble und Günther Krause, die deutsche Einheit ohne erhebliche Verzögerungen zu vollziehen, um insbesondere eine Handlungsunfähigkeit der neuen Bundesländer zu vermeiden. Die Möglichkeit der Anfechtung der Abwicklungsentscheidung und die damit verbundenen Gerichtsverfahren hätten zu nicht abschätzbaren Verzögerungen geführt, die nicht dem Willen der Vertragsparteien entsprach.

Auch die Auffassung von Denhard ist kritisch zu werten, der sich auf die Hochschulautonomie stützte. Wie in § 4 A. erläutert[333], existierte eine solche Autonomie in der ehemaligen DDR nicht. Vielmehr waren die Hochschulen im Zuge der drei Hochschulreformen zu ideologischen Ausbildungsstätten umgeformt worden. Daher konnte ein solches Recht mangels Existenz auch nie beeinträchtigt werden.

---

[332] So einschließlich des Zitats *Denhard*, Hochschul-„Abwicklung"?, NJ 1991, 295, 297. Der Verfasser wurde am 07.05.1937 geboren und verstarb am 13.02.2015. Er war von 1973 bis 2002 Professor für Staatsrecht am Fachbereich Allgemeine Verwaltung der FHVR Berlin (jetzt: HWR Berlin). Von 1981 bis 1986 fungierte er als Rektor. Er war in der Kommunalpolitik tätig und Mitglied der SPD.

[333] S. 51 ff.

Ebenso ist die Auffassung abzulehnen, wonach Art. 13 Abs. 1 Satz 4 EinigungsV die Pflicht zur Entscheidung aufgestellt habe. Eine solche Pflicht lässt sich weder aus dem Vertragstext noch seinen Anlagen entnehmen und widerspricht dem erklärten Ziel der Vertragsparteien, die Wiedervereinigung so schnell wie möglich zu bewerkstelligen.[334]

IV. Zwischenergebnis

Als Zwischenergebnis lässt sich festhalten, dass der überwiegende Teil der Literaturansichten die Abwicklungsentscheidung nach Art. 13 Abs. 1 Satz 4 EinigungsV als Verwaltungsakt einstufte und sich insbesondere auf die Ausführungen des BVerfG stützte. Dessen Verweis auf die Verfahrensregeln des VwVfG wurde überwiegend dahingehend interpretiert, dass die Auflösungsentscheidung als Verwaltungsakt in Form der Allgemeinverfügung einzustufen war.[335] Ausführungen zur Problematik, ob die durch die Abwicklungsentscheidung ausgelösten Rechtsfolgen hinsichtlich der Arbeitsverhältnisse auch intendiert waren, wurden kaum aufgegriffen und im Rahmen der Begründung ausgeklammert.

Am Kriterium der intendierten Außenwirkung nach § 35 Satz 1 VwVfG knüpfte die Gegenansicht der Literatur an, um die Abwicklungsentscheidung als innerverwaltungsrechtliche Maßnahme einzustufen. In Übereinstimmung mit Teilen der Rechtsprechung wurde hervorgehoben, dass die Rechtsfolge aus Anl. I Kap. XIX Sachg. A Abschn. III. Nr. 1. Abs. 2 und 3 zum EinigungsV lediglich mittelbare Folge des Art. 13 Abs. 1 Satz 4 EinigungsV gewesen sei. Entsprechend hätte die intendierte Außenwirkung der Beeinträchtigung subjektiver Rechte nicht vorgelegen. Der Annahme einer Allgemeinverfügung an einen bestimmbaren Personenkreis im Sinne des § 35 Satz 2 Alt. 1 VwVfG wurde entgegengehalten, dass die Vorschrift lediglich den Adressaten des Verwaltungsaktes näher beschrieben habe, nicht aber auf das Regelungskriterium aus § 35 Satz 1 VwVfG verzichtete, dessen Vorliegen gerade strittig gewesen sei.

E. Zur Interpretation des Warteschleifenurteils des BVerfG in der Rechtsprechung und in der zeitgenössischen Literatur

Wie unter § 7 B. III.[336] beschrieben, äußerte sich auch das BVerfG zur Rechtsnatur des Art. 13 Abs. 1 Satz 4 EinigungsV, ließ aber viel Raum für juristische Interpre-

---

[334] Vgl. hierzu die Ausführungen unter § 7 C VI., S. 107 ff.

[335] Auch wenn nicht genannt wird, welche Alternative der Allgemeinverfügung einschlägig ist, liegt hier die Annahme des § 35 Satz 2 Alt. 1 VwVfG nahe, da er sich auf einen „bestimmbaren Personenkreis" bezog.

[336] S. 100.

tationen zu. Deshalb wird im Folgenden beschrieben, welche Rückschlüsse die Rechtsprechung aus den Ausführungen ableitete. Abweichende Rechtsauffassungen wären nur zulässig gewesen, sofern keine Bindungswirkung des Richterspruchs eingetreten war. Daher wird die Frage der Bindungswirkung vorangestellt.

I. Bindungswirkung des Richterspruchs nach § 31 Abs. 1 BVerfGG?

Nach § 31 Abs. 1 BVerfGG binden die Entscheidungen des BVerfG die Verfassungsorgane des Bundes und der Länder sowie alle Gerichte und Behörden. Eine solche allgemeine Bindungswirkung ergibt sich aus dem Tenor und den Entscheidungsgründen des Urteils, soweit sich die hieraus ergebenden Rechtsgrundsätze der Anwendung und Auslegung des Grundgesetzes dienen und daher künftig von den Gerichten und Behörden beachtet werden müssen.[337] Eine solche Bindungswirkung bezieht sich aber ausschließlich auf den geurteilten Streitgegenstand.[338] Rechtlich bindend ist dabei nicht nur der Urteilstenor, sondern auch die „tragenden Gründe", soweit sie die „Auslegung und Anwendung des Grundgesetzes betreffen".[339]

Die Beschwerdeführer griffen in der oben zitierten Entscheidung des BVerfG lediglich die Warteschleifenregelung der einschlägigen Regeln der Anlage I zum EinigungsV an. Nur hierauf erstreckte sich auch der Urteilstenor. Art. 13 Abs. 1 Satz 4 EinigungsV war gerade nicht Streitgegenstand, sondern nur mit der Warteschleifenregelung verknüpft. Die diesbezüglichen Ausführungen des BVerfG stellten gerade keine tragenden Gründe dar, sondern erfolgten lediglich obiter dicta.[340] Insbesondere wurden die Vorschriften nicht verfassungskonform vom BVerfG ausgelegt.[341]

Damit waren die Ausführungen des BVerfG hinsichtlich der Rechtsnatur der Abwicklungsentscheidung nicht nach § 31 Abs. 1 BVerfGG bindend. Gerichte, die zeitlich nach der Entscheidung des BVerfG über Art. 13 Abs. 1 Satz 4 EinigungsV und dessen Rechtsnatur zu urteilen hatten, waren nicht an die Auffassungen des BVerfG gebunden.

---

[337] BVerfG, Beschl. v. 20.01.1966 – 1 BvR 140/62, NJW 1966, 723, 725 unter B. VI. 2; BVerfG, Beschl. v. 10.06.1975 – 2 BvR 1018/74, NJW 1975, 1355, 1356 unter B. I. 3.; ausführlich zur formellen und materiellen Rechtskraft des § 31 Abs. 1 BVerfGG: *Bethge*, § 31, Rn. 40–74, in: Maunz/Schmidt-Bleibtreu/Klein/Bethge, Kommentar zum Bundesverfassungsgerichtsgesetz, 56. EL Sept 2019.

[338] BVerfG, Beschl. v. 06.11.1968 – BvR 727/65, NJW 1969, 267, 268 unter B. II. 3. (2) b).

[339] *Günther*, DÖD 1991, Ausgabe 10, 221, 222.

[340] OVG Berlin, Beschl. v. 02.12.1991 – 4 S 36/91, LKV 1992, 96, 97; BVerwG, Urt. v. 12.06.1992 – 7 C 5/92, LKV 1992, 375, 377; a.A. LAG, Urt. v. 19.02.1992 – 8 Sa 83/91, BeckRS 1992, 30928607; offenlassend BAG, Urt. v. 28.01.1993 – 8 AZR 169/92, NZA 1993, 1037, 1039.

[341] *Günther*, DÖD 1991, Ausgabe 10, 221, 222.

II. Rechtsprechung

1. Ableitung eines Verwaltungsakts durch das KreisG Leipzig-Stadt

Das KreisG Leipzig-Stadt schlussfolgerte aus den Ausführungen, dass die Abwicklungsentscheidung ein Verwaltungsakt gewesen sei. Es führte aus, dass die Abwicklung einen hoheitlichen Eingriff in die Berufsfreiheit aus Art. 12 GG statuiert und damit Außenwirkung erzeugt habe.[342] Des Weiteren stützte sich das Gericht auch auf den Wortlaut der sog. Warteschleifenentscheidung des BVerfG. Dort hieß es:

„Die Verfahrensfragen brauchten im Einigungsvertrag nicht besonders geregelt zu werden, zumal das Verwaltungsverfahrensgesetz mit dem Beitritt in Kraft gesetzt worden ist [...]."[343]

Der Verwendung des Wortes „zumal" kam nach der Überzeugung des KreisG Leipzig-Stadt eine entscheidende Bedeutung zu. Es sei mit „vor allem da", „besonders weil", bzw. „um so mehr, als" gleichzusetzen.[344] Daher hätte es sich nicht nur um einen beispielhaften Verweis des BVerfG gehandelt. Vielmehr sei durch die Wortwahl „zumal" offenbart worden, dass mit der Abwicklungsentscheidung nach Art 13 Abs. 1 Satz 4 EinigungsV ein Verwaltungsverfahren nach § 9 VwVfG vorgelegen habe.[345]

2. Überwiegend ablehnende Haltung gegenüber der Annahme eines Verwaltungsakts

Der überwiegende Teil der Rechtsprechung vertrat indes eine andere Auffassung, wie etwa das ArbG Berlin in seinem Urteil vom 20.06.1991. Trotz des Hinweises des BVerfG auf das VwVfG, lehnte das Gericht dessen Anwendbarkeit ab. Es argumentierte, dass das VwVfG nach § 9 VwVfG Verwaltungshandeln voraussetzt, ein solches aber gerade nicht vorgelegen habe.[346] Des Weiteren verwies das Gericht darauf, dass das BVerfG an keiner Stelle seines Urteils die Abwicklungsentscheidung als Verwaltungsakt qualifizierte. Auch das LAG Berlin betonte die fehlende Bindungswirkung nach § 31 BVerfGG und lehnte die Ausführungen des BVerfG ab.[347] Es hätte keine verfassungskonforme Auslegung des Art. 13 Abs. 1 Satz 4 EinigungsV durch das BVerfG vorgelegen. Daher hätte die Ablehnung eines Verwaltungsakts auch keine Verfassungswidrigkeit nach sich gezogen.

---

[342] KreisG Leipzig-Stadt, Urt. v. 12.06.1991 – I K 31/91, LKV 1992, 143, 144.

[343] BVerfG, Urt. v. 24.04.1991 – 1 BvR 1341/90, NJW 1991, 1667, 1669 unter C. III. 3. b).

[344] So einschließlich der Zitate KreisG Leipzig-Stadt, Urt. v. 29.01.1992 – I K 218/91, LKV 1993, 101, 103.

[345] So einschließlich des Zitats KreisG Leipzig-Stadt, Urt. v. 29.01.1992 – I K 218/91, LKV 1993, 101, 103.

[346] ArbG Berlin, Urt. v. 20.06.1991 – 98 Ca 9794/90, LKV 1992, 100, 102.

[347] LAG Berlin, Urt. v. 18.11.1991 – 12 Sa 44/91, NZA 1992, 361, 363.

Auch das OVG Berlin interpretierte den Verweis des BVerfG auf die Vorschriften des VwVfG, speziell auf die §§ 41, 43 VwVfG nicht dahingehend, dass die Abwicklungsentscheidung zwingend als Verwaltungsakt einzustufen war.[348] Der Verweis auf die §§ 41, 43 VwVfG sei nach Überzeugung des Gerichts nur beispielhaft erfolgt.[349] Das BVerfG habe damit hervorheben wollen, dass die allgemein geltenden Verfahrensgesetze Rechtsschutz gewährleisteten und die Aufnahme besonderer Verfahrensvorschriften deshalb nicht notwendig gewesen seien. Im Übrigen seien diesbezügliche Ausführungen des BVerfG ohnehin „obiter dictum", also ohne Bindungswirkung, gewesen.

Das BVerwG vertrat zwar die Auffassung, dass das BVerfG die Abwicklungsentscheidung als Verwaltungsakt einstufte[350], lehnte diesen Standpunkt aber ab. Es verwies auf § 31 Abs. 1 BVerfGG und hielt die Ausführungen des BVerfG hinsichtlich der Abwicklungsentscheidung für unverbindlich.[351]

3. Auffassungen in der zeitgenössischen Literatur

Wie bereits unter § 7 D. II.[352] dargestellt, interpretierte der überwiegende Teil der zeitgenössischen Literatur die Ausführungen des BVerfG als Verwaltungsakt.[353] Eine Ausnahme hiervon bildete die Auffassung von Günther. Dieser interpretierte den Verweis des BVerfG dahingehend, dass das VwVfG zur Anwendung gekommen wäre, wenn der Hoheitsakt als Verwaltungsakt eingestuft werden müsste.[354] Mit dem Verweis auf das VwVfG hätte das BVerfG aber keine eigenständige Qualifizierung der Abwicklungsentscheidung vorgenommen.

F. Zwischenergebnis

Insgesamt ist festzuhalten, dass die Rechtsnatur der Entscheidung aufgrund von Art. 13 Abs. 1 Satz 4 EinigungsV sowohl in der Rechtsprechung als auch in der zeitgenössischen Literatur heftig umstritten war. Vom Februar bis zum Juni 1991 schienen die zeitgenössische Literatur und die Rechtsprechung die Abwicklungsentscheidung mit Einschränkungen übereinstimmend als Verwaltungsakt zu qualifizieren. Nähere Ausführungen zur Außenwirkung erfolgten dabei nicht. Auch Argumente aus der juristischen Methodenlehre wurden in diesem Zusammenhang nicht berücksichtigt. Ab Juni 1991 zeichnete sich sodann eine Kehrtwende in der

---

[348] OVG Berlin, Beschl. 02.12.1991 – 4 S 36/91, LKV 1992, 97.

[349] OVG Berlin, Beschl. 02.12.1991 – 4 S 36/91, LKV 1992, 97.

[350] BVerwG, Urt. v. 12.06.1992 – 7 C 5/92, LKV 1992, 375, 377.

[351] BVerwG, Urt. v. 12.06.1992 – 7 C 5/92, LKV 1992, 375, 377.

[352] S. 115.

[353] Etwa *Denhard*, NJ 1991, 295 ff. oder *Hauck-Scholz*, LKV 1991, 225 ff.

[354] *Günther*, DÖD 1991, Ausgabe 10, 221, 222, 223.

Rechtsprechung ab, als die ersten Entscheidungen der Arbeitsgerichte veröffentlicht wurden. Diese stellten sich der bis dato herrschenden Rechtsauffassung der Verwaltungsgerichte entgegen und qualifizierten Art. 13 Abs. 1 Satz 4 EinigungsV als Organisationsmaßnahme ohne Außenwirkung.

Auffällig ist dabei, dass die Gerichte bei ihrer Beurteilung nunmehr die teleologische Auslegung des Art. 13 Abs. 1 Satz 4 EinigungsV und die Wortlautauslegung in den Vordergrund stellten. Das Kernargument dieses Meinungslagers lag darin, dass die Abwicklungsentscheidung keine Regelungswirkung entfalte, weil das Ruhen der Arbeitsverhältnisse eine unmittelbare Folge der Anlagen zum EinigungsV gewesen sei. Dieser Ansicht schloss sich das OVG Berlin mit Beschluss vom 02.12. 1991 als erstes Verwaltungsgericht an. Knapp zwei Monate später lehnte das KreisG Leipzig-Stadt mit Urteil vom 29.01.1992 diese Rechtsauffassung wieder ab und qualifizierte die Abwicklungsentscheidung auch weiterhin als Verwaltungsakt. Schließlich entschied das BVerwG am 12.06.1992, dass eine Abwicklungsentscheidung gemäß Art. 13 Abs. 1 Satz 4 EinigungsV als reine Organisationsmaßnahme einzustufen war. Als Kernargument nannte es das öffentliche und finanzielle Interesse an der Umstrukturierung der (Teil-)Einrichtungen der ehemaligen DDR. Dieser Rechtsauffassung schloss sich auch das BAG an.

Das Warteschleifenurteil des BVerfG konnte keinen Konsens bezüglich der Rechtsnatur des Art. 13 Abs. 1 Satz 4 EinigungsV herstellen. Der überwiegende Teil der Rechtsprechung leitete daraus ab, die Abwicklungsentscheidung nicht als Verwaltungsakt zu qualifizieren und betonte im Übrigen, dass den Ausführungen des BVerfG keine Bindungswirkungen zukäme. Die Mehrheit der zeitgenössischen Literatur hingegen wollte aus dem Urteil des BVerfG die Qualifikation als Verwaltungsakt herauslesen. Wie in den nachfolgenden Abschnitten zu zeigen sein wird, eröffnete diese Rechtsunsicherheit eine Vielzahl an juristischen Fragen, mit denen sich die Rechtsprechung und die betroffenen (Teil-)Einrichtungen und ihre Angestellten auseinanderzusetzen hatten.

§ 8 Die Tatbestandsvoraussetzungen für die Auflösung wissenschaftlicher Einrichtungen

Nachdem im vorangegangenen Abschnitt die Rechtsnatur der Abwicklungsentscheidung behandelt wurde, werden vorliegend die Tatbestandsvoraussetzungen des Art. 13 Abs. 1 Satz 4 EinigungsV unter Berücksichtigung der Rechtsprechung und der zeitgenössischen Literatur gewürdigt. Wie bereits erläutert, fehlten im EinigungsV detaillierte Verfahrensvorschriften. Sie fanden sich lediglich an einzelnen Stellen in den Anlagen zum EinigungsV.[355] Obwohl Art. 13 Abs. 1 Satz 4 EinigungsV einen zentralen Bereich der ehemaligen DDR abwickelte, nämlich die öf-

---

[355] Etwa die besonderen Bestimmungen zur Abwicklung des Träger der Sozialversicherung in der Anl. I Kap. VIII Sachg. F Abschn. II Nr. 1 zum EinigungsV.

fentliche Verwaltung[356], wurden die Tatbestandsvoraussetzungen und Verfahrensvorschriften weder im EinigungsV noch in seinen Anlagen geregelt. Bei den folgenden Ausführungen werden rechtliche Besonderheiten im Hinblick auf die Abwicklung wissenschaftlicher Einrichtungen besonders angesprochen.

Zunächst wird unter § 8 A. dargestellt, weshalb Hochschuleinrichtungen als (Teil-)Einrichtungen i.S.v. Art. 13 Abs. 1 Satz 4 EinigungsV galten. Anschließend wird unter § 8 B. der Funktionswegfall der Einrichtungen als konstitutives Merkmal des Art. 13 Abs. 1 Satz 4 EinigungsV behandelt, bevor unter § 8 C. Abgrenzungsfragen der Abwicklung zur Überführung erörtert werden.

A. Einrichtung im Sinne des Art. 13 Abs. 1 Satz 1 EinigungsV

I. Einrichtungen bzw. Teileinrichtungen im Sinne des Art. 13 Abs. 1 EinigungsV im Allgemeinen

Art. 13 Abs. 1 Satz 4 EinigungsV machte „Verwaltungsorgane und sonstige der öffentlichen Verwaltung oder der Rechtspflege dienende Einrichtungen" zum Gegenstand der Abwicklung. Das BVerfG stellte dabei klar, dass der Begriff der Einrichtung nicht mit „Behörde" gleichzustellen war.[357] Der Begriff der öffentlichen Verwaltung im Sinne des Art. 13 EinigungsV habe nicht nur unmittelbare Einrichtungen der Staatsverwaltung, sondern auch solche der mittelbaren Staatsverwaltung erfasst.[358] Dies hätte sich aus der Denkschrift zum EinigungsV ergeben, wo es hieß:

> „Der Begriff Einrichtung ist umfassend zu verstehen. Neben den Einrichtungen der Rechtspflege gehören zu ihnen nicht nur Verwaltungseinrichtungen, wie sie auch in der Bundesrepublik in vergleichbarer Weise vorhanden sind. […]."[359]

Mit anderen Worten sei eine Einrichtung nach dem EinigungsV ein „organisatorisch selbstständiges und abgrenzbares Verwaltungsorgan im weitesten, umfassendsten Sinne […], welches mit Hilfe personeller und sachlicher Mittel bestimmte arbeitstechnische Zwecke aus dem Zuständigkeitsbereich seines Verwaltungsträgers fortgesetzt" wahrnahm.[360] Analog habe selbiges für die Teileinrichtung gegolten, die nach ihrem Sinn und Zweck austauschbar gewesen sei.

Der Einrichtungsbegriff des Art. 13 Abs. 1 Satz 4 EinigungsV unterschied sich damit von seiner Vorbildnorm des Art. 130 Abs. 1 GG. Auch dort wurde der Ein-

---

[356] Sofern keine speziellere Regelung vorgeht, wie etwa Art. 26 EinigungsV.

[357] BVerfG, Urt. v. 24.04.1991 – 1 BvR 1341/90, NJW 1991, 1667.

[358] VG Berlin, Beschl. v. 20.02.1991 – 7 A 25/91, LKV 1991, 174, 175; OVG Berlin, Beschl. v. 24.06.1991 – 8 S 79/91, LKV 1991, 343, 344; *Stern/Schmidt-Bleibtreu*, Einigungsvertrag und Wahlvertrag, S.138.

[359] Deutscher Bundestag, Denkschrift zum Einigungsvertrag, Drs. 11/7760, 355, 362 unter Kap. V, abgerufen am 15.08.17 unter: http://dip21.bundestag.de/dip21/btd/11/077/1107760.pdf.

[360] ArbG Berlin, Urt. v. 20.06.1991 – 98 Ca9794/90, LKV 1992, 100, 104 m.w.N.

richtungsbegriff zwar sehr weit gefasst und bezog sich auf „jede behördliche Organisation von gewisser Selbständigkeit".[361] Nach Art. 130 Abs. 3 GG unterstanden allerdings „nicht landesunmittelbare [...] Körperschaften und Anstalten des öffentlichen Rechts [...] der Aufsicht der zuständigen Bundesbehörde". Daraus folgte, dass Art. 130 Abs. 1 GG nur die landesunmittelbare Staatsverwaltung umfasste.[362]

Der Einrichtungsbegriff bezog sich nur auf solche Einrichtungen, die in der Trägerschaft des Zentralstaats standen.[363] Eine Ausnahme bildeten Einrichtungen mit „länderübergreifendem Wirkungskreis". Für diese sahen die Art. 13 Abs. 1 Satz 2 EinigungsV und Art. 14 Abs. 1 EinigungsV besondere Regelungen vor. Daneben erfasste Art. 13 Abs. 3 Nr. 1 EinigungsV auch Einrichtungen der Kultur und des Sports sowie nach Art. 13 Abs. 3 Nr. 2 EinigungsV solche des Hörfunks und des Fernsehens. Ausgeklammert wurden vom Einrichtungsbegriff des Art. 13 EinigungsV die Deutschen Reichsbahn bzw. die Deutsche Post.[364] Deren „Sondervermögen" wurde in den Art. 26 EinigungsV und Art. 27 EinigungsV gesondert abgewickelt. Daraus folgte im Umkehrschluss, dass diese Einrichtungen nicht von Art. 13 Abs. 1 Satz 4 EinigungsV angesprochen wurden.[365]

II. Die Hochschuleinrichtungen
als abwicklungsfähige (Teil-)Einrichtungen

Nach Art. 13 Abs. 3 Nr. 1 Var. 3 EinigungsV zählten auch wissenschaftliche Einrichtungen zu den Einrichtungen im Sinne von Art. 13 Abs. 1 und Abs. 2 EinigungsV, deren Rechtsträger die öffentliche Verwaltung war. Die Hochschulen der ehemaligen DDR hatten zwar die Rechtsform einer eigenständigen juristischen Person, vgl. § 1 Abs. 3 Hochschul-VO (DDR). Nach § 1 Abs. 3 Hochschul-VO (DDR) waren die Hochschulen jedoch dem Ministerium für Hoch- und Fachschulwesen, also der öffentlichen Verwaltung, unterstellt. Damit handelte es sich um einen Fall der mittelbaren Staatsverwaltung. Wie bereits erwähnt, erfasste der Einrichtungsbegriff auch die mittelbare Staatsverwaltung. Daher fielen auch die Hochschuleinrichtungen in den Anwendungsbereich des Art. 13 Abs. 3 Nr. 1 Var. 3 EinigungsV.[366] Abwicklungsfähig waren nach Auffassung der Arbeitsgruppe „Einigungsvertrag" des Hochschulausschusses der Kultusministerkonferenz auch die Teileinrichtungen der Hochschulen:

---

[361] So einschließlich des Zitats *Klein*, in: Maunz/Dürig, Art. 130 GG, Rn. 7; *Wolter*, ZTR 1991, Ausgabe 7, 273, 282.

[362] *Klein*, in: Maunz/Dürig, Art. 130 GG, Rn. 7.

[363] *Wolter*, ZTR 1991, Ausgabe 7, 273, 282.

[364] *Wolter*, ZTR 1991, Ausgabe 7, 273, 282.

[365] *Wolter*, ZTR 1991, Ausgabe 7, 273, 282.

[366] Ebenso OVG Berlin, Beschl. v. 06.06.1991 – 8 S 76/91, LKV 1991, 269, 270; OVG Berlin, Beschl. v. 24.06.1991 – 8 S 79/91, LKV 1991, 343, 344.

„Ist im Einzelfall die Abwicklung einer gesamten Wissenschaftseinrichtung nicht erforderlich, so kann die Abwicklung eines Teils der Einrichtung in Betracht gezogen werden. Dies ist rechtlich zulässig, sofern der abzuwickelnde Teil der Einrichtung in seinen Aufgaben sowie seinem personellen und sachlichen Bestand von der Einrichtung im übrigen abgegrenzt werden kann."[367]

III. Zwischenergebnis

Insgesamt ist festzuhalten, dass bezüglich der Begriffsbestimmung der überführungsfähigen (Teil-)Einrichtung des Art. 13 Abs. 1 Satz 4 EinigungsV überwiegend Einigkeit bestand.[368] Art. 13 EinigungsV umfasste nach dem Willen der Vertragsparteien sowohl die unmittelbare als auch die mittelbare Staatsverwaltung. Daher konnten auch die in der ehemaligen DDR juristisch selbständigen Hochschulen hierunter subsumiert werden. Dies unterschied Art. 13 EinigungsV wesentlich von seiner Vorbildnorm des Art. 130 GG, der ausschließlich auf die unmittelbare Staatsverwaltung anwendbar war. Nach der Rechtsprechung waren auch die Sektionen der Hochschulen als Teileinrichtung zu qualifizieren, da ihnen nach den §§ 20 ff. Hochschul-VO (DDR) sowie den „Richtlinien zur Leitung der Sektionen" Eigenständigkeit zukam. Die zeitgenössische Literatur äußerte sich dazu nicht ausdrücklich. In der Gesamtwürdigung schienen die zeitgenössische Literatur und die Rechtsprechung aber dieselbe Rechtsauffassung zu haben.

B. Der Funktionswegfall als Voraussetzung der juristischen Auflösung

Art. 13 EinigungsV regelte weder die Tatbestandsvoraussetzungen noch die Verfahrensvorschriften zur rechtmäßigen Auflösung. Der vorliegende Abschnitt arbeitet deshalb heraus, welche Voraussetzungen die Rechtsprechung und Literatur aus Art. 13 Abs. 1 Satz 4 EinigungsV ableiteten.

Grundlegende Einigkeit bestand darin, dass die juristische Auflösung den Wegfall der Aufgaben der (Teil-)Einrichtung voraussetzte.[369] Die Existenzberechtigung bestand so lange fort, wie die Einrichtung die ihr zugeordnete Funktion wahrnahm. Sobald die Einrichtung „nicht mehr benötigt"[370] wurde und infolgedessen ihre

---

[367] Arbeitsgruppe „Einigungsvertrag", Empfehlungsentwurf v. 26.10.1990, S. 4, in: Ergebnisvermerk der Kultusministerkonferenz v. 30.10.1990, in: LASA, L 2, Nr. 651.

[368] Zur Begriffsbestimmung des „Unterstehens" äußert sich z.B. *Wolter*, ZTR 1991, Ausgabe 7, 273, 282 unter 2.

[369] Etwa OVG Berlin, Beschl. v. 06.06.1991 – 8 S 76/91, LKV 1991, 269, 1. Leitsatz.

[370] BVerfG, Urt. v. 24.04.1991 – 1 BvR 1341/90, NJW 1667, 1669.

Funktion entfiel, löste sich nach Auffassung der Rechtsprechung auch ihre Existenzberechtigung auf.[371]

Mit dem Kriterium des Aufgabenwegfalls befasste sich vor allem das KreisG Gera-Stadt. Demnach sei die Benötigung einer Einrichtung davon abhängig gewesen, welche Aufgaben von ihr zu erfüllen waren. Dabei habe es sich um Aufgaben handeln müssen, die zum gegenwärtigen Zeitpunkt an- oder in unmittelbarer Zukunft bevor gestanden hätten.[372] Die Aufgaben hätten „über einen längeren Zeitraum andauern" müssen, andernfalls sei die Aufrechterhaltung der Einrichtung wegen der verursachten Kosten nicht gerechtfertigt.[373] Neben den vorhandenen Aufgaben habe die Einrichtung auch die Kapazitäten besitzen müssen, die Aufgaben erfüllen zu können. Hierbei sei den Mitarbeitern im Hinblick auf deren „Erfahrung und fachliche Kompetenz" eine tragende Rolle zugekommen.[374] Denkbar sei gewesen, dass eine (Teil-)Einrichtung vor Wirksamwerden des Beitritts in der Öffentlichkeit maßgeblich durch das Verhalten oder durch die Tätigkeiten der Arbeitnehmer geprägt gewesen sei. Wenn infolge deren Entlassung ein irreversibler „Ansehensverlust" eingetreten sei, so hätte die Einrichtung abgewickelt werden können.[375] Ein weiterer Fall der Abwicklung habe vorgelegen, wenn die Einrichtung mit anderen, nicht ausgelasteten Einrichtungen zusammengelegt werden konnte. Denkbar sei der Aufgabenwegfall auch gewesen, wenn Einrichtungen aufgrund neu geschaffener oder geänderter Strukturen der Landesverwaltung nicht mehr benötigt wurden. Hinsichtlich der Entscheidung, ob im konkreten Fall Bedarf an einer Einrichtung bestand, wurde der Landesregierung ein weiter Ermessensspielraum zugestanden.[376]

Zum Teil gab es in den Landesregierungen im Vorfeld der Abwicklungsentscheidungen noch Unklarheiten bezüglich des Anknüpfungspunktes der Abwicklung wissenschaftlicher Einrichtungen. So stand beispielsweise die Frage im Raum, ob der Aufgabenwegfall allein nach dem Fachinhalt beurteilt werden durfte. In Sachsen-Anhalt wies etwa der damalige Regierungsdirektor auf folgendes hin:

„Nach den mir [...] übermittelten Informationen soll die Abwicklungsentscheidung ausschließlich anhand des Kriteriums erfolgen, ob die Fachinhalte der jeweiligen Organisationseinheit in der Zukunft brauchbar sind oder nicht. [...]. Hierzu ist folgendes einzubringen: [...] Problematisch ist es, geeignete organisatorische Anknüpfungspunkte zu finden. Das Problem ergibt sich daraus, daß die Abwicklungsentscheidung als organisatorische Entscheidung in Organisationseinheiten anknüpfen muß. Da das o.g. Kriterium jedoch fach-

---

[371] OVG Berlin, Beschl. v. 06.06.1991 – 8 S 76/91, LKV 1991, 269, 272.

[372] KreisG Gera-Stadt, Urt. v. 23.05.1991 – 1 D 41/90, LKV 1991, 274, 277.

[373] So einschließlich des Zitats KreisG Gera-Stadt, Urt. v. 23.05.1991 – 1 D 41/90, LKV 1991, 274, 277. Was das Gericht unter dieser Zeitangabe genau versteht, wird nicht ersichtlich.

[374] So einschließlich des Zitats KreisG Gera-Stadt, Urt. v. 23.05.1991 – 1 D 41/90, LKV 1991, 274, 277. Das Gericht konkretisiert diese Angaben nicht weiter.

[375] So einschließlich des Zitats KreisG Gera-Stadt, Urt. v. 23.05.1991 – 1 D 41/90, LKV 1991, 274, 277.

[376] KreisG Gera-Stadt, Urt. v. 23.05.1991 – 1 D 41/90, LKV 1991, 274, 277.

licher Natur ist, können Differenzen zwischen fachlicher Ausrichtung und Organisationseinheit bestehen."[377]

Im Folgenden wird daher untersucht, wie die Rechtsprechung den Aufgabenwegfall jeweils ausgelegte.

I. Die extensive Auslegung des Begriffs „Funktionswegfall" im Fall der Neugründung nach Auflösung

Eine in der Praxis häufig vorgefundene Verfahrensweise bestand in der Auflösung der jeweiligen Hochschuleinrichtungen mit dem Ziel, diese im Anschluss neu zu gründen. Dies hatte verfahrenstechnisch den Vorteil, dass die Arbeitsverhältnisse der Wissenschaftler nicht gekündigt werden mussten, sondern diese kraft Gesetzes ruhten und beendet wurden und die Landesregierung bei der Neugründung an keine ehemaligen Rechtsverhältnisse mehr gebunden war. Im Falle der juristischen Überführung hätten die Arbeitsverhältnisse aber durch gerichtlich angreifbare Kündigungserklärung beendet werden müssen. Da es sich hierbei de facto weder um eine Fortführung noch um eine Auflösung handelte, wurde diese Vorgehensweise oft als „dritter Weg" oder als „modifizierte Fortführung" bezeichnet.[378]

1. Auffassung des VG Berlin

Das VG Berlin befasste sich als erstes Gericht mit dieser Rechtsfrage. Die Gesamtberliner Landesregierung hatte u. a. den Fachbereich Rechtswissenschaft und das Institut Philosophie der Humboldt-Universität zu Berlin zur Abwicklung freigegeben. Anschließend hatte es u. a. den neuen Fachbereich „Staatswissenschaften" und „Philosophie und Sozialwissenschaften" gegründet. Den Arbeitnehmern war übergangshalber ein befristetes Beschäftigungsangebot gemacht worden.[379]

Das VG Berlin erachtete die Auflösung der Teileinrichtungen mit dem Ziel der Neugründung als einen mit Art. 13 Abs. 1 Satz 4 EinigungsV rechtskonformen Weg. Diese „personelle und strukturelle Prägung durch die marxistisch-leninistische Diktatur" in den jeweiligen Teileinrichtungen habe demnach ein solches Vorgehen gerechtfertigt.[380] Der EinigungsV war nach Auffassung des VG Berlin nicht dahingehend auszulegen, dass in einem solchen Fall nur die Überführung mit an-

---

[377] Brief des Regierungsdirektors *Kehler* an „Herrn Minister" mit dem Betreff „Abwicklung wissenschaftlicher Einrichtungen" vom 10.12.1990, S. 1, in: LASA, L 2, Nr. 651. Nicht zu entnehmen ist, ob mit „Herrn Minister" der Wissenschaftsminister oder der Ministerpräsident gemeint war. Da sich der Brief allerdings auf die Vorbereitung der Kabinettssitzung bezog, ist wohl vom Ministerpräsidenten auszugehen.

[378] Etwa vom OVG Berlin, Beschl. v. 24.06.1991 – 8 S 79/91, LKV 1991, 343, 345.

[379] VG Berlin, Beschl. v. 20.02.1991 – 7 A 25/91, LKV 1991, 173.

[380] So einschließlich des Zitats VG Berlin, Beschl. v. 20.02.1991 – 7 A 25/91, LKV 1991, 173, 175.

schließenden Einzelkündigungen zulässig war. Ein solcher Weg sei aufgrund des zeitlichen Mehraufwands nicht verhältnismäßig gewesen. Aufgrund der „gravierenden Ideologiebelastung [der abzuwickelnden Hochschuleinrichtung]" sei die Maßnahme geeignet gewesen, das Ziel einer funktionierenden rechtsstaatlichen öffentlichen Verwaltung zu erreichen. Die hierbei entstandenen, nachteiligen arbeitsrechtlichen Folgen für die Beschäftigten seien von den Vertragsparteien durchaus bedacht worden.[381] In dieselbe Richtung argumentierte das KreisG Halle. Die Neubildung der (Teil-)Einrichtung sei eine wesentliche Änderung gewesen, die eine Überführung ausgeschlossen habe. Die neugebildete Einrichtung sei „tatsächlich wie rechtlich ein aliud" zu der ehemaligen Sektion gewesen. Im Gegensatz zur abgewickelten (Teil-)Einrichtung habe sich das Ausbildungsniveau nunmehr an den Anforderungen des Art. 5 Abs. 3 Satz 1, 2 GG orientiert.[382]

2. Kritik

Diese Rechtsauffassung war jedoch teilweise scharfer Kritik ausgesetzt und wurde als „scheinbare" Abwicklung bzw. als „Mißbrauchsfall" bezeichnet.[383] Beispielsweise bemängelte Will[384]:

„Zerschlagen und Neugründen – vielleicht auch aus den Trümmern des Alten – war beabsichtigt. Nicht Vergangenheit wurde aufgearbeitet, sondern Zukunft schnell organisiert. Wie immer im deutschen Einigungs-prozeß [sic!] wurde Schnelligkeit zum obersten Wert erklärt."[385]

Auch Pasternack[386] kritisierte den Vorgang der Abwicklung:

„Das Merkwürdigste an den Abwicklungen zahlreicher Institute und Bereiche an den ostdeutschen Hochschulen zum 2.1.1991 […] war die Art der Neugründung der betroffenen

---

[381] So einschließlich des Zitats VG Berlin, Beschl. v. 20.02.1991 – 7 A 25/91, LKV 1991, 173, 175.

[382] KreisG Halle, Beschl. vom 13.02.1991 – 2 VG B 6/91, S. 10, in: LASA, L 2, Nr. 653; KreisG Halle, Beschl. v. 25.02.1991 – 2 VG B 10/91, LKV 1991, 273.

[383] Etwa *Däubler*, NJ 1991, 233, 235.

[384] Die Verfasserin wurde am 25.08.1949 geboren und war vor Eintritt in den Ruhestand am 01.10.2014 ordentliche Professorin für Öffentliches Recht, Staatslehre und Rechtstheorie im Fachbereich Rechtswissenschaft der Humboldt-Universität zu Berlin. Das Studium der Rechtswissenschaften an derselben Universität erfolgte 1969–1973. 1977 erfolgte die Promotion und 1983 die Habilitation. Sie ist seit 1994 Mitglied der SPD.

[385] *Will*, Die Humboldt-Universität im vereinigten Berlin, die hochschule ost, 10/91, S. 19.

[386] Der Autor wurde 1963 geboren und ist seit 2004 Direktor des Instituts für Hochschulforschung an der Universität Halle-Wittenberg. Er studierte bis 1994 Politikwissenschaften an der Universität Leipzig. Von 1989 bis 1993 war er u.a. Studentensprecher der Universität Leipzig und war Kritiker der Abwicklungsvorgänge an der Universität. 1998 promovierte er im Fachbereich Pädagogik an der Carl von Ossietzky-Universität Oldenburg. 2005 habilitierte er an der Universität Kassel im Fachbereich Gesellschaftswissenschaften. Von 2002 bis 2003 fungierte er als Staatssekretär für Wissenschaft und Forschung im Senat von Berlin.

Fachbereiche. Lediglich eine „logische Sekunde" lang sollten die Einrichtungen nicht bestehen, um hernach sofort wieder aus dem altlastgesättigten Grund hervorzugehen […]."[387]

Ähnliche Kritik äußerte auch der Deutsche Hochschulverband in einer Pressemitteilung:

„Als einen ,Akt der Kulturbarberei' bezeichnete Schiedmaier [der damalige Präsident des Deutschen Hochschulverbandes] allerdings eine Abwicklung, die ohne strukturelle und personelle Perspektive vorgenommen werde. Mit Sorge sei zu beobachten, daß einige Landesregierungen den Eindruck erweckten, ,vorsichtshalber' und ohne konkrete Vorstellung über eine Neugründung von Instituten, Fachbereichen oder Hochschulen abzuwickeln."[388]

3. Stellungnahme

Die genannten Kritikpunkte übersahen allerdings, dass die Schnelligkeit der Wiedervereinigung keinen Selbstzweck verfolgte, sondern der massiven Staatsverschuldung der ehemaligen DDR entgegenwirken sollte. Vor diesem Hintergrund darf nicht vernachlässigt werden, welche erheblichen finanziellen Belastungen der jeweilige Landeshaushalt der neu gegründeten Bundesländer hätte tragen müssen, wenn die Einrichtungen noch lange fortbestanden hätten. Darüber hinaus war die ideologische Belastung weiter Teile der geisteswissenschaftlichen (Teil-)Einrichtungen offensichtlich und wurde auch von der DDR-Delegation in der Gemeinsamen Bildungskommission nicht bestritten. Die oben genannte Kritik suggerierte außerdem, dass eine Aufarbeitung der Vergangenheit nachrangig war. Dieser Vorwurf ist aus heutiger Sicht nicht mehr haltbar und beispielsweise durch die Existenz der Bundesstiftung zur Aufarbeitung der SED-Diktatur widerlegt.[389] Vor allem wird ausgeblendet, dass eine Abwanderung der Studenten an die westdeutschen Universitäten zu befürchten war, wenn sich ihnen keine Perspektive auf eine solide wissenschaftliche Ausbildung bot. Möglicherweise hatte aber die Kultusministerkonferenz mit ihrer Empfehlung, von der Abwicklung „vorsorglich Gebrauch" zu machen, selbst den entscheidenden Impuls gegeben.

II. Enge Auslegung des Funktionswegfalls

Nicht jede Landesregierung folgte einer flächendeckenden, undifferenzierten Abwicklung der Hochschullandschaft. So erinnert sich Hans Joachim Meyer, der

---

[387] *Pasternack*, Gründer-Zeit in Leipzig Miszellen, in: Muszynski, Wissenschaftstransfer in Deutschland. Erfahrungen und Perspektiven bei der Integration der gesamtdeutschen Forschungslandschaft, 1993, S. 273.

[388] Deutscher Hochschulverband, Presseinformation vom 18.12.1990, in: LASA, L 2, Nr. 651.

[389] https://www.bundesstiftung-aufarbeitung.de.

nach der Wiedervereinigung das Amt des Staatsministers für Wissenschaft und Kunst in Sachsen bekleidete, wie folgt:

> „Wohl gemerkt, ich habe mich stets darum bemüht, bei der Abwicklung zu differenzieren. Selbst bei der Abwicklung des Marxismus-Leninismus Sektion in Leipzig, habe ich den Bereich Logik herausgenommen. Ich habe beispielsweise auch nicht das Fach Geschichte pauschal abgewickelt, sondern lediglich die Geschichte der UdSSR oder die Geschichte der Arbeiterbewegung.“[390]

Auch in der Rechtsprechung sah sich das VG Berlin zunehmend einer anderen Auffassung gegenüber. Einschneidend war hierbei das Warteschleifenurteil des BVerfG, dementsprechend „eine Überleitung auf den anderen Hoheitsträger nicht als Auflösung verstanden werden“ konnte, „wenn die Einrichtung tatsächlich erhalten“ blieb.[391] Damit vertrat das BVerfG eine enge Auslegung des Funktionswegfalls. Das OVG Berlin schloss sich dieser Sichtweise schließlich an und nahm an, dass nur eine enge Auslegung des Funktionswegfalls im Sinne der Vertragsparteien gewesen sei.[392] Falls allein die Änderung der Aufgabe und der Struktur der neuzugründenden Einrichtung zur Auflösung ausgereicht hätte, so das OVG Berlin, wäre die Beendigung der Arbeitsverhältnisse kraft der einschlägigen Anlage zum EinigungsV der Regelfall gewesen. Dies sei aber nicht das „erwartete faktische Neuordnungsresultat“ gewesen.[393] Die Auflösung mit dem Ziel der anschließenden Neugründung der Fachbereiche sei nicht vom EinigungsV gedeckt gewesen. Insbesondere seien die Aufgaben der betroffenen Fachbereiche nicht weggefallen. Die Ideologiebelastung habe zu keinem Wegfall der Funktionseinheit geführt und damit auch zu keiner juristischen Auflösung. Dies habe auch für den Fall der Änderung des Lehrinhalts und der Neuausrichtung der Forschungsschwerpunkte des jeweiligen Fachbereichs gegolten. Allein der personelle Wechsel infolge der ideologischen Belastung führte nach Auffassung des Gerichts nicht zum Wegfall der Funktionseinheit. Daher kam das OVG Berlin zum Ergebnis, dass die Funktionen der oben genannten Fachbereiche erhalten geblieben waren.[394]

Die enge Auslegung des Funktionswegfalls setzte sich in der Rechtsprechung durch. Auch die zeitgenössische Literatur schloss sich dieser Auslegung an.[395] Der Funktionswegfall nach Art. 13 Abs. 1 Satz 4 EinigungsV war demnach eng auszulegen. Nur vereinzelt wurde die Anwendbarkeit der genannten Grundsätze des

[390] *Teymouri*, Interview mit Meyer v. 09.05.2018.

[391] BVerfG, Urt. v. 24.04.1991 – 1 BvR 1341/90, NJW 1991, 1667, 1668 unter C. III. 3. b.

[392] OVG Berlin, Beschl. v. 06.06.1991 – 8 S 76/91, LKV 1991, 269, 272; OVG Berlin, KV 1991, 343, 345; *Bath*, NVwZ-Beil. 2001, 27, 29; zur Besprechung der Entscheidung: *Fink*, Ist die Abwicklung von Hochschuleinrichtungen in den neuen Bundesländern gescheitert?, MittHV, Nr. 4/91, S. 204 ff.

[393] So einschließlich des Zitats OVG Berlin, Beschl. v. 06.06.1991 – 8 S 76/91, LKV 1991, 269, 272; OVG Berlin, Beschl. v. 24.06.1991 – 8 S 79/91, LKV 1991, 343, 345.

[394] OVG Berlin, Beschl. v. 06.06.1991 – 8 S 76/91, LKV 1991, 269, 272.

[395] Etwa *Däubler*, NJ 1991, 233, 235.

BVerfG auf Hochschuleinrichtungen angezweifelt.[396] Nach der Entscheidung des OVG Berlin wurde teilweise die Frage aufgeworfen, ob die Hochschulabwicklung in den neuen Ländern gescheitert war.[397]

III. Stellungnahme

Die enge Auslegung des Funktionswegfalls ist meiner Auffassung nach kritisch zu betrachten. Es erscheint nicht besonders überzeugend, die Ideologiebelastung der (Teil-)Einrichtung nicht als Aufgabenwegfall zu werten. Wie in § 4 A.[398] dargestellt, war die Aufgabe und Funktion der Universitäten und Hochschulen in der ehemaligen DDR klar vorgegeben. In diesem Zusammenhang sei nochmals auf § 52 Abs. 1 BildG-DDR verwiesen:

> „Die Universitäten und Hochschulen der Deutschen Demokratischen Republik haben wissenschaftlich hochqualifizierte und sozialistisch bewußte Persönlichkeiten zu bilden und zu erziehen, die fähig und bereit sind, den Prozeß der immer tieferen Durchdringung der Produktion, der Kultur und aller anderen Bereiche der sozialistischen Gesellschaft mit den neuesten Erkenntnissen der Wissenschaft bewußt zu gestalten und verantwortliche Tätigkeiten zu übernehmen."

Die Ausbildung an der Universität bzw. Hochschule hatte demnach das Ziel der Ausbildung einer „sozialistischen Persönlichkeit" und gerade nicht die Ausbildung einer individuellen Persönlichkeit auf Grundlage freiheitlich-demokratischer Grundwerte. Wie bereits erläutert, konnte kritisches Denken oder eine eigenständige Haltung das Karriereende bedeuten. Daher war die Grundsäule der Wissenschaftsfreiheit, nämlich die Freiheit der Forschung, zumindest im Hinblick auf weite Teile der Geisteswissenschaften, in der ehemaligen DDR nicht vorhanden. Ein auf Grundlage des Marxismus-Leninismus ausgebildeter Jurist deutete die Gesetze logischerweise fundamental anders als ein Jurist, dem die freiheitlich-demokratische Grundordnung als oberstes Prinzip vermittelt wurde. Diese beiden Aufgaben waren inkongruent, weswegen die Funktion der Teileinrichtung der ehemaligen DDR mit Beitritt zum Geltungsbereich des Grundgesetzes wegfiel und nicht mehr benötigt wurde.

---

[396] *Tüffers*, Das Ende der „Abwicklung"?, MittHV 3/91, ohne weitere Nachweise.

[397] Etwa *Fink*, Ist die Abwicklung von Hochschuleinrichtungen in den neuen Bundesländern gescheitert?, MittHV, Nr. 4/91, S. 204 ff.

[398] S. 51 ff.

C. Zur Abgrenzung von Auflösung, Überführung und vorläufiger Fortsetzung

Im Folgenden werden unter § 8 C. I. bis § 8 C. IV. ausgewählte Entscheidungen der Rechtsprechung dargestellt, die sich mit der Abgrenzung von Auflösung, Überführung und vorläufiger Fortsetzung befassen.

I. Vorläufige Fortführung einer Einrichtung mit dem Ziel ihrer Auflösung

Wie bereits erläutert, löste die Landesregierung in einigen Fällen die Hochschuleinrichtungen formal auf, um sie anschließend auf einen anderen Rechtsträger überzuleiten. Häufig wurde der Studienbetrieb aber nicht sofort beendet, sondern zunächst einige Monate fortgeführt, bevor die (Teil-)Einrichtung abgewickelt wurde. Dies war zumindest nach Auffassung der Arbeitsgruppe „Einigungsvertrag" des Hochschulausschusses der Kultusministerkonferenz ein rechtskonformer Weg. So führte sie in ihrem später beschlossenen Empfehlungsentwurf aus:

> „Je nach Erfordernissen der Hochschulplanung eines Landes können ungeachtet der Abwicklungsentscheidung Hochschulaufgaben mit Hilfe der vorhandenen räumlichen und personellen Kapazitäten zeitweise oder auf Dauer weiter erfüllt werden. Soweit eine übergangsweise Fortführung der Aufgaben einer abzuwickelnden Einrichtung erforderlich ist (z. B. befristete Aufrechterhaltung des Lehrbetriebs einer Hochschule) können mit den dafür geeigneten Arbeitnehmern der Einrichtung zeitlich befristete Arbeitsverhältnisse eingegangen werden."[399]

Wie die Diskussionen im Landtag von Sachsen-Anhalt offenbaren, spielte die Sicherung des Studienabschlusses trotz Abwicklung eine zentrale Rolle und war einer der Hauptanliegen der betroffenen Studenten.[400] Darauf basierend beschloss der Landtag am 31.01.1991, die Regierung zu beauftragen, die studentische Ausbildung zu sichern.[401] Auch in Sachsen erließ der Wissenschaftsminister Hans Joachim Meyer zur Umsetzung der Abwicklungsentscheidung einen Erlaß zur Weiterführung des zur Abwicklung freigegebenen Studienbetriebes.[402]

---

[399] Arbeitsgruppe „Einigungsvertrag", Kultusministerkonferenz Empfehlungsentwurf v. 26.10.1990, S. 4, in: Ergebnisvermerk der Kultusministerkonferenz v. 30.10.1990, in: LASA, L 2, Nr. 651.

[400] Rede von *Sobetzko* vor dem Landtag von Sachsen-Anhalt am 20.12.1990, Plenarprotokoll 1/6, 20.12.1990, S. 177, in: Privatbesitz von Werner Sobetzko.

[401] Beschluss vom 31.01.1991 des Landtages von Sachsen-Anhalt, Drs. 1/08/129 B, in: Privatbesitz von Werner Sobetzko.

[402] Sächsisches Staatsministerium für Wissenschaft, Erlass vom 09.01.1991 zur Umsetzung der Beschlüsse der sächsischen Staatsregierung vom 11.12.1990 und vom 07.01.1991 über die Abwicklung von Einrichtungen an Universitäten und Hochschulen, Regelung 1.1., in: Reader zur Abwicklung, Teil II.

Daran anknüpfend entbrannte ein Rechtsstreit, ob in dieser vorläufigen Fortführung des Studienbetriebs eine Überführung erblickt werden konnte, die eine Abwicklung ausschloss. Mit dieser Frage beschäftigte sich das BAG im Rahmen der Abwicklung der HfÖ.[403] Nach Rechtsauffassung des Gerichts war in der vorläufigen Fortsetzung der Einrichtung mit dem Ziel ihrer Auflösung noch keine Überführung zu sehen. In diesem Zusammenhang führte es zunächst aus, dass eine Überführung vorausgesetzt habe, dass die jeweilige Einrichtung bzw. Teileinrichtung vom zuständigen Entscheidungsträger ohne Vornahme von Veränderungen fortgeführt wurde.[404] Die Überführung habe nicht nur temporär erfolgen dürfen, sondern habe „eine auf Dauer angelegte Fortsetzung der Verwaltungstätigkeit" vorausgesetzt.[405] Daher habe eine Fortführung mit dem Ziel ihrer Auflösung keine Überführung nach Art. 13 Abs. 1 Satz 4 EinigungsV bewirkt.[406] Wenn die (Teil-)Einrichtung nur vorübergehend fortgeführt wurde, fehlte nach Auffassung des BAG das Kriterium der Dauerhaftigkeit. Die Fortführung der HfÖ bis zum 30.09.1991 habe gerade keine Überführung, sondern eine „geregelte Abwicklung" ermöglichen sollen.[407] Dies sei unter anderem am sofortigen Ausschluss der Neueinschreibungen an der HfÖ erkennbar gewesen. Der Eintritt der Auflösung an einem bestimmten Datum, wie etwa das Semesterende oder das Ende des Studienjahres, habe auch nicht im Widerspruch zum Abwicklungsbeschluss gestanden. Daher könne im konkreten Fall nicht von Überführung gesprochen werden.[408] Diese Rechtsauffassung setzte sich in der Rechtsprechung durch.[409]

Der Abwicklungsentscheidung nach Art. 13 Abs. 1 Satz 4 EinigungsV stand demnach einer temporären Fortführung der (Teil-)Einrichtung mit dem Ziel der Abwicklung nicht entgegen. Offen blieb, ob die vom BAG angesprochene „geregelte Abwicklung" bestimmte Kriterien erfüllen musste, ob beispielsweise der Zeitpunkt des Eintritts der Auflösung in Relation zum angestrebten Ziel, wie etwa dem Ablauf des Studienjahres, stehen musste.[410]

---

[403] Zum Sachverhalt: § 5 A. II., S. 74.

[404] BAG, Urt. v. 28.01.1993 – 8 AZR 169/92, NZA 1993, 1037, 1. Leitsatz; BAG, Urt. v. 23.09.1993 – 8 AZR 268/92, NZA 1994, 881, 882.

[405] So einschließlich des Urteils BAG, Urt. v. 23.09.1993 – 8 AZR 268/92, NZA 1994, 881, 882.

[406] BAG, Urt. v. 28.01.1993 – 8 AZR 169/92, NZA 1993, 1037, 1038.

[407] BAG, Urt. v. 23.09.1993 – 8 AZR 268/92, NZA 1994, 881, 882; so auch OVG Berlin, Beschl. v. 24.06.1991 – 8 S 79/91, LKV 1991, 343, 345, das v. einer „schonenden Abwicklung" sprach.

[408] Zur Rechtmäßigkeit der Schließung eines Studiengangs mit dem Ziel des Ausschlusses bestimmter Studenten v. der Hochschule VG Berlin, LKV 1991, 346 ff.

[409] Etwa OVG Berlin, Beschl. v. 24.06.1991 – 8 S 79/91, LKV 1991, 343, 345, das die vorläufige Fortführung als Form der „schonende[n] Abwicklung" bezeichnete; ebenso BAG, Urt. v. 15.12.1994 – 8 AZR 23/93, BeckRS 9998, 151795.

[410] Zur selben Problematik hinsichtlich der Abwicklung des Meteorologischen Dienst der DDR BAG, Urt. v. 28.01.1993 – 8 AZR 169/92, NZA 1993, 1037.

II. Wesentliche inhaltliche Änderung von Forschung und Lehre

Weiter stellte sich die Frage, ob die wesentliche inhaltliche Änderung von Forschung und Lehre zum Aufgabenwegfall der ehemaligen (Teil-)Einrichtung führte. So wurden in der Praxis ehemalige Hochschuleinrichtungen mit einem neuen Lehrangebot ausgestattet und fortgeführt. Offiziell wurde aber die Abwicklung der alten (Teil-)Einrichtung bekanntgegeben. In einem Briefwechsel äußerte sich ein Professor der Sektion Wirtschaftswissenschaften der MLU gegenüber dem Rektor der Universität wie folgt:

> „Das […] [BVerfG] stellt eindeutig fest: ‚Die Abwicklung einer Einrichtung setzt ihre Auflösung voraus' und bedeutet ‚so viel wie ordnungsgemäße Beendigung'. Sie wissen, daß das für die Sektion Wirtschaftswissenschaften de facto nicht der Fall ist. Die Studenten werden nach grundlegend veränderten Stundenplänen und neuen Studieninhalten ausgebildet. Gemeinsam mit Gastkollegen aus den Altbundesländern wurden vielen Kollegen trotz Warteschleife mit Lehrauftrag die Lehraufgaben auch weiterhin erfüllt […].“[411]

Auch die Sektion Philosophie der MLU argumentierte in ihrer Klageschrift vom 21.01.1991, dass die Abwicklung aufgrund der Neustrukturierung keinesfalls rechtskonform gewesen sei. Eine strukturelle Erneuerung sei durch den akademischen Senat mit Zustimmung der Landesregierung auf Grundlage des Landesrechts möglich gewesen. Einer Abwicklung habe es deshalb gar nicht bedurft.[412]

Mit der Frage, ob die wesentliche Änderung von Forschung und Lehre eine Abwicklung darstellte, befasste sich das BAG in seinem Urteil vom 15.12.1994.[413] Der Entscheidung lag die Abwicklung der Sektion Journalistik der Universität Leipzig zu Grunde.[414] Das BAG bejahte die wirksame Abwicklung. Das neue Studienprogramm habe sich wesentlich vom alten Ausbildungsprogramm unterschieden. Dieses sei darauf ausgerichtet gewesen, „die Politik der Partei der Arbeiterklasse und des sozialistischen Staates […] offensiv zu vertreten“.[415] Die Lehre und Forschung hätten kaum eine Rolle gespielt. Ausbildungsziel sei die „Heranbildung“ von Parteifunktionären gewesen.[416] Der Maßstab der neuen Ausbildung habe sich hingegen an Art. 5 GG gemessen und stehe im Kontrast zur alten, ideologischen Ausbildung. Die neuen Leitmotive waren nach Auffassung des BAG das Verständnis einer freien Gesellschaft. Das neue Programm stelle daher keine nur unwesentliche Veränderung dar. Die Aufgaben und die Struktur der ehemaligen Sektion Journa-

---

[411] *N.N.*, Brief eines Professors an den Rektor der Martin-Luther-Universität Halle-Wittenberg vom 15.05.1991, in: Universitätsarchiv Halle-Wittenberg, Rep. 9, Nr. 515.

[412] Klageschrift der Sektion Philosophie der MLU vom 21.01.1991 an das KreisG Magdeburg, S. 5, in: LASA, L 2, Nr. 661.

[413] BAG, Urt. v. 15.12.1994 – 8 AZR 23/93, BeckRS 9998, 151795.

[414] Zum Sachverhalt: § 5 B. II. 2., S. 78.

[415] So einschließlich des Zitats BAG, Urt. v. 15.12.1994 – 8 AZR 23/93, BeckRS 9998, 151795.

[416] So einschließlich des Zitats BAG, Urt. v. 15.12.1994 – 8 AZR 23/93, BeckRS 9998, 151795.

lismus seien weggefallen. Daher habe die wesentliche Änderung der Lehre und Forschung auch zur Abwicklung der Hochschuleinrichtung geführt.

III. Auswirkungen der Privatisierung einer ehemaligen Einrichtung der öffentlichen Verwaltung

Das BAG hatte ferner zu entscheiden, ob die Privatisierung einer ehemals öffentlichen (Teil-)Einrichtung eine Überführung im Sinne des Art. 13 Abs. 1 Satz 4 EinigungsV darstellte.[417] Diese Frage wurde vom Gericht verneint. Vielmehr habe die Übertragung auf einen privaten Rechtsträger das Ausscheiden aus dem öffentlichen Dienst zur Folge gehabt. Das BAG begründete seine Auffassung mit der Nr. 6 des Protokolls zum EinigungsV. Danach sei eine (Teil-)Einrichtung, deren Aufgaben nur bis zum Wirksamwerden des Beitritts von der öffentlichen Verwaltung wahrgenommen wurde, in Abwicklung geraten. Entscheidend sei demnach nicht der Wegfall der Aufgaben gewesen, sondern lediglich, dass diese nicht mehr von der öffentlichen Verwaltung erfüllt wurde. Wie bereits in einer früheren Entscheidung führte das BAG auch hier aus, dass die Fortführung des Tierparkes vom 31.12.1990 bis zum 03.05.1991 lediglich dem Privatisierungsprozess und der damit verbundenen Abwicklung gedient habe.[418]

IV. Übernahme einer Vielzahl von Arbeitnehmern einer abzuwickelnden Einrichtung

Einen weiteren juristischen Streitpunkt bildete die Frage, ob die Übernahme einer Vielzahl von Arbeitnehmern einer abzuwickelnden Einrichtung zu ihrer Überführung führte. Damit befasste sich das LAG Berlin in seinem Urteil vom 18.11.1991 und verneinte eine Überführung. Die Frage der Überführung habe sich „allein nach den realen Verhältnissen und nicht nach der verlautbarten Entscheidung des zuständigen Entscheidungsträgers" bemessen.[419] Vor diesem Hintergrund sei die Anzahl von 480 übernommenen Beschäftigten zwar ein erheblicher Teil gewesen. Eine rein quantitative Betrachtung sei aber nicht gerechtfertigt gewesen. Mit dem Beitritt der DDR seien allen zentralen Bundesministerien zusätzliche Aufgaben erwachsen. Dies habe sich aus der Zuständigkeit für nunmehr 16 anstatt 11 Bundesländer ergeben.[420] Ein solch zusätzlicher Aufwand habe weitere Arbeitskräfte erfordert. Das vorhandene Personal des Bundesministeriums habe diesen zusätzlichen Arbeits-

---

[417] BAG, Urt. v. 27.10.1994 – 8 AZR 687/92, NZA 1995, 735, 736; Ausführungen hierzu auch bei *Bath*, NVwZ-Beil. 2001, 27, 29.

[418] BAG, Urt. v. 27.10.1994 – 8 AZR 687/92, NZA 1995, 735, 736.

[419] So einschließlich des Zitats LAG Berlin, Urt. v. 18.11.1991 – 12 Sa 44/91, NZA 1992, 361, 364.

[420] LAG Berlin, Urt. v. 18.11.1991 – 12 Sa 44/91, NZA 1992, 361, 365.

aufwand nicht alleine kompensieren können. Daher sei die Einstellung von weiterem Personal erforderlich gewesen. Vor dem Hintergrund des Warteschleifenurteils des BVerfG sei es auch geboten gewesen, jenes Personal einzustellen, das seinen Arbeitsplatz durch die Abwicklung verloren hatte.[421] Eine Überführung habe nicht schon deshalb vorgelegen, weil ein „zahlenmäßig erhebliche[r] Anteil […]" der ehemaligen Beschäftigten einer abzuwickelnden (Teil-)Einrichtung der ehemaligen DDR übernommen wurde. Außerdem sei es offensichtlich gewesen, dass mit dem Beitritt der DDR keine zwei Ministerien für Wirtschaft für unterschiedliche Bereiche bestehen konnten.[422] Eine Überführung aufgrund der Übernahme einer Vielzahl von Arbeitnehmern der abzuwickelnden Einrichtung schied nach Rechtsauffassung des BAG also aus.

D. Zwischenergebnis

Damit ist festzuhalten, dass Art. 13 EinigungsV nach Auffassung der Mehrheit der zeitgenössischen Literatur und der Rechtsprechung keine Verpflichtung der Landesregierung zur Überführung oder Abwicklung statuierte. Während die Rechtsprechung den Begriff des Funktionswegfalls zunächst noch weit auslegte, sodass die Abwicklung einer ideologisch belasteter (Teil-)Einrichtung mit dem Ziel der Neugründung als rechtskonformer Weg qualifiziert wurde, stellte das BVerfG in seiner Warteschleifenentscheidung klar, dass die Überleitung auf einen neuen Rechtsträger keine Abwicklung darstellte. Diese Auffassung setzte sich daraufhin in der Rechtsprechung durch. Des Weiteren wurde von der Rechtsprechung klargestellt, dass weder die vorläufige Fortführung der Einrichtung mit dem Ziel ihrer Abwicklung noch die Privatisierung einer ehemals öffentlichen Einrichtung, oder die Übernahme einer Vielzahl von Arbeitnehmern einer abgewickelten (Teil-)Einrichtung ihre Überführung zur Folge hatte.

§ 9 Das Verfahren der Abwicklung

Eine weitere Frage der Abwicklungsentscheidung bildeten die formellen Anforderungen wie beispielsweise das Erfordernis der Bekanntgabe nach § 41 Abs. 1 VwVfG oder die Anhörungspflicht nach § 28 Abs. 1 VwVfG. Wie bereits erläutert, fehlten klare Verfahrensvorschriften[423] oder der entsprechende Verweis im Eini-

---

[421] LAG Berlin, Urt. v. 18.11.1991 – 12 Sa 44/91, NZA 1992, 361, 365.

[422] LAG Berlin, Urt. v. 18.11.1991 – 12 Sa 44/91, NZA 1992, 361, 364.

[423] Z.B. geregelt bei den besonderen Bestimmungen zur Abwicklung des Träger der Sozialversicherung der Anl. I Kap. VIII Sachg. F Abschn. II Nr. 1 zum EinigungsV.

gungsV.[424] Fragen des Verfahrens wurden allerdings immer wieder vor den Gerichten zur Sprache gebracht. Die Vertreter der abzuwickelnden Einrichtungen rügten insbesondere die fehlende Anhörung. So gaben die Vertretungsberechtigten der Sektion Philosophie der MLU im Klageschriftsatz gegen die Abwicklungsentscheidung zu Bedenken:

> „Obwohl für die Entscheidung nicht rechtserheblich, soll doch darauf hingewiesen werden, daß durch den Klagegegner auch das allgemeine Prinzip, Entscheidungen nicht ohne Anhörung der Betroffenen und nach ausreichender Klärung des Sachverhalts zu treffen, gröblichst verletzt wurde."[425]

Auch die wissenschaftlichen und technischen Mitarbeiter der Sektion Staats- und Rechtswissenschaft der Martin-Luther-Universität Halle-Wittenberg bemängelten diesen Umstand in ihrer Erklärung:

> „Da Entscheidungen im Abwicklungsverfahren nicht begründet werden müssen, besteht für den Einzelnen keine Möglichkeit, seine Interessen mit rechtsstaatlichen Mitteln wahrzunehmen. Damit wird die vorgesehene Einzelfallprüfung zur Aufarbeitung der politischen Vergangenheit umgangen. Es wird undifferenzierte Kollektivschuld zugewiesen."[426]

Bei den §§ 28, 41 VwVfG handelte es sich um Vorschriften für den Verwaltungsakt. Wie unter § 7 B., C.[427] beschrieben, vertrat die Rechtsprechung zur Rechtsnatur der Abwicklungsentscheidung unterschiedliche, teilweise gegensätzliche Rechtsauffassungen. Entsprechend wurde die Anwendbarkeit der genannten Vorschriften unterschiedlich beantwortet.

A. Rechtsauffassung der Rechtsprechung, welche den Abwicklungsbescheid nicht als Verwaltungsakt einstufte

Die Rechtsauffassung, die die Einstufung der Abwicklungsentscheidung bezüglich der Einrichtung als interne Organisationsmaßnahme einstufte, lehnte das Erfordernis der Bekanntgabe bei Art. 13 Abs. 1 Satz 4 EinigungsV gegenüber der (Teil-)Einrichtung entsprechend ab.[428] Das VG Berlin argumentierte, dass die Anhörungspflicht nicht der Intention der Vertragsparteien entsprochen habe, da die

---

[424] Etwa der Verweis auf die besonderen Vorschriften über die Abwicklung des Volkseigentums in Anl. I Kap. III Sachg. B Art. 233 § 2 Abs. 2 zum EinigungsV.

[425] Klageschriftsatz der Sektion Philosophie der MLU vom 21.01.1991 an das KreisG Magdeburg, S. 7, in: LASA, L 2, Nr. 661.

[426] Die wissenschaftlichen und technischen Mitarbeiter der Sektion Staats- und Rechtswissenschaft der Martin-Luther-Universität Halle-Wittenberg, Öffentliche Stellungnahme zur Abwicklungsentscheidung der Landesregierung, undatiert, in: LASA, L 2, Nr. 651.

[427] S. 97–102 bzw. S. 102–113.

[428] Etwa BAG, Urt. v 15.10.1992 – 8 AZR 145/92, NZA 1993, 407, 408; ArbG Berlin, Urt. v. 20.06.1991 – 98 Ca9794/90, LKV 1992, 100, 102.

Entscheidung über eine Fortführung der (Teil-)Einrichtung bis zum Wirksamwerden des Beitritts getroffen sein musste.[429]

Eine andere Beurteilung erfolgte bezüglich der Beendigung der Arbeitsverhältnisse der Beschäftigten. So vertrat das BAG aufgrund der eintretenden Ruhensfolgen der Anlage I eine vermittelnde Lösung. Es führte aus, dass die Ruhensfolge der genannten Regelung zwar grundsätzlich kraft Gesetzes und unabhängig von der Bekanntgabe gegenüber dem jeweiligen Arbeitnehmer eingetreten seien.[430] Allerdings habe sich der Arbeitgeber im Verhältnis zum Arbeitnehmer nur ab dem Zeitpunkt der „Bekanntgabe" darauf berufen können.[431] Das BVerwG vertrat dieselbe Rechtsauffassung, verwendete aber nicht den Begriff der Bekanntgabe, sondern den der „Mitteilung über die eintretende Änderung des Arbeitsverhältnisses".[432] Auch das ArbG Berlin führte aus, dass die Mitteilung von „Verfassungs wegen geboten" und nicht als Verwaltungshandlung einzustufen sei.[433] Festzuhalten ist somit, dass Art. 13 Abs. 1 Satz 4 EinigungsV nach dieser Rechtsauffassung zumindest mittelbare Pflichten zur Bekanntgabe gegenüber den Arbeitnehmern entfaltete.

B. Rechtsauffassung der Rechtsprechung, welche den Abwicklungsbescheid als Verwaltungsakt einstufte

Das BVerfG führte in seinem Warteschleifenurteil mit dem Verweis auf das VwVfG zur Bekanntgabepflicht aus:

> „Es ist […] richtig, daß Hoheitsakte erst dann gegenüber dem Bürger Rechtswirkungen entfalten können, wenn sie ihm persönlich oder in ordnungsgemäßer Form öffentlich bekanntgemacht worden sind. Das folgt aus den Prinzipien der Rechtssicherheit und des Vertrauensschutzes, die im Rechtsstaatsgebot des Art. 20 [Abs. 3] GG verankert sind […] und übrigens auch einfachrechtlich festgelegt (vgl. §§ 41, 43 VwVfG)."[434]

Damit schien sich das BVerfG hinsichtlich der Beendigung der Beschäftigungsverhältnisse aufgrund der Abwicklung für das Erfordernis der Bekanntgabe nach § 41 VwVfG auszusprechen. Bekräftigt wurde diese Ansicht durch die Urteilspassage, dass die Form, die Bekanntgabe und das Verfahren der Abwick-

---

[429] VG Berlin, Beschl. v. 20.02.1991 – 7 A 25/91, LKV 1991, 173, 176.

[430] BAG, Urt. v 15.10.1992 – 8 AZR 145/92 NZA 1993, 407, 409.

[431] BAG, Urt. v. 15.10.1992 – 8 AZR 145/92 NZA 1993, 407, 408; LAG Berlin, Urt. v. 18.11.1991 – 12 Sa 44/91, NZA 1992, 361, 4. Leitsatz.

[432] So einschließlich des Zitats BVerwG, Urt. v. 12.06.1992 – 7 C 5/92, LKV 1992, 375, 409.

[433] So einschließlich des Zitats ArbG Berlin, Urt. v. 20.06.1991 – 98 Ca9794/90, LKV 1992, 100, 102, 103.

[434] BVerfG, Urt. v. 24.04.1991 – 1 BvR 1341/90, NJW 1991, 1667, 1669 unter C. III. 3. b).

lungsentscheidung nach Art. 13 Abs. 1 Satz 4 EinigungsV im EinigungsV nicht geregelt werden musste, da das VwVfG Anwendung gefunden hätte.[435]

Auch das KreisG Gera-Stadt und das BezG Erfurt bejahten das generelle Erfordernis der Anhörungs- und der Bekanntgabepflicht im Rahmen von Art. 13 Abs. 1 Satz 4 EinigungsV.[436] Allerdings sei die Anhörungspflicht nach § 28 Abs. 1 Nr. 1 VwVfG in den vorliegenden Sachverhalte entfallen, weil eine sofortige Entscheidung im öffentlichen Interesse gelegen habe. Die Anhörung aller Betroffenen hätte von der zuständigen Landesregierung Thüringen durchgeführt werden müssen. Dies hätte nach Auffassung des Gerichts erhebliche Verzögerungen nach sich gezogen, was nicht im öffentlichen Interesse gewesen sei.

C. „Freiwillige" Anhörung am Beispiel des Landtages von Sachsen-Anhalt

Wie bereits beschrieben, kam die Rechtsprechung einheitlich zum Ergebnis, dass zumindest die abzuwickelnden (Teil-)Einrichtungen nicht angehört werden mussten. Jedoch zeigen Niederschriften des Landtags von Sachsen-Anhalt zum Thema „Abwicklung von Hochschulen", dass Vertreter der Technischen Hochschule Merseburg am 14. Februar im Ausschusses für Wissenschaft, Bildung und Kultur angehört wurden.[437] Angehört wurden Studenten, sowie Vertreter des Mittelbaus und Hochschullehrer.[438] Hintergrund war ein Antrag der CDU gewesen, solche Hochschulen anzuhören deren „Fortführung der Lehre besondere Probleme bereitet".[439] Der Antrag wurde angenommen. Unterlagen wurden jedoch lediglich zur Anhörung der TH Merseburg gefunden.

---

[435] BVerfG, Urt. v. 24.04.1991 – 1 BvR 1341/90, NJW 1991, 1667, 1669 unter C. III. 3. b).

[436] KreisG Gera-Stadt, Urt. v. 23.05.1991 – 1 D 41/90, LKV 1991, 274, 278; BezG Erfurt, Beschl. v. 20.3.1992 – 1 B 8/91, LKV 1993, 274, 275.

[437] Landtag von Sachsen-Anhalt, Verkürzte stenografische Niederschrift zur Anhörung des Ausschusses für Wissenschaft, Bildung und Kultur zum Thema „Abwicklung von Hochschuleinrichtungen" am 14.02.1991 in Merseburg, in: LASA, L 2, Nr. 650.

[438] Landtag von Sachsen-Anhalt, Verkürzte stenografische Niederschrift zur Anhörung des Ausschusses für Wissenschaft, Bildung und Kultur zum Thema „Abwicklung von Hochschuleinrichtungen" am 14.02.1991 in Merseburg, in: LASA, L 2, Nr. 650, 7 ff., 12 ff., 22 ff.

[439] Abgeordneter Bergner in Funktion des Berichterstatters des Ausschusses für Bildung und Wissenschaft, Landtag von Sachsen-Anhalt, Plenarprotokoll 1/8, 31.01.1991, S. 328 r.S., in: Privatbesitz von Werner Sobetzko.

D. Stellungnahme

Wie u. a. in § 7 C. VI.[440] erläutert, kann nicht davon ausgegangen werden, dass die Abwicklungsentscheidung einen Verwaltungsakt darstellte. Daher war die Anwendbarkeit der Verfahrensregeln der §§ 28 VwVfG richtigerweise abzulehnen. Es wäre kaum realisierbar gewesen, eine solche Anhörung aller abzuwickelnden Einrichtungen durchzuführen. Eine solche Anhörungspflicht hätte auch dem Telos des Art. 13 Abs. 1 Satz 4 EinigungsV einer vereinfachten Liquidierungsmöglichkeit widersprochen. Darüber hinaus stellte sich auch die Sinnhaftigkeit einer solchen Anhörungspflicht bezüglich zentralstaatlicher Einrichtungen, die bspw. der Verfolgung politischer Gegner in der DDR dienten und deren Funktion in der freiheitlich-demokratischen Rechtsordnung ohnehin wegfielen. Eine Pflicht zur Anhörung wäre in diesen Fällen eine sinnentleerte Förmelei.

Die Rechtsauffassung des BAG und des BVerwG, dass hinsichtlich der angestellten Arbeitnehmer die Ruhensfolgen zwar kraft Gesetz eintraten, der Arbeitgeber sich hierauf aber erst ab Bekanntgabe gegenüber dem Arbeitnehmer stützen konnte, werte ich ebenfalls kritisch. Zum einen ist eine solche Konstruktion dogmatisch schwierig und nicht nachvollziehbar. Obwohl auf der einen Seite ein Verwaltungsakt abgelehnt wird und infolgedessen auch keine Bekanntgabe erfolgen muss, wird dieser Grundsatz zugleich ausgehebelt, indem dem Arbeitgeber eine Pflicht aufgebürdet wird, dem Arbeitnehmer die eingetretene Rechtslage mitzuteilen, ehe er sich auf die Rechtsfolge des Ruhens des Arbeitsverhältnisses berufen kann. Zweifelsohne ist hierbei von einer arbeitnehmerfreundlichen Rechtsauffassung auszugehen, die den damaligen Umständen zwar gerecht, aber juristisch nicht klar begründet wurde.

E. Zwischenergebnis

Insofern sind für die Formalia zwei Rechtsauffassungen zu erkennen:

Diejenige Rechtsprechung, welche die Abwicklungsentscheidung als innerverwaltungsrechtliche Organisationsverfügung einstufte, lehnte eine direkte Anhörungs- und Bekanntgabepflicht bzgl. Art. 13 Abs. 1 Satz 4 EinigungsV ab. Allerdings bejahte sie eine Mitteilungspflicht hinsichtlich der Ruhensfolgen der Abwicklung gegenüber den betroffenen Arbeitnehmern. Damit bestand zumindest eine mittelbare Pflicht der Bekanntgabe nach Art. 13 Abs. 1 Satz 4 EinigungsV.

Die gegensätzliche Rechtsauffassung, die den Abwicklungsbescheid als Verwaltungsakt im Sinne des § 35 VwVfG einstufte, bejahte konsequent die Bekanntgabepflicht nach § 41 VwVfG. Die generelle Anhörungspflicht nach § 28 VwVfG wurde allerdings wegen § 28 Abs. 1 Nr. 1 VwVfG abgelehnt.

---

[440] S. 110 ff.

§ 10 Eine Untersuchung der Abwicklung unter verfassungsrechtlichen Aspekten

Das Warteschleifenurteil verdeutlichte, dass Art. 13 Abs. 1 Satz 4 EinigungsV nicht nur verwaltungs-, sondern auch verfassungsrechtliche Fragen aufwarf. Der vorliegende Abschnitt beleuchtet deshalb die verfassungsrechtlichen Probleme im Rahmen des Art. 13 Abs. 1 Satz 4 EinigungsV unter Berücksichtigung der Rechtsprechung und der zeitgenössischen Literatur. Dabei werden zunächst Fragen im Zusammenhang der Gesetzgebungskompetenz des Bundes im Rahmen des Art. 13 EinigungsV eruiert (§ 10 A.). Schließlich wird hinsichtlich der Abwicklung der Hochschulen erörtert, inwiefern diese mit der Wissenschaftsfreiheit aus Art. 5 Abs. 3 Satz 1 GG vereinbar war (§ 10 B.).

A. Gesetzgebungskompetenz des Bundes im Rahmen des Art. 13 Abs. 1 Satz 4 EinigungsV

Unter § 6[441] wurde bereits eruiert, ob Art. 13 Abs. 1 Satz 4 EinigungsV auf die Hochschulen der ehemaligen DDR anwendbar war. Hiervon getrennt ist die Frage aufzuwerfen, ob dem Bundesgesetzgeber die Gesetzgebungskompetenz für die in Art. 13 Abs. 1 Satz 4 EinigungsV geregelte Materie zukam. Die Gesetzgebungskompetenz hinsichtlich der Regelung des Hochschulwesens war nach den Art. 30, 70 Abs. 1 GG grundsätzlich den Ländern vorbehalten. Folglich könnte man auf den Gedanken kommen, schon das Zustimmungsgesetz zum EinigungsV sei verfassungswidrig.

I. Bundeskompetenz kraft Natur der Sache

Das VG Berlin befasste sich als erstes Gericht mit dieser Frage und verneinte verfassungsrechtliche Bedenken. Art. 13 Abs. 1 Satz 4 EinigungsV habe die Länder lediglich zu einer Organisationsentscheidung bevollmächtigt.[442] Die Regelung habe nur die Frage des Umfangs einer möglichen Überführung, wie beispielsweise des Personals und der Sachmittel behandelt. Ferner mussten nach Auffassung des Gerichts „über diese Fragen […] unmittelbar im Zusammenhang mit dem Betritt der DDR zur Bundesrepublik Deutschland entschieden werden".[443] Auch das BVerfG bejahte in seinem Warteschleifenurteil die Gesetzgebungskompetenz. Es leitet diese aber aus Art. 23 Satz 2 GG a.F. in Verbindung mit dem Wiedervereinigungsgebot des

---

[441] S. 85 ff.

[442] VG Berlin, Beschl. v. 20.02.1991 – 7 A 25/91, LKV 1991, 173, 175.

[443] VG Berlin, Beschl. v. 20.02.1991 – 7 A 25/91, LKV 1991, 173, 175.

Grundgesetzes ab.[444] Es habe sich um „zwangsläufig verbundene […], unaufschiebbare […] gesetzgeberische […] Aufgaben" gehandelt.[445] Insbesondere wären die Aufgaben mangels funktionierender Gesetzgebungsorgane in den neuen Bundesländern nicht innerhalb angemessener Zeit zu bewältigen gewesen.[446]

II. Neuordnung der Forschungslandschaft als überragend wichtiges Gemeinschaftsgut

Die zeitgenössische Literatur schloss sich dieser Rechtsauffassung an und führte aus, dass die die Neuorganisation des Hochschulwesens eine „nicht aufschiebbare […] Aufgabe" darstellte.[447] Ein „konkurrenzfähige[r] Wissenschaftsstandard […]" sei notwendige Voraussetzung gewesen, um die Bildung in den alten und neuen Bundesländern gleichermaßen zu gewährleisten.[448] Andernfalls wären die Studenten aufgrund der unterschiedlichen Bildungsniveaus an die Hochschulen der alten Bundesländer gewechselt. Auch das BVerfG äußerte sich in seinem Urteil zur Akademie der Wissenschaften der ehemaligen DDR zur Notwendigkeit der Neuorganisation der Forschungslandschaft. Das Urteil befasste sich mit der in Art. 38 Abs. 3 Satz 1 EinigungsV geregelten Befristung der dort beschäftigten Arbeitnehmer. In diesem Zusammenhang hob das BVerfG die Neuordnung der Forschungslandschaft als überragend wichtiges Gemeinschaftsgut hervor und führte aus:

> „Die Voraussetzungen für eine Neuordnung der Forschungslandschaft der ehemaligen DDR mußten im Einigungsvertrag selbst geschaffen werden. Nur so ließ sich sicherstellen, daß die für die Forschungseinrichtungen benötigten Mittel fortlaufend bereitstanden und die Einrichtungen bis zur Entscheidung über ihr Schicksal weiterarbeiten konnte. Daneben mußten unverzüglich die Weichen für die künftige Nutzung der vorhandenen Kapazitäten gestellt werden. Es wäre wirtschaftlich unvertretbar gewesen, dies der weiteren Entwicklung in den seinerzeit noch nicht handlungsfähigen Ländern zu überlassen."[449]

---

[444] BVerfG, Urt. v. 24.04.1991 – 1 BvR 1341/90, NJW 1991, 1667, 1668 unter C. III. 3. a); Art. 23 GG a.F. lautete wie folgt: Dieses Grundgesetz gilt zunächst im Gebiete der Länder Baden, Bayern, Bremen, Groß-Berlin, Hamburg, Hessen, Niedersachsen, Nordrhein-Westfalen, Rheinland-Pfalz, Schleswig-Holstein, Württemberg-Baden und Württemberg-Hohenzollern. In anderen Teilen Deutschlands ist es nach deren Beitritt in Kraft zu setzen.

[445] So einschließlich des Zitats BVerfG, Urt. v. 10.03.1992 – 1 BvR 454/91, NJW 1992, 1373, 1374 unter C. III. 1. b).

[446] BVerfG, Urt. v. 24.04.1991 – 1 BvR 1341/90, NJW 1991, 1667, 1668 unter C. III. 3. a); OVG Berlin, Beschl. v. 24.06.1991 – 8 S 79/91, LKV 1991, 343.

[447] *Fink*, Die Abwicklung v. Hochschuleinrichtungen der ehemaligen DDR und die Auswirkungen auf die Arbeitsverhältnisse der dort beschäftigten Arbeitnehmer, in: Wissenschaftsrecht, Wissenschaftsverwaltung, Wissenschaftsförderung: Zeitschrift für Recht und Verwaltung der wissenschaftlichen Hochschulen und der wissenschaftspflegenden und -fördernden Organisationen und Stiftungen, Bd. 26, 1993, S. 21.

[448] *Fink*, Die Abwicklung v. Hochschuleinrichtungen, in: Wissenschaftsrecht, Bd. 26, 1993, S. 21.

[449] BVerfG, Urt. v. 10.03.1992 – 1 BvR 454/91, NJW 1992, 1373, 1374 unter C. III. 1. b).

III. Stellungnahme

Die dargestellten Auffassungen waren überzeugend, insbesondere erschien die Möglichkeit, die Organisation den neu entstandenen Ländern selbst zu überlassen als finanziell organisatorisch unmöglich. In finanzieller Hinsicht hätten die Länder bis zur Ausarbeitung und Inkrafttreten einer tragfähigen Regelung bezüglich der Hochschulen die Löhne der Angestellten fortzahlen müssen, womit erhebliche finanzielle Belastungen entstanden wären. Die Übertragung der Abwicklungskompetenz auf die Exekutive mit dem Ziel der beschleunigten Neuorganisation der Verwaltungsstrukturen war ein geeignetes Mittel. In wohl keinem anderen Bereich war die zügige Neuordnung von so überragender Bedeutung wie für den Hochschulbereich. Insofern ist Fink beizupflichten, wonach um jeden Preis verhindert werden musste, das Ausbildungsniveau in den neuen Bundesländern qualitativ wesentlich schlechter zu stellen als in den alten Bundesländern. Zu Recht wurde der Wechsel einer erheblichen Anzahl an Studenten von Ost nach West befürchtet. Wäre dieser Zustand eingetreten, wäre er wohl kaum oder nur noch sehr schwer umkehrbar gewesen wäre. Zu groß wäre das Misstrauen in das Ausbildungssystem in den neuen Bundesländern im Verhältnis zu den westdeutschen Hochschulen gewesen. Es hätte womöglich Jahre, wenn nicht Jahrzehnte gedauert, um das Vertrauen der Studenten zurückzugewinnen, die ihre Ausbildung nicht dem Zufall überlassen wollten. Gleichzeitig hätten die Kapazitäten an den westdeutschen Hochschulen aufgrund der erhöhten Studentenzahlen erheblich erweitert werden müssen, was wiederum mit finanziellen Aufwendungen verbunden gewesen wäre. Insofern wurde die Gesetzgebungskompetenz des Bundes in diesem Zusammenhang zu Recht als unaufschiebbare Aufgabe bejaht.

IV. Zwischenergebnis

Nach übereinstimmender Rechtsauffassung der Rechtsprechung und der Literatur kam dem Bund die ungeschriebene Gesetzgebungskompetenz zu, die Abwicklung und Überführung der Hochschulen zu regeln. Entsprechend war die Abwicklung bzw. Auflösungsentscheidung der Hochschulen gem. Art. 13 Abs. 1 Satz 4 EinigungsV nicht dem Landesgesetzgeber vorbehalten.[450]

B. Zur Vereinbarkeit der Abwicklung mit der Wissenschaftsfreiheit aus Art. 5 Abs. 3 Satz 1 GG

Die Abwicklung der Hochschuleinrichtungen warf die Frage der Vereinbarkeit mit Art. 5 Abs. 3 GG auf. Daher wird zunächst in § 10 B. I. beleuchtet, ob insbesondere die Sektionen der Hochschulen der ehemaligen DDR grundrechtsfähig

---

[450] Ebenso OVG Berlin, Beschl. v. 24.06.1991 – 8 S 79/91, LKV 1991, 343, 344.

waren. Anschließend wird unter § 10 B. II. erläutert, ob Art. 5 Abs. 3 Satz 1 GG die Sektionen vor der Abwicklung schützte.

I. Die Frage der Grundrechtsfähigkeit der Sektion

Mit der Frage der Grundrechtsfähigkeit der Sektionen befasste sich das KreisG Halle. Nach dessen Rechtsauffassung waren die Sektionen der Hochschulen der ehemaligen DDR grundsätzlich Träger der Grundrechte, da sie wie Fachbereiche von Universitäten als Gliedkörperschaften qualifiziert werden konnten.[451] Dies habe es gerechtfertigt, die Sektion als Grundrechtsträger i.S.v. Art. 5 Abs. 3 Satz 1 GG anzusprechen. Mit Ausnahme des KreisG Halle hat sich die übrige Rechtsprechung mit dieser Rechtsfrage nicht befasst, sondern nur mit der inhaltlichen Reichweite des Art. 5 Abs. 3 Satz 1 GG.

Die zeitgenössische Literatur behandelte diese Rechtsfrage differenzierter. Fink vertrat die Rechtsauffassung, dass ausschließlich überführte Hochschulen die Rechtsposition aus Art. 5 Abs. 3 Satz 1 GG beanspruchen konnten.[452] Zu diesem Ergebnis gelangte er durch systematische Auslegung der Art. 3, 13, 20 EinigungsV und den Anlagen zum EinigungsV. An die Hochschulen und ihre Mitarbeiter sei ein strengerer Maßstab anzulegen gewesen als bei der übrigen Verwaltung. Ab dem Zeitpunkt der juristischen Überführung sei ein „korrigierender Eingriff des Staates" in die Rechtsposition der Hochschule und ihren Mitarbeitern nur noch unter engen Voraussetzungen möglich gewesen. Ob die jeweilige Einrichtung den Maßstab des Art. 5 Abs. 3 Satz 1 GG erfüllte, so Fink, musste daher sorgfältig geprüft werden. Die Besonderheit der Wissenschaft und Forschung sei auch durch Art. 38 EinigungsV hervorgehoben worden. Nach Art. 38 Abs. 1 Satz 1 EinigungsV bildete Wissenschaft und Forschung eine wichtige Grundlage für Staat und Gesellschaft. Die wissenschaftlichen Einrichtungen seien nach Art. 38 Abs. 1 Satz 2 EinigungsV unter Erhaltung leistungsfähiger Einrichtungen notwendig zu erneuern gewesen. Daher sei es gerechtfertigt gewesen, im Bereich der Wissenschaft und Forschung einen anderen Maßstab anzusetzen als bei der übrigen Verwaltung, zumal in der ehemaligen DDR keine Freiheit von Wissenschaft und Forschung existiert habe.

Diese von Fink geäußerte Auffassung wurde, soweit ersichtlich, weder in der Rechtsprechung, noch in der zeitgenössischen Literatur diskutiert. Die Grundrechtsfähigkeit der Hochschuleinrichtungen wurde ohne Ausführungen vorausgesetzt.

---

[451] KreisG Halle, Beschl. v. 25.02.1991 – 2 VG B 10/91, LKV 1991, 273.

[452] *Fink*, Die Abwicklung v. Hochschuleinrichtungen, in: Wissenschaftsrecht, Bd. 26, 1993, S. 32.

II. Zur inhaltlichen Reichweite des Art. 5 Abs. 3 GG

1. Das Selbstverwaltungsrecht der Universitäten als Ausfluss des Art. 5 Abs. 3 GG

Wie unter § 4 B. II.[453] eruiert, blieb das Selbstverwaltungsrecht der Universitäten nach § 82 Abs. 1 Satz 2 VHO-DDR auch nach Wirksamwerden des Beitritts der DDR in Kraft, vgl. Art. 3 Nr. 33 c) der Vereinbarung-EinigungsV.[454] Umstritten war dabei, ob das Selbstverwaltungsrecht direkt aus Art. 5 Abs. 3 Satz 1 GG oder aus dem jeweiligen Landesgesetz abgeleitet werden sollte. Das BVerfG hat diese Frage offengelassen.[455] Einigkeit bestand jedenfalls darin, dass allein das Selbstverwaltungsrecht die Möglichkeit der Auflösung der Universität nicht ausschloss.[456]

2. Institutionelle Garantie aus Art. 5 Abs. 3 GG?

a) Rechtsposition der Literatur und Rechtsprechung im Allgemeinen

Die Frage, ob Art. 5 Abs. 3 GG den Hochschulen eine institutionelle Garantie einräumt, ist seit jeher, also noch vor Betritt der DDR, eine umstrittene Frage gewesen.[457] Häufig stützten sich die abzuwickelnden Teileinrichtungen der Hochschulen auf einen Verstoß gegen Art. 5 Abs. 3 GG, wie etwa die Sektion Wirtschaftswissenschaften der MLU, die in ihrem Widerspruch vom 22.12.1990 wie folgt argumentierte:

> „Art. 5 Abs. 3 GG gewährleistet die Freiheit von Wissenschaft und Forschung und Lehre. Die pauschale, differenzierungslose Liquidation wissenschaftlicher Disziplinen und ihrer organisatorischer Strukturen ist verfassungswidriger Eingriff in diese Freiheit. [...] Die Abwicklung ist ein Verstoß gegen Art. 5 Abs. 3 GG, weil Wissenschaftlern die Lehre und Forschung untersagt wird, ohne den Nachweis der Untreue zur Verfassung zu führen. Ignoriert wird der eindeutig bekundete Wille zur Erneuerung, der sich in der geleisteten konzeptionellen Arbeit und Lehre manifestiert."[458]

Erhebliche Zweifel an einer institutionellen Garantie für wissenschaftliche Einrichtungen der ehemaligen DDR machte dagegen Erichsen, der darauf hinwies, dass eine solche Garantie eine nachträgliche Änderung der „Wissenschaftsstrukturen"

---

[453] S. 63.

[454] BGBl., Teil II, 1239.

[455] BVerfG, Urt. 29.05.1973 – 1 BvR 424/71 u. 325/72, NJW 1973, 1176, 1177 unter C. III. 1.

[456] KreisG Dresden, Urt. v. 05.06.1991 – 35 D 99/90, LKV 1991, 381, 382 m.w.N.

[457] *Erichsen*, Verfassungsrechtliche Determinanten staatlicher Hochschulpolitik, NVwZ 1990, 8, 9.

[458] Widerspruch der Sektion Wirtschaftswissenschaften der MLU vom 22.12.1990, S. 1, 2, in: LASA, L 2, Nr. 651.

unmöglich mache.[459] Weder der Wortlaut des Art. 5 Abs. 3 GG, noch die historische Auslegung der Wissenschaftsfreiheit ließen auf eine solche Garantie schließen.[460] Eine solche Bestandsgarantie sei im Grundsatzausschuss des Parlamentarischen Rates beraten, aber nicht beschlossen worden. Damit sollte verhindert werden, dass der Staat seine Einwirkungsmöglichkeiten auf die Universitäten verliert.[461] Im Ergebnis gewähre Art. 5 Abs. 3 GG daher keine Bestandsgarantie.[462] Diesbezüglich hatte das BVerfG in seiner Entscheidung vom 29.05.1973 folgendes ausgeführt:

„Die Garantie der Wissenschaftsfreiheit hat […] weder das überlieferte Strukturmodell der deutschen Universität zur Grundlage, noch schreibt sie überhaupt eine bestimmte Organisationsform des Wissenschaftsbetriebs an den Hochschulen vor. Dem Gesetzgeber steht es zu, innerhalb der aufgezeigten Grenzen die Organisation der Hochschulen nach seinem Ermessen zu ordnen und sie den heutigen gesellschaftlichen und wissenschaftssoziologischen Gegebenheiten anzupassen."[463]

Insofern war die oben referierte Ansicht der Sektion Wirtschaftswissenschaften rechtlich nicht haltbar.

b) Rechtsauffassung der Rechtsprechung

Auch die Rechtsprechung sah den Schutzbereich des Art. 5 Abs. 3 GG durch eine Auflösungsentscheidung als nicht berührt an.[464] So führte das BVerfG bspw. in seinem Urteil zur Beendigung der Arbeitsverhältnisse bei der Akademie der Wissenschaften der ehemaligen DDR folgendes aus:

„Gegen die Auflösung ihrer Forschungseinrichtung gewährt ihnen Art. 5 III 1 GG ebenfalls keinen Schutz. Die Aufrechterhaltung der öffentlichen Forschungseinrichtung, bei der ein Forscher arbeitet, fällt nicht in den Schutzbereich seines Individualgrundrechts auf Wissenschaftsfreiheit. Die Organisationsbefugnis des Staates hinsichtlich seiner Einrichtungen wird durch die Grundrechte der dort Tätigen grundsätzlich nicht eingeschränkt."[465]

Auch das VG Berlin vertrat die Rechtsauffassung, den Hochschulen der ehemaligen DDR hätte vor Wirksamwerden des Beitritts keine aus Art. 5 Abs. 3 Satz 1 GG resultierende Rechtsposition zugestanden.[466] Ähnlich wie Fink argu-

---

[459] So einschließlich des Zitats *Erichsen*, Hochschulpolitik, NVwZ 1990, 8, 9.

[460] *Erichsen*, NVwZ 1990, 8, 9; zur historischen Entwicklung BVerfG, Urt. 29.05.1973 – 1 BvR 424/71 u. 325/72, NJW 1973, 1176, 177 ff.

[461] *Erichsen*, NVwZ 1990, 8, 9.

[462] Ebenso *Scholz*, in: Maunz/Dürig, Art. 5 GG, Rn. 135.

[463] BVerfG, Urt. 29.05.1973 – 1 BvR 424/71 u. 325/72, NJW 1973, 1176, 1177 unter C. III.

[464] Allerdings bejahten die Gerichte die Klagebefugnis aufgrund einer möglichen Rechtsverletzung, vgl. etwa BVerfG, Urt. v. 10.03.1992 – 1 BvR 454/91, NJW 1992, 1373 unter B. 2.; KreisG Gera-Stadt, Urt. v. 23.05.1991 – 1 D 41/90, LKV 1991, 274, 275; KreisG Halle, Beschl. vom 13.02.1991 – 2 VG B 6/91, S. 7, 8, in: LASA, L 2, Nr. 653; KreisG Halle, Beschl. v. 25.02.1991 – 2 VG B 10/91, LKV 1991, 273.

[465] BVerfG, Urt. v. 10.03.1992 – 1 BvR 454/91, NJW 1992, 1373, 1376 unter C. III. 1. b).

[466] VG Berlin, Beschl. v. 20.02.1991 – 7 A 25/91, LKV 1991, 173, 175.

mentierte das Gericht, dass nur die überführten Hochschulen Träger dieses Grundrechts werden konnten. Vor einer endgültigen Entscheidung seien die Hochschulen damit stets „mit der Möglichkeit des Wegfalls belastet" gewesen.[467] Des Weiteren habe Art. 5 Abs. 3 Satz 1 GG kein Recht auf den Fortbestand der jeweiligen Hochschulen gewährt. Daher bestanden nach Rechtsauffassung des VG Berlin keine verfassungsrechtlichen Bedenken. Dieser Rechtsauffassung schloss sich das OVG Berlin an.[468]

Im Ergebnis vertrat auch das KreisG Gera-Stadt dieselbe Auffassung, wenn es ausführte, dass weder die Existenz noch die Organisation der Hochschule durch Art. 5 Abs. 3 Satz 1 GG garantiert worden sei.[469] Die Bestandsgarantie auf Grundlage von Art. 5 Abs. 3 Satz 1 GG wurde folglich verneint.[470] In Sachsen spielten verfassungsrechtliche Aspekte im Rahmen der Abwicklungsentscheidung keine Rolle.[471]

III. Stellungnahme

Im Ergebnis überzeugte die Auffassung, dass Art. 5 Abs. 3 Satz 1 GG kein Recht auf institutionellen Fortbestand einräumte. Vorrangig war natürlich die Frage, ob sich die wissenschaftlichen Einrichtungen der ehemaligen DDR überhaupt auf Art. 5 Abs. 3 Satz 1 GG berufen konnten. Hierbei überzeugte der Ansatz von Fink, nur solchen Hochschulen den Schutz von Art. 5 Abs. 3 Satz 1 GG zu gewähren, die überführt worden waren. Wie bereits mehrfach erläutert, hatte in der ehemaligen DDR eine an Art. 5 Abs. 3 Satz 1 GG messbare Wissenschaftsfreiheit nie existiert. Die drei Hochschulreformen formten die Hochschulen zur ideologischen Institution mit dem Ziel der Ausbildung „sozialistischer Persönlichkeiten". Es wäre dem Grundgedanken der in Art. 38 Abs. 1 EinigungsV angestrebten Erneuerung der Wissenschaften zuwidergelaufen, wenn jede ideologisch belastete (Teil-)Einrichtung den Schutz des Art. 5 Abs. 3 Satz 1 GG hätte ersuchen können. In einem solchen Fall hätte dieses Grundrecht seine eigenen Werte leerlaufen lassen. Hans Joachim Meyer führt diesbezüglich folgendes aus:

> „Wir standen damals auf den Standpunkt, dass jenes Personal, das abgewickelt wurde, das Wort der Wissenschaftsfreiheit jedenfalls bis September bzw. Oktober 1989, also vor der friedlichen Revolution in der DDR, nicht in den Mund nahm. (…) Denjenigen, die uns das

---

[467] So einschließlich des Zitats VG Berlin, Beschl. v. 20.02.1991 – 7 A 25/91, LKV 1991, 173, 175.

[468] OVG Berlin, Beschl. v. 06.06.1991 – 8 S 76/91, LKV 1991, 269, 271.

[469] KreisG Gera-Stadt, Urt. v. 23.05.1991 – 1 D 41/90, LKV 1991, 274, 276.

[470] KreisG Halle, Beschl. v. 25.02.1991 – 2 VG B 10/91, LKV 1991, 273, 274; KreisG Halle, Beschl. vom 13.02.1991 – 2 VG B 6/91, S. 7,8, in: LASA, L 2, Nr. 653.

[471] *Teymouri*, Interview mit Meyer v. 09.05.2018.

Argument der Wissenschaftsfreiheit vorgehalten hätten, konnten wir erwidern: Seit wann steht ihr denn für die Wissenschaftsfreiheit ein?"[472]

Aus demselben Grund überzeugte auch nicht die Auffassung des KreisG Halle, wonach die Sektionen in der ehemaligen DDR mit den Fakultäten und Fachbereichen aus der Bundesrepublik Deutschland vergleichbar gewesen seien. Nach § 25 Abs. 1 Hochschul-VO (DDR) war der Direktor der Sektion dem Rektor der Hochschule direkt unterstellt und rechenschaftspflichtig.[473] Vor diesem Hintergrund war die Sektion mit der westdeutschen Fakultät nur schwer vergleichbar. Daher war es insgesamt überzeugend, den abgewickelten, ideologisch belasteten Sektionen keinen Schutz unter Art. 5 Abs. 3 Satz 1 GG zu gewähren.

IV. Zwischenergebnis

Auf dieser Grundlage lassen sich folgende Ergebnisse festhalten.

Die Rechtsprechung und die zeitgenössische Literatur stimmten dahingehend überein, dass dem Bund die Gesetzgebungskompetenz hinsichtlich Art. 13 Abs. 1 Satz 4 EinigungsV zukam. Als Kernargumente wurden dabei die Unaufschiebbarkeit sowie die Erneuerung der Wissenschaft in den neuen Bundesländern genannt.

Die Grundrechtsfähigkeit der Sektionen wurde von der Rechtsprechung mit Ausnahme des KreisG Halle nicht thematisiert. Vielmehr legten die Gerichte den Fokus auf die inhaltliche Reichweite des Art. 5 Abs. 3 Satz 1 GG. Teile der zeitgenössischen Literatur befassten sich hingegen eingehender mit dieser Rechtsfrage und bejahten die Grundrechtsfähigkeit der Sektionen nur im Falle der Überführung nach Art. 13 Abs. 1 Satz 4 EinigungsV. Diese unterschiedlichen Rechtsauffassungen wirkten sich im Ergebnis aber nicht aus. Denn bezüglich der inhaltlichen Reichweite des Art. 5 Abs. 3 Satz 1 GG lehnte die Rechtsprechung eine Bestandsgarantie der Einrichtungen ab. Die Auffassungen überzeugten deshalb, weil die freie Lehre und Forschung aufgrund der drei Hochschulreformen in der ehemaligen DDR faktisch abgeschafft worden waren. Es war ein Widerspruch in sich, dass sich die Sektionen, die kraft Gesetzes zur Ausbildung von „sozialistischen Persönlichkeiten" verpflichtet waren, sich auf die Wissenschaftsfreiheit beriefen. Weite Teile der geisteswissenschaftlichen Ausbildung in der DDR standen der Wissenschaftsfreiheit im Sinne des Art. 5 Abs. 3 Satz 1 GG diametral entgegen.

---

[472] *Teymouri,* Interview mit Meyer v. 09.05.2018.
[473] BezG Magdeburg, Beschl. v. 25.06.1991 – OVG M 6/91, S. 3, in: LASA, L 2, Nr. 652.

C. Zwischenergebnis

Die Ausführungen zeigen, dass Art. 13 Abs. 1 Satz 4 EinigungsV nicht nur die Rechtsprechung und die (Teil-)Einrichtungen vor Schwierigkeiten stellte. Auch die Landesregierungen mussten die Aufgabe bewältigen, einen mit Art. 13 Abs. 1 Satz 4 EinigungsV rechtskonformen Weg der Abwicklung zu finden. Die Abwicklung warf eine Vielzahl komplexer Fragen des Verwaltungs-, Verfahrens- und dem Verfassungsrecht auf, die anfangs weder von der Landesregierung noch von der (Teil-)Einrichtung richtig eingeschätzt wurden. Angesichts der außergewöhnlichen Neuartigkeit der Situation gab es beinahe keinen Bereich innerhalb von Art. 13 Abs. 1 Satz 4 EinigungsV, der nicht umstritten war. Dies fing beim Wortlaut des Art. 13 Abs. 1 Satz 4 EinigungsV an, der offenließ, ob die Vertragsparteien den Begriff der „Abwicklung" bewusst gewählt hatten. Daran schloss sich die Diskussion über die rechtliche Folgerung für die Existenz der (Teil-)Einrichtungen an.

In der Rechtsprechung wurden gegensätzliche Rechtsauffassungen zu Art. 13 Abs. 1 Satz 4 EinigungsV und seinen Tatbestandsvoraussetzungen vertreten. Dies zeigte sich insbesondere bei der Frage der Rechtsnatur (§ 7[474]), von dessen Einstufung zahlreiche andere Fragen, wie etwa die der Bekanntgabepflicht abhingen. Auch das BVerfG hatte diesbezüglich im sog. Warteschleifenurteil keine Klarheit geschaffen.

Ob sich die Vertragsparteien bei der Aushandlung des EinigungsV diesen Rechtsunsicherheiten bewusst waren, lässt sich nicht abschließend beantworten. Verwunderlich ist dies jedenfalls vor dem Hintergrund, dass Art. 13 EinigungsV mit dem Abbau der öffentlichen Verwaltung der ehemaligen DDR einen zentralen Bestandteil der Wiedervereinigung bildete. Andere, weniger zentrale Bereiche wurden hingegen viel detaillierter geregelt. Infolge der Rechtsunsicherheit und den eingehenden Klagen hat sich der Prozess der Wiedervereinigung deutlich verzögert. Damit hat Art. 13 Abs. 1 Satz 4 EinigungsV genau das Gegenteil dessen erzeugt, was es erreichen wollte, nämlich den zügigen Abbau der Verwaltung der ehemaligen DDR.

Erst mit Urteil des BVerwG vom 12.06.1992, also knapp zwei Jahre nach Inkrafttreten des EinigungsV, wurden Fragen der Tatbestandsvoraussetzungen weitgehend beantwortet. Wie aber in § 11 zu zeigen sein wird, waren prozessuale Fragen, wie etwa die Beweis- und Darlegungslast, immer noch nicht geklärt. Daher fokussiert sich das folgende Kapitel auf die prozessualen Fragen der Abwicklung.

---

[474] S. 94 ff.

§ 11 Eine Untersuchung prozessualer Fragen im Rahmen der Abwicklung

Der EinigungsV ließ im Rahmen des Art. 13 Abs. 1 Satz 4 EinigungsV nicht nur die formellen und materiellen Voraussetzungen der Auflösung offen. Auch die prozessualen Abwehrmöglichkeiten gegen die Abwicklungsentscheidung wurden nicht geregelt. Nur vereinzelt wurde im EinigungsV der zuständige Rechtsweg geregelt, wie beispielsweise in § 14 der Nr. 5 der Anl. II Kap. IV I Abschn. I zum EinigungsV, wonach für Streitigkeiten in Kirchensteuersachen der Verwaltungsrechtsweg eröffnet war. Wie im Folgenden zu zeigen sein wird, waren die prozessualen Abwehrmöglichen Gegenstand unterschiedlicher Rechtsauffassungen.

Der Abschnitt teilt sich in zwei Abschnitte. Unter § 11 A. werden zunächst die prozessualen Aspekte der Klageerhebung durch die abzuwickelnde (Teil-)Einrichtung dargestellt. Hierbei wird die statthafte Klageart (§ 11 A. I.) sowie die Klagebefugnis (§ 11 A. II.) und die Beteiligungsfähigkeit (§ 11 A. III.) unter Berücksichtigung der Rechtsprechung und der zeitgenössischen Literatur gewürdigt. Abschnitt § 11 B. behandelt die genannten Aspekte aus Sicht des betroffenen Arbeitnehmers.

A. Klageerhebung durch die abzuwickelnde Einrichtung

I. Zur Frage der statthaften Klageart

1. Entwicklung der Rechtsprechung

a) Analyse des Zeitabschnitts Februar bis Dezember 1991

Die Frage der statthaften Klageart hing unmittelbar davon ab, welche Rechtsnatur Art. 13 Abs. 1 Satz 4 EinigungsV beigemessen wurde.

Entsprechend bejahte das VG Berlin die allgemeine Leistungs- oder Verpflichtungsklage als statthafte Klageart, da Art. 13 Abs. 1 Satz 4 EinigungsV einen Anspruch auf Vollüberführung der Einrichtung eingeräumt habe.[475] Dieser Rechtsauffassung schloss sich das OVG Berlin an, sprach aber nur von der „Verpflichtung […] auf Voll-Überführung".[476] Hierbei wurde nicht ersichtlich, ob es die Leistungs- oder Verpflichtungsklage oder gar beide Klagearten als statthaft ansah.[477] In einer späteren Entscheidung hielt das OVG Berlin an dieser Rechtsauffassung fest, lehnte aber gleichzeitig die Abwicklungsentscheidung in Form eines Verwaltungsakts ab. Im Umkehrschluss hielt es damit auch die Verpflichtungsklage für nicht statthaft, da

---

[475] VG Berlin, Beschl. v. 20.02.1991 – 7 A 25/91, LKV 1991, 173, 174.

[476] OVG Berlin, Beschl. v. 06.06.1991 – 8 S 76/91, LKV 1991, 269.

[477] An dieser Rechtsauffassung hält das OVG Berlin fest, Beschl. v. 02.12.1991 – 4 S 36/91, LKV 1992, 96, 97.

diese auf Erlass eines Verwaltungsakts gerichtet ist. Deshalb kann davon ausgegangen werden, dass das OVG Berlin die Leistungsklage auf Vollüberführung der Einrichtung als statthafte Klageart ansah.

Die Mehrheit der Verwaltungsgerichte bejahte dennoch die Statthaftigkeit der Anfechtungsklage, wie etwa das KreisG Halle.[478] Dabei ließen die Gerichte Ausführungen darüber vermissen, inwieweit den Hochschuleinrichtungen mit der Aufhebung des Abwicklungsbescheids abgeholfen worden wäre.

Das Kreis Gera-Stadt argumentierte, dass die erfolgreiche Anfechtung der Abwicklungsentscheidung zu keiner Überführung geführt hätte. Die Einrichtung, so das Gericht, wäre aber infolge der Anfechtung wieder in den „Schwebezustand" geraten. Die Landesregierung hätte daher erneut über das rechtliche Schicksal der Einrichtung entscheiden müssen. Das Rechtsschutzinteresse lag nach Auffassung des Gerichts deshalb vor, weil die Möglichkeit der Überführung wieder bestanden habe.[479] Auch das KreisG Dresden, das BezG Dresden[480] und das KreisG Leipzig-Stadt[481] bejahten die Anfechtungsklage als statthafte Klageart.

b) Analyse des Zeitraums ab Juni 1992

Mit Ausnahme des OVG Berlin, welches eine Leistungsklage annahm, sprach sich die Mehrheit der Verwaltungsgerichte im Rahmen der Klageerhebung durch die (Teil-)Einrichtung für die Anfechtungsklage aus. Trotzdem stellte sich das BVerwG dieser Rechtsauffassung mit Urteil vom 12.06.1992 entgegen und lehnte die Anfechtungs- und Verpflichtungsklage ab. Die Abwicklungsentscheidung sei eine nicht anfechtbare Organisationsentscheidung gewesen.[482] Darüber habe es sich es sich um kein feststellungsfähiges Rechtsverhältnis gehandelt. Daher sei auch die Feststellungsklage ausgeschieden. Ebenso sei die Leistungsklage nicht statthaft gewesen, da die Landesregierung „bei der Entscheidung über die Abwicklung oder Überführung der Einrichtung [deren] Belange [...] nicht zu beachten hatte".[483]

2. Zwischenergebnis

Das BVerwG als höchste Instanz der Verwaltungsgerichtsbarkeit entschied somit, dass den (Teil-)Einrichtungen keine Abwehrmöglichkeiten vor den Verwaltungsgerichten zustanden.

---

[478] KreisG Halle, Beschl. v. 25.02.1991 – 2 VG B 10/91, LKV 1991, 273.

[479] KreisG Gera-Stadt, Urt. v. 23.05.1991 – 1 D 41/90, LKV 1991, 274, 276.

[480] BezG Dresden, Urt. v. 17.06.1992 – 2 BDB 47/91, LKV 1993, 276.

[481] KreisG Leipzig-Stadt, Urt. v. 12.06.1991 – I K 31/91, LKV 1992, 143.

[482] BVerwG, Urt. v. 12.06.1992 – 7 C 5/92, LKV 1992, 375, 377.

[483] BVerwG, Urt. v. 12.06.1992 – 7 C 5/92, LKV 1992, 375, 377.

II. Zur Klagebefugnis der abzuwickelnden Einrichtung

1. Rechtsposition aus Art. 5 Abs. 3 Satz 1 GG

Die Rechtsprechung bejahte die Klagebefugnis der abzuwickelnden (Teil-)Einrichtung aufgrund einer möglichen Rechtsverletzung aus Art. 5 Abs. 3 Satz 1 GG, auch wenn sie im Ergebnis die institutionelle Garantie aus Art. 5 Abs. 3 Satz 1 GG ablehnte. Hierbei seien auf die Ausführungen in § 10 B. II. 2. b)[484] verwiesen.[485]

2. Selbstverwaltungsrecht der Hochschule bzw. der Sektion

Das KreisG Leipzig-Stadt bejahte die Klagebefugnis aufgrund der möglichen Verletzung des Selbstverwaltungsrechts aus § 82 Abs. 1 Satz 2 VHO-DDR in Verbindung mit Anl. II Kap. XVI Sachg. S Abschn. III c) zum EinigungsV, welches nach Beitritt der DDR wirksam geblieben sei. Dieselbe Rechtsauffassung vertrat das KreisG Dresden.[486]

3. Zwischenergebnis

Insgesamt bejahte die Rechtsprechung die Klagebefugnis der abzuwickelnden Hochschuleinrichtung, wobei sich die Gerichte auf unterschiedliche, mögliche Rechtspositionen stützten. Mehrheitlich wurde das Selbstverwaltungsrecht der (Teil-)Einrichtungen, sowie ein möglicher Anspruch aus Art. 5 Abs. 3 GG hervorgehoben. Wie bereits erläutert, sah das BVerwG bereits den Rechtsweg gegen eine Organisationsentscheidung als nicht eröffnet an. Daher befasste es sich nicht gesondert mit der Klagebefugnis.[487] In der zeitgenössischen Literatur wurde die Klagebefugnis der (Teil-)Einrichtungen kaum erörtert.[488]

III. Zur Beteiligungsfähigkeit

Eine weitere Rechtsfrage im Rahmen der Abwicklung bildete die Beteiligungsfähigkeit im Sinne von § 61 VwGO der Sektionen. Die Beteiligungsfähigkeit um-

---

[484] S. 147.

[485] Das OVG Berlin leitete die Klagebefugnis hingegen aus einer „begünstigenden, nämlich ihre weitere Existenz ermöglichende, Überführungsentscheidung" ab, so einschließlich des Zitats OVG Berlin, Beschl. v. 24.06.1991 – 8 S 79/91, LKV 1991, 343; ebenso OVG Berlin, Beschl. v. 02.12.1991 – 4 S 36/91, LKV 1992, 96, 97.

[486] KreisG Dresden, Urt. v. 05.06.1991 – 35 D 99/90, LKV 1991, 381.

[487] BVerwG, Urt. v. 12.06.1992 – 7 C 5/92, LKV 1992, 375, 376.

[488] Ausnahmen bilden etwa *Fink*, Die Abwicklung v. Hochschuleinrichtungen, in: Wissenschaftsrecht, Bd. 26, 1993, S. 32 oder *Tüffers*, „Abgewickelt" – und was nun?, MittHV, Heft 1, 1991, 20, 21, die der Klagebefugnis tendenziell ablehnend gegenüberstanden.

schreibt allgemein die Fähigkeit, als Kläger, Beklagter, Beigeladener oder als sonstiger Beteiligter an einem „Prozessrechtsverhältnis" im Rahmen eines Verwaltungsgerichtsverfahrens teilzunehmen.[489] Nach § 61 Nr. 2 VwGO sind auch Vereinigungen beteiligungsfähig, soweit ihnen ein Recht zustehen kann. Ob den Sektionen bzw. Fachbereichen der Hochschulen der ehemaligen DDR ein Recht zustehen konnte, war Gegenstand unterschiedlicher Meinungen.

1. Rechtliche Stellung der Sektionen und der Fachbereiche der Hochschulen der ehemaligen DDR

a) Qualifikation als eigenständige Gliedkörperschaft durch das KreisG Halle

Die Rechtsprechung setzte sich anfänglich kaum mit dieser Frage auseinander.[490] Das KreisG Gera-Stadt erwähnte die Beteiligungsfähigkeit der Sektion als erstes Gericht und stufte sie als Vereinigung ein, der möglicherweise ein Recht aus Art. 5 Abs. 3 GG zustand.[491]

Das KreisG Halle befasste sich hingegen intensiv mit der Beteiligungsfähigkeit der Sektion Marxistisch-leninistischen Philosophie der Martin-Luther-Universität Halle. Es lehnte die Beteiligungsfähigkeit nach § 61 Nr. 1 Alt. 2 VwGO ab, da die Sektion keine juristische Person gewesen sei.[492] Juristische Person sei nach dem Recht der ehemaligen DDR ausschließlich die Universität als Körperschaft des öffentlichen Rechts gemäß § 82 Abs. 1 Satz 1 VHO-DDR gewesen. Die Vorschrift habe nach Art. 9 Abs. 1 EinigungsV auch nach Inkrafttreten des Beitritts der DDR als Landesrecht fortgegolten. Im Übrigen habe die VHO-DDR keine Vorschrift enthalten, welche der Sektion eigene Rechtspersönlichkeit zugesprochen hätte.[493]

Die Beteiligungsfähigkeit ergab sich nach Auffassung des Gerichts dagegen aus § 61 Nr. 2 VwGO, wonach Vereinigungen beteiligungsfähig waren, soweit ihnen ein Recht zustehen konnte. Hierfür habe es ausgereicht, wenn das Recht zumindest nicht nach jeder möglichen Betrachtungsweise offensichtlich und von vornherein ausgeschlossen sei. Die Sektion sei in der ehemaligen DDR ein selbstständig organisierter Teil mit eigenen Rechten und Pflichten im Bereich der Forschung und Lehre gewesen. Damit sei die Sektion, ähnlich wie die Fachbereiche der Universitäten in der Bundesrepublik Deutschland, als Gliedkörperschaften einzustufen gewesen.[494]

---

[489] *Kintz*, in: Posser/Wolff, Beck'cher Onlinekommentar zum VwGO, 44. Ed., § 61 Rn. 1.

[490] Etwa VG Berlin, Beschl. v. 20.02.1991 – 7 A 25/91, LKV 1991, 173 ff.; KreisG Dresden, Urt. v. 05.06.1991 – 35 D 99/90, LKV 1991, 381 ff.; KreisG Leipzig-Stadt, Urt. v. 12.06.1991 – I K 31/91, LKV 1992, 143 ff., die allesamt die Zulässigkeit bejahen.

[491] KreisG Gera-Stadt, Urt. v. 23.05.1991 – 1 D 41/90, LKV 1991, 274, 275.

[492] KreisG Halle, Beschl. v. 25.02.1991 – 2 VG B 10/91, LKV 1991, 273.

[493] KreisG Halle, Beschl. v. 25.02.1991 – 2 VG B 10/91, LKV 1991, 273.

[494] KreisG Halle, Beschl. v. 25.02.1991 – 2 VG B 10/91, LKV 1991, 273.

Daher sei ihr auf dem Gebiet der Lehre und Forschung die Stellung eines Rechts-subjekts zugekommen.[495] Aus diesem Grund sei eine Trägerschaft der Wissen-schaftsfreiheit aus Art. 5 Abs. 3 Satz 1 GG zumindest nicht auszuschließen gewesen. Dies habe im Ergebnis zur Annahme einer Teilrechtsfähigkeit der Sektion nach § 61 Nr. 2 VwGO geführt. Dem könne auch der Abwicklungsbeschluss der Landesre-gierung nicht entgegenstehen, da in dem Verfahren dessen Rechtmäßigkeit erst geprüft wurde.[496]

b) Qualifikation als unselbständige Einheit durch das BezG Magdeburg

Die gegenteilige Rechtsauffassung vertrat das BezG Magdeburg als höhere In-stanz. Die Sektion sei zwar als Vereinigung im Sinne des § 61 Nr. 2 VwGO zu qualifizieren gewesen. Beteiligungsfähigkeit habe aber vorausgesetzt, dass der Vereinigung „eigene gerichtlich verfolgbare Rechte zustehen [konnten]".[497] Entge-gen der Auffassung des KreisG Halle seien diese Rechte „voraussichtlich" weder aus Art. 5 Abs. 3 GG, noch aus dem Hochschulrahmengesetz („HRG")[498] oder aus dem Hochschulrecht der ehemaligen DDR abzuleiten gewesen. Die Sektion sei gerade kein selbstständig organisierter Teil einer Fakultät gewesen. Nach der Hochschul-VO (DDR) seien den Sektionen keine eigenen Rechte verliehen worden. Vielmehr sei die Sektion nach dieser Verordnung eine „organisatorische Untergliederung der Hochschule" gewesen. Dies sei durch § 25 Abs. 1 Hochschul-VO (DDR) verdeut-licht worden, wonach der Direktor der Sektion dem Rektor der Hochschule direkt unterstellt und rechenschaftspflichtig gewesen sei.[499] Daraus folgerte das BezG Magdeburg, dass der Sektion keine eigenen subjektiven Rechte aus der Hochschul-VO (DDR) zugekommen sei.

2. Rechtliche Stellung der Fachbereiche der Hochschule der ehemaligen DDR

Mit der Beteiligungsfähigkeit des Fachbereichs Erziehungswissenschaft der Pädagogischen Hochschule Erfurt/Mühlhausen hat sich das KreisG Erfurt ausein-andergesetzt. Nach der Überzeugung des Gerichts sei der Fachbereich als Vereini-gung nach § 61 Nr. 2 VwGO zu qualifizieren gewesen, der subjektive Rechte aus Art. 5 Abs. 3 GG zustehen konnte.[500] Der Fachbereich sei Glied der Hochschule Erfurt/Mühlhausen gewesen, welche rechtsfähige Körperschaft des öffentlichen

---

[495] Vgl. zur Grundrechtsfähigkeit der Sektion die Ausführungen unter § 10 B I.

[496] KreisG Halle, Beschl. v. 25.02.1991 – 2 VG B 10/91, LKV 1991, 273.

[497] So einschließlich des Zitats BezG Magdeburg, Beschl. vom 25.06.1991 – OVG M 6/91, S. 2, 3, in: LASA, L 2, Nr. 652.

[498] Hochschulrahmengesetz v. 26.01.1976, BGBl., Teil I, S. 185.

[499] BezG Magdeburg, Beschl. v. 25.06.1991 – OVG M 6/91, S. 3, in: LASA, L 2, Nr. 652.

[500] KreisG Erfurt, Urt. v. 15.08.1991 – 16 D 74/91, NJ 1991, 562, 563.

Rechts gewesen sei. Mit Inkrafttreten des Grundgesetzes in den neuen Bundesländern habe die Hochschule Erfurt/Mühlhausen die freie Forschung und Lehre gemäß
Art. 5 Abs. 3 GG garantiert. Daher sei dem Fachbereich als Glied der Hochschule
subjektive Rechte zugekommen.[501]

3. Zwischenergebnis

Festzuhalten bleibt damit, dass die Rechtsprechung die Beteiligtenfähigkeit der
Sektionen und Fachbereiche vereinzelt erörterte, und zu unterschiedlichen Ergebnissen kam. Maßgeblich wurde analysiert, ob die Sektionen der ehemaligen DDR mit
einem Fachbereich der Bundesrepublik Deutschland vergleichbar waren. Zweifel
wurden deshalb angemeldet, weil die Sektionen nach der damals geltenden Verordnung keine freie Einrichtung, sondern eine weisungsgebundene Dienststelle
waren. Trotzdem wurde die Beteiligungsfähigkeit der Sektionen mehrheitlich nach
§ 61 Nr. 2 VwGO bejaht. Der Großteil der Rechtsprechung griff diese Rechtsfrage
allerdings nicht auf.

IV. Stellungnahme

Vor dem Hintergrund der Ausführungen der vorangegangenen Abschnitte vermag
die Auffassung, Klagen gegen die Abwicklungsentscheidung für zulässig zu erklären, nicht zu überzeugen. Zum einen konnte die Anfechtungsklage nicht statthaft
sein, da die Abwicklungsentscheidung keinen Verwaltungsakt darstellte. In jedem
Fall war die Klagebefugnis nicht gegeben, da die Möglichkeit der Verletzung subjektiver Rechte von vornherein ausgeschlossen war. Die Gerichte, die ein solches
Recht aus Art. 5 Abs. 3 Satz 1 GG herleiteten, ließen nicht erkennen, inwiefern die
Hochschuleinrichtungen, denen vor der Wiedervereinigung die Wissenschaftsfreiheit fremd war, sich plötzlich mit Beitritt zum Geltungsgebiet des Grundgesetzes auf
dieses Grundrecht berufen konnten. Ebenso wenig konnte ein Recht aus § 82 Abs. 1
Satz 2 VHO-DDR zur Klagebefugnis führen. So betont Hans Joachim Meyer, der als
damaliger Bildungsminister der DDR für die Verordnung verantwortlich war, dass er
bei der VHO-DDR jedenfalls nicht an die spätere Abwicklung dachte.[502] Vielmehr
sei ihm bewusst gewesen, dass die Hochschullandschaft insbesondere wegen der
III. Hochschulreform erneuert werden musste. Da die VHO-DDR sehr viele Interventionsrechte des Ministers beinhaltet habe, so Hans Joachim Meyer, habe es sich
lediglich um ein „eingeschränktes Selbstverwaltungsrecht" gehandelt.[503] Auch wenn
die objektive Auslegung zu einem anderen Ergebnis führen könnte, sehe ich die

---

[501] KreisG Erfurt, Urt. v. 15.08.1991 – 16 D 74/91, NJ 1991, 562, 563.

[502] *Teymouri,* Interview mit Meyer v. 09.05.2018.

[503] So einschließlich des Zitats *Teymouri,* Interview mit Meyer v. 09.05.2018.

Bejahung der Klagebefugnis wegen § 82 Abs. 1 Satz 2 VHO-DDR insgesamt kritisch.

V. Zwischenergebnis

Zum Zeitpunkt des 12. 06. 1992 erklärten die Verwaltungsgerichte die Klagen der abzuwickelnden (Teil-)Einrichtungen mehrheitlich bis zum 12. 06. 1992 für zulässig. Dies korrespondierte mit der Rechtsauffassung der Gerichte, dass die Abwicklungsentscheidung ein Verwaltungsakt mit Regelungscharakter gewesen sei, der die (Teil-)Einrichtung möglicherweise in ihren Rechten verletzt habe. Dem stellte sich das BVerwG mit seinem Urteil vom 12. 06. 1992 entgegen, da es die Abwicklungsentscheidung als Organisationsmaßnahme ohne Regelungswirkung einstufte. Die Klage wurde allerdings vom ehemaligen Bezirksinstitut für Blutspendewesen, also einer nicht-wissenschaftlichen Einrichtung, erhoben. Als Folge dessen spielten Fragen der Wissenschaftsfreiheit aus Art. 5 Abs. 3 GG oder das Selbstverwaltungsrecht der (Teil-)Einrichtung keine Rolle. Ob das BVerwG die Rechtslage bei einer Hochschuleinrichtung anders beurteilt hätte, lässt sich nicht abschließend klären.

B. Klageerhebung durch die Arbeitnehmer gegen die Abwicklungsentscheidung gemäß Art. 13 Abs. 1 Satz 4 EinigungsV

Aber nicht nur wissenschaftliche Einrichtungen, sondern auch Angestellte wissenschaftlicher Organisationen haben gegen die Auflösung und den Wegfall ihrer Arbeitsplätze Klage erhoben. Nachfolgend wird dargestellt, wie die Rechtsprechung und die zeitgenössische Literatur die Klageerhebung durch die Arbeitnehmer beurteilte.

I. Zur statthaften Klageart

1. Rechtsauffassung der zeitgenössischen Literatur

a) „Doppelte" Prüfungsmöglichkeit

Die Wahl des Rechtweges der betroffenen Beschäftigten wurde in der Literatur kontrovers diskutiert. Germelmann, der die Abwicklungsentscheidung bezüglich der Einrichtung als Verwaltungsakt einstufte[504], hielt zur Gewährleistung des effektiven

---

[504] *Germelmann*, Auflösungsentscheidung, NZA 1991, 629, 630.

Rechtsschutzes eine doppelte Klage vor dem Arbeits- und Verwaltungsgericht für erforderlich.[505]

aa) Zuständigkeit des Arbeitsgerichts § 2 Abs. 1 Nr. 3 ArbGG

Zum einen erklärte er die Arbeitsgerichte nach § 2 Abs. 1 Nr. 3 ArbGG für ausschließlich zuständig, da die Arbeitsverträge der Arbeitnehmer bei den öffentlichen Einrichtungen privatrechtlicher Natur gewesen seien.[506] Andererseits war für ihn auch der Verwaltungsrechtsweg eröffnet, sofern der Abwicklungsbeschluss als Verwaltungsakt angefochten werden sollte.[507] Dieser Rechtsauffassung folgten im Jahr 1991 zahlreiche Arbeitnehmer, deren Einrichtungen abgewickelt werden sollten.

So beantragten beispielsweise die Mitarbeiter des „Staatlichen Tanzensembles der DDR" vor dem Verwaltungsgericht die Wiederherstellung der aufschiebenden Wirkung und ließen arbeitsrechtliche Fragen auf Lohnfortzahlung bewusst ausgeklammert, um diese vor dem ArbG zu verfolgen.[508]

Zwar änderte sich die Kompetenz des Arbeitsgerichts aufgrund dieser öffentlichrechtlichen Vorfrage nach Rechtsauffassung von Germelmann nicht. Allerdings habe dem Arbeitsgericht die Prüfungskompetenz hinsichtlich des Abwicklungsverwaltungsaktes gefehlt. Selbst wenn dieser rechtswidrig war, so Germelmann, blieb er nach § 43 Abs. 2 VwVfG wirksam, weshalb er von den Arbeitsgerichten als wirksam behandelt werden musste. Soweit also die Auflösung der (Teil-)Einrichtung auf Grundlage des Art. 13 Abs. 1 Satz 4 EinigungsV zwischen den Parteien strittig gewesen sei, habe das Arbeitsgericht mangels Prüfungskompetenz das Verfahren nach § 148 ZPO aussetzen müssen, bis das Verwaltungsgericht über den Abwicklungsbeschluss entschieden habe. Nach Überzeugung von Germelmann war das Arbeitsgericht nur vollumfänglich prüfungskompetent, wenn der jeweilige Abwicklungsbeschluss nach § 43 Abs. 3 VwVfG nichtig war.[509] Hauck-Scholz, der Art. 13 Abs. 1 Satz 4 EinigungsV als Verwaltungsakt einstufte[510], stimmte mit dieser Rechtsauffassung im Kern überein. Er merkte aber an, dass der Arbeitnehmer die Bindung des Arbeitsgerichts an den Verwaltungsakt zunächst durch Klageerhebung vor dem Verwaltungsgericht habe lösen können.[511] In diesem Fall sei die aufschiebende Wirkung nach § 68 Abs. 1 Satz 1 VwGO eingetreten.

---

[505] *Germelmann*, Auflösungsentscheidung, NZA 1991, 629, 631.

[506] *Wolter*, ZTR 1991, Ausgabe 7, 273 ff.

[507] *Wolter*, ZTR 1991, Ausgabe 7, 273, 287.

[508] OVG Berlin, Beschl. v. 02. 12. 1991 – 4 S 36/91, LKV 1992, 96, 97.

[509] *Wolter*, ZTR 1991, Ausgabe 7, 273, 287; *Germelmann*, Auflösungsentscheidung, NZA 1991, 629, 632.

[510] *Hauck-Scholz*, „Warteschleife", LKV 1991, 225 ff.

[511] *Hauck-Scholz*, „Warteschleife", LKV 1991, 225, 227.

bb) Zuständigkeit des Verwaltungsgerichts nach § 40 Abs. 1 VwGO

Sodann bejahte Germelmann die Prüfungskompetenz des Verwaltungsgerichts hinsichtlich der Auflösung der (Teil-)Einrichtung gemäß Art. 13 Abs. 1 Satz 4 EinigungsV.[512] Das Verwaltungsgericht habe nur die Rechtmäßigkeit der Abwicklung, nicht aber das Fortbestehen des Arbeitsverhältnisses feststellen können. Die Auflösung der Einrichtung sei lediglich eine öffentlich-rechtliche Vorfrage im Rahmen der Beendigung des Arbeitsverhältnisses gewesen.[513]

Auf der anderen Seite mahnte Körting an, die Abwicklungsentscheidung gegenüber den Beschäftigten mangels Beeinträchtigung ihrer subjektiven Rechtspositionen nicht als Verwaltungsakt einzustufen. Die Erhebung der Anfechtungsklage gegen den Abwicklungsbescheid durch einen Mitarbeiter sei im Regelfall stets unzulässig gewesen.[514] Ähnlich äußerte sich Günther, der den Abwicklungsbeschluss als innerverwaltungsrechtliche Maßnahme qualifizierte. Dem Arbeitsgericht sei bei Klage auf Fortbestand des Arbeitsverhältnisses die volle Prüfungskompetenz zugekommen, da es mitunter materielle Voraussetzungen der Abwicklung prüfen könne.[515] Diese Rechtsauffassung vertrat auch der Deutsche Hochschulverband.[516]

b) Zwischenergebnis

Damit sind folgende Zwischenergebnisse festzuhalten. Erstens wurden die prozessualen Abwehrmöglichkeiten der Arbeitnehmer gegen die Abwicklungsentscheidung sehr lebhaft diskutiert. Zweitens herrschten zwei Meinungslager vor. Auf der einen Seite wurde eine doppelte Prüfungsmöglichkeit präferiert. Dieses Meinungslager empfahl, die Abwicklungsentscheidung vor den Verwaltungsgerichten anzufechten. Gleichzeitig sollte vor dem Arbeitsgericht das Bestehen des Arbeitsverhältnisses festgestellt werden. Da letzteres von der wirksamen Abwicklung der (Teil-)Einrichtung abhing, sei Art. 13 Abs. 1 Satz 4 EinigungsV eine öffentlich-rechtliche Vorfrage gewesen. Sobald das Verwaltungsgericht hierüber entschieden hatte, konnte nach dieser Auffassung auch das Arbeitsgericht eine Entscheidung treffen. Das entgegengesetzte Lager qualifizierte das Arbeitsgericht als voll prüfungskompetent. Dieses habe im Rahmen des Bestehens des Arbeitsverhältnisses die Rechtmäßigkeit der Abwicklung prüfen können. Auch die Rechtsprechung urteilte zunächst uneinheitlich.

---

[512] *Germelmann*, Auflösungsentscheidung, NZA 1991, 629, 633; ebenso *Wolter*, ZTR, 1991, 273, 288.

[513] *Wolter*, ZTR, 1991, 273, 288.

[514] *Körting*, Anfechtung, NZA 1992, 205, 207.

[515] *Günther*, DÖD 1991, Ausgabe 10, 221, 227.

[516] *Tüffers*, „Abgewickelt" – und was nun?, MittHV, Heft 1, 1991, 20, 21.

2. Entwicklung der Rechtsprechung

a) KreisG Leipzig-Stadt, Urteil v. 12. 06. 1991 – I K 31/91[517]

Das KreisG Leipzig-Stadt hatte als eines der ersten Gerichte über Aufhebung der Abwicklungsentscheidung infolge der Klageerhebung durch einen Arbeitnehmer zu entscheiden. Es bejahte die Anfechtungsklage als statthafte Klageart, da es die Abwicklungsentscheidung als Verwaltungsakt einstufte.[518] Nach Überzeugung des Gerichts führte die Aufhebung der Abwicklungsentscheidung auch zur Aufhebung des Ruhens des Arbeitsverhältnisses. Das Ruhen sei bei erfolgreicher Anfechtung von Anfang an nicht eingetreten.[519] An dieser Rechtsprechung hielt das KreisG Leipzig-Stadt in einem weiteren Urteil vom 29. 01. 1992 fest und untermauerte seine Rechtsauffassung mit weiteren Argumenten. Demnach sei die Anfechtungsklage statthafte Klageart gewesen, da die unterschiedlichen Regelungen der Abs. 1 und Abs. 2 der Anl. I Kap. XIX Sachg. A Abschn. III. Nr. 1 Abs. 2 zum EinigungsV den Willen der Vertragsparteien offenbart habe, dass die Ländereinrichtungen nur durch positive Abwicklungsentscheidung aufgelöst werden konnten. Im Falle der Aufhebung dieser Entscheidung hätten die Einrichtungen und entsprechend auch die Arbeitsverhältnisse weiterbestanden.[520] Der effektive Rechtsschutz aus Art. 19 Abs. 4 GG, so das KreisG Leipzig-Stadt, gebot vorliegend nicht, den Arbeitnehmer auf den Rechtsweg der ArbG zu verweisen, da er sich nicht gegen die Beendigung seines Arbeitsverhältnisses wehren wollte, sondern gegen den hoheitlichen Eingriff.[521]

b) OVG Berlin, Beschluss v. 02. 12. 1991 – 4 S 36/91

Im Gegensatz zur Rechtsauffassung des KreisG Leipzig-Stadt verneinte das OVG Berlin die Zulässigkeit der Anfechtungs- und Feststellungsklage vor dem Verwaltungsgericht. In Übereinstimmung mit Teilen der zeitgenössischen Literatur führte es aus, dass die Auflösung der Einrichtung lediglich eine öffentlich-rechtliche Vorfrage im Rahmen arbeitsrechtlicher Ansprüche dargestellt habe.[522] Hierüber habe das Arbeitsgericht vollumfassend entscheiden können. Eine Ausnahme hätte nach Auffassung des Gerichts vorgelegen, wenn die Entscheidung nach Art. 13 Abs. 1 Satz 4 EinigungsV als Verwaltungsakt zu qualifizieren gewesen wäre. Durch den Verwaltungsakt wäre nämlich Tatbestandswirkung eingetreten, an die das Gericht

---

[517] Vgl. zum Sachverhalt § 5 A. I., S. 71.

[518] Das KreisG Leipzig-Stadt spricht insoweit v. einer „privatrechtsgestaltende[n] Wirkung", vgl. Urt. v. 12.06.1991 – I K 31/91, LKV 1992, 143, 144.

[519] KreisG Leipzig-Stadt, Urt. v. 12.06.1991 – I K 31/91, LKV 1992, 143, 144.

[520] KreisG Leipzig-Stadt, Urt. v. 29.01.1992 – I K 218/91, LKV 1993, 101, 103.

[521] KreisG Leipzig-Stadt, Urt. v. 29.01.1992 – I K 218/91, LKV 1993, 101, 103.

[522] OVG Berlin, Beschl. v. 02.12.1991 – 4 S 36/91, LKV 1992, 96, 97.

gebunden gewesen wäre.[523] Die Tatbestandswirkung liegt allgemein dann vor, wenn nach materiellem Recht die Rechtsfolgen nur bei Vorliegen eines wirksamen Verwaltungsakts eintritt.[524] Übertragen auf den vorliegenden Fall hätte dies bedeutet, dass die Rechtsfolge des Ruhens aus der einschlägigen Anlage nur dann hätte eintreten können, sofern die Abwicklungsentscheidung ein wirksamer Verwaltungsakt gewesen wäre.

Da nach Überzeugung des OVG Berlin aber kein Verwaltungsakt vorlag, trat nach dessen Auffassung auch keine Tatbestandswirkung ein. Folglich seien die ArbG vollumfassend zuständig gewesen. Im Ergebnis erklärte das OVG Berlin die Feststellungs- und die Anfechtungsklage für unzulässig.

c) BVerwG, Urteil vom 12.06.1992 (7 C 5/92)

aa) Unzulässigkeit der Anfechtungs-, Verpflichtungs- und Leistungsklage

Die Anfechtungs- und Verpflichtungsklage schied nach Rechtsauffassung des BVerwG wie oben dargestellt mangels Vorliegen eines Verwaltungsakts aus. Es lehnte auch die Leistungsklage ab. Die Landesregierung habe im Rahmen der Abwicklungs- oder Überführungsentscheidung der Einrichtung die Rechtsposition der Beschäftigten nicht zu berücksichtigen brauchen. Aus diesem Grunde habe schon kein Anspruch der Beschäftigten auf eine Überführung bestehen können.[525]

bb) Unzulässigkeit der Feststellungsklage

Das BVerwG verneinte auch die Zulässigkeit der Feststellungsklage hinsichtlich der Überführung der Einrichtung aus zwei Gründen. Zum einen habe kein feststellungsfähiges Rechtsverhältnis bestanden. Die Auflösungsentscheidung als „organisatorische Maßnahme" sei lediglich „tatbestandliche Voraussetzung für das Ruhen oder Fortbestehen der Arbeitsverhältnisse" gewesen.[526] Von ihr sei das Arbeitsverhältnis der Beschäftigten abhängig gewesen. Die Tatbestandsvoraussetzungen selbst seien aber kein feststellungsfähiges Rechtsverhältnis gewesen. Ferner habe auch kein Feststellungsinteresse vorgelegen, da der Kläger das Fortbestehen des Arbeitsverhältnisses vor den Arbeitsgerichten hätte geltend machen können. Ihnen sei eine „uneingeschränkte Vorfragenkompetenz zu[gekommen]".[527] Die Vorfragenkompetenz lag in der Feststellung, so das BVerwG in einem weiteren Urteil, ob

---

[523] OVG Berlin, Beschl. v. 02.12.1991 – 4 S 36/91, LKV 1992, 96, 97.

[524] *Sachs*, in: Stelkens/Bonk/Sachs, Verwaltungsverfahrensgesetz, 9. Auflage 2018, § 43 Rn. 154.

[525] BVerwG, Urt. v. 12.06.1992 – 7 C 5/92, LKV 1992, 375, 377.

[526] So einschließlich des Zitats BVerwG, Urt. v. 12.06.1992 – 7 C 5/92, LKV 1992, 375, 377.

[527] So einschließlich des Zitats BVerwG, Urt. v. 12.06.1992 – 7 C 5/92, LKV 1992, 375, 377.

die Einrichtung überführt oder als Folge der Nicht-Überführung aufgelöst wurde.[528] Das BVerwG ging davon aus, dass die Abwicklungsentscheidung nach Art. 13 Abs. 1 Satz 4 EinigungsV eine innerverwaltungsrechtliche Organisationsmaßnahme gewesen sei. Als solche habe diese keine bindende Tatbestandswirkung erzeugt.[529] Aus diesem Grund seien die Arbeitsgerichte auch hinsichtlich der Abwicklungsentscheidung vollumfänglich prüfungskompetent gewesen, da sich die „Kontrollbefugnisse [des Arbeitsgerichts] [...] bei Annahme einer reinen Organisationsentscheidung" nicht verändert habe.[530] Entsprechend sah das BVerwG den effektiven Rechtsschutz des Arbeitnehmers gewährleistet, weil dieser nicht, wie von Teilen der Literatur präferiert, sowohl vor dem Arbeits- und dem Verwaltungsgericht habe klagen müssen.

d) BAG

Das BAG schloss sich der Rechtsauffassung des BVerwG an. Es stufte die Abwicklungsentscheidung nach Art. 13 Abs. 1 Satz 4 EinigungsV als Organisationsmaßnahme ein und prüfte diese Maßnahme als öffentlich-rechtliche Vorfrage im Rahmen der Arbeitsverhältnisse.[531] Seit der Entscheidung des BVerwG bildete diese Rechtsauffassung die ständige Rechtsprechung.[532]

3. Zwischenergebnis

Insgesamt stimmte die Rechtsprechung hinsichtlich der statthaften Klageart weitgehend mit der zeitgenössischen Literatur überein. Mit Ausnahme des KreisG Leipzig-Stadt und einzelner Stimmen aus der Literatur wurde die Anfechtungs- bzw. Verpflichtungs- oder Leistungsklage abgelehnt. Die Abwicklungsentscheidung wurde als Verwaltungsmaßnahme qualifiziert. Dem Arbeitnehmer wurde die Schutzbedürftigkeit vor den Verwaltungsgerichten abgesprochen, da er seine Interessen vor dem Arbeitsgericht habe geltend machen können. Dem Arbeitsgericht wurde die umfassende Prüfungskompetenz zugesprochen. Im Rahmen der Prüfung des Bestehens des Arbeitsverhältnisses wurde folglich die Rechtmäßigkeit der Abwicklung geprüft. Im Ergebnis stand dem Arbeitnehmer der Verwaltungsrechtsweg mangels Rechtsschutzbedürftigkeit nicht offen.

---

[528] BVerwG, Urt. v. 19.07.1994 – 6 C 27/92, LKV 1995, 222, 223.

[529] BVerwG, Urt. v. 12.06.1992 – 7 C 5/92, LKV 1992, 375, 377.

[530] So einschließlich des Zitats BVerwG, Urt. v. 12.06.1992 – 7 C 5/92, LKV 1992, 375, 377.

[531] BAG, Urt. v. 03.09.1992 – 8 AZR 45/92 NZA 1993, 120 ff.; BAG, Urt. v. 28.01.1993 – 8 AZR 169/92, NZA 1993, 1037 ff.; BAG, Urt. v. 23.09.1993 – 8 AZR 268/92, NZA 1994, 881 ff.; BAG, Urt. v. 21.07.1994 – 8 AZR 293/92, NZA 1995, 737 ff.

[532] LAG Berlin, Urt. v. 18.11.1991 – 12 Sa 44/91, NZA 1992, 361, 362; BAG, Urt. v. 28.01.1993 – 8 AZR 169/92, NZA 1993, 1037 ff.; BAG, Urt. v. 03.09.1992 – 8 AZR 45/92, NZA 1993, 120 ff.; BAG, Urt. v. 23.09.1993 – 8 AZR 268/92, NZA 1994, 881 ff.; BAG, NZA 1995, 737 ff.

II. Zur Klagebefugnis bzw. zum Feststellungsinteresse

Die Gerichte, die zum Ergebnis kamen, dass die Abwicklungsentscheidung ein Verwaltungsakt gewesen sei, bejahten die Klagebefugnis der Angestellten aufgrund der unmittelbaren Wirkung der Abwicklungsentscheidung auf das bestehende Arbeitsverhältnis.[533] Das BVerwG, das einen Verwaltungsakt ablehnte, sah hingegen die Rechte der Arbeitnehmer als nicht berührt an. Es lehnte folglich die Zulässigkeit der erhobenen Klage vor dem Verwaltungsgericht ab, da die ArbG vollumfänglich prüfungskompetent gewesen seien.[534] Den Arbeitnehmern habe auch das für eine Feststellungsklage erforderliche Feststellungsinteresse gefehlt.[535]

III. Zur Beweis- und Darlegungslast der Abwicklung und Überführung

1. Generelle Beweispflicht des Arbeitnehmers

Die Frage der Beweislast bildete einen weiteren umstrittenen Aspekt im Rahmen von Art. 13 Abs. 1 Satz 4 EinigungsV. Wollte ein Arbeitnehmer das Fortbestehen seines Arbeitsverhältnisses vor dem Arbeitsgericht feststellen lassen, so musste die Einrichtung in Wirklichkeit überführt worden sein. In diesem Zusammenhang stellte sich die Frage der prozessualen Beweislast, da auch diesbezüglich keine Regelungen im EinigungsV vorhanden waren. Daher stellte das BAG auf die Grundsätze des Zivilprozesses ab.[536] Demnach trug der Arbeitnehmer die Darlegungs- und Beweislast für die ihn begünstigenden Anspruchsvoraussetzungen. Das Arbeitsverhältnis bestand nach Anl. I Kap. XIX Sachg. A Abschn. III. Nr. 1 Abs. 2 zum EinigungsV nur fort, sofern die (Teil-)Einrichtung überführt wurde. Konkret musste der Arbeitnehmer deshalb das Vorliegen einer (Teil-)Einrichtung und dessen Überführung darlegen und beweisen.[537] Diese Rechtsauffassung bildete bis zum Jahr 1999 die ständige Rechtsprechung der Arbeitsgerichte.[538]

---

[533] So etwa das KreisG Leipzig-Stadt, Urt. v. 12.06.1991 – I K 31/91, LKV 1992, 143, 144.

[534] BVerwG, Urt. v. 12.06.1992 – 7 C 5/92, LKV 1992, 375, 377.

[535] BVerwG, Urt. v. 12.06.1992 – 7 C 5/92, LKV 1992, 375, 377; a.A. KreisG Leipzig-Stadt, Urt. v. 12.06.1991 – I K 31/91, LKV 1992, 143, 144.

[536] BAG, Urt. v 15.10.1992 – 8 AZR 145/92, NZA 1993, 407, 409; ebenso *Bath*, NVwZ-Beil. 2001, 27, 31.

[537] BAG, Urt. v 15.10.1992 – 8 AZR 145/92, NZA 1993, 407, 409.

[538] Etwa ArbG Berlin, NZA 1992, 100, 104; BAG, Urt. v. 28.01.1993 – 8 AZR 169/92, NZA 1993, 1037, 1038; BAG, Urt. v. 23.09.1993 – 8 AZR 268/92, NZA 1994, 881, 882.

2. Korrektur durch das BVerfG

a) Fortwirkung der Grundrechte im Rahmen der Arbeitsverhältnisse der ehemaligen DDR

Diesen Grundsatz hob das BVerfG mit Beschluss vom 06.10.1999 auf. Es erklärte diese Auffassung der Darlegungs- und Beweislast für unvereinbar mit den Art. 12 Abs. 1 GG, Art. 20 Abs. 3 GG.[539] Dabei hielt es zunächst fest, dass die Arbeitsverhältnisse des öffentlichen Dienstes der DDR mit der Wiedervereinigung nicht untergegangen seien.[540] Der Schutz des Art. 12 Abs. 1 GG sei deshalb auch bei Maßnahmen auf Grundlage des EinigungsV zu berücksichtigen gewesen.[541] Die Berufsfreiheit habe in diesem Zusammenhang auch den Schutz des Arbeitnehmers gegen staatliche Maßnahmen geboten, sein ausgewähltes Arbeitsverhältnis nicht aufgeben zu müssen.

Nach Auffassung des BVerfG konnten Grundrechte ihre Wirkung auch im Verfahrensrecht entfalten und durften keinen „praktisch unüberwindlichen Hindernissen entgegengesetzt werden".[542] Vor diesem Hintergrund habe sich eine einseitige Verteilung der Beweislast zu Lasten des Arbeitnehmers verboten, da die darzulegenden Tatsachen der Überführung allesamt der Sphäre des Arbeitgebers entsprungen seien.[543] Daher griff nach Auffassung des BVerfG Art. 13 Abs. 1 Satz 4 EinigungsV in Verbindung mit der einschlägigen Anlagen in den Schutzbereich des Art. 12 Abs. 1 GG ein. Im Ergebnis habe es nahegelegen, dem Arbeitgeber die Beweislast hinsichtlich der Abwicklung der Einrichtung aufzuerlegen.

b) Zwischenergebnis

Nach Rechtsauffassung des BVerfG gebot die verfassungskonforme Auslegung des Art. 13 Abs. 1 Satz 4 EinigungsV, dem Arbeitgeber die prozessuale Darlegungs- und Beweislast der Abwicklung der Einrichtung aufzuerlegen. Erst 9 Jahre nach Inkrafttreten des EinigungsV herrschte also in dieser Frage Rechtsklarheit.

IV. Stellungnahme

Die Rechtsauffassung, wonach der Arbeitnehmer nur vor den Gerichten für Arbeitssachen klagen konnte, überzeugt inhaltlich. Der Erhebung der Anfechtungsklage durch den Arbeitnehmer stand nicht nur entgegen, dass kein Verwaltungsakt

---

[539] BVerfG, Beschl. v. 06.10.1999 – 1 BvR 2110/93, NJW 2000, 1483 ff.

[540] BVerfG, Beschl. v. 06.10.1999 – 1 BvR 2110/93, NJW 2000, 1483, 1484 unter IV. 3. a).

[541] BVerfG, Beschl. v. 06.10.1999 – 1 BvR 2110/93, NJW 2000, 1483, 1484 unter IV. 3. a).

[542] So einschließlich des Zitats BVerfG, Beschl. v. 06.10.1999 – 1 BvR 2110/93, NJW 2000, 1483, 1484 unter IV. 2.

[543] BVerfG, Beschl. v. 06.10.1999 – 1 BvR 2110/93, NJW 2000, 1483, 1484 unter IV. 2.

existierte, sondern auch, dass den Arbeitnehmern das Feststellungsinteresse und im Übrigen das Rechtsschutzbedürfnis fehlte. Zu Recht wurde hervorgebracht, dass die Arbeitsgerichte über die Frage der Abwicklungsentscheidung als öffentlich-rechtliche Vorfrage für das Ruhen der Arbeitsverhältnisse entscheiden konnten. Daher bestand schon kein Rechtsbedürfnis, sowohl vor dem Verwaltungs- als auch vor dem Arbeitsgericht zu klagen. Ähnlich wie bei den Klagen der abzuwickelnden Einrichtungen wäre auch die Klagebefugnis der Arbeitnehmer kritisch zu werten. In diesem Zusammenhang wurde auf Art. 12 GG verwiesen. Aber auch hier wurde zu Recht angemerkt, dass das Ruhen der Arbeitsverhältnisse lediglich Rechtsfolge der beschlossenen Abwicklung darstellte. Darüber hinaus konnte deshalb schon gar keine berufsregelnde Tendenz vorliegen, welche im Rahmen eines Eingriffs in Art. 12 GG zu fordern ist. Der Eingriff muss bewusst zum Zwecke der Regelung des Berufes getätigt worden sein. Ebendiese Intention war aber zu verneinen, da der Primärzweck in der Abwicklung des überbesetzten Behördenapparats bestand und das Ruhen als reine Nebenfolge zu werten war.

C. Zusammenfassung

Die vorherigen Ausführungen zeigen, dass sich die prozessualen Voraussetzungen gegen die Abwicklungsentscheidung komplexe Fragen nach sich zogen. Sowohl die Rechtsprechung als auch die zeitgenössische Literatur vertraten zu Beginn des Wiedervereinigungsprozesses verschiedene Ansichten zum Rechtsschutz gegen Auflösungsentscheidungen. Diese Rechtsunsicherheit bildete ein nahezu unüberwindbares Hindernis, um sinnvolle prozessuale Vorüberlegungen gegen die Abwicklungsentscheidung einzuleiten. Die Arbeitnehmer bzw. die (Teil-)Einrichtungen liefen stets Gefahr, dass sich die Rechtsprechung dem entgegengesetzten Meinungslager anschloss und die Klage abwies. Zusätzlich wurde diese Rechtsunsicherheit durch die Diskussionen um die Rechtsnatur des Art. 13 Abs. 1 Satz 4 EinigungsVerschwert, da diese unmittelbare Auswirkung auf die statthafte Klageart hatte. Selbst wenn die Klageart feststand, liefen die Hochschuleinrichtungen Gefahr, dass ihnen eine mögliche Rechtsposition aus dem Selbstverwaltungsrecht oder Art. 5 GG abgesprochen wurde. In diesem Fall war die Klage unzulässig und wurde abgewiesen. Im Rahmen der Arbeitnehmerklage zeigte die Entscheidung des BVerfG, dass erst im Jahr 1999 vollständige prozessuale Rechtsklarheit geschaffen wurde. Darüber, ob sich die Anzahl der Klagen erhöht hätten, wenn diese prozessuale Erleichterung von Anfang an klar gewesen wäre, kann nur spekuliert werden. Insgesamt gestaltete sich die Klageerhebung durch die Arbeitnehmer jedenfalls komplizierter als bei den (Teil-)Einrichtungen. Dies lag an der Verknüpfung der öffentlich-rechtlichen Abwicklung mit den arbeitsrechtlichen Folgen. So mussten Arbeitnehmer lange Zeit im Ungewissen bleiben, ob die Klageerhebung vor zwei Gerichtsbarkeiten zulässig war und Aussicht auf Erfolg hatte. Erschwerend kam hinzu, dass die Anzahl der Verwaltungsgerichtsentscheidungen sehr überschaubar war. Im Gegensatz zu den (Teil-)Einrichtungen konnten die Arbeitnehmer jedenfalls vor den voll prüfungskompetenten Arbeitsgerichten Rechtsschutz ersuchen. Dabei mussten sie bis 1999 der Beweis- und Darlegungslast der Überführung der (Teil-) Einrichtung nachkommen.

§ 12 Die Hochschulabwicklung im Spiegel der zeitgenössischen Medienlandschaft

Wie im Verlauf dieser Arbeit gezeigt wurde, gestaltet sich die Abwicklung der Hochschuleinrichtungen sehr kompliziert. Die Abwicklung sollte vorrangig die Erneuerung der Hochschullandschaft ermöglichen, da die (Teil-)Einrichtungen der ehemaligen DDR an gravierenden wissenschaftlichen Fehlentwicklungen litten.[544] Trotzdem stieß die Abwicklung der Hochschuleinrichtungen in den zeitgenössischen Medien mehrheitlich auf scharfe Kritik. Aly kritisierte die Abwicklungen in Leipzig wie folgt:

> „Abwicklung heißt das neu-alte Zauberwort, wenn es um die sogenannte Erneuerung von Universitäten in der früheren DDR geht."[545]

Nach seiner Auffassung sei keine Ermächtigungsgrundlage vorhanden gewesen.[546] Ferner habe man die „Hochschulautonomie oder Freiheit von Lehre und Forschung" verkannt.[547] Wie oben dargelegt, gehen die Behauptungen Alys jedoch ins Leere. Wie § 6[548] beschrieben wurde, beurteilte die Rechtsprechung die einschlägige Rechtsgrundlage anfänglich noch unterschiedlich.[549] Allerdings setzte sich die Auffassung durch, welche Art. 13 Abs. 1 Satz 4 EinigungsV auf Hochschulen für anwendbar erklärte. Dasselbe gilt für das Argument der Verkennung der Forschungsfreiheit. Nahezu alle Gerichte erklärten, dass Art. 5 Abs. 3 Satz 1 GG keine institutionelle Garantie der Hochschuleinrichtungen einräumte. Außerdem ver-

---

[544] Vgl. hierzu die Ausführungen unter § 4. A., S. 51 ff.

[545] *Aly*, „Die Abwicklung produziert unlösbare Konflikte", taz v. 12.01.1991, S. 14, abgerufen am 12.07.2017 unter: http://www.taz.de/!1737556/. Der Autor wurde am 03.05.1947 in Heidelberg geboren und ist ein deutscher Historiker, Politikwissenschaftler und Journalist. Er war Redakteur der taz und der Berliner Zeitung. Er erhielt zahlreiche Literaturpreise, etwa den Heinrich-Mann-Preis für Essayistik der Akademie der Künste Berlin im Jahr 2002. 1967 und 1968 besuchte er die Deutsche Journalistenschule in München, bevor er bis 1971 Politikwissenschaften an der FU Berlin studierte. Während des Studiums engagierte sich Aly in politisch linksorientierten Studentenvertretungen. Seine Forschungsschwerpunkte beziehen sich auf die nationalsozialistische Ideologie und auf den Antisemitismus in Europa.

[546] *Aly*, „Die Abwicklung produziert unlösbare Konflikte", taz v. 12.01.1991, S. 14; abgerufen am 12.07.2017 unter: http://www.taz.de/!1737556/.

[547] So einschließlich des Zitats *Aly*, „Die Abwicklung produziert unlösbare Konflikte", taz v. 12.01.1991, S. 14; abgerufen am 12.07.2017 unter: http://www.taz.de/!1737556/.

[548] S. 85 ff.

[549] Hierzu seien auf die Ausführungen in § 7 verwiesen, S. 94 ff.

kannte Aly, dass die Verordnungen und Gesetze in der ehemaligen DDR eine Hochschulautonomie oder die Freiheit von Lehre und Forschung geradezu ausschlossen. Das oben genannte Zitat ließ daher jede juristische Differenzierung und Fragestellung vermissen und ging an der Wirklichkeit vorbei.

Die Zeit bemängelt bei der (Teil-)Abwicklung der Humboldt-Universität, dass die Universität nicht im Vorfeld der bekanntgemachten Abwicklungsentscheidung vom Berliner Senat informiert worden sei.[550] Dieser Vorwurf wurde auch in Leipzig erhoben, worauf hin Hans Joachim Meyer ausführte:

> „Wenn ich die Abwicklung benutzen will, um alte Strukturen zu beseitigen, dann kann ich doch nicht davon ausgehen, daß so etwas mit den Betroffenen verhandelbar wäre."[551]

Verschiedentlich wurde auch darauf hingewiesen, dass auch andere Fachbereiche der Universität, unter anderem die der Naturwissenschaften, ebenso ideologisch belastet gewesen seien. Die Zeit bezeichnet die Abwicklung im Bereich der Wissenschaft als „grassierendes Phänomen", die ausschließlich den Sinn und Zweck der Sparmaßnahme verfolge.[552] Diese sei bewusst gewählt worden, um „mit einem Federstrich sämtliche Leute" entlassen zu können, anstatt jedem Einzelnen eine Kündigung mit klaren Kriterien auszusprechen, gegen welche die Beschäftigten juristisch vorgehen könnten. Als „elegant und billig" wird diese Form der Maßnahme sarkastisch kommentiert. In Wirklichkeit habe es sich um einen „kalte[n] Verwaltungsakt aus Westberlin [gehandelt, der] den Ossis kurzerhand jede Fähigkeit zur moralischen, politischen und wissenschaftlichen Selbsterneuerung […]" abgesprochen habe.[553] Auch die Süddeutsche Zeitung konstatierte, dass der Begriff der Abwicklung „in Ostdeutschland ein böses und bitteres Wort" gewesen sei.[554]

Insbesondere die Wahl und die Kriterien zur Personalübernahme der ehemaligen Universitäten wurde stark kritisiert. Enttäuscht zeigte man sich über die Entscheidung des Berliner Senats, da die Humboldt-Universität ihre ehemalige Sektion Marxismus-Leninismus bereits aufgelöst und sich von Mitarbeitern, wie etwa von ehemaligen Stasi-Offizieren, getrennt hatte. Dies galt insbesondere vor dem Hintergrund, dass alte Personalstrukturen noch vorhanden waren. In diesem Zusammenhang zeigt das Beispiel von Andrej Holm, dass diese Thematik fast zwei Jahrzehnte nach der Wiedervereinigung noch nicht aufgearbeitet ist.[555]

---

[550] *Zimmer*, Sag mir wo die Forscher sind, in: Die Zeit, 1991, Ausgabe 32; abgerufen am 15.07.2017 unter: http://www.zeit.de/1992/32/sag-mir-wo-die-forscher-sind.

[551] *N.N.*, Orte des Jammerns, Der Spiegel, Ausgabe 01/91, S. 25.

[552] So einschließlich des Zitats *Zimmer*, Abwicklung als kurzer Prozeß: Die Berliner Humboldt-Universität als Beispiel 1991, Die Zeit, Ausgabe 06/1991.

[553] So einschließlich des Zitats *Zimmer*, Abwicklung als kurzer Prozeß: Die Berliner Humboldt-Universität als Beispiel 1991, Die Zeit, Ausgabe 06/1991.

[554] *N.N.*, Was Studenten im Osten aufbringt, Süddeutsche Zeitung, 21.12.1990.

[555] Andrej Holm wurde am 08.10.1970 geboren und ist ein deutscher Sozialwissenschaftler. Er studierte von 1990 bis 1997 an der Humboldt-Universität zu Berlin. Seit 2011 war er am Institut für Sozialwissenschaften als wissenschaftlicher Mitarbeiter angestellt. Seit 2013

Finanzielle Aspekte mögen ein Motiv zur Abwicklung gewesen sein, aber sicherlich nicht der Hauptgrund. Wie in § 4 A.[556] ausgeführt wurde, litten insbesondere die geisteswissenschaftlichen Teileinrichtungen an der ideologischen Belastung, die durch staatliche Verordnungen vorgeschrieben waren. Über Jahrzehnte hinweg wurde das Hochschulwesen durch die drei Hochschulreformen umgestaltet und die freie Lehre und Forschung abgeschafft. Die Ausbildung einer „sozialistischen Persönlichkeit" wurde zum Primärziel erklärt. Eine „Wende" innerhalb der Hochschullandschaft hat nie stattgefunden, da die alten Personalstrukturen weitestgehend identisch blieben. Die Lehre und Forschung in der ehemaligen DDR war daher, zumindest im Hinblick auf die Geisteswissenschaften, nicht mit dem Grundgesetz der Bundesrepublik Deutschland im Einklang zu bringen. Diese Entwicklung auszublenden und die Abwicklung lediglich zur Sparmaßnahme zu reduzieren, entsprach nicht den damaligen Umständen. Daher ist es auch mehr als fraglich, ob es eine Erneuerung an den Universitäten der neuen Bundesländer aus sich selbst gegeben hätte.

Ebenso muss beachtet werden, dass sich Wolfang Schäuble und Wolfgang Krause darin einig waren, dass die kostspielige Wiedervereinigung schnell vollzogen werden musste.

Es entsprach somit dem Willen der Verhandlungsparteien beider Staaten, Verwaltungsstrukturen und (Teil-)Einrichtungen der ehemaligen DDR juristisch flexibel und zügig gestalten und auflösen zu können. Wie auch das BVerwG ausführte, hätte es dieser Intention widersprochen, wenn die Landesregierung rechtlich angreifbare Kündigungen ausgesprochen hätte. Ein solches Verfahren hätte nicht nur weitere Kosten verursacht, sondern die Wiedervereinigung in nicht absehbare Länge gezogen, obwohl die Notwendigkeit einer Neugestaltung der Wissenschaftslandschaft offensichtlich vorlag. Auch die Neubesetzung der Stellen wäre verhindert oder hinausgezögert worden. Zudem darf bezweifelt werden, dass die damalige Gerichtsbarkeit einer solchen Belastung standgehalten hätte.

Hinsichtlich der Abwicklung der HfÖ bemängelte deren ehemaliger Rektor Kupferschmidt, dass eine objektive Bewertung der Leistungen der HfÖ nicht stattgefunden habe.[557] Die Abwicklung der HfÖ sei politisch motiviert gewesen.[558] Die Kritik beschränkt sich keineswegs nur auf Berlin. In Erfurt stürmten Studenten den

---

war er unbefristet angestellt. Am 18.01.2017 wurde Holm von der Universität ordentlich gekündigt. Die Kündigung stützte sich auf eine arglistige Täuschung von Holm, der bezüglich seiner Tätigkeit beim Ministerium für Staatssicherheit Falschangaben machte. Am 09.02.2017 gab er die Falschangaben zu. Die Universität nahm daraufhin ihre Kündigung zurück und sprach stattdessen eine Abmahnung aus, da sie das Verhältnis zwar für gestört, aber nicht für zerstört ansah. Die Präsidentin der Humboldt-Universität gab dabei bekannt, dass eine Einstellung von Holm auch bei Offenlegung seiner Tätigkeiten möglich gewesen wäre. Bis Ende 2018 war er vom Institut beurlaubt.

[556] S. 51 ff.

[557] *Kupferschmidt*, 41 Jahre Hochschule für Ökonomie, S. 103.

[558] *Kupferschmidt*, 41 Jahre Hochschule für Ökonomie, S. 103.

Landtag oder forderten in Schwerin den Rücktritt des Kultusministers.[559] Auch an der Universität Halle besetzten Studenten das Rektorat, obwohl ein Großteil von ihnen nicht von der Abwicklung betroffen war.[560] Auch an der Universität Leipzig stießen die Abwicklungsbeschlüsse bei den Studenten mehrheitlich auf Kritik.[561] So standen 86 % der an einer abzuwickelnden Teileinrichtung immatrikulierten Studenten der Abwicklungsentscheidung kritisch gegenüber. Von den Studenten, die an überführten Teileinrichtungen immatrikuliert waren, waren es 56 %.[562] 12 Studenten protestierten in Form des Hungerstreiks.[563] Dabei zogen die protestierenden Studenten und angestellten Wissenschaftler keineswegs immer am selben Strang.[564] Befürchtet wurde insbesondere, dass „konservative [Professoren] aus dem Westen" die „kritischen linken Professoren" ersetzen würden.[565] Es wurde aber auch zugestanden, dass mit der Abwicklung ein Erneuerungsprozess hätte eingeleitet werden können.[566]

Die studentischen Proteste sind rückblickend kritisch zu betrachten. Sie ließen vermissen, dass ein Neuanfang in den ideologiebelasteten Fächern der Geisteswissenschaften notwendig war, um den Neuaufbau der jeweiligen Einrichtung zu ermöglichen. Wie bereits erläutert, waren die teilweise angestrebten Demokratisierungsprozesse innerhalb der Sektionen nicht ausreichend, um die alte Personalstruktur zu erneuern. Es wurde auch nicht klar, weshalb linke Professoren besonders „kritisch" sein sollen, obwohl diese jahrzehntelang die Parteibeschlüsse der SED umgesetzt hatten.

Auch die Abwicklung der Sektionen der Philosophie wurde sehr kritisch kommentiert, etwa von Schneider, der hierzu folgendes ausführt:

---

[559] *N.N.*, Orte des Jammerns, Der Spiegel, Ausgabe 01/91, S. 24.

[560] *Deutsch*, Die Abwicklung und Evaluierung der Juristischen Sektion der Universität Halle, in: Goydke/Rauschning/Robra/Schreiber/Wulff (Hrsg.): Festschrift für Walter Remmers, 1995, S. 324.

[561] Nachgewiesen bei *Pasternack*, „Demokratische Erneuerung", S. 144, wobei sich der Autor auf eine fremde Befragung der Studenten stützt; v. Demonstrationen berichtet auch Der Tagesspiegel v. 29.09.2010, der v. „[v]ehemnte[n] Studentenproteste[n] […] in Berlin und Leipzig […] gegen die Abwicklung marxistisch indoktrinierter Fächer" spricht, abgerufen am 30.06.2017 unter: http://www.tagesspiegel.de/wissen/ddr-hochschulen-nach-1989-die-universi taet-trug-leider-nichts-zur-wende-bei/1945276.html.

[562] *Pasternack*, „Demokratische Erneuerung", S. 144.

[563] *N.N.*, Orte des Jammerns, Der Spiegel, Ausgabe 01/91, S. 24.

[564] *Pasternack*, „Demokratische Erneuerung", S. 144.

[565] So einschließlich des Zitats *Pasternack* in damaliger Funktion des Sprechers des Studentenrats in Leipzig, entnommen aus: *N.N.*, Orte des Jammerns, Der Spiegel, Ausgabe 01/91, S. 24, 25; eine Chronologie der Studentenproteste in Leipzig findet sich im Reader zur Abwicklung, Teil I.

[566] Etwa *Pasternack*, Abwicklung und „Aufwicklung" – Zu ihren Voraussetzungen und Wirkungen, in: Das Hochschulwesen, 1991/6, S. 252, der hierfür 3 Grundvoraussetzungen nennt, wie etwa die Abwicklung aller ostdeutschen Hochschuleinrichtungen, um den Gleichbehandlungsgrundsatz zu wahren.

„In einer Diskursgemeinschaft von lauter Marxisten-Leninisten kann das kritische Denken sicher nicht als offener Widerspruch auftreten. Ist es darum inexistent? Man müßte genauer hinsehen, um das, was von außen als geschlossener Betrieb erscheint, von innen zu erklären."[567]

Nicht selten wird im Zusammenhang mit der Abwicklung der philosophischen Sektionen auch vom „Sieg [...] der westlich-liberalistischen Philosophie über die östlich-sozialistische" gesprochen.[568] Marquardt[569] gab zu Bedenken:

„In nüchternen Zahlen betrachtet, stellt sich das Ergebnis der Abwicklung so dar: Zur Zeit wird in den neuen Bundesländern an dreizehn Universitäten und Hochschulen Philosophie gelehrt. Es sind 132 Philosophen an diesen Instituten angestellt, davon 46 Professoren. Insgesamt stammen 24 Philosophen aus dem Osten, darunter sieben Professoren. Vier weitere Professoren der ehemaligen DDR arbeiten heute als wissenschaftliche Mitarbeiter. Die Gewinner der Wende scheinen also eindeutig die Westphilosophen zu sein."[570]

Auch diese Stellungnahme blendet aus, dass die Studenten und Wissenschaftler in den neuen Bundesländern nunmehr ohne staatliche Drangsalierung und ständige Überwachung ihren Studien nachgehen und durch Selbstdenken eine eigene Meinung entwickeln konnten. Zu Unrecht sprach das obige Zitat dem Erneuerungsprozess die Legitimität ab. Im Übrigen waren die vorher genannten Kritiken größtenteils undifferenziert und bezogen die vorhandenen, ideologiebelasteten Strukturen und Umstände in der ehemaligen DDR nicht mit ein. Insbesondere blieb ausgeklammert, dass im Vorfeld der Wiedervereinigung eine Gemeinsame Bildungskommission zwischen der DDR und der Bundesrepublik Deutschland gegründet wurde. Die DDR-Delegation hätte hierbei die Möglichkeit gehabt, die

---

[567] *Schneider*, Der Skandal der Abwicklung. Selbstvergessen – Wie deutsche Philosophen die DDR-Geschichte verdrängen, hochschule ost, Nr. 3/98, S. 72. Der Autor wurde am 04.05. 1956 geboren und ist seit 2006 Direktor der Universitätsbibliothek Leipzig (Stand: 07.07. 2018). Er studierte von 1975 bis 1980 Philosophie, Germanistik und Musikwissenschaften in Frankfurt a. M. und Berlin. 1988 promovierte er an der TU Berlin in Philosophie, bevor die Habilitation im selben Fach 1998 an der Universität Leipzig erfolgte. Seit 2004 ist er außerplanmäßiger Professor an der Universität Leipzig.

[568] *Maurer*, Der Liberalismus siegt. Die Abwicklung und das Schweigen der Philosophen, hochschule ost, Nr. 3/98, S. 138.

[569] Udo Marquardt lebte vom 26.02.1928 bis zum 09.05.2015 und war ordentlicher Professor für Philosophie an der Justus-Liebig-Universität Gießen. Er studierte von 1947 bis 1954 Philosophie, Germanistik sowie evangelische und katholische Theologie in Münster und Freiburg. 1954 promovierte er in Philosophie. 1963 erfolgte die Habilitation. 1965 wurde er zum ordentlichen Professor der Justus-Liebig-Universität Gießen berufen. Er war von 1985 bis 1987 Präsident der Allgemeinen Gesellschaft für Philosophie in Deutschland. Er erhielt zahlreiche Auszeichnungen, wie etwa den Sigmund-Freud-Preis für wissenschaftliche Prosa (1984) oder den Erwin-Stein-Preis (1992).

[570] *Marquardt*, Die philosophische Wende. Von der Abwicklung der DDR-Philosophie, hochschule ost, Nr. 3/98, S. 173. Zur Abwicklung der philosophischen Sektionen sei auf die weiteren Beiträge verwiesen: *Krause*, Formaldehyd für die elfte Feuerbachthese. Denken im Staatsdienst: Streit um Marxismus und die Abwicklung der DDR-Philosophie, Nr. 3/98, S. 121 ff.; *Heinrichs/Weinbach*, Mit PhilosophInnen ist ein Staat zu machen. Selbstaufgabe und Abwicklung der DDR-Philosophie, hochschule ost, Nr. 3/98, S. 130 ff.

Thematik aufzugreifen und verbindliche Regelungen mit der Delegation der Bundesrepublik Deutschland auszuhandeln. Wie aber die Unterlagen der Unterkommission „Hochschule und Wissenschaft" zeigen, wurden andere Themen vorrangig behandelt. Dies erschien vor dem Hintergrund eines enormen Zeitdrucks auch nachvollziehbar, da bspw. die Anerkennung von DDR-Bildungsabschlüssen ohne Zweifel eine wichtige Thematik darstellte. Da aber die Gemeinsame Bildungskommission eine Plattform geboten hätte, um das Vorgehen einer Abwicklung zu behandeln, ist der Vorwurf eines „westdeutschen Siegeszuges" oder eines „Verwaltungsakts aus Westberlin" hinsichtlich der Abwicklungsbeschlüsse nicht haltbar.

§ 13 Zusammenfassung und Gesamtwürdigung

Auf der Grundlage der vorherigen Abschnitte sind folgende Ergebnisse zu Art. 13 Abs. 1 Satz 4 EinigungsV festzuhalten:

- Die Abwicklung von Teilen der Hochschullandschaft der ehemaligen DDR war eine Notwendigkeit im Rahmen des Erneuerungsprozesses. Die Hochschulen wurden infolge der drei Hochschulreformen, insbesondere durch die III. Hochschulreform, durch weitreichende Gesetze und Verordnungen in den sozialistischen Staat integriert und die freie Forschung faktisch abgeschafft. Zwar trat ab der friedlichen Revolution von 1989 ein Erneuerungsprozess in den Hochschulen ein, der aber nicht so weit reichte, als das von einer strukturellen Erneuerung gesprochen werden konnte. Die Auflösung der ML-Einrichtung samt Abberufung des Lehrpersonals vermochte daran nichts zu ändern.

- Die im September in Kraft getretene VHO-DDR atmete im Gegensatz zur alten Rechtsordnung der ehemaligen DDR einen liberalen Geist und räumte den Hochschulen das Recht der Selbstverwaltung ein. Lothar de Maizière konnte Helmut Kohl dazu bewegen, dass die Verordnung auch nach Beitritt der DDR zur Bundesrepublik Deutschland wirksam blieb. Für Hans Joachim Meyer, dem maßgeblichen Initiator der VHO-DDR, war diese Verordnung als vorübergehende Amtshilfe für die Hochschulen in den neuen Bundesländern gedacht. Er dachte dabei aber nicht an die spätere Abwicklung. Das in § 82 VHO-DDR eingeräumte Selbstverwaltungsrecht sollte seiner Intention nach nicht als juristisches Schutzschild gegen die Abwicklung dienen.

- Die DDR und die Bundesrepublik Deutschland gründeten noch im Mai 1990, also vor Beitritt der 5 Länder, die Gemeinsame Bildungskommission um die Voraussetzungen für eine einheitliche Wissenschaftslandschaft zu schaffen. Die Ergebnisse der Kommission sind in Form der Art. 37, 38 EinigungsV in den Vertragstext eingeflossen. Hinsichtlich der universitären Einrichtungen wurde ursprünglich verlautbart, dass der Wissenschaftsrat diese begutachten sollte. Dies wurde aber letztlich nie durchgesetzt, da es vor allem auf Seiten der DDR Vorbehalte gab. Einer der Gründe war, dass der Wissenschaftsrat ein Gremium darstellte, in welchem ausschließlich westdeutsche Wissenschaftler vertreten waren. Die Sitzungsprotokolle zeigen außerdem, dass die Hochschulabwicklung bzw. Art. 13 Abs. 1 Satz 4 EinigungsV nicht thematisiert wurden. Die Gemeinsame Bildungskommission hatte daher keinen Einfluss auf die spätere Hochschulabwicklung.

- An der Gemeinsamen Bildungskommission war auch die Kultusministerkonferenz beteiligt, die bereits am 8./9. November 1990, also noch vor Beitritt der ostdeutschen Minister, eine Empfehlung hinsichtlich der Abwicklung universitärer Einrichtungen auf Grundlage von Art. 13 Abs. 1 Satz 4 EinigungsV beschloss. Weshalb gerade diese Rechtsgrundlage gewählt wurde, geht aus den Dokumenten nicht hervor, wohl aber die Empfehlung, „von der Abwicklung vorsorglich Gebrauch zu machen".

- In der Erinnerung von Hans Joachim Meyer war Art. 13 EinigungsV primär zur Behördenabwicklung gedacht. Solche Behörden, die in der ehemaligen DDR Aufgaben erfüllten, die in der Bundespublik nicht existierten, sollten abgewickelt werden können. Wie es letztlich dazu kam, dass sich Wolfgang Schäuble und Günther Krause als Verhandlungsführer darauf einigten, diese Regelung auch auf die Hochschullandschaft anzuwenden, kann zum jetzigen Zeitpunkt nicht geklärt werden.

- Der EinigungsV selbst enthielt keine detaillierten Regelungen zur Abwicklung, mit Ausnahme weniger Vorschriften, die die Errichtung einer öffentlich-rechtlichen Anstalt vorsahen und diese mit der Abwicklung betrauten. Weder das Verfahren noch der Rechtsschutz wurde explizit geregelt. Dies bildete den Kern der meisten Rechtsprobleme, die sich aus Art. 13 Abs. 1 Satz 4 EinigungsV ergaben.

- Die Rechtsprechung und die zeitgenössische Literatur bejahten weitgehend die Anwendbarkeit des Art. 13 Abs. 1 Satz 4 EinigungsV auf die (Teil-)Einrichtungen der Hochschulen mit überzeugenden Argumenten. Zu Recht wurde auf den klaren Wortlaut der Regelung des Art. 13 Abs. 3 Nr. 1 EinigungsV verwiesen. Zweifel wurden anfangs vor dem Hintergrund des Selbstverwaltungsrechts aus der VHODDR angemeldet. Wie Hans Joachim Meyer ausführt, dachte er bei der Ausarbeitung der VHO-DDR aber nicht an die Abwicklung. Daher konnte sie auch keinen juristischen Schutzschild darstellen.

- Aufgrund des Wortlautes des Art. 13 Abs. 1 Satz 4 EinigungsV („Abwicklung") vertrat eine Mindermeinung die Auffassung, dass alle unter Art. 13 Abs. 1 Satz 4 EinigungsV fallen (Teil-)Einrichtungen mit Wirksamkeit des EinigungsV aufgelöst worden seien. Solche Überlegungen wurden, wie Hans Joachim Meyer berichtet, auf westdeutscher Seite durchaus angestellt, allerdings nie politisch durchgesetzt. Ferner war Art. 13 EinigungsV dem Art. 130 GG nachgebildet, der nach h.M. die Alternativen der Überführung oder Auflösung vorsah und gerade nicht die Auflösung aller (Teil-)Einrichtungen bezweckte.

- Übereinstimmung herrschte weitgehend bezüglich des rechtlichen Abwicklungsmechanismus des Art. 13 Abs. 1 Satz 4 EinigungsV. Dieser verpflichtete die Landesregierungen nicht, eine positive Abwicklungsentscheidung zu treffen. Die Abwicklung trat ein, wenn die Landesregierung entweder eine positive Abwicklungsentscheidung traf (i), oder schon kraft Gesetzes, wenn die Landesregierung keine Überführungsentscheidung traf (ii). In der Rechtsprechung wurde teilweise die Auffassung einer Entscheidungspflicht vertreten. Sie widersprach aber dem klaren Telos der Regelung und dem Bedürfnis nach einer vereinfachten Liquidation der u. a. ehemaligen zentralstaatlichen (Teil-)Einrichtungen.

- Den mit Abstand größten juristischen Streitpunkt bildete die Rechtsnatur der Abwicklungsentscheidung. Stuften die Verwaltungsgerichte diese anfänglich noch als Verwaltungsakt ein, da sie die Beeinträchtigung des Selbstverwaltungsrecht aus der VHO-DDR sah, obwohl diese nach der Intention von Hans Joachim Meyer gerade kein Schutzschild darstellte, zeichnete sich ab Juni 1991 eine Kehrtwende ab. Die Abwicklungsentscheidung wurde zunehmend als organisationsrechtliche Maßnahme ohne Außenwirkung eingestuft. Das KreisG Leipzig-Stadt widersprach dieser Auffassung zwar weiterhin. Das BVerwG schloss sich aber der Ansicht an, dass die Auflösungsentscheidung lediglich eine organisationsrechtliche Maßnahme darstellte. Im Gegensatz zu den Verwaltungsgerichten vertraten die Gerichte für Arbeitssachen eine stringentere Haltung und stuften die Entscheidung von Anfang an als Organisationsmaßnahme ohne Außenwirkung ein. Das war auch ständige Rechtsprechung des BAG. Die Gerichte, die anfänglich einen Verwaltungsakt bejaht hatten, klammerten bei der Auslegung der Regelung den Willen der Vertragsparteien als auch die äußeren wirtschaftlichen und politischen Umstände aus. Denn von Anfang an hatten sich Wolfgang Schäuble und Günther Krause darauf verständigt, die deutsche Einheit so schnell wie möglich zu vollziehen. Dieses erklärte Ziel wäre konterkariert worden, wenn der Vollzug der Regelungen gerichtlich angreifbar gewesen wäre. Dies hätte die Einheit nicht nur zeitlich hinausverzögert, sondern die neuen Bundesländer auch finanziell belastet und die neu eingerichtete Verwaltung überfordert. Außerdem war die politische und wirtschaftliche Lage in der DDR sehr instabil geworden, sodass die Gefahr eines Kontrollverlustes bestand.

- Der Funktionswegfall der (Teil-)Einrichtung als Voraussetzung der Abwicklung wurde anfangs noch weit ausgelegt, sodass das VG Berlin auch die bloße Überleitung auf einen neuen Rechtsträger als Abwicklung der bisherigen Einrichtung qualifizierte. Dies hatte unmittelbare Auswirkungen auf die Abwicklungspolitik der Landesregierung, da das VG Berlin faktisch die generelle Abwicklung ohne jegliche Differenzierung billigte. Nach der sog. Warteschleifenentscheidung des BVerfG setzte sich allerdings die enge Auslegung des Funktionswegfalls durch. Danach wurde der Funktionswegfall nach den tatsächlichen Gegebenheiten beurteilt, sodass die bloße Überleitung nicht mehr als Auflösung qualifiziert werden konnte. Allerdings muss auch die enge Auslegung kritisch betrachten werden. Es ist nicht immer nachvollziehbar, weshalb nach Ansicht der Rechtsprechung bspw.

die ideologische Belastung einzelner Fächer keinen Funktionswegfall begründen sollte, da die geisteswissenschaftliche Ausbildung auf der obligatorischen Grundlage des Marxismus-Leninismus in der freiheitlich-demokratischen Bundesrepublik Deutschland keine Legitimationsbasis mehr besaß.

- Weder die Privatisierung noch die vorläufige Fortführung einer abzuwickelnden Einrichtung bzw. die Übernahme einer Vielzahl der Beschäftigten der abzuwickelnden Einrichtung hatte nach der Auffassung der Rechtsprechung die Überführung zur Folge. Die Rechtsprechung nahm gleichwohl eine Auflösung trotz inhaltlicher Änderung von Lehre und Forschung bei gleichzeitiger Aufrechterhaltung der Einrichtungsstrukturen an. Die vorläufige Fortführung der aufgelösten (Teil-)Einrichtungen diente vor allem den Studenten, ihr Studium zu beenden. Die vorläufige Fortführung der Einrichtung konnte daher nicht als konkludente Überführung gewertet werden.

- Die formellen Erfordernisse an eine Abwicklungsentscheidung wurden uneinheitlich beurteilt. Nach einer Rechtsauffassung war weder eine Bekanntgabe noch eine Anhörung erforderlich, da Art. 13 Abs. 1 Satz 4 EinigungsV keinen Verwaltungsakt darstelle. Die hierdurch ausgelösten Rechtsfolgen in Form des Ruhens der Arbeitsverhältnisse musste den betroffenen Arbeitnehmern jedoch „mitgeteilt" werden. Die Gegenmeinung bejahte das Erfordernis der Bekanntgabe aufgrund der Einstufung der Abwicklungsentscheidung als Verwaltungsakt. Jedoch gestand diese Rechtsauffassung die Entbehrlichkeit der Anhörung ein. Da das BVerwG, wie oben beschrieben, einen Verwaltungsakt ablehnte, war eine Anhörung richtigerweise nicht erforderlich. Die Auffassung des BVerwG entsprach dabei der Intention der Vertragsparteien nach einer schnellen Wiederherstellung der deutschen Einheit.

- Verfassungsrechtliche Probleme wurden von allen Gerichten einheitlich beantwortet. Demnach schützte die Wissenschaftsfreiheit aus Art. 5 Abs. 3 GG die Hochschuleinrichtungen nicht vor ihrer Abwicklung. Dabei argumentierten die Gerichte überzeugend, dass die (Teil-)Einrichtungen in der ehemaligen DDR aufgrund der Hochschul-VO (DDR) keine freie Forschung betreiben konnten, weswegen sie sich auch nicht im Geltungsbereich des Grundgesetzes auf die Wissenschaftsfreiheit stützen konnten.

- Die prozessualen Fragen knüpften unmittelbar an die oben beschriebenen Probleme an. Die Frage der statthaften Klageart ist unmittelbar mit der Rechtsnatur der Abwicklungsentscheidung verbunden: folgte das Gericht der Ansicht, dass diese einen Verwaltungsakt darstellte, so bejahte es folglich die Anfechtungsklage als statthafte Klageart, was in der Anfangszeit auch geschehen ist. Die Klagebefugnis leiteten die Gerichte ohne Berücksichtigung des Telos und der Intention des Gesetzgebers aus dem vermeintlichen Selbstverwaltungsrecht aus § 82 VHO-DDR ab. Da das BVerwG als höchste Instanz, entgegen der Mehrheit der Verwaltungsgerichte, eine Organisationsmaßnahme annahm, lehnte es die Anfechtungsklage ab. Komplizierter gestaltete sich die Situation bei den Angestellten, die gegen die Abwicklungsentscheidung vorgehen wollten. Anfangs wurde ihnen von Seiten der Literatur eine doppelte Prüfungsmöglichkeit empfohlen, erstens die Anfechtungsklage vor dem Verwaltungsgericht, zweitens die Feststellungsklage vor dem Arbeitsgericht. Diese Konstellation war juristisch wenig überzeugend. Das BVerwG hielt in diesem Zusammenhang jedenfalls fest, dass die Arbeitnehmer vollen Rechtsschutz vor den Arbeitsgerichten suchen konnten, da diese die Kompetenz hatten, inzident die Abwicklungsentscheidung zu prüfen. Im Übrigen verneinte es auch die Voraussetzungen für eine Feststellungsklage vor dem Verwaltungsgericht, weil kein feststellungsfähiges Verhältnis vorlag. Die bis dahin geltende Beweis- und Darlegungslastregel, dass der Angestellte die Überführung der (Teil-)Einrichtung beweisen musste, erklärte das BVerfG erst im Jahr 1999 für verfassungswidrig.

Die Ausführungen dieser Arbeit haben gezeigt, dass der Abwicklungsprozess der Hochschuleinrichtungen eine juristisch, aber auch emotional aufgeladene Thematik der Wiedervereinigung darstellte. Art. 38 Abs. 1 EinigungsV wollte einen Erneuerungsprozess von Wissenschaft und Forschung ermöglichen. Für die betroffenen Arbeitnehmer und den (Teil-)Einrichtungen offenbarte sich dieser „Prozess" als komplizierte und vielschichtige Rechtslage. Die Rechtsprechung zu Art. 13 Abs. 1 Satz 4 EinigungsV war in weiten Teilen oftmals gegensätzlich. Insbesondere hat die Rechtsprechung anfänglich bei ihrer Auslegung des Art. 13 Abs. 1 Satz 4 EinigungsV den Willen der Vertragsparteien, als auch die politischen und wirtschaftlichen Verhältnisse in der DDR außer Acht gelassen. Dies wurde am deutlichsten bei der Frage, ob die Abwicklungsentscheidung einen Verwaltungsakt darstellte bzw. bei der Frage, ob sich aus der VHO-DDR ein Selbstverwaltungsrecht ergab. In beiden Fällen war die Vertragsauslegung durch die frühe Rechtsprechung nicht gelungen.

Auch der zeitgenössischen Literatur gelang es nicht, eine einheitliche und überzeugende Rechtslösung anzubieten. Gerade in der Anfangszeit mussten Arbeitnehmer und (Teil-)Einrichtungen „ins Blaue" klagen und damit oftmals eine Klagcabweisung riskieren. Eine einzelne Gerichtsentscheidung konnte noch keine Rechtssicherheit erzeugen, da die Verfassungs-, Verwaltungs- und Arbeitsgerichte unterschiedliche Meinungen vertraten. Selbst das BVerfG, das ursprünglich Rechtsklarheit für ähnlich gelagerte Fälle schaffen wollte, konnte mit seinem sog. Warteschleifenurteil kein Licht ins Dunkle bringen. Hierfür waren seine Ausführungen zu zweideutig. Rechtsklarheit wurde hingegen mit der Regelung der Beweislast zu Gunsten der Arbeitnehmer geschaffen. Allerdings wurde diese Entscheidung erst neun Jahre nach Inkrafttreten des EinigungsV gefällt. Die Gerichte für Arbeitssachen vertraten hingegen eine stringente und klare Rechtsmeinung, die anfangs der Auffassung der Verwaltungsgerichte entgegenstand. Begleitet wurde der Abwicklungsprozess durch das emotional stark aufgeladene Medienecho aus den neuen und alten Bundesländern. Die Abwicklung wurde hierbei größtenteils als unfaire und als nicht rechtsstaatliche Maßnahme qualifiziert.

Auffällig war dabei die gegensätzliche Wahrnehmung zur Abwicklung der Hochschullandschaft zwischen Ost und West. Auf der einen Seite wurde von den abzuwickelnden (Teil-)Einrichtungen stets der eigene Wille zur Selbsterneuerung hervorgehoben. Die Abwicklung wurde teilweise von den Anhängern und Nutznießern des alten Regimes als „Siegeszug" des Westens bezeichnet und führten damit die DDR-Propaganda vom imperialistischen Westen fort. Die behauptete Selbsterneuerung vermochte allerdings das Vertrauen der Beteiligten der Bundesrepublik Deutschland nicht zu gewinnen. Dies mag auch daran gelegen haben, dass die Sektionen anfangs nur ihren Namen umänderten und die Personalstrukturen beibehielten, sodass auch die Selbsterneuerung durchaus kritisch zu betrachten war, der letztlich als Versuch der alten DDR-Eliten gewertet werden musste, den Machterhalt an die neuen Verhältnisse anzupassen, wie sich in vielen Fällen gezeigt hat. Auch das hatte in allen sozialistischen Ländern Tradition: Alle staatlichen und gesellschaftlichen Einrichtungen mussten sich nach Kursänderungen auf dem Parteitag jeweils schnell an die neue Parteilinie anpassen. So änderten ausnahmslos alle ehemaligen Sektionen Marxismus-Leninismus ihren Namen um, allerdings unter Beibehaltung der alten Personalstrukturen. Die Auflösung der Hochschuleinrichtungen war damit auch die Folge eines jahrzehntelangen sozialistischen Experiments, das den Praxistest in der Wirklichkeit nicht bestanden hat und aufgrund seiner verfehlten Annahmen auch nicht bestehen konnte. Nur durch den staatlichen Zwangsapparat konnte sich dieses System überhaupt so lange halten.

Zweifelsohne hatte der Vertragstext des EinigungsV im Zusammenhang der Abwicklung der Hochschullandschaft eine große Rechtsunsicherheit geschaffen. Dies ist deshalb überraschend, da der EinigungsV an vereinzelten Stellen durchaus das Verfahren regelte. Weswegen dies für einen so zentralen Bereich wie der Hochschullandschaft unterblieben war, ist verwunderlich. Hierbei hat die Untersuchung aber gezeigt, dass ursprünglich getroffene Vereinbarungen später nicht umgesetzt wurden. Zunächst wurde nämlich in der Gemeinsamen Bildungskommission verlautbart, dass auch die Hochschuleinrichtungen vom Wissenschaftsrat begutachtet werden sollten, wie es in Art. 38 EinigungsV hieß. Von dieser Vorgehensweise wurde allerdings wieder Abstand genommen, um dem Wissenschaftsrat im Hinblick auf die Hochschullandschaft keine dominierende Rolle zukommen zu lassen. Wäre dieses Vorhaben wie ursprünglich geplant durchgeführt worden, so hätte der Wissenschaftsrat, dessen Expertise unbestritten war, für jede (Teil-)Einrichtung eine fundierte Analyse erstellen können. Die Landesregierungen hätten sich auf die erzielten Ergebnisse stützen können, ohne sich der planlosen Abwicklung verdächtig zu machen. Darüber, ob ein solches Verfahren eine geregelte, rechtskonforme Abwicklung zur Folge gehabt hätte, lässt sich nur spekulieren. Fest steht aber, dass ein solche Vorgehensweise wieder aufgegeben wurde. Es ist wohl davon auszugehen, dass die Hochschulen aufgrund des enormen Zeitdrucks und aufgrund anderer elementarer wirtschaftlicher Bedürfnisse, etwa die Anerkennung in der ehemaligen DDR erworbener schulischer, beruflicher und akademischer Abschlüsse (Art. 37

EinigungsV) oder die Schuldenregelung (Art. 23 EinigungsV), nicht ganz oben auf der Verhandlungsagenda gestanden haben.

Damit wurde Art. 13 Abs. 1 Satz 4 EinigungsV, entgegen der ursprünglichen Intention der Parteien, zur zentralen Rechtsgrundlage der Hochschulabwicklung. An dieser Ermächtigungsgrundlage hafteten allerdings so viele sprachliche Ungenauigkeiten, sodass die Abwicklung der Hochschullandschaft mit der kurzen und knappen Formulierung „Die Landesregierung regelt die Überführung oder Abwicklung" nicht ohne erhebliche Rechtsprobleme zu lösen war. Art. 13 Abs. 1 Satz 4 EinigungsV mochte für andere (Teil)Einrichtungen der ehemaligen DDR, denen zweifelsohne keine Bedeutung mehr zukam, eine schnelle und vereinfachte Liquidierung ermöglichen. Genannt seien etwa die Auslandsbotschaften oder das Ministerium für Staatssicherheit der ehemaligen DDR. Im Gegensatz hierzu war die Abwicklung des Hochschulbereichs aus juristischer Sicht zu komplex, als dass sie mit einem kurzen und knappen Satz aufzulösen war. Komplexe Fragen des Verfassungs-, Verwaltungs- und des Verfahrensrechts überlagerten das Vorhaben der schnellen Neuschaffung einer Hochschullandschaft.

Auch wenn Art. 13 Abs. 1 Satz 4 EinigungsV vom BVerfG als verfassungskonform eingestuft wurde, ließ die Regelung zentrale Rechtsstaatsgebote, wie etwa das Erfordernis der Anhörung, faktisch ausgeklammert und vergrößerte die anfängliche Rechtsunsicherheit. Es ist vor diesem Hintergrund kein Zufall, dass der Großteil der rechtshängigen Klagen im Rahmen von Art. 13 Abs. 1 Satz 4 EinigungsV einen Hochschulbezug aufwies. Abschließend sei erwähnt, dass die in dieser Arbeit behandelte Thematik lediglich den Anfang der Hochschulabwicklung beschreibt. Der anschließende Neuaufbau der Hochschulen und die daran anknüpfenden Evaluierungen der wissenschaftlichen Lehrkräfte sollte die Landesregierungen erneut vor einer juristischen Herausforderung stellen.

Hervorzuheben ist schließlich, dass die Situation der Wiedervereinigung in tatsächlicher und juristischer Hinsicht völlig neuartig war. Daher existierten zum Zeitpunkt der Auflösungen keine Gerichtsentscheidungen oder andere Orientierungshilfen. Die Formulierung des Art. 13 Abs. 1 Satz 4 EinigungsV ließ völlig offen, unter welchen Voraussetzungen eine Auflösung rechtmäßig war. Dies führte in Berlin dazu, dass zahlreiche Sektionen rechtswidrig durch die Landesregierung aufgelöst wurden. Zwar wurden im Jahr 1991 die ersten Gerichtsentscheidungen getroffen. Doch boten auch diese wenig Rechtssicherheit, da sie sich in entscheidenden Fragen z. T. diametral entgegenstanden. Als Beispiel sei die unterschiedliche Einstufung der Rechtsnatur der Auflösungsentscheidung genannt. Hinzu kommt, dass die Rechtsprechung zum Teil verfassungswidrig war, wie das Urteil des BVerfG im Jahr 1999 in Bezug auf die Beweis- und Darlegungslast zeigte.

Meines Erachtens wäre es auch politisch nicht möglich gewesen, die deutsche Einheit mit dem Ziel hinauszögern, die einzelnen Regeln des EinigungsV juristisch zu präzisieren. Zum einen war die politische Situation in der DDR vor der Wiedervereinigung mit unkalkulierbaren Risiken verbunden, wie Wolfgang Schäuble im persönlichen Gespräch ausgeführt hat. Die wirtschaftliche und soziale Lage in der DDR führte nämlich zu Demonstrationen und Streiks. Wie bereits erläutert, verließen zwischen Oktober 1989 und Januar 1990 über 300.000 Menschen die DDR. Die politischen Protagonisten der Wiedervereinigung standen also unter enormen Zeitdruck, da die weitere politische Entwicklung unvorhersehbar war. Wolfgang Schäuble und Günther Krause wollten die „politische Vereinigung lieber heute als morgen"[571], da insbesondere Krause befürchtete, dass die gewählte Volkskammer ihre Legitimität verlieren konnte, wenn sich keine Besserungen einstellten. Wolfgang Schäuble vertrat insbesondere die Auffassung, dass sich die Vorgänge im Zusammenhang mit der Revolution in kurzer Zeit hätten beschleunigen und zum Kontrollverlust hätte führen können.

Dieser Zeitdruck muss beim Zustandekommen des EinigungsV berücksichtigt werden. Erst nach der Volkskammerwahl vom 18.03.1990 und dem Sieg des Wahlbündnisses „Allianz für Deutschland" konnten Gespräche bezüglich der deutschen Einheit mit der Bundesrepublik Deutschland aufgenommen werden.[572] Der EinigungsV selbst wurde bereits am 30.09.1990 verkündet, also etwas mehr als ein halbes Jahr nach der Volkskammerwahl. Innerhalb dieser sechs Monate mussten alle wesentlichen Bereiche der ehemaligen DDR geregelt werden, etwa die Rechtsangleichung, die völkerrechtlichen Verträge und Vereinbarungen sowie die öffentliche Verwaltung und Rechtspflege. Eine solche außergewöhnliche Situation hatte es weltweit noch nicht gegeben. Vor diesem Hintergrund wäre es wahrscheinlich unmöglich gewesen, alle Bereiche des EinigungsV, wie etwa Art. 13 Abs. 1 Satz 4 EinigungsV, juristisch bis in das kleinste Detail auszuarbeiten.

Hinzukam, dass die ehemalige DDR finanziell marode war und einen überbesetzten Behördenapparat aufwies. Mit jedem weiteren Tag erzeugte dieser Apparat erhebliche Kosten. Es war von Anfang an offensichtlich, dass einige (Teil-)Einrichtungen im wiedervereinigten Deutschland nicht mehr benötigt werden würden. Wäre jeder einzelne Bereich im EinigungsV mit einem detaillierten Verfahren ausgearbeitet worden, hätten die Verhandlungen womöglich Jahre, wenn nicht Jahrzehnte gedauert. In dieser Zeit hätten wiederum Lohnfortzahlungen für jeden einzelnen Angestellten getätigt werden müssen. Dies hätte wiederum eine nach oben nicht begrenzte und nicht bezifferbare finanzielle Belastung zur Folge gehabt. Bereits jetzt schon werden die Kosten der Wiedervereinigung zwischen eine und zwei Billionen Euro geschätzt.[573] Vor diesem Hintergrund stellt sich die Frage, ob die

---

[571] *Schäuble*, Der Vertrag. Wie ich über die deutsche Einheit verhandelte, Stuttgart 1993, S. 140.

[572] Die Vorbereitungen für die Einheit wurden im Bonner Innenministerium bereits seit Februar 1990 vorbereitet, nachgewiesen bei *Schäuble*, Der Vertrag, S. 140.

[573] Verwiesen sei hierbei auf Bundeszentrale für politische Bildung: Die Frage nach den Kosten der Wiedervereinigung, 28.09.2015, abgerufen am 10.08.2018 unter: http://www.bpb.de/geschichte/deutsche-einheit/zahlen-und-fakten-zur-deutschen-einheit/212659/die-frage-nach-den-kosten-der-wiedervereinigung.

deutsche Wiedervereinigung in einem solchen Fall noch überhaupt finanzierbar gewesen wäre.[574]

---

[574] Mit „finanzierbar" ist in diesem Kontext die Schuldentilgung der ehemaligen DDR durch die Bundesrepublik Deutschland im weitesten Sinne gemeint, etwa die Tilgung der Gesamtverschuldung des Republikhaushalts.

Dritter Teil

Die juristische Abwicklung der Interflug

§ 14 Die Treuhandanstalt als zentrale Einrichtung zur Privatisierung und Abwicklung

A. Zur Geschichte der Treuhandanstalt

Wie im Allgemeinen bekannt ist, war die Treuhandanstalt zentraler Akteur im Rahmen der Privatisierung des sog. Vermögens der ehemaligen DDR.[1] Aufgrund der Vielzahl zu privatisierender Wirtschaftseinheiten kann die Aufgabe der Treuhandanstalt als historische Einmaligkeit bezeichnet werden.[2] Der besonderen Situation war sich die damalige DDR Regierung unter Hans Modrow bei ihren Überlegungen zur Schaffung der Treuhandanstalt zunächst nicht bewusst. Sie ging davon aus, dass die Privatisierung überwiegend eine buchhalterische Tätigkeit darstellen würde.[3] Daher befassten sich am Anfang lediglich 150 Juristen und Experten aus dem DDR Finanzministerium und westdeutsche Berater mit dieser Aufgabe.[4] In den darauffolgenden zwei Jahren wuchs die Zahl der Treuhandanstalt-Angestellten auf 4.000 Mitarbeitern in der Berliner Hauptzentrale und in weiteren 15 Niederlassungen an. Wie keine zweite Institution wird die Treuhandanstalt mit der Wiedervereinigung verbunden und in regelmäßigen Abständen in den Medien thematisiert.[5] Die Tat-

---

[1] Privatisierung ist in diesem Kontext im weitesten Sinne zu verstehen, also auch die Sanierung, die Veräußerung an Dritte oder die (teilweise) Liquidierung.

[2] Zur zeitgenössischen Berichterstattung über die Treuhandanstalt: *Böick*, Die Treuhand: Idee – Praxis – Erfahrung 1990–1994, 2018, S. 19 ff.; die Geschichte der Treuhandanstalt von 1989/1990 bis 1994 ist aktuell Gegenstand eines Forschungsprojekts des Instituts für Zeitgeschichte München – Berlin, vgl. *Hoffmann*, Im Laboratorium der Marktwirtschaft: Zur Geschichte der Treuhandanstalt 1989/90 bis 1994, Vierteljahreshefte für Zeitgeschichte, 66. Jg., Heft 1, Januar 2018, S. 167 ff. Im Zeitpunkt der Abgabe dieser Arbeit befindet sich das Projekt noch in der Realisierung.

[3] *Czada*, Vom Plan zum Markt. Die radikale Massenprivatisierung der Treuhandanstalt, abgerufen am 03.08.2018 unter http://www.politik.uni-osnabrueck.de/POLSYS/Archive/fs_tha/einleit.htm.

[4] *Czada*, Vom Plan zum Markt. Die radikale Massenprivatisierung der Treuhandanstalt, abgerufen am 03.08.2018 unter http://www.politik.uni-osnabrueck.de/POLSYS/Archive/fs_tha/einleit.htm.

[5] Zuletzt etwa im Deutschlandfunk Kultur, Ein Buch über die Treuhandanstalt. Negativ-Mythos der Wendezeit, Interview mit dem Historiker *Böick* v. 03.08.2018, abgerufen am 10.08.

sache, dass mit der ehemaligen DDR die bis dahin größte sozialistische Volkswirtschaft privatisiert wurde, machte die Treuhandanstalt zeitweise zur „größten
Holding der Welt".[6] Nach der Wiedervereinigung mussten u. a. 8.000 Firmen, die
sich infolge von Ausgründungen auf 15.000 Betriebe und Betriebsteile erhöhten,
45.000 Betriebsstätten, 20.000 Gaststätten und Ladengeschäfte sowie 1.839 Apo-
theken privatisiert werden.[7] Mit der Interflug, die über 2.000 Arbeitnehmer beschäftigte, hatte die Treuhandanstalt ein besonders komplexes Unternehmen abzuwickeln. Aufgrund der historischen Bedeutung, die der Treuhandanstalt allgemein
im Rahmen der Abwicklungsprozesse zukam, wird ihre Geschichte und ihre wichtigsten Regelwerke kurz vorangestellt.

I. Die Gründung der Ur-Treuhandanstalt

Die Geschichte der Treuhandanstalt beginnt mit der friedlichen Herbstrevolution
Ende des Jahres 1989 und war ein Ergebnis des sog. Runden Tisches, dessen Einrichtung von der Bürgerbewegung „Demokratie Jetzt" gefordert wurde.[8] Einge-
richtet wurde der Runde Tisch am 7. Dezember 1989.[9] Dem Runden Tisch gehörten
zum einen 15 Vertreter der SED und deren Blockparteien, etwa der LPDP und der
NDPD, sowie 15 Vertreter von Oppositionsgruppen, wie etwa dem „Neues Forum"
oder der SPD, an.[10] Bis zum 11. März 1989 fanden insgesamt 16 Sitzungen statt.[11]
Die erste Sitzung fand am 7. Dezember 1989 im Dietrich-Bonhoeffer-Haus in Berlin
Mitte statt.[12] Dort wurden bereits weitreichende Beschlüsse gefasst, wie etwa die
Auflösung des „Amtes für Nationale Sicherheit" und die Volkskammerwahl am

---

2018 unter: https://www.deutschlandfunkkultur.de/ein-buch-ueber-die-treuhandanstalt-negativ-
mythos-der.1008.de.html?dram:article_id=424604.

[6] Wissenschaftlicher Dienst des Deutschen Bundestages, Einzelfragen zur Treuhandanstalt,
09. 08. 2011, Ausarbeitung WD 4 – 3000 – 126/11, S. 4, abgerufen am 30. 07. 2018 unter: https://
www.bundestag.de/blob/408104/2f2ca8f2c33169f6b4cdcdfff554dad5/wd-4-126-11-pdf-data.
pdf.

[7] Wissenschaftlicher Dienst des Deutschen Bundestages, Einzelfragen zur Treuhandanstalt,
09. 08. 2011, Ausarbeitung WD 4 – 3000 – 126/11, S. 4, abgerufen am 30. 07. 2018 unter: https://
www.bundestag.de/blob/408104/2f2ca8f2c33169f6b4cdcdfff554dad5/wd-4-126-11-pdf-data.
pdf.

[8] MDR, Der Zentrale Runde Tisch von Berlin, 14. 06. 2011, aufgerufen am 22. 07. 2018
unter https://www.mdr.de/damals/archiv/artikel60690.html.

[9] Zur Vertiefung: *Hahn*, Der Runde Tisch. Das Volk und die Macht. Politische Kultur im
letzten Jahr der DDR, 1998.

[10] MDR, Der Zentrale Runde Tisch von Berlin, 14. 06. 2011, aufgerufen am 22. 07. 2018
unter https://www.mdr.de/damals/archiv/artikel60690.html. Der Artikel bietet außerdem eine
detaillierte Übersicht der Sitzverteilung des Runden Tisches.

[11] *Böick*, Die Treuhand: Idee – Praxis – Erfahrung 1990–1994, 2018, S. 143.

[12] Bundesregierung, Der „Runde Tisch" tagt zum letzten Mal, aufgerufen am 20. 07. 2018
unter: https://www.bundesregierung.de/Content/DE/Artikel/2014_Deutsche_Einheit/1990-03-
12-der-runde-tisch-tagt-zum-letzten-mal.html.

6. März 1990.[13] Wirtschaftliche Fragen wurden erst Ende Dezember 1989 disku-
tiert.[14] Im Vorfeld der Gründung der Ur-Treuhandanstalt waren sich alle Vertreter am
Runden Tisch über die Notwendigkeit einer Einrichtung zum Schutze des DDR-
Vermögens einig. Die Notwendigkeit ergab sich aus der Entwicklung, so Fischer und
Schröter, dass sich die alten Eliten der DDR „kraft ihrer Verbindung" am Volks-
vermögen bereicherten.[15] Außerdem grassierte aufgrund der seinerzeit schwachen
Währung der DDR-Mark die Furcht vor einem „Ausverkauf der DDR".[16]

Das Vermögen sollte in Form von Anteilsscheinen an die Bevölkerung verteilt
werden.[17] Die Idee einer Einrichtung zur „treuhänderischen Verwaltung des
Volksvermögens" stammte vom ostdeutschen Theologen Ullmann, der den Vor-
schlag am 12. Februar 1990 den Teilnehmern des Runden Tisches unterbreitete.[18]
Das hierbei zu Grunde liegende Konzept ließ sich Ullmann von der Schweizer
Beratungsgesellschaft Management + Future erarbeiten. Die Empfehlung lautete,
die Kombinate in kleinere Gesellschaften zu entflechten und deren Anteile an die
Arbeitnehmer zu übertragen.[19] In der Sitzung vom 26. Februar 1990 wurde sodann
die „Verordnung zur Umwandlung von volkseigenen Kombinaten, Betrieben und
Einrichtungen in Kapitalgesellschaften" (Umwandlungsverordnung) vorgelegt.[20]
Diese verfolgte das Ziel der Umwandlung der volkseigenen Betriebe in die
Rechtsformen der AG oder der GmbH. Die Umwandlung sollte mit Hilfe der „Anstalt
zur treuhänderischen Verwaltung des Volkseigentums (Treuhandanstalt)" vollzogen
werden. Die Übertragung des Vermögens auf eine Holding sollte die Anteilsrechte
der DDR-Bürger wahren.[21] Am 1. März 1990 beschloss der Ministerrat schließlich

---

[13] MDR, Der Zentrale Runde Tisch von Berlin, 14.06.2011, aufgerufen am 22.07.2018
unter https://www.mdr.de/damals/archiv/artikel60690.html. Der Artikel bietet außerdem eine
detaillierte Übersicht der Sitzverteilung des Runden Tisches; weitere Ausführungen bietet die
Seite der Bundesstiftung unter https://deutsche-einheit-1990.de/friedliche-revolution/ueber
gangsregierung-hans-modrow/, u. a. mit der Abbildung von Originaldokumenten der damaligen
Ereignisse (Stand: 22.07.2018).

[14] *Böick*, Die Treuhand: Idee – Praxis – Erfahrung 1990–1994, 2018, S. 143.

[15] So einschließlich des Zitats *Fischer/Schröter*, Die Entstehung der Treuhandanstalt, S. 27,
in: Fischer/Hax/Schneider, Treuhandanstalt. Das Unmögliche wagen, 1993.

[16] So einschließlich des Zitats *Fischer/Schröter*, Die Entstehung der Treuhandanstalt, S. 27,
in: Fischer/Hax/Schneider, Treuhandanstalt. Das Unmögliche wagen, 1993. Vertiefend: *Böick*,
Die Treuhand: Idee – Praxis – Erfahrung 1990–1994, 2018, S. 143 ff.

[17] *Jürgs*, Ein Land im Sonderangebot, Der Spiegel, Ausgabe 06/1997, S. 100.

[18] *Laabs*, Der deutsche Goldrausch: Die wahre Geschichte der Treuhand, 2012, S. 34, 35;
Gimmy, Das Unmögliche wagen – Eine Würdigung der Arbeit der Treuhandanstalt, in: VIZ
1994, 633, 634; Bundesanstalt für vereinigungsbedingte Sonderaufgaben (BvS), „Schnell
privatisieren, entschlossen sanieren, behutsam stilllegen", Abschlussbericht der BvS, S. 24.

[19] *Jürgs*, Ein Land im Sonderangebot, Der Spiegel, Ausgabe 06/1997, S. 101.

[20] *Gimm*, Das Unmögliche wagen – Eine Würdigung der Arbeit der Treuhandanstalt, in:
VIZ 1994, 633, 634.

[21] Untersuchungsausschuss des Deutschen Bundestages, Bericht vom 29.08.1994, Drs. 12/
8404, S. 39, aufgerufen am 25.07.2018 unter http://dipbt.bundestag.de/doc/btd/12/084/12084
04.pdf; *Jürgs*, Ein Land im Sonderangebot, Der Spiegel, Ausgabe 07/1997, S. 100.

die Gründung der Anstalt zur treuhänderischen Verwaltung des Volkseigentums.[22] Der Beschluss beinhaltete zunächst sechs Punkte, in welchen die Grundaufgaben der Ur-Treuhandanstalt vor Verabschiedung ihres Statutes festgelegt wurden. Die Ur-Treuhandanstalt war fortan verantwortlich für die Treuhandschaft über das volkseigene Vermögen, das sich in Fondsinhaberschaft von Betrieben, Einrichtungen, Kombinaten sowie wirtschaftsleitenden Organen und sonstigen im Register der volkseigenen Wirtschaft eingetragenen Wirtschaftseinheiten befanden. Ihr wurde sowohl das Recht zur Emittierung von Wertpapieren als auch das Beauftragungsrecht natürlicher oder juristischer Personen zur Gründung einer Kapitalgesellschaft eingeräumt.[23] Das Statut der Ur-Treuhandanstalt („Ur-Treuhandanstalt-Statut") wurde am 15.03.1990 vom Ministerrat beschlossen.[24] Nach § 1 Abs. 1 Satz 1, 2 Treuhandanstalt-Statut war die Treuhandanstalt juristische Person in Form der Anstalt des öffentlichen Rechts. 1. Vorsitzender des Direktoriums wurde Peter Moreth.[25] Die Hauptaufgabe der Treuhandanstalt lag vor allem in der Umwandlung und Entflechtung von Kombinaten und Betrieben.[26]

Die Ur-Treuhandanstalt sollte sich lediglich auf die Verwaltung des übertragenen Vermögens beschränken, Privatisierungen auf Grundlage von § 6 Abs. 4 a) des Ur-Treuhandanstalt-Status sollten daher die Ausnahme bleiben.[27] Die DDR Regierung unter Hans Modrow[28] erhoffte sich hierdurch insbesondere Investitionen aus dem Westen.[29] Auch das Konzept der staatlich gelenkten Wirtschaft sollte aufrechterhalten bleiben. Kaum berücksichtigt wurde allerdings die marode Struktur der DDR-Betriebe, die gegenüber westlichen Unternehmen nicht wettbewerbsfähig war.

---

[22] Beschluß zur Gründung der Anstalt zur treuhänderischen Verwaltung des Volkseigentums (Treuhandanstalt) v. 01.03.1990, DDR GBl. 1990, Teil I, Nr. 14, S. 107.

[23] Nummer 3 und 4 des Beschlusses vom 01.03.1990, BArch, DC-20/I/3/2922, abgerufen am 06.06.2018 unter: https://deutsche-einheit-1990.de/wp-content/uploads/DC_20_I_3_2922_0065.pdf.

[24] Statut der Anstalt zur treuhänderischen Verwaltung des Volkseigentums (Treuhandanstalt), Beschluss des Ministerrates vom 15.03.1990, in: BArch, DC-20/I/3/2935, abgerufen am 06.06.2018 unter: https://deutsche-einheit-1990.de/wp-content/uploads/DC_20_I_3_2935_012 0.pdf.

[25] Untersuchungsausschuss des Deutschen Bundestages, Bericht vom 29.08.1994, Drs. 12/8404, S. 39, aufgerufen am 25.07.2018 unter http://dipbt.bundestag.de/doc/btd/12/084/12084 04.pdf.

[26] *Fischer/Schröter*, Die Entstehung der Treuhandanstalt, S. 30, in: Fischer/Hax/Schneider, Treuhandanstalt. Das Unmögliche wagen, 1993.

[27] Abschlussbericht der BvS, S. 25.

[28] Zur Vita von Hans Modrow: Wer war wer in der DDR?, in: Datenbank der Bundesstiftung, abgerufen am 15.07.2018 unter https://www.bundesstiftung-aufarbeitung.de/wer-war-wer-in-der-ddr-%2363%3B-1424.html?ID=2355.

[29] Wissenschaftlicher Dienst des Deutschen Bundestages, Einzelfragen zur Treuhandanstalt, 09.08.2011, Ausarbeitung WD 4–3000–126/11, S. 4, abgerufen am 30.07.2018 unter: https://www.bundestag.de/blob/408104/2f2ca8f2c33169f6b4cdcdfff554dad5/wd-4-126-11-pdf-data.pdf.

Am 1. März 1990 trat sodann die bereits erwähnte Umwandlungsverordnung in Kraft.[30] Die Verordnung knüpfte an die Zielvorgaben der Ur-Treuhandanstalt an und bot die rechtliche Voraussetzung zur Umwandlung der Betriebe in die Rechtsform der GmbH oder AG. Nach § 3 Abs.1 Umwandl.-VO (DDR) übernahm die Treuhandanstalt die Geschäftsanteile bzw. Aktien der gebildeten Kapitalgesellschaften. Zur Umwandlung bedurfte es nach § 4 Abs. 1 Umwandl.-VO (DDR) der Umwandlungserklärung des Betriebes und der Ur-Treuhandanstalt.

Im Allgemeinen war die Arbeit der Ur-Treuhandanstalt in der ehemaligen DDR starker Kritik ausgesetzt.[31] Das Arbeitstempo der Ur-Treuhandanstalt wurden als zu langsam wahrgenommen. Fischer und Schröter verweisen in diesem Zusammenhang auf die knappen Ressourcen der Ur-Treuhandanstalt. Der Stellenplan im Juli 1990 sah beispielsweise gerade einmal 143 Mitarbeiter vor, die in drei Monaten etwa 8.000 Kombinate und Betriebe zu entflechten bzw. in Kapitalgesellschaften zu überführen hatten.[32] Hiervon wurden 3.600 Betriebe bis zum Beginn der Währungsunion in Kapitalgesellschaften umgewandelt.[33] Die verbliebenen Betriebe wurden als Kapitalgesellschaften im Aufbau fortgeführt.

II. Die Aufgabenerweiterung im Zusammenhang des Treuhandgesetzes vom 17. Juni 1990

Nach der Volkskammerwahl im März 1990 wurden bereits Verbesserungsvorschläge diskutiert, wie das Volksvermögen am besten der Bevölkerung zu übertragen war. Hierbei wurden auch westdeutsche Entwürfe berücksichtigt. Genannt sei beispielsweise das „Bonner Konzept" des Bundeskanzleramts und des Bundeswirtschaftsministeriums, welches drei verschiedene Organisationen für die Bereiche gewerbliches Vermögen, Landwirtschaft und Wohnungswesen in der Rechtsform der AG vorsah.[34] Einen Gegenentwurf lieferte das „Bielefelder Konzept" und sah die Treuhandanstalt in der Rechtsform der öffentlichen-rechtlichen Anstalt vor.[35] Beide Konzepte unterschieden sich darin von der ursprünglichen Vorstellung Ullmanns, dass die Anteile an den Betrieben verkauft werden sollten. Das „Bielefelder Kon-

---

[30] Verordnung zur Umwandlung von volkseigenen Kombinaten, Betrieben und Einrichtungen in Kapitalgesellschaften v. 01.03.1990, DDR GBl. 1990, Teil I, Nr. 14, S. 107.

[31] *Fischer/Schröter*, Die Entstehung der Treuhandanstalt, S. 30, in: Fischer/Hax/Schneider, Treuhandanstalt. Das Unmögliche wagen, 1993; *Böick*, Die Treuhand: Idee – Praxis – Erfahrung 1990–1994, 2018, S. 246 ff.

[32] *Fischer/Schröter*, Die Entstehung der Treuhandanstalt, S. 30, in: Fischer/Hax/Schneider, Treuhandanstalt. Das Unmögliche wagen, 1993.

[33] *Fischer/Schröter*, Die Entstehung der Treuhandanstalt, S. 31, in: Fischer/Hax/Schneider, Treuhandanstalt. Das Unmögliche wagen, 1993.

[34] *Fischer/Schröter*, Die Entstehung der Treuhandanstalt, S. 34, in: Fischer/Hax/Schneider, Treuhandanstalt. Das Unmögliche wagen, 1993

[35] *Gimmy*, Das Unmögliche wagen – Eine Würdigung der Arbeit der Treuhandanstalt, in: VIZ 1994, 633, 634.

zept" konnte sich durchsetzen und diente der Regierung de Maizière als Diskussionsvorlage.[36] Am 7. Juni 1990 wurde der Entwurf zum Treuhandgesetz in der Volkskammer emotional diskutiert.[37] Sodann wurde am 17. Juni 1990 das Gesetz zur Privatisierung und Reorganisation des volkseigenen Vermögens („Treuhandgesetz" bzw. „TreuhG") verabschiedet, welches am 1. Juli 1990 in Kraft trat.[38] Dieses löste das bis dahin geltende Statut und den Gründungsbeschluss der Treuhandanstalt ab und wurde in enger Zusammenarbeit mit der Bundesregierung erarbeitet.[39] Die ursprüngliche, von der Regierung Modrow gegründete Treuhandanstalt wurde seither als Ur-Treuhandanstalt bezeichnet. Das TreuhG, sowie die erlassenen Durchführungsverordnungen, definierten nunmehr neue Aufgaben.[40]

Zentrale Regelungen des TreuhG waren § 1 Abs. 1 Satz 1 TreuhG, wonach das volkseigene Vermögen in der ehemaligen DDR zu privatisieren war. Nach § 2 Abs. 1 Satz 2 TreuhG diente die Treuhandanstalt der Privatisierung und Verwertung volkseigenen Vermögens nach den Prinzipien der sozialen Marktwirtschaft. Nach § 2 Abs. 6 TreuhG sollte die Treuhandanstalt „die Strukturanpassung der Wirtschaft an die Erfordernisse des Marktes fördern, indem sie insbesondere auf die Entwicklung sanierungsfähiger Betriebe zu wettbewerbsfähigen Unternehmen und deren Privatisierung Einfluß […] [nahm]". § 1 Abs. 4 TreuhG legte dabei fest, dass die Treuhandanstalt nach Maßgabe dieses Gesetzes u. a. Inhaber der Anteile der Kapitalgesellschaften wurde, die durch Umwandlungen der im Register der volkseigenen Wirtschaft eingetragenen volkseigenen Kombinate, Betriebe, Einrichtungen und sonstigen juristisch selbständigen Wirtschaftseinheiten entstanden oder bis zum Inkrafttreten des TreuhG entstanden waren.[41] Volkseigene Kombinate sollten in Aktiengesellschaften, Kombinatsbetriebe und andere Wirtschaftseinheiten in Kapitalgesellschaften, vorzugsweise in GmbHs, umgewandelt werden, § 11 Abs. 1 Satz 2 TreuhG.[42] Die Treuhandanstalt hatte nach § 2 Abs. 1 TreuhG die Rechtsform der Anstalt des öffentlichen Rechts.

---

[36] *Gimmy,* Das Unmögliche wagen – Eine Würdigung der Arbeit der Treuhandanstalt, in: VIZ 1994, 633, 634.

[37] Zur Vertiefung: *Böick,* Die Treuhand: Idee – Praxis – Erfahrung 1990–1994, 2018, S. 221 ff.

[38] Gesetz zur Privatisierung und Reorganisation des volkseigenen Vermögens vom 17. Juni 1990, DDR GBl. 1990, Teil I, Nr. 33, S. 300.

[39] Bundeszentrale für politische Bildung, Handwörterbuch des politischen Systems der Bundesrepublik Deutschland: Treuhandanstalt, abgerufen am 20.07.2018 unter http://www.bpb. de/nachschlagen/lexika/handwoerterbuch-politisches-system/202195/treuhandanstalt?p=all.

[40] Untersuchungsausschuss des Deutschen Bundestages, Bericht vom 29.08.1994, Drs. 12/ 8404, S. 39, aufgerufen am 25.07.2018 unter http://dipbt.bundestag.de/doc/btd/12/084/12084 04.pdf; *Jürgs,* Ein Land im Sonderangebot, Der Spiegel, Ausgabe 07/1997, S. 135, 136.

[41] Zur inneren Organisation der Treuhandanstalt sei verwiesen auf *Kloepfer,* Öffentlichrechtliche Vorgaben für die Treuhandanstalt, in: Fischer/Hax/Schneider, Treuhandanstalt. Das Unmögliche wagen. Forschungsberichte, S. 41 ff.

[42] Zum Vermögensübergang bei ehemals volkseigenen Betrieben: *Lambsdorff,* DtZ 1992, 102 ff.

Die neu definierten Aufgaben wiesen maßgebebliche Unterschiede zur ursprünglichen Vorstellung der Regierung Modrow auf. Wie bereits erläutert, hätte die staatliche Planwirtschaft nach deren Willen grundsätzlich aufrechterhalten bleiben sollen. Auch die Privatisierung war als Ausnahme- und nicht Regelfall vorgesehen. Sowohl die Privatisierung als auch die Etablierung sozialer, marktwirtschaftlicher Grundsätze bildeten nunmehr zentrale Säulen des TreuhG.

Diese Ergebnisse müssen vor dem Hintergrund des Vertrages der Währungs-, Wirtschafts- und Sozialunion gedeutet werden, welcher in beiden Staaten am 21. Juni 1990 verabschiedet wurde und in § 15 gewürdigt wird.[43] Am 1. Juli 1990 oblag der Treuhandanstalt die Verantwortung über ca. 13.661 Unternehmen.[44] Sitz der Treuhandanstalt war nach § 2 Abs. 8 TreuhG Berlin.

Die Fortgeltung des TreuhG nach der Wiedervereinigung am 03. 10. 1990 wurde in Art. 25 EinigungsV festgelegt. Nach Art. 25 Abs. 1 EinigungsV war die Treuhandanstalt „auch künftig damit beauftragt, gemäß den Bestimmungen des Treuhandgesetzes die früheren volkseigenen Betriebe wettbewerblich zu strukturieren und zu privatisieren". Die Fach- und Rechtsaufsicht oblag nach Art. 25 Abs. 1 Satz 2 EinigungsV dem Bundesfinanzminister.

Die Treuhandanstalt wurde Ende des Jahres 1994 aufgelöst. Ab diesem Zeitpunkt wurden die verbliebenen und nicht abgeschlossenen Aufgaben der Treuhandanstalt von ihrer Nachfolgerin, der Bundesanstalt für vereinigungsbedingte Sonderaufgaben („BvS"), bis zum 01. 01. 2001 wahrgenommen.[45] Bis zu ihrer Auflösung im Jahre 1994 beschloss die Treuhandanstalt die Abwicklung von 3.940 Gesellschaften.[46] Dies stellte knapp einen Anteil von 25 % der 13.661 Unternehmen dar. Hiervon wurden 3.521 Unternehmen in Form des Liquidationsverfahrens, sowie 419 Unternehmen in Form des Gesamtvollstreckungsverfahrens abgewickelt. Hiervon waren lediglich 295 Verfahren beendet, bevor die BvS ihre Aufgaben wahrnahm. Die Hauptaufgabe der BvS bestand insbesondere in der ordnungsgemäßen Beendigung

---

[43] Deutscher Bundestag, Die Währungs-, Wirtschafts- und Sozialunion vom 1. Juli 1990 – Entscheidender Schritt zur Deutschen Einheit, S. 2 aufgerufen am 03. 08. 2018 unter https:// www.bundestag.de/blob/379774/378f312e32542d5765f03b5e04226bf5/die-waehrungs-wirt schaft-und-sozialunion-vom-1-juli-1990-data.pdf.

[44] Untersuchungsausschuss des Deutschen Bundestages, Bericht vom 29. 08. 1994, Drs. 12/ 8404, S. 398, aufgerufen am 10. 08. 2018 unter http://dipbt.bundestag.de/doc/btd/12/084/12084 04.pdf.

[45] Wissenschaftlicher Dienst des Deutschen Bundestages, Einzelfragen zur Treuhandanstalt, 09. 08. 2011, Ausarbeitung WD 4 – 3000 – 126/11, S. 4, abgerufen am 30. 07. 2018 unter: https://www.bundestag.de/blob/408104/2f2ca8f2c33169f6b4cdcdfff554dad5/wd-4-126-11-pdf-data.pdf.

[46] Abschlussbericht der BvS, S. 415; in der Pressemitteilung der Treuhandanstalt v. 10. 06. 1994 wurden hiervon abweichend 3.495 angegeben, enthalten in: Untersuchungsausschuss des Deutschen Bundestages, Bericht vom 29. 08. 1994, Drs. 12/8404, S. 368, aufgerufen am 10. 08. 2018 unter http://dipbt.bundestag.de/doc/btd/12/084/1208404.pdf.

der von der Treuhandanstalt eingeleiteten Abwicklungsverfahren.[47] Die BvS stellte ihre operative Tätigkeit zum 1. Januar 2001 ein und befindet sich seit dem Jahre 2004 in Abwicklung.[48] Bis dahin beschloss sie die Abwicklung von weiteren 165 Gesellschaften, nämlich 133 in Form des Liquidations- sowie 32 in Form des Gesamtvollstreckungsverfahrens.[49]

III. Die Verfahrensweise der Treuhandanstalt bis zur Abwicklungsentscheidung

Wie bereits erläutert, übte das Bundesministerium für Finanzen die Aufsicht über die Treuhandanstalt aus. In der Praxis wurde diese Aufsicht weder parlamentarisch noch durch das Ministerium ausgeführt.[50] Infolgedessen hatte die Treuhandanstalt große Entscheidungsspielräume. Ausnahmen hiervon bildeten lediglich die Grenzen in § 2a Abs. 3 TreuhG sowie § 65 der Bundeshaushaltsordnung („BHO")[51]. Nach § 2a Abs. 3 TreuhG konnte die Treuhandanstalt Bürgschaften, Garantien oder sonstige Gewährleistungen u. a. nur im Einvernehmen mit dem Bundesministerium für Finanzen übernehmen. Das Bundesministerium für Finanzen musste außerdem bei Unternehmensveräußerungen gemäß § 65 Abs. 2 Satz 1 BHO einwilligen. Auf die zwingende Einwilligung wurde aber bei Vorliegen bestimmter Voraussetzungen hinsichtlich der Größe des Unternehmens verzichtet.[52] Hinsichtlich der Abwicklungsentscheidung existierten also keine Grenzen, etwa in Form der Einwilligung des Ministeriums.

Hierbei kam dem sog. Leitungsausschuss zentrale Bedeutung zu. Dieser nahm Mitte des Jahres 1990 seine Arbeit im Auftrag des Bundesministeriums für Finanzen auf.[53] Dieser fungierte als Berater des Vorstands und der Direktorate der Treuhandanstalt. Er bestand aus Vertretern der Wirtschaftsprüfungsgesellschaften KPMG und Treuarbeit. Des Weiteren waren auch Vertreter der Unternehmensberatungen McKinsey und Roland Berger beteiligt. Zur Wahrung der Unabhängigkeit des Leitungsausschusses war dieser weder weisungsabhängig von der Treuhandanstalt,

---

[47] Zur Vertiefung der Aufgaben der BvS sei verwiesen auf den Abschlussbericht der BvS, S. 118 ff.

[48] Offizielle Webseite der BvS, Rubrik „Wir über uns", abgerufen am 05.08.2018 unter: http://www.bvs.bund.de/003_menue_links/01_wir/index.html.

[49] Abschlussbericht der BvS, S. 415.

[50] Wissenschaftlicher Dienst des Deutschen Bundestages, Einzelfragen zur Treuhandanstalt, 09.08.2011, Ausarbeitung WD 4 – 3000 – 126/11, S. 7.

[51] Bundeshaushaltsordnung v. 19.08.1969, BGBl., Teil I, S. 1284.

[52] Die Voraussetzungen werden aufgezeigt beim Wissenschaftlichen Dienst des Deutschen Bundestages, Einzelfragen zur Treuhandanstalt, 09.08.2011, Ausarbeitung WD 4 – 3000 – 126/ 11, S. 7.

[53] Untersuchungsausschuss des Deutschen Bundestages, Bericht vom 29.08.1994, Drs. 12/ 8404, S. 69, aufgerufen am 10.08.2018 unter http://dipbt.bundestag.de/doc/btd/12/084/12084 04.pdf.

noch waren seine Mitglieder Teil der Treuhandanstalt.[54] Es handelte sich insgesamt um 60 Mitglieder. Der Leitungsausschuss war in allen Fällen der Privatisierung beratend tätig. Die Treuhandanstalt sei den Empfehlungen „in der Regel [...] gefolgt".[55] Die Empfehlungen des Leitungsausschusses basierten dabei auf selbst entwickelten Kriterien, die vom Bundesministerium für Finanzen bestätigt worden waren. Die wesentlichen Kriterien bildeten die Sanierungswürdigkeit und die Sanierungsfähigkeit. Die Sanierungswürdigkeit richtete sich danach, ob das vertriebene Produkt verbesserungswürdig, „westmarktfähig" und „im Westen" absetzbar war.[56] Die Sanierungsfähigkeit richtete sich nach der verhältnismäßigen Fortentwicklung und Sicherung des Unternehmens. Die Bewertung durch den Leitungsausschuss erfolgte nummerisch von „1" bis „6", wobei die „1" für ein rentables und daher zügig zu privatisierendes Unternehmen stand und die „6" für die fehlende Sanierungsfähigkeit.[57]

Nach der Liquidationsentscheidung durch den Leitungsausschuss wurde das Direktorat Abwicklung der Treuhandanstalt und das jeweilige Branchendirektorat für den weiteren Prozess zuständig.[58] Das Direktorat hatte dabei die Aufgabe die Abwicklungsprozesse[59] in der Zentrale und in den Niederlassungen zu implementieren und zu überwachen. Im Januar 1993 waren dort 99 Mitarbeiter beschäftigt.[60] Die anschließenden Arbeitsschritte waren durch den „Beschluß über die Einleitung der Vorabprüfung" festgelegt. Danach hatte das Direktorat Abwicklung den Beschluss vorzubereiten, ob das aufgelöste Unternehmen in Form der Liquidation oder in Form Gesamtvollstreckung abgewickelt werden sollte.[61] Der wesentliche Unterschied zwischen den genannten Abwicklungsalternativen bestand darin, dass bei der

---

[54] Untersuchungsausschuss des Deutschen Bundestages, Bericht vom 29.08.1994, Drs. 12/8404, S. 69, aufgerufen am 10.08.2018 unter http://dipbt.bundestag.de/doc/btd/12/084/1208404.pdf.

[55] So einschließlich des Zitats Untersuchungsausschuss des Deutschen Bundestages, Bericht vom 29.08.1994, Drs. 12/8404, S. 69, aufgerufen am 10.08.2018 unter http://dipbt.bundestag.de/doc/btd/12/084/1208404.pdf.

[56] So einschließlich des Zitats Untersuchungsausschuss des Deutschen Bundestages, Bericht vom 29.08.1994, Drs. 12/8404, S. 70, aufgerufen am 10.08.2018 unter http://dipbt.bundestag.de/doc/btd/12/084/1208404.pdf.

[57] *Wandel*, Abwicklung nicht sanierungsfähiger Unternehmen durch die Treuhandanstalt, S. 288, in: Fischer/Hax/Schneider, Treuhandanstalt. Das Unmögliche wagen, 1993

[58] Hiervon umfasst: Abwicklungsgrundsätze, -richtlinien sowie -anweisungen, vgl. Untersuchungsausschusses des Deutschen Bundestages, Bericht vom 29.08.1994, Drs. 12/8404, S. 74, aufgerufen am 10.08.2018 unter http://dipbt.bundestag.de/doc/btd/12/084/1208404.pdf.

[59] Untersuchungsausschusses des Deutschen Bundestages, Bericht vom 29.08.1994, Drs. 12/8404, S. 74, aufgerufen am 10.08.2018 unter http://dipbt.bundestag.de/doc/btd/12/084/1208404.pdf.

[60] Untersuchungsausschusses des Deutschen Bundestages, Bericht vom 29.08.1994, Drs. 12/8404, S. 74, aufgerufen am 10.08.2018 unter http://dipbt.bundestag.de/doc/btd/12/084/1208404.pdf.

[61] *Sievers*, Die Abwicklung von Treuhandunternehmen, S. 17.

Gesamtvollstreckung das Kreisgericht für die Durchführung verantwortlich war, bei der Liquidation hingegen die Treuhandanstalt.

Als Grundlage zur Vorbereitung der Abwicklung wurde ein externes Gutachten in Auftrag gegeben. Der offizielle Beschluss wurde sodann vom Vorstand der Treuhandanstalt gefällt. Zeitgleich beurteilte das jeweilige Branchendirektorat die Sanierungsfähigkeit des Unternehmens.

Im Laufe der Zeit wurden außerdem zahlreiche interne Verfahrensvorschriften entwickelt, wie etwa das Organisationshandbuch der Treuhandanstalt mit Organisationsanweisungen hinsichtlich des Verfahrens zur Einleitung der Abwicklung[62] oder die Richtlinie zur Abwicklung von Betrieben, bei denen Sanierungsfähigkeit unter Marktbedingungen nicht gegeben ist.[63]

B. Zwischenergebnis

Die Geschichte der Treuhandanstalt lässt sich in drei Phasen einteilen. Die Anfangsphase bestand in der Gründung der Ur-Treuhandanstalt im März 1990 unter der Regierung Modrow bis zum Inkrafttreten des TreuhG am 1. Juli 1990. Zu dieser Zeit sollte nach dem Willen der Regierung die staatliche Planwirtschaft weiterhin bestehen und Privatisierungen die Ausnahme bleiben. Durch die Umwandlungsverordnung sollte die Rechtsform der VEB ersetzt werden durch die GmbH und durch die AG. Das maßgebliche Motiv bestand u. a. darin, den Westen zu Investitionen zu bewegen. Lediglich 143 Mitarbeiter sollten etwa 8.000 Kombinate und Betriebe entflechten und umwandeln. Die Privatisierung sollte zu diesem Zeitpunkt die Ausnahme bleiben.

Die zweite Phase begann mit der Verabschiedung des TreuhG. Das Gesetz erweiterte die Aufgaben der Treuhandanstalt und gab in wirtschaftlicher Hinsicht eine klare Wertung in die Richtung der sozialen Marktwirtschaft vor. Die Unternehmen sollten entsprechend dieser Rahmenbedingung angepasst werden. Neben der Sanierung und Stilllegung bildete die Privatisierung einen Eckpfeiler der Aufgaben der Treuhandanstalt. Diese sollte ursprünglich eine Ausnahme bleiben. Im Vorfeld der Verabschiedung der Treuhandanstalt wurden auch westdeutsche Vorlagen, wie etwa das „Bonner Konzept" oder das „Bielefelder Konzept", diskutiert, wobei sich letzteres durchsetzen konnte. Damit ist festzuhalten, dass die Treuhandanstalt zwar aus der Ur-Treuhandanstalt hervorging, sich aber erheblich von ihrer Zielsetzung unterschied.

---

[62] Treuhandanstalt, Organisationshandbuch, Genehmigungserfordernisse der Treuhandanstalt, Organisationsanweisung Nr. O-20/91, Regelung 4.4 ff., in: Anlage 12 zum Untersuchungsausschusses des Deutschen Bundestages, Bericht vom 29. 08. 1994, Drs. 12/8404, aufgerufen am 10. 08. 2018 unter http://dipbt.bundestag.de/doc/btd/12/084/1208404.pdf.

[63] Anlage 15 zum Untersuchungsausschusses des Deutschen Bundestages, Bericht vom 29. 08. 1994, Drs. 12/8404, aufgerufen am 10. 08. 2018 unter http://dipbt.bundestag.de/doc/btd/12/084/1208404.pdf.

Zentrale Bedeutung kam im diesem Zusammenhang dem sog. Leitungsausschuss zu, der aus Beratern renommierter Wirtschaftsberatungsgesellschaften zusammengesetzt war. Dieser gab eine Empfehlung bezüglich des Unternehmens auf Grundlage der Sanierungswürdigkeit und Sanierungsfähigkeit ab. Daneben wurden im Laufe der Zeit verschiedene, interne Richtlinien von der Treuhandanstalt zur Abwicklungsentscheidung erlassen.

Bis zu ihrer Auflösung im Jahr 1994 beschloss sie die Abwicklung von 3.940 Gesellschaften. Die Aufgaben führte die BvS fort, die ihrerseits seit dem Jahre 2004 abgewickelt wird. In der öffentlichen Wahrnehmung nimmt die BvS im Gegensatz zur Treuhandanstalt eine eher untergeordnete Rolle ein. Als ehemalige „größte Holding der Welt" mit knapp 15.000 Betrieben wird die Treuhandanstalt noch heute unabdingbar mit der deutschen Wiedervereinigung in Verbindung gebracht. Ihre Aufgabe war historisch gesehen einmalig. Als Beispiel für eine Abwicklung soll nachfolgend die Interflug thematisiert werden.

§ 15 Die Wirtschafts-, Währungs- und Sozialunion als Rahmenbedingung zur Schaffung von Privateigentum

Am 1. Juli 1990 trat der Vertrag über die Wirtschafts-, Währungs- und Sozialunion zwischen der DDR und der Bundesrepublik Deutschland („WWSUVtr")[64] in Kraft. Wie im Laufe dieser Arbeit zu zeigen sein wird, hatten die vereinbarten Regelungen entscheidenden Einfluss auf die rechtliche Struktur der Interflug. Daher wird im Folgenden kurz auf die Entwicklung bis hin zum Abschluss des WWSUVtr eingegangen.

Am 7. Februar 1990 wurde der DDR Regierung Gesprächsbereitschaft von Seiten der Bundesregierung zur Bildung einer Währungs- und Wirtschaftsunion signalisiert.[65] Der Grund hierfür lag in den politischen Entwicklungen zwischen Oktober 1989 und Januar 1990. Über 300.000 Menschen waren von der DDR in die Bundesrepublik Deutschland ausgewandert.[66] Hunderttausende DDR-Bürger demonstrierten für bessere Umstände, wie Der Spiegel berichtete:

---

[64] Vertrag über die Schaffung einer Währungs-, Wirtschafts- und Sozialunion zwischen der Bundesrepublik Deutschland und der Deutschen Demokratischen Republik v. 25.06.1990, BGBl. 1990, Teil II, S. 518 ff.

[65] Deutscher Bundestag, Die Währungs-, Wirtschafts- und Sozialunion vom 1. Juli 1990 – Entscheidender Schritt zur Deutschen Einheit, aufgerufen am 03.08.2018 unter https://www.bundestag.de/blob/379774/378f312e32542d5765f03b5e04226bf5/die-waehrungs-wirtschaft-und-sozialunion-vom-1-juli-1990-data.pdf.

[66] Deutscher Bundestag, Die Währungs-, Wirtschafts- und Sozialunion vom 1. Juli 1990 – Entscheidender Schritt zur Deutschen Einheit, aufgerufen am 03.08.2018 unter https://www.bundestag.de/blob/379774/378f312e32542d5765f03b5e04226bf5/die-waehrungs-wirtschaft-und-sozialunion-vom-1-juli-1990-data.pdf.

„Quer durch die Republik fordern Hunderttausende von Demonstranten Meinungsfreiheit, bürgerliche Freiheitsrechte, politischen Pluralismus und – immer stärker, immer lauter – freie Wahlen. Ist das – und die neue Massenflucht über Prag in den Westen – das Ende der DDR?"[67]

Das Land wurde durch die fehlgeschlagene Planwirtschaft in die wirtschaftliche Krise gestürzt. Betroffen war hierbei vor allem die Arbeiterklasse, die im Vergleich mit der Bundesrepublik Deutschland erheblich schlechter abschnitt, wie Richter ausführt:

„Auch sonst fiel für die Arbeiter der Vergleich mit dem Westen schlecht aus. Die wöchentliche Arbeitszeit lag mit 43,75 Stunden um 5,25 Stunden höher als in der Bundesrepublik, das […] Haushaltseinkommen erreichte nur die Hälfte des westdeutschen Durchschnitts. Die Rentner, in der DDR generell schlecht gestellt, erhielten gar nur 30 Prozent der westdeutschen Ruhegehälter."[68]

Diese Entwicklung hätte langfristig zu einem erheblichen Fachkräftemangel in der ehemaligen DDR geführt. Auch hätten die Gemeinden in der Bundesrepublik Deutschland nicht die Kapazität für weitere Ausgewanderte gehabt. Daher führten Vertreter beider Regierungen zwischen dem 20. Februar 1990 und dem 13. März 1990 Gespräche zunächst hinsichtlich einer Wirtschafts- und Währungsunion, wobei die Modalitäten der Währungsumstellung einen strittigen Punkt darstellte. Erst nach der Volkskammerwahl, nämlich am 25. April 1990, begannen die offiziellen Verhandlungsrunden über den Staatsvertrag zur Währungs-, Wirtschafts- und Sozialunion. Am 21. Juni 1990 wurde der Staatsvertrag im Deutschen Bundestag und in der Volkskammer verabschiedet.[69] Im Zuge der der Wirtschafts- und Währungsunion wurde nicht nur die D-Mark in der DDR eingeführt[70], sondern auch die soziale Marktwirtschaft.[71] Weitere Eckpfeiler der Wirtschaftsunion waren etwa die Ausrichtung auf Privateigentum und die Abschaffung staatlicher Monopole. Nach Art. 11 Abs. 1 WWSUVtr hatte die DDR sicherzustellen, dass ihre wirtschafts- und finanzpolitischen Maßnahmen mit der sozialen Markwirtschaft in Einklang standen. Hierbei hatte sie nach Art. 14 WWSUVtr die notwendige Strukturanpassung der Unternehmen an die neuen Marktbedingungen zu fördern. Nach II. Nr. 7 des Protokolls zum WWSUVtr sollten Unternehmen im mittelbaren oder unmittelbaren Staatseigentum so rasch wie möglich wettbewerblich strukturiert und soweit mög-

---

[67] *N.N.*, Die Flucht ist nicht zu stoppen, Der Spiegel, Ausgabe 45/1989, S. 20.

[68] *Richter*, Die DDR, Schöning 2009, S. 28.

[69] Deutscher Bundestag, Die Währungs-, Wirtschafts- und Sozialunion vom 1. Juli 1990 – Entscheidender Schritt zur Deutschen Einheit, S. 2 aufgerufen am 03.08.2018 unter https://www.bundestag.de/blob/379774/378f312e32542d5765f03b5e04226bf5/die-waehrungs-wirtschaft-und-sozialunion-vom-1-juli-1990-data.pdf.

[70] Die Währung in der DDR war bis dahin die Mark.

[71] Deutscher Bundestag, Die Währungs-, Wirtschafts- und Sozialunion vom 1. Juli 1990 – Entscheidender Schritt zur Deutschen Einheit, aufgerufen am 03.08.2018 unter https://www.bundestag.de/blob/379774/378f312e32542d5765f03b5e04226bf5/die-waehrungs-wirtschaft-und-sozialunion-vom-1-juli-1990-data.pdf.

lich, in Privateigentum überführt werden.[72] Wie in § 16 A. III. 2.[73] zu zeigen sein wird, wurde die Interflug zu Erreichung der vereinbarten Ziele zunächst juristisch entflechtet.

§ 16 Die Abwicklung der Interflug

Am 8. Februar 1991 teilte die Treuhandanstalt der Interflug offiziell mit, dass in „dieser Situation […] keine andere Möglichkeit [besteht], als den Geschäftsbetrieb der Interflug auslaufen zu lassen".[74] Zu diesem Zeitpunkt waren 2.968 Mitarbeiter bei der Interflug beschäftigt, die sich einer ungewissen Zukunft gegenübersahen. Zählte man die Beschäftigten bei den ausgegliederten Betriebsteilen der Flughäfen, der Flugsicherung und des Agrarflugs hinzu, so waren es insgesamt 8.000 Angestellte.[75]

A. Zur Geschichte der Interflug

I. Die Gründung der Deutschen Lufthansa Ost in der DDR

Zum Zeitpunkt der Abwicklungsentscheidung existierte die Gesellschaft 33 Jahre. Die Gründung der Interflug war dabei unmittelbar mit der Geschichte der Deutschen Lufthansa („Lufthansa Ost") verknüpft.

Zunächst muss vorangestellt werden, dass Angelegenheiten der Flugsicherung in der DDR oder die Vergabe von Start- und Landerechten in der DDR zunächst der UdSSR vorbehalten waren.[76] Nach zahlreichen Verhandlungen zwischen Vertretern der DDR und Vertretern der UdSSR erhielt die DDR am 24. März 1954 ihre (eingeschränkte) Souveränität und gründete im Mai 1954 die Lufthansa Ost.[77] Anschließend fasste der Ministerrat am 27. April 1954 in Übereinstimmung mit der ehemaligen UdSSR einen Beschluss zur „Durchführung des zivilen Personen- und

---

[72] Zur Vertiefung dieser Thematik sei verwiesen auf *Sinn/Sinn*, Kaltstart: Volkswirtschaftliche Aspekte der deutschen Vereinigung, 1993.

[73] S. 199 ff.

[74] Brief der Treuhandanstalt an die Interflug v. 08.02.1991 mit dem Betreff: Privatisierung der Interflug, in: BArch, DM 104–2365.

[75] *N.N.*, Wo sind sie geblieben?, Zeitschrift AERO, Jg. 1999, Nr. 7/99, S. 84.

[76] Im Detail nachgewiesen bei *Seifert*, Weg und Absturz der Interflug, S. 7 ff.

[77] *Braunburg*, Interflug. Die deutsche Fluggesellschaft jenseits der Mauer, 1992, S. 14; anfänglich sprach die Regierung von der „LUFTHANSA" und erst im Statut vom 15.02.1956 von der „Deutschen Lufthansa", nachgewiesen bei *Seifert*, Weg und Absturz der Interflug, S. 25.

Frachtluftverkehrs" zum 1. Mai 1955.[78] Im Jahr 1956 wurde sodann das Statut der
Lufthansa Ost gesetzlich kodifiziert.[79] Dort wurde in § 1 des Statuts die Rechtsform
des volkseigenen Betriebes vorgesehen. Zu ihren Aufgaben zählten u. a. die
Durchführung des nationalen und internationalen Luftverkehrs mit eigenen Luft-
fahrzeugen sowie der Verkauf von eigenen Flugscheinen und Flugscheinen anderer
Luftverkehrsunternehmen. Auch agrartechnische Flüge wurden im Statut festgelegt.
Ausgestattet wurde die Lufthansa Ost mit sowjetischen Flugzeugen, u. a. auch wegen
bestehenden Handelsbeschränkungen zwischen Ost und West.[80] Der erste offizielle
Flug erfolgte am 16. September 1955 von Berlin nach Moskau. Die erste ständige
und internationale Strecke wurde am 4. Februar 1956 eröffnet und verlief von Berlin-
Schönefeld nach Warschau.[81] Die Lufthansa Ost war dem DDR Minister des Innern
unterstellt.[82]

Juristische Komplikationen ergaben sich vor dem Hintergrund, dass zeitgleich
eine westdeutsche Fluggesellschaft gleichen Namens, nämlich die Deutsche Lufthansa AG („Lufthansa West"), existierte. Am 24. Mai 1954 stellte die Lufthansa
West den Antrag beim Amt für Patent und Erfindungswesen auf Reaktivierung des
Namens „Lufthansa AG" und der Befugnis zur Verwendung des Emblems des
goldenen Kranichs. Erst im Januar 1956 ging beim Patentamt der Antrag der
Lufthansa Ost ein. In der Folgezeit gab es mehrere Treffen zwischen den Vertretern
der beiden Fluggesellschaften, die ergebnislos blieben. Dies lag u. a. daran, dass
potentielle Zugeständnisse an die Lufthansa Ost zur Anerkennung der DDR im internationalen Luftverkehr geführt hätte, was von Seiten der Bundesrepublik
Deutschland politisch nicht gewollt war.[83] Zwar führte ein Treffen der SPD Abge-
ordneten Helmut Schmidt und Hans Hermsdorf mit Vertretern der Lufthansa Ost zu
übereinstimmenden Ergebnissen, etwa in Form der Koexistenz und Zusammenarbeit
beider Gesellschaften. Dies hätte aber letztlich zu einer Marktaufteilung zwischen
den Fluggesellschaften geführt, was die Lufthansa West ablehnte.[84] Auf Grundlage
des Beschlusses des Zentralkomitees der SED wurde anschließend ein Löschungs-
verfahren der Lufthansa West aus dem Warenzeichenregister eingeleitet. Das Verfahren wurde am 12. Juni 1957 eröffnet und führte am 12. März 1958 zur Streichung.
Hiergegen ging die Lufthansa West nunmehr vor dem Höheren Wirtschaftsgericht
der Volksrepublik Serbien in Belgrad vor. Für den Fall des juristischen Unterliegens
der Lufthansa Ost wurde am 10. September 1958 die Interflug Gesellschaft für in-

---

[78] Beschluss des Ministerrates der ehemaligen DDR vom 27. 04. 1955, nachgewiesen bei
Seifert, Weg und Absturz der Interflug, S. 25.

[79] DDR GBl., 1956, Teil I, Nr. 23, S. 205.

[80] *Breiler*, Vom Fliegen und Landen, S. 80.

[81] *Braunburg*, Interflug. Die deutsche Fluggesellschaft jenseits der Mauer, S. 16.

[82] *Seifert*, Weg und Absturz der Interflug, S. 25.

[83] *Breiler*, Vom Fliegen und Landen, S. 106.

[84] *Breiler*, Vom Fliegen und Landen, S. 106.

ternationalen Flugverkehr mbH gegründet.[85] Aus dem Jahr 1959 existierte ein
Schreiben mit dem „Plan der einzuleitenden Massnahmen zur Durchsetzung der [...]
[Rechte der Deutschen Lufthansa]".[86] Das Schreiben wurde vom damaligen stell-
vertretenen DDR Ministerpräsidenten Willi Stoph[87] bestätigt. Danach wurde an der
Rechtmäßigkeit der Namensgebung der Lufthansa festgehalten. Allerdings wurde
folgende Sicherheitsmaßnahme festgehalten: „Die Interflug GmbH ist einsatzfähig
zu machen, insbesondere sind ihre Warenzeichen in allen Ländern, die für eine
Flugverbindung in Betracht kommen, zur Eintragung zu bringen."[88] Bis dato fungierte die Interflug lediglich als Chartergesellschaft für Flüge in das westliche
Ausland.[89] In der Zwischenzeit wurde auf Initiative der DDR Regierung am
18. September 1958 die Interflug in Form einer GmbH gegründet. Die Interflug
wurde damit vorsorglich für den Fall gegründet, dass die Lufthansa Ost den
Rechtsstreit verlieren würde.[90] Die ursprünglichen Gesellschafter waren das Staatliche Deutsche Reisebüro, sowie der VEB Deutrans, die Vereinigung Volkseigener
Betriebe Flugzeugbau Pirna und die Lufthansa Ost.[91] Das Grundkapital betrug zwei
Millionen Deutsche Mark.[92] Hiervon leistete die Lufthansa Ost einen Anteil von 55 %
und die übrigen drei Gesellschafter jeweils 15 %. Aufgrund mangelnder Erfolgs-
aussichten der Klage der Lufthansa Ost beschloss das Politbüro des Zentralkomitees
der SED am 16.07.1963: „Das Politbüro ist einverstanden, daß die Lufthansa liquidiert wird, weil es unrentabel ist, zwei Gesellschaften zu haben und daß eine
Gesellschaft unter dem Namen ‚Interflug' gebildet wird."[93] Am 1. September 1963
übernahm die Interflug schließlich alle Rechte und Pflichten der Lufthansa Ost.[94] Das
Stammkapital erhöhte sich bis 1965 in mehreren Schritten auf 200 Millionen
Deutsche Mark. Im selben Jahr wechselten außerdem die Gesellschafterverhältnisse.
Das Ministerium für Verkehrswesen der DDR hielt nunmehr 90 % der Anteile sowie

---

[85] *Erfurth*, Interflug, 2009, S. 36 benennt hiervon abweichend den 10.09.1958 als Grün-
dungsdatum.

[86] So einschließlich des Zitats *N.N.*, FBS IF A 0636, Plan der einzuleitenden Maßnahmen
zur Durchsetzung der Rechte der Deutschen Lufthansa, nachgewiesen bei *Seifert*, Weg und
Absturz der Interflug, S. 79.

[87] Zur Vita von Willi Stoph: Wer war wer in der DDR?, in: Datenbank der Bundesstiftung,
abrufbar unter https://www.bundesstiftung-aufarbeitung.de/wer-war-wer-in-der-ddr-%2363%3
B-1424.html?ID=3431.

[88] Plan der einzuleitenden Maßnahmen zur Durchsetzung der Rechte der Deutschen
Lufthansa (Hervorhebungen im Original), nachgewiesen bei *Seifert*, S. 80.

[89] *Braunburg*, Interflug. Die deutsche Fluggesellschaft jenseits der Mauer, S. 21.

[90] *Seifert*, Weg und Absturz der Interflug, S. 80.

[91] Anlage 6.7. zur Liquidationszwischenschlussrechnung zum Stichtag 30.06.2000, AZ:
IFLSRA67, dort S. 2 unter 1.1., in: BArch, DM 104-2423.

[92] *Breiler*, Vom Fliegen und Landen, S. 106.

[93] Beschluss des Politbüros v. 16.07.1963, nachgewiesen bei *Seifert*, S. 84, 85.

[94] *Seifert*, Weg und Absturz der Interflug, S. 86.

das Staatliche Deutsche Reisebüro und der VEB Deutrans jeweils 5 %.[95] Der erste Generaldirektor wurde der SED-Funktionär Arthur Pieck[96]. Er hatte dasselbe Amt bereits bei der Lufthansa Ost bekleidet. Im Jahre 1965 umfasste das Streckennetz der Interflug bereits 24 Fluglinien, zehn Jahre später waren es bereits 52 Fluglinien. Im Jahre 1974 verzeichnete die Interflug mehr als eine Million Flugpassagiere.[97] Elf Jahre später waren es bereits drei Millionen.[98] Der Flugzeugbestand des Verkehrsfluges wuchs im Laufe der Zeit beträchtlich an. Im Jahre 1963 umfasste der Bestand 30 Flugzeuge, im Jahre 1974 waren es 37 Flugzeuge.[99] Kurz vor der Abwicklung waren es 38 Flugzeuge.[100]

In den 1970er Jahren trat eine innenpolitische Entwicklung ein, die sich erheblich auf die Unternehmensführung der Interflug auswirkte. Am 26. November 1974 erteilte der DDR Verkehrsminister Otto Arndt[101] eine Organisationsanweisung mit dem Ziel der Umstellung der zivilen Luftfahrt auf den Verteidigungsfall.[102] Damit einhergehend wurde die militärische Entwicklungsphase der Interflug eingeläutet. Im Februar 1978 wurde Klaus Henkes[103] Generaldirektor der Interflug. Davor hatte er zwischen den Jahren 1961 bis 1975 das Amt des stellvertretenden Chefs des Stabes für Flugsicherheit und Gefechtsstände im Kommando Luftstreitkräfte/Luftverteidigung der Nationalen Volksarmee bekleidet. Anschließend war er seit dem Jahre 1975 Stellvertreter des DDR Verkehrsministers gewesen. Mit Klaus Henkes stand nun ein Mitglied der DDR Regierung an der Spitze der Interflug.[104] Im Jahre 1978

---

[95] Anlage 6.7. zur Liquidationszwischenschlussrechnung zum Stichtag 30.06.2000, AZ: IFLSRA67, dort S. 2 unter 1.1., in: BArch, DM 104–2423.

[96] Zur Vita von Arthur Pieck: Wer war wer in der DDR?, in: Datenbank der Bundesstiftung, abgerufen am 10.08.2018 unter https://www.bundesstiftung-aufarbeitung.de/wer-war-wer-in-der-ddr-%2363%3B-1424.html?ID=2652.

[97] *Morgenstern*, Interflug – die Airline der DDR, in: AERO International, Online Portal der Zivilluftfahrt, abgerufen am 25.08.2018 unter http://www.Aerointernational.de/industrie-tech nik-nachrichten/interflug-die-airline-der-ddr.html.

[98] *Morgenstern,* Interflug – die Airline der DDR, in: AERO International, Online Portal der Zivilluftfahrt, abgerufen am 25.08.2018 unter http://www.Acrointernational.de/industrie-tech nik-nachrichten/interflug-die-airline-der-ddr.html.

[99] *Erfurth*, Interflug, 2009, S. 123.

[100] Ausführlich zur Flottenentwicklung der Interflug: *Seifert*, Weg und Absturz der Interflug, S. 102 ff.

[101] Zur Vita von Otto Arndt: Wer war wer in der DDR?, in: Datenbank der Bundesstiftung, aufgerufen am 25.08.2018 unter https://www.bundesstiftung-aufarbeitung.de/wer-war-wer-in-der-ddr-%2363%3B-1424.html?ID=71.

[102] *Breiler*, Vom Fliegen und Landen, S. 194.

[103] Zur Vita von Klaus Henkes: Wer war wer in der DDR?, in: Datenbank der Bundesstiftung, aufgerufen am 25.08.2018 unter https://www.bundesstiftung-aufarbeitung.de/wer-war-wer-in-der-ddr-%2363%3B-1424.html?ID=1340.

[104] Auch andere Generaldirektoren waren in DDR Ministerien tätig, etwa *Diedrich*, der ebenfalls im Verkehrsministerium arbeitete, nachgewiesen bei Bundesstiftung, abgerufen am 01.09.2018 unter https://www.bundesstiftung-aufarbeitung.de/wer-war-wer-in-der-ddr-%23 63%3B-1424.html?ID=570.

wurde auch die Unternehmensstruktur der Interflug reformiert und in fünf Betriebsteile gegliedert. Es handelte sich um die Betriebsteile Verkehrsflug, Agrarflug, Bildflug und Industrieflugstaffel, Flughäfen und Flugsicherung. Diese leitete der Generaldirektor zentral.[105]

Seit der Übernahme durch Klaus Henkes veränderten sich auch die interne Arbeitsweise der Interflug, wie Breiler beschreibt:

„Speziell für das fliegende Personal der Interflug traten seitdem neue Regularien und Richtlinien in Kraft, zum Beispiel die Einführung der Befehlsform und das Erstellen von Anforderungsprofilen. Henkes attestierte Kommandanten auf Befehl. Er sprach Berufungen oder Abberufungen aus – Widerspruch zwecklos."[106]

Dabei beschränkten sich die Regularien nicht auf die Arbeitsausführungen. Am 1. November 1980 regulierte Klaus Henkes auch die Anforderungen für das Cockpitpersonal des Verkehrsfluges.[107] Diese enthielt Voraussetzungen „politisch-moralischen, spezifisch-fachlichen sowie spezifisch betriebliche[r]" Natur.[108] Sie endete mit dem Vermerk:

„Angehörige, die nicht bereit sind die Anforderungen dieser Richtlinie zu erfüllen, können eine fliegerische Tätigkeit nicht ausüben."[109]

Die internen Vorgehensweisen waren Auswuchs einer zunehmenden Militarisierung des Alltags in der DDR. So mussten beispielsweise alle Schüler der neunten und zehnten Klasse ab dem Jahre 1978 am sog. Wehrkundeunterricht teilnehmen. Dort wurden ihnen u. a. Wissen über die Nationale Volksarmee der DDR vermittelt.[110]

Hinsichtlich der angestellten Piloten der Interflug schreibt Spiegel Online:

„Gute Ausbildung der Piloten war von Anfang an oberstes Gebot. Aber sie mussten auch ‚mit beiden Beinen fest auf sozialistischem Boden stehen', im Regelfall Mitglied der SED sein und möglichst nicht alleinstehend – die Kapitäne der DDR-Interflug. [...]. Der jungen DDR-Fluggesellschaft fehlten damals qualifizierte Piloten – Pilotinnen waren nicht erwünscht. Zudem galten alleinstehende Piloten oder Flugzeugführer mit sogenannter West-Verwandtschaft als potentielle ‚Republikflüchtlinge'. Später wurden DDR-Piloten sogar in drei Zuverlässigkeitskategorien eingeteilt: K.A.: Kapitalistisches Ausland, N.S.W.: Nichtsozialistisches Wirtschaftsgebiet und S.W.: Sozialistisches Wirtschaftsgebiet. Wer im Westen engere Verwandte hatte, durfte normalerweise nicht nach ‚K.A.' fliegen."[111]

---

[105] So einschließlich des Zitats *Breiler*, Vom Fliegen und Landen, S. 196.

[106] *Breiler*, Vom Fliegen und Landen, S. 194.

[107] *Breiler*, Vom Fliegen und Landen, S. 196.

[108] So einschließlich des Zitats *Breiler*, Vom Fliegen und Landen, S. 196.

[109] So einschließlich des Zitats *Breiler*, Vom Fliegen und Landen, S. 196

[110] Konrad-Adenauer-Stiftung, Militarismus im Alltag, abgerufen am 25.09.2018 unter: http://www.kas.de/wf/de/71.6617/.

[111] *Morgenstern*, Piloten mit Parteibuch, 10.09.2008, in: Spiegel Online, abgerufen am 10.08.2018 unter: http://www.spiegel.de/reise/aktuell/50-jahre-ddr-airline-interflug-piloten-mit-parteibuch-a-577250.html.

Hier zeigt sich deutlich eine Parallele zum Zweiten Teil. Auch im Rahmen der Hochschulausbildung hatte die politische Einstellung hohen Stellenwert, was u. a. im BildG-DDR zum Ausdruck kam, wonach die Hochschulen „sozialistische Persönlichkeiten" auszubilden hatten. Auch wurde dargelegt, wie die politische Elite der DDR die gesellschaftlichen Bereiche der Kultur und des Sports systematisch mit ihrer Ideologie beeinflusste. Die oben zitierte Passage offenbart, dass dieselben ideologischen Grundsätze auch für den Wirtschaftsbereich galten. Selbst die Existenz einer engeren Verwandtschaft im Westen reichte aus, um die politische Integrität des Piloten in Frage zu stellen. Das war zugleich ein Beispiel für den Zwang, den die sozialistischen Staaten anwenden mussten, um ihre Bürger nicht durch Flucht in das westliche Ausland zu verlieren. Die vorgegebene ideologische Einstellung wurde weder im Vorfeld noch in der Abwicklungsphase der Interflug thematisiert. Der Umstand, ob ein Teil des vorhandenen Personals systemtragend gewirkt hat oder nicht, ist durchaus nicht unerheblich. Sie trugen mit der Bestätigung der politischen Anforderungen einen maßgeblichen Beitrag zur Aufrechterhaltung des diktatorischen Regimes. Es ergibt sich somit dieselbe Problematik wie im Zweiten Teil. Wer dieses System in Frage stellte, musste zwangsläufig mit dem Ausschluss aus der Flugbranche rechnen. Welche Rolle und politische Mitverantwortung den Piloten insgesamt zukam, ist nicht Gegenstand dieser Arbeit. Allerdings lässt sich sehr wohl vertreten, dass die Interflug, ähnlich wie viele Hochschulsektionen, in Teilen ideologisch belastet war. Dieser Umstand war allerdings für das Fliegen eines Flugzeugs weniger wichtig als für die (geisteswissenschaftliche) Ausbildung junger Menschen.

II. Flughafen Berlin-Schönefeld als Basis der Interflug

Der Flughafen Berlin-Schönefeld war die Basis der Interflug. Nach dem Zweiten Weltkrieg wurde durch Befehl Nr. 93 der sowjetischen Militäradministratur der Wiederaufbau des Flughafens Schönefeld angeordnet.[112] Am 27. April 1955 unterzeichneten schließlich der DDR Innenminister Willi Stoph und der Botschafter der UdSSR Georgi Maximowitsch Puschkin eine entsprechende Vereinbarung zur Benutzung des Flugplatzes Schönefeld. Dem gingen zahlreiche Verhandlungen zwischen Vertretern der DDR und der UdSSR voraus. Noch am 12. Mai 1954 hieß es in einer Aktennotiz des DDR Staatssekretärs Heino Weiprecht:

> „[…] Bei der Fertigstellung des Dokuments für das Politbüro gab mir Oberst Konstantinow die Empfehlung, die Möglichkeit in Betracht zu ziehen, dass der Flughafen Schönefeld nicht von uns benutzt werden kann in der Perspektive, sondern dass wir uns ggfs. über ein anderes Flugplatzgelände orientieren."[113]

---

[112] *Braunburg*, S. 104.

[113] Aktennotiz des Staatssekretärs Weiprecht v. 12. 05. 1954, nachgewiesen bei *Seifert*, Weg und Absturz der Interflug, S. 12.

Nachdem innerhalb der DDR Regierung verschiedene Konzepte zur Entwicklung einer zivilen Luftflotte ausgearbeitet wurden, reichte die DDR am 30. September 1954 ein offizielles Ersuchen an die sowjetische Botschaft ein. In einer Aktennotiz fassten Vertreter der UdSSR ihren Standpunkt wie folgt zusammen:

> „Die Organisation einer Zivilen Luftflotte und die vorgesehenen Massnahmen werden gutgeheissen. [...] Es besteht die Möglichkeit, für die ZLF [=Zivile Luftflotte] der DDR teilweise den Flughafen Schönefeld zu benutzen."[114]

Die Verhandlungen zur Nutzung des Flughafen Schönefelds erfolgte am 17. März 1955 und mündete schließlich in das oben erwähnte Übereinkommen. Der Südteil des Flughafens wurde daraufhin zum Zentralflughafen für die damalige Lufthansa Ost ausgebaut. Am 16. Juni 1957 begann der Inlandflugverkehr, zunächst zwischen Berlin und Barth, Dresden, Leipzig und Erfurt.[115] Anfang des Jahres 1958 wurde auch der Nordteil der DDR zur zivilen Nutzung übergeben.

III. Die Entwicklung der Interflug ab dem Jahr 1990

Das Jahr 1990 zog zwei entscheidende juristische Veränderungen für die Interflug nach sich. Zum einen erteilte der Minister für Verkehr der ehemaligen DDR am 27. April 1990 seine Zustimmung zur Übertragung der Gesellschafteranteile des Staatlichen Deutschen Reisebüros, sowie der VEB Deutrans und des Verkehrsministeriums an der Interflug auf die Treuhandanstalt. Die Treuhandanstalt sollte die Interflug gemäß ihrem Aufgabenstatut privatisieren.

1. Gescheiterte Übernahme durch die Lufthansa

Anfang des Jahres 1990 konkretisierten sich zunächst Absichten der Lufthansa, eine Beteiligung an der Interflug zu übernehmen. Hierfür sprachen sich auch die damaligen Verkehrsminister der DDR und der Bundesrepublik Deutschland aus.[116] Am Anfang war eine Beteiligung der Lufthansa in Höhe von 26 %, später sogar eine Beteiligung von 100 % vorgesehen. Im Juli 1990 untersagte jedoch das Bundeskartellamt die Übernahme. Begründet wurde dies mit der dominierenden Marktstellung der Lufthansa und hierdurch bedingten Wettbewerbsbeschränkung.[117] Nach der gescheiterten Übernahme blieb die Lufthansa allerdings nicht völlig unbeteiligt. Mit Vertrag vom 25. März 1991 sicherte sie dem Liquidator Wellensiek zu, ihn „bei

---

[114] *N.N.*, Aktennotiz von Vertretern der UdSSR, Datum unbekannt, nachgewiesen bei *Seifert*, Weg und Absturz der Interflug, S. 16.

[115] *Braunburg*, S. 106.

[116] *Michaels*, Begehrtes Flugobjekt, Die Zeit v. 09.11.1990, abgerufen am 25.07.2018 unter: https://www.zeit.de/1990/46/begehrtes-flugobjekt/komplettansicht.

[117] *Michaels*, Begehrtes Flugobjekt, Die Zeit v. 09.11.1990, abgerufen am 25.07.2018 unter: https://www.zeit.de/1990/46/begehrtes-flugobjekt/komplettansicht.

der Durchführung seiner Aufgaben zu beraten und zu unterstützen".[118] Hierzu zählte etwa die Unterstützung zur Fortführung des Flugbetriebes der Interflug bis zum Erlöschen der Betriebserlaubnis.[119] Auch die Abwicklung der Arbeitsverhältnisse, etwa Beratung im Zusammenhang mit Abfindungszahlungen, war hiervon erfasst.[120]

2. Die juristische Entflechtung der Interflug

Wie in § 15 beschrieben, wurde durch den Vertrag über die Wirtschafts-, Währungs- und Sozialunion u. a. die Schaffung von rechtlichem Privateigentum als Ziel vereinbart. Diese Vorgaben hatten damit unmittelbare Auswirkungen auf die Interflug, die an die wirtschaftlichen Gegebenheiten in der Bundesrepublik Deutschland angepasst werden sollte. Dies machte es notwendig, die Bereiche der Flugsicherung und die Flughafenbetriebe in juristisch selbstständige Betriebe auszugliedern.[121] Ursprünglich war geplant, dass die Gesellschaften als Tochtergesellschaften der Interflug ausgegründet werden sollten. Die Interflug hätte anschließend die Wirtschaftsgüter, die Verbindlichkeiten, sowie die angestellten Arbeitnehmer im Wege der Sachgründung eingebracht.[122] Nach externer rechtlicher Beratung wurde von diesem Konzept aber abgesehen.[123] Daher wurden am 17. September 1990 die selbstständigen Gesellschaften Flughafen Berlin-Schönefeld GmbH, Flughafen Dresden GmbH, Flughafen Erfurt GmbH, Berliner Spezialflug GmbH sowie die FSB Flugservice und Development GmbH („FSB") gegründet und somit aus der Interflug ausgegliedert.[124] Die Treuhandanstalt wurde Alleingesellschafterin der genannten Gesellschaften.[125] Die neu gegründeten Gesellschaften waren mit einem Eigenkapital von 50.000 DM unterkapitalisiert.[126] Ab dem Zeitpunkt der Entflechtung ver-

---

[118] Vertrag v. 25.03.1991 zwischen der Interflug und der Lufthansa, in: BArch, DM 104–2419.

[119] Vertrag v. 25.03.1991 zwischen der Interflug und der Lufthansa, dort § 2, in: BArch, DM 104–2419.

[120] Vertrag v. 25.03.1991 zwischen der Interflug und der Lufthansa, dort § 4, in: BArch, DM 104–2419.

[121] Anlage 6.7. zur Liquidationszwischenschlussrechnung zum Stichtag 30.06.2000, AZ: IFLSRA67, dort S. 3 unter 1.2., in: BArch, DM 104–2423.

[122] Dokument mit dem Titel „Ausgliederung des Betriebes Agrarflug aus der Interflug", S. 3, in: BArch, DM 104–1128, Teil I; das Dokument scheint als Anlage zum Kaufvertrag zwischen der FSB und der Interflug v. 04.10.1990 gedient zu haben.

[123] Eine Begründung für diese Wende führt das Dokument nicht auf.

[124] Anlage 2 zur Liquidationszwischenschlussrechnung zum Stichtag 30.06.2000, Az.: IFSRA2 Text (D0D290), S. 1, in: BArch, DM 104–2423.

[125] Vorbemerkung zum Forderungs- bzw. Abtretungsvertrag zwischen Treuhandanstalt und Interflug v. 24.06.1991, in: BArch, DM 104–1128, Teil I.

[126] Dies geht aus § 4 Abs. 1 der Grundsatzvereinbarung v. 04.10.1990 hervor, in: BArch, DM 104–1128, Teil I.

folgte die Interflug ausschließlich den Zweck des Flugverkehrs. Der Gesellschafterbeschluss vom 25. Oktober 1990 wurde entsprechend umgeändert.[127]

Anschließend schlossen die Interflug und die Flughäfen-Gesellschaften mbH, exklusive der FSB und der Berliner Spezialflug GmbH, am 4. Oktober 1990 Betriebspachtverträge zur Nutzung des Grundes und des vorhandenen Betriebes. Außerdem wurde den Flughäfen ein notarielles und unwiderrufliches Kaufangebot zum Erwerb der jeweiligen Flughafenbetriebe gewährt. Die Angebote wurden von den Gesellschaften angenommen.[128] Der Pachtzins, der bis zum 31.12.1991 gestundet war, betrug dabei wie folgt:

Name des Vertragspartners	Höhe des Betriebspachtzinses
Flughafen Berlin Schönefeld GmbH	36.986.389,02 DM
Flughafen Leipzig GmbH	10.550.107,56 DM
Flughafen Dresden GmbH	4.597.549,23 DM
Flughafen Erfurt GmbH	1.048.441,85 DM

Des Weiteren schloss die Interflug am 4. Oktober 1990 mit dem Berliner Spezialflug GmbH[129] und der FSB Flugservice & Development GmbH Kaufverträge mit einem Veräußerungspreis in Höhe von 1.474.189,25 DM bzw. 7.655.285,85 DM.[130] Mit der FSB wurde außerdem ein Kaufvertrag zur Einbringung des mobilen Sachanlagevermögens und des Umlaufvermögens geschlossen.[131] Das Angebot gegenüber der FSB wurde jedoch wieder zurückgezogen.[132] Dies lag an der zwischenzeitlich eingetretenen Insolvenz der FSB.[133]

Des Weiteren gewährte die Interflug den genannten Gesellschaften Liquiditätshilfen in folgender Höhe[134]:

---

[127] Anlage 6.7. zur Liquidationszwischenschlussrechnung zum Stichtag 30.06.2000, AZ: IFLSRA67, dort S. 2 unter 1.1, in: BArch, DM 104–2423.

[128] Brief der C&L Treuarbeit Deutsche Revision v. 09.05.1994 an das Bundesministerium für Finanzen mit dem Betreff: „Interflug GmbH i.L.", S. 2, in: BArch, DM 104–1128, Teil I.

[129] Zur Geschichte des Spezialflugs sei verwiesen auf *Materna*, Flughafen Berlin Schönefeld 1963–1977. Heimatbasis der Interflug, Thüringen 2014, S. 215 ff.

[130] Brief der Interflug (Abteilung Rechnungswesen) v. 12.11.1991 an den Liquidator Wellensiek über Forderungen der Interflug gegenüber den Flughafenbetrieben, in: BArch, DM 104–717, Teil I.

[131] Kaufvertrag zwischen Interflug und FSB v. 04.10.1990, in: BArch, DM 104–1128, Teil I.

[132] Brief der Interflug (Abteilung Rechnungswesen) v. 12.11.1991, in: BArch, DM 104–717, Teil I.

[133] Anlage 6.7. zur Liquidationszwischenschlussrechnung zum Stichtag 30.06.2000, AZ: IFLSRA67, dort S. 14 unter 4.5.1, in: BArch, DM 104–2423.

[134] Anlage zur Grundsatzvereinbarung v. 04.10.1990, BArch, DM 104–1128, Teil I.

Name des Flughafens	Erhaltene Liquiditätshilfe
Flughafen Berlin Schönefeld GmbH	2.600.000,00 DM
Flughafen Leipzig GmbH	1.000.000,00 DM
Flughafen Dresden GmbH	800.000,00 DM
Flughafen Erfurt GmbH	487.000,00 DM
FSB Flugservice und Development GmbH	5.900.000,00 DM
Berliner Spezialflug GmbH	798.800.00 DM

Anschließend trat die Interflug alle genannten Forderungen im Wege des Forderungs- bzw. Abtretungsvertrages am 24. Juni 1991 an die Treuhandanstalt ab.[135] Nach § 3 des Abtretungsvertrages sollte der Kaufpreis mit Forderungen verrechnet werden, die der Treuhandanstalt gegenüber der Interflug aus Gewährung von Liquiditätshilfen und Bürgschaften zustanden. Aus diesen Veräußerungen standen der Interflug folgende Forderungen gegenüber der Treuhandanstalt zu:[136]

Name des Flughafens	Höhe der Verbindlichkeit
Flughafen Berlin Schönefeld GmbH	357.096.006,01 DM
Flughafen Leipzig GmbH	48.408.725,56 DM
Flughafen Dresden GmbH	21.602.061,67 DM
Flughafen Erfurt GmbH	39.436.479,37 DM

Mit Brief vom 15. Februar 1991, zugegangen am 19. Februar 1991, erklärte die Treuhandanstalt gegenüber der Interflug die Übernahme einer Bürgschaft in Höhe von 20 Millionen DM bis zum 22. Februar 1991. Gesichert wurden u.a. die entstehenden Lande-, Überflug- und Abfertigungsgebühren und Treibstoffkosten sowie andere typische Flugkosten.[137] Am 16.12.1991 wurde schließlich die Aufhebung der Unternehmensgenehmigung der Interflug beim Bundesminister für Verkehr beantragt. Dieser bestätigte die Aufhebung mit Brief vom 7. Januar 1992.[138]

---

[135] Forderungs- bzw. Abtretungsvertrag zwischen Treuhandanstalt und Interflug v. 24.06. 1991, in: BArch, DM 104–1128, Teil I.

[136] Anlage 6.7. zur Liquidationszwischenschlussrechnung zum Stichtag 30.06.2000, AZ: IFLSRA67, dort S. 14 unter 4.5.1, in: BArch, DM 104–2423.

[137] Brief der Treuhandanstalt v. 15.02.1991 an die Interflug, Betreff: Bürgschaft für Interflug, in: BArch, DM 104–709, Teil II.

[138] Brief des Bundesministers für Verkehr v. 19.12.1991 mit Eingangsstempel v. 07.01. 1991 an die Interflug, in: BArch, DM 104–2361.

3. Die Grundsatzvereinbarung zwischen der Treuhandanstalt, Interflug und den ausgegliederten Flughafenbetrieben als juristische Rahmenbedingung

Im Anschluss der Entflechtung wurde am 4. Oktober 1990 zwischen den ausgegliederten Flughafenbetrieben und der Interflug eine Grundsatzvereinbarung („GrundV") geschlossen, dessen Inhalt im Folgenden näher erläutert wird.[139] Darin verpflichtete sich die Treuhandanstalt als Alleingesellschafterin der Interflug in § 1 GrundV „alles ihr Zumutbare [zu] unternehmen, um die Durchführung der zwischen der Interflug und den übrigen Partnern dieser Vereinbarung abgeschlossenen Verträge und abgegebenen Vertragsangebote zu fördern und zu ermöglichen". Diese Mitwirkungs- und Förderungspflicht sollten nach dem Willen der Treuhandanstalt allerdings keine rechtlichen Folgen für sie begründen. So stellte § 2 Abs. 3 GrundV klar, dass die Treuhandanstalt rechtlich nicht dafür einstand, dass die Interflug ihre grundstücksbezogenen Verpflichtungen gegenüber den Flughafenbetrieben vertragsgemäß erfüllte. Anders war dies nach § 2 Abs. 4 GrundV nur, soweit die Treuhandanstalt „selbst direkt oder indirekt Eigentümerin des betroffenen Grundbesitzes" war. Dann, so § 2 Abs. 4 GrundV, wollte die Treuhandanstalt die Parteien „in die Lage versetzen", als ob die Interflug die Eigentümerin gewesen wäre. In § 3 wurden die oben genannten Liquiditätsregelungen getroffen.

Im Übrigen fanden sich noch andere symbolhafte und eher unbestimmte Formulierungen, etwa der Bestimmung der „freundschaftliche[n] Verständigung" der Vertragsparteien unter einander. Des Weiteren stellte die Treuhandanstalt alle Beteiligten nach § 2 Abs. 5 der GrundsatzV von Ansprüchen Dritter frei und verpflichtete sich, hierfür aufgewendete Beträge von den beteiligten Parteien zu ersetzen. Zum Zeitpunkt des 4. Oktober 1990 ging die Treuhandanstalt in § 2 Abs. 2 der GrundsatzV davon aus, dass die Interflug Eigentümerin der in Rede stehenden Grundstücke geworden war. Wie in § 19 A.[140] zu zeigen sein wird, bestanden diesbezüglich zwischen der Treuhandanstalt und dem Bundesministerium für Finanzen juristische Meinungsverschiedenheiten, die große Auswirkungen auf den Liquidationsprozess nach sich zogen. Insgesamt lässt sich feststellen, dass die Grundsatzvereinbarung überwiegend symbolhafte Formulierungen enthielt und eine kooperative Zusammenarbeit demonstrieren wollte.

B. Zwischenergebnis

Die Ausführungen haben gezeigt, dass die Interflug bis zu ihrer Abwicklung eine sehr turbulente Entwicklung durchlaufen hat. Dies begann bereits mit ihrer Gründung, die gewissermaßen doppelt erfolgt ist. Zum einen im Jahre 1958 als Charterfluggesellschaft und im Jahre 1963, als sie die Rechte und Pflichten der Lufthansa

---

[139] Grundsatzvereinbarung v. 04. 10. 1990, BArch, DM 104 – 1128, Teil I.

[140] S. 213 ff.

Ost übernahm. Dies war maßgeblich auf die juristische Auseinandersetzung mit der Lufthansa AG zurückzuführen, die sich letztlich mit ihren Namensrechten durchsetzte. Zwar konnte die Interflug wirtschaftlichen Erfolg verbuchen, was anhand der steigenden, erworbenen Anzahl an Flugmaschinen und einer kontinuierlich steigenden Passagieranzahl deutlich wurde. Allerdings wurde die Interflug auch zunehmend von ideologischen Vorgaben belastet. Hier war insbesondere die militärische Entwicklungsphase der Interflug in den 1970er Jahren bedeutsam, insbesondere die Berufung von Klaus Henkes zum Generaldirektor im Jahr 1978. In diesem Zusammenhang wurden ideologische Grundeinstellungen von den angestellten Piloten erwartet. Dies ließen die Einstufungskriterien erkennen, die bereits das Vorhandensein von nahen Verwandten im Westen negativ einstuften. Schließlich hatte das Jahr 1990 weitreichende Folgen für die Interflug. Zunächst trat am 1. Juli 1990 die WWUSVr in Kraft, weswegen die juristische Entflechtung der Interflug eingeleitet wurde. Fünf Betriebsteile wurden in diesem Zusammenhang mit Wirkung zum 4. Oktober 1990 ausgegliedert. Die Interflug gewährte diesen Gesellschaften Kredite und schloss mit ihnen Betriebspachtverträge. Gleichzeitig wurde ihnen ein notariell unwiderrufliches Kaufangebot abgegeben. Dieses Angebot wurde von den Gesellschaften, mit Ausnahme der FSB, angenommen. Schließlich trat die Interflug im Juni 1991 die Forderungen gegen die ausgegliederten Betriebe an die Treuhandanstalt ab. Die rechtlichen Rahmenbedingungen wurden nunmehr von der Grundsatzvereinbarung zwischen der Interflug, der Treuhandanstalt, sowie den ausgegliederten Flughafenbetrieben geregelt.

§ 17 Zu den Liquidationskonzepten

A. Zum ursprünglichen Liquidationskonzept vom 6. März 1990

Am 8. Februar 1991 teilte die Treuhandanstalt der Interflug offiziell mit, dass in „dieser Situation [...] keine andere Möglichkeit [besteht], als den Geschäftsbetrieb der Interflug auslaufen zu lassen".[141] Zu diesem Zeitpunkt war die Interflug nicht überschuldet.[142] Laut Bilanz vom 1. März 1991 bildeten sonstige Forderungen gegen die Treuhandanstalt in Höhe von 649.203.000 Deutsche Mark den größten Vermögensposten der Aktiva.[143] Die Forderungen resultierten aus den Ausgliederungen der Flughafenbetriebe und der anschließenden Abtretung an die Treuhandanstalt. Daneben bestanden noch Forderungen aus Lieferungen und Leistungen in Höhe von 137.602.000 DM. Auf der Passivseite bildeten Kredite für den Erwerb der Airbus

---

[141] Brief der Treuhandanstalt an die Interflug v. 08.02.1991 mit dem Betreff: Privatisierung der Interflug, in: BArch, DM 104–2365.

[142] Anlage 6.7. zur Liquidationszwischenschlussrechnung zum Stichtag 30.06.2000, AZ: IFLSRA67, dort S. 4 unter 2.1., in: BArch, DM 104–2423.

[143] Anlage 6.7. zur Liquidationszwischenschlussrechnung zum Stichtag 30.06.2000, AZ: IFLSRA67, dort S. 5 unter 2.1., in: BArch, DM 104–2423.

Flugzeuge bei der Deutschen Handelsbank in Höhe von 355.000.000 DM den größten Posten. Die Gesellschafter gingen mittelfristig von einer Zahlungsunfähigkeit aus. Auch Die Zeit berichtete am 9. November 1990:

> „Als am 1. Juli [1990] die D-Mark in der DDR eingeführt wurde, begann der Sturzflug der Interflug. Nur eine rasche Entscheidung über die Zukunft des Unternehmens hätte ihn verhindern oder mildern können. Statt dessen taten die zuständigen Behörden alles, um sie hinauszuzögern."[144]

Auch die Lufthansa ging zum Zeitpunkt des 9. November davon aus, dass die Interflug wöchentlich eine Million Mark Verlust machte.[145] Das Defizit für das Jahr 1990 wurde von anderen Kreisen auf 200 Millionen Mark geschätzt.[146]

Am 9. Februar 1991 fand bereits die erste Beratung mit dem bestellten Liquidator Müller-Heydenreich statt, in welcher er zwei mögliche Wege der Liquidation darlegte. Zum einen erwähnte er die stille Liquidation in Form der Verwertung des vorhandenen Vermögens bei Begleichung offener Verbindlichkeiten und Übertragung der erzielten Erlöse an die Treuhandanstalt.[147] Die sog. stille Liquidation richtet sich nach § 60 Abs. 1 Nr. 2 GmbHG. Das GmbHG der Bundesrepublik Deutschland galt nach Art. 8 EinigungsV als übergeleitetes Recht auf dem Gebiet der ehemaligen DDR. Zum anderen zog er die Möglichkeit der Insolvenz in Form der Gesamtvollstreckung in Betracht. Diese richtete sich u. a. nach der Gesamtvollstreckungsordnung der ehemaligen DDR[148], welche nach Art. 9 Abs. 2 EinigungsV in Verbindung mit Nr. 2 der Anlage II Kapitel III Sachgebiet A -Rechtspflege Abschnitt IV zum EinigungsV fortgalt. Zum Zeitpunkt der Beratung hielt Müller-Heydenreich die stille Liquidation für möglich und zweckmäßig.[149] Am 1. März 1991 fand schließlich eine Gesellschafterversammlung der Interflug statt, in welcher die Auflösung der Gesellschaft zum 1. März 1991 beschlossen wurde.[150] Gleichzeitig wurden die bis dahin angestellten Geschäftsführer der Interflug abberufen und Müller-Heydenreich zum alleinigen Liquidator bestellt.[151] Am 6. März 1991 stellte Müller-Heydenreich sein Liquidationskonzept vor. So sollte nach seiner Vorstellung der Grund und Boden

---

[144] *N.N.*, Begehrtes Flugobjekt, Die Zeit v. 09.11.1990, abgerufen am 10.08.2018 unter: https://www.zeit.de/1990/46/begehrtes-flugobjekt/komplettansicht.

[145] *N.N.*, Begehrtes Flugobjekt, Die Zeit v. 09.11.1990, abgerufen am 10.08.2018 unter: https://www.zeit.de/1990/46/begehrtes-flugobjekt/komplettansicht.

[146] *N.N.*, Begehrtes Flugobjekt, Die Zeit v. 09.11.1990, abgerufen am 10.08.2018 unter: https://www.zeit.de/1990/46/begehrtes-flugobjekt/komplettansicht.

[147] Interflug Hauptgeschäftsleiter, Aktennotiz v. 09.02.1991, S. 1, in: BArch, DM 104–687, Teil II.

[148] DDR GBl., 1990, Teil I, Nr. 32, S. 285.

[149] Interflug Hauptgeschäftsleiter, Aktennotiz v. 09.02.1991, S. 1, in: DM 104–687, Teil II.

[150] Niederschrift über die Gesellschafterversammlung der Interflug v. 01.03.1991, in: BArch, DM 104–2365.

[151] Niederschrift über die Gesellschafterversammlung der Interflug v. 01.03.1991, in: BArch, DM 104–2365.

nach § 25 Abs. 5 DMBilG auf die Treuhandanstalt übertragen werden.[152] Nach § 25 Abs. 5 DMBilG konnte von der Treuhandanstalt u. a. Grund und Boden, welcher mit Wirkung zum 1. Juli 1990 unentgeltlich auf ein Unternehmen übergegangen war, herausverlangt werden. Wie später zu zeigen sein wird, entbrannte hinsichtlich der Eigentumsfrage an Grund und Boden der Flughafenbetriebe eine Meinungsverschiedenheit zwischen der Treuhandanstalt und dem Bundesministerium für Finanzen. Im Kern sollte das restliche Mobiliar, insbesondere die Flugzeuge, möglichst gewinnbringend veräußert und Verbindlichkeiten getilgt werden.

Der Flugbetrieb sollte ursprünglich nach seinem Willen bis zum 31. 10. 1991 fortgeführt werden.[153] Dies begründete der Liquidator damit, dass die stufenweise Betriebsaufgabe ein betriebswirtschaftlich besseres Ergebnis erzielen würde als die sofortige Stilllegung. So nannte er etwa potentielle Schadensersatzforderungen aufgrund der Nichteinhaltung der Verträge bei Linie und Charter.[154] Auch die Personalkosten wären ab dem Zeitpunkt der sofortigen Kündigung bis zur Beendigung der Arbeitsverhältnisse angefallen. Des Weiteren nannte der Liquidator die infolge der Betriebseinstellung entstehenden Stillstandskosten. Das Liquidationskonzept basierte auf Ergebnissen einer nicht näher konkretisierten Arbeitsgemeinschaft „mit speziellem Fachwissen in der Flugkalkulation", die von Müller-Heydenreich gegründet wurde.[155] Es war geplant, den Flugbetrieb im März 1991 unverändert weiterzuführen. Vom 1. April 1991 bis zum 31. Oktober 1991 sollten die Charterflüge ausgeführt werden. Selbiges galt für die Linienflüge, wobei die Langstrecken vollumfänglich aufgegeben wurden.[156] Geflogen werden sollte nur noch mit sieben Flugzeugen des Modells TU 134 und einer geleasten DASH 8. Nur einen Tag nach Übermittlung des Liquidationskonzepts wurde Müller-Heydenreich in der Gesellschafterversammlung vom 7. März 1991 allerdings als Liquidator abberufen und Jobst Wellensiek als neuer Liquidator bestellt.[157] Darauf folgte die Entscheidung, den kompletten Flugbetrieb bis zum 30. April 1991 auslaufen zu lassen.[158] Die Abwicklung in Form der der stillen Liquidation wurde weiterhin verfolgt. Als Gründe wurden u. a. die „Presseberichte und die Golfkrise", die zu einer weiteren Verschlechterung der Lage geführt hätten.[159] Am 25. März 1991 beurlaubte die Treuhandanstalt die Geschäftsführung der Interflug. Auf Nachfrage für die Gründe seiner Entlassung äußerte sich Müller-Heydenreich u. a. wie folgt:

---

[152] Liquidationskonzept v. 06. 03. 1991, S. 1, in: BArch, DM 104 – 2361.

[153] Liquidationskonzept v. 06. 03. 1991, S. 5, in: BArch, DM 104 – 2361.

[154] Liquidationskonzept v. 06. 03. 1991, S .9, in: BArch, DM 104 – 2361.

[155] Liquidationskonzept v. 06. 03. 1991, S. 8, in: BArch, DM 104 – 2361.

[156] Liquidationskonzept v. 06. 03. 1991, S. 9, 10, in: BArch, DM 104 – 2361.

[157] Niederschrift über die Gesellschafterversammlung der Interflug v. 07. 03. 1991, in: BArch, DM 104 – 2419.

[158] Anlage 6.7. zur Liquidationszwischenschlussrechnung zum Stichtag 30. 06. 2000, AZ: IFLSRA67, dort S. 15 unter 4.5.2., in: BArch, DM 104 – 2423.

[159] Anlage 6.7. zur Liquidationszwischenschlussrechnung zum Stichtag 30. 06. 2000, AZ: IFLSRA67, dort S. 8 unter 4.1., in: BArch, DM 104 – 2423.

„[…] Aufgrund von mündlichen Informationen aus dem Führungsbereich der Treuhandanstalt gehe ich davon aus, dass ich aufgrund einer Intervention des Vorstandsvorsitzenden der Lufthansa abberufen wurde, die eine sofortige Einstellung des gesamten Flugbetriebs wünschte und über ihre politischen Kanäle betrieb, während ich mich dafür einsetzte, dass der Betrieb nicht in vollem Umfang eingestellt wurde, sondern nur insoweit, als dies aus Rentabilitätsgründen notwendig war."[160]

B. Das neue Liquidationskonzept

Eine Aktennotiz der Geschäftsführung der Interflug hielt die vorläufigen Ziele des Liquidators aus einem Beratungsgespräch fest. Genannt wurde die geordnete Abwicklung des Unternehmens bzw. Überleitung von Unternehmenssegmenten, sowie die Schaffung von Umschulungs- und Weiterbildungsmöglichkeiten in der Phase der Abwicklung durch eine sogenannte Beschäftigungsgesellschaft.[161] Des Weiteren nannte der Liquidator auch die direkte Vermittlung von Arbeitskräften bzw. über die Beschäftigungsgesellschaft und die Prüfung von Beteiligungsvorhaben.[162] Aus der Aktennotiz geht der Umfang der erteilten Vollmacht an den Liquidator hervor. Danach war er zuständig für die Liquidierung des Unternehmens sowie für die Prüfung der Herauslösung von Unternehmensteilen und bestehender Angebote zur Übernahme der Interflug.[163] Ausweislich der Teilnehmerliste nahm an diesem Gespräch kein Vertreter der Treuhandanstalt teil. Neben drei Rechtsanwälten waren die restlichen zehn Teilnehmer Funktionäre der Interflug. Die offizielle Pressemitteilung erfolgte am 14. März 1991 durch den Liquidator Wellensiek.[164] Das neue Liquidationskonzept sah die umfassende Verwertung der Interflug vor.

C. Unterstützung des Liquidators durch die Lufthansa AG

Zur Unterstützung und Beratung des Liquidators Wellensiek im Rahmen der Abwicklung wurde die Lufthansa AG beauftragt.[165] Die Regelungen im abgeschlossenen Beratungsvertrag waren sehr vage formuliert und boten Spielraum zur

---

[160] Brief v. Müller-Heydenreich v. 17.07.2007 an Herrn Schumann, abgedruckt bei *Breiler*, Vom Fliegen und Landen, S. 260.

[161] Interflug Hauptgeschäftsleiter, Aktennotiz v. 12.03.1991, S. 1, in: BArch, DM 104–687, Teil II.

[162] Interflug Hauptgeschäftsleiter, Aktennotiz v. 12.03.1991, S. 1, in: BArch, DM 104–687, Teil II.

[163] Interflug Hauptgeschäftsleiter, Aktennotiz v. 12.03.1991, S. 2, in: BArch, DM 104–687, Teil II.

[164] Presseinformation v. 14.03.1991 d. Liquidators Wellensiek, in: BArch, DM 104–687, Teil II.

[165] Beratungsvertrag v. 25.03.1991 zwischen der Lufthansa AG und Interflug, in: BArch, DM 104–2419.

Interpretation. In § 3 des Beratungsvertrages wurde etwa die Unterstützung beim Rechnungswesen oder bei der kaufmännischen Verwaltung genannt, „beispielsweise bei der Verwertung von Betriebsteilen und Maschinen oder der Kontrahierung von Charterketten […]".[166] Genannt wurde auch die Beratung im Rahmen der „Umgestaltung der Arbeitsverhältnisse", insbesondere bei der Frage der Abfindung und Auszahlung an ausscheidende Mitarbeiter. Das Beratungsteam sollte nach § 2 des Beratungsvertrages zunächst die temporäre Fortsetzung des Flugbetriebes unterstützen.

Nach § 4 Abs. 2 des Beratungsvertrages sollte die Lufthansa außerdem eine „Qualifizierungsgesellschaft für Berufe im Luftverkehr" gründen, um den Interflug Mitarbeitern Ausbildungsmaßnahmen anzubieten. Diese Gesellschaft befand sich ab dem 9. April 1991 in Gründung und nannte sich „Gemeinnützige Berliner Qualifizierungsgesellschaft für Berufe im Luftverkehr mbH".[167] Mit dieser schloss die Interflug am 25. Juni 1991 die Vereinbarung zur Unterstützung der Mitarbeiter durch Bildungsmaßnahmen.[168] Danach handelte die Gesellschaft eigenverantwortlich, mit Ausnahme von Maßnahmen mit arbeits-, sozial- oder betriebsverfassungsrechtlichen Auswirkungen für die Interflug-Mitarbeiter. Das Vertragsverhältnis sollte mit „Zweckerreichung" erlöschen, § 6 des Beratungsvertrages.

D. Zwischenergebnis

Die Untersuchung hat gezeigt, dass das ursprüngliche Liquidationskonzept der Interflug nicht umgesetzt wurde. Vielmehr wurde mit der Abberufung von Müller-Heydenreich und der Neuberufung von Wellensiek eine Abänderung dergestalt vorgenommen, die Interflug vollumfänglich abzuwickeln. Eine offizielle Begründung für den Wechsel existierte nicht. Ob die Annahme von Müller-Heydenreich, die Lufthansa hätte diese Form der Gesamtvollstreckung „über politische Kanäle betrieb[en]", bloße Spekulation ist, lässt sich nicht mehr feststellen. Nachweise für diese Sichtweise existieren allerdings nicht.

§ 18 Zur Verwertung der Flugmaschinen

Der folgende Abschnitt analysiert die Veräußerungen der folgenden Flugzeuge, die im Eigentum der Interflug standen: drei Flugzeuge des Typs Airbus A 310–314, fünf Flugzeuge vom Typ Iljuschin IL-18, sieben Flugzeuge vom Typ Iljuschin IL-

---

[166] § 3 des Beratungsvertrages v. 25.03.1991, S. 2, in: BArch, DM 104–2419.

[167] Gesprächsnotiz der Lufthansa-Ausbildungsbasis v. 11.04.1991, in: BArch, DM 104–2419.

[168] Vereinbarung v. 25.06.1991 zwischen der Interflug und der Qualifizierungsgesellschaft, in: BArch, DM 104–2419.

62M und fünfzehn Flugzeuge vom Typ Tupolew TU – 135 A. Wie bereits erläutert, bildeten Kredite in Höhe von 355.000.000 DM für den Erwerb der Airbus-Flugzeuge den größten Bilanzposten auf der Passivseite der Interflug. Aus diesem Grund wird zunächst dargestellt, wie die Airbus-Flugzeuge erworben wurden.

A. 3 Flugzeuge des Typs Airbus A 310–314

Am 24. Juni 1988 hatten der damalige stellvertretende DDR-Verkehrsminister Klaus Henkes und der bayerische Ministerpräsident und Airbus-Aufsichtsratsvorsitzende Franz-Josef Strauß einen entsprechenden Vertrag zur Lieferung von drei Flugzeugen des Typs Airbus A 310–304 unterzeichnet.[169] Die Übergabe der Flugzeuge erfolgte am 26. Juni, 29. Juni sowie am 23. Oktober des Jahres 1989.[170] Der Erwerb bzw. Verkauf der Flugzeuge war insoweit historisch, weil Interflug auf diesen Weg eine Maschine aus dem Westen erwarb und Airbus umgekehrt seine Flugzeuge erstmals in ein Land des Ostblocks veräußerte.[171] Bis dato war der Markt der Flugzeughersteller de facto unterteilt. Die westlichen Fluggesellschaften zählten Maschinen amerikanischer bzw. europäischer Herkunft zu ihren Flotten. Die Fluggesellschaften der sozialistischen Länder flogen dagegen mit Flugzeugen sowjetischer Herkunft.[172] Vor Airbus hatte bereits Boeing zwei Maschinen des Typs Boeing 767 an die polnische Fluggesellschaft Lot veräußert. Diese Geschäfte wurden durch den ehemaligen Generalsekretär der Kommunistischen Partei der Sowjetunion Michail Gorbatschows Politik der Reformen und Umgestaltung ermöglicht, die im Allgemeinen als „Perestroika" bezeichnet wird.[173] Die sowjetischen Modelle Iljuschin und Tupolew waren auf den technischen Stand der 1960er Jahre stehen geblieben.[174]

Die Verwertung der Airbus-Flugzeuge gestaltete sich sowohl wirtschaftlich als auch rechtlich kompliziert. In wirtschaftlicher Hinsicht war der Markt für Gebrauchtflugzeuge sehr angespannt und ein Überangebot an modernen Gebrauchtflugzeugen zu verzeichnen. Vor allem waren Airbus-Flugzeuge im Vergleich zu amerikanischen Vergleichsmodellen überproportional vertreten.[175]

Das Angebot für die drei Airbus-Flugzeuge wurde dem Bundesamt für Wehrtechnik und Beschaffung am 25. März 1991 „nach Abstimmung mit der Treuhand"

---

[169] *Breiler*, Vom Fliegen und Landen, S. 230.

[170] *Breiler*, Vom Fliegen und Landen, S. 231.

[171] *N.N.*, Sehr, sehr hoher Preis, Der Spiegel, Ausgabe 26/1988, S. 75.

[172] *N.N.*, Sehr, sehr hoher Preis, Der Spiegel, Ausgabe 26/1988, S. 75, 76.

[173] *N.N.*, Sehr, sehr hoher Preis, Der Spiegel, Ausgabe 26/1988, S. 76.

[174] *N.N.*, Sehr, sehr hoher Preis, Der Spiegel, Ausgabe 26/1988, S. 76.

[175] Anlage 6.7. zur Liquidationszwischenschlussrechnung zum Stichtag 30.06.2000, AZ: IFLSRA67, dort S. 15 unter 4.5.2., in: BArch, DM 104–2423.

durch den Liquidator eingereicht.[176] Der Abschluss des Kaufvertrages verzögerte sich allerdings. Zum einen musste die Treuhandanstalt ihre Zustimmung erteilen, was schließlich auch geschah. Zum anderen bedurfte die Annahme des Kaufangebots durch das Bundesamt für Wehrtechnik der Zustimmung des Haushaltsausschusses des Deutschen Bundestages.[177] Dieser verweigerte seine Zustimmung in seiner ersten Sitzung. Erst durch Kontaktaufnahme durch den Liquidator und der Unterrichtung über die rechtlichen Konsequenzen eines Scheiterns der Verhandlungen, willigte dieser ein.[178] Die drei Flugzeuge wurden dem Bundesamt am 31. Juli 1991, 2. August 1991 und am 8. August 1991 übergeben.[179] Mit der Überführung beauftragte das Bundesamt die Lufthansa.[180] Außerdem konnten 41 Besatzungsmitglieder der ehemaligen Interflug vermittelt werden. Die Belastung des Eigentums an den genannten Flugzeugen durch Rechte Dritter erschwerte die Veräußerung. So stand der Deutschen Handelsbank AG u. a. ein Pfandrecht an den Flugzeugen zu.[181] Die Sicherungsmittel dienten der Bank zur Absicherung eines der Interflug gewährten Darlehens im dreistelligen Millionenbereich. Dieser Kredit konnte durch den Kauferlös der Airbusse teilweise getilgt werden. Die restliche Differenz beanspruchte die Deutschen Handelsbank von der Treuhandanstalt. Außerdem konnte dahingehend Einigkeit erzielt werden, dass die Deutschen Handelsbank die Hälfte der anfallenden Umsatzsteuer aus dem Verkaufserlös übernahm.[182] Die beglaubigte Löschungsbewilligung bezüglich des Registerpfandrechts händigte die Deutsche Handelsbank dem Bundesamt für Wehrtechnik und Beschaffung am 27. August 1991 aus.[183]

---

[176] Brief des Liquidators v. 23. 03. 1991 an das Bundesamt für Wehrtechnik mit dem Betreff: „Angebot zum Verkauf von 3 Luftfahrzeugen Airbus A 310", in: DM 104−693, Teil I.

[177] Anlage 6.7. zur Liquidationszwischenschlussrechnung zum Stichtag 30.06.2000, AZ: IFLSRA67, dort S. 16 unter 4.5.2., in: BArch, DM 104−2423.

[178] Anlage 6.7. zur Liquidationszwischenschlussrechnung zum Stichtag 30.06.2000, AZ: IFLSRA67, dort S. 16 unter 4.5.2., in: BArch, DM 104−2423.

[179] *Henning*, Brief v. 29.08.1991 an das Luftfahrt-Bundesamt Braunschweig in Funktion des Direktors Technik der Interflug, Betreff: Information über die Übergabe der Flugzeuge A 310 an die Luftwaffe, in: BArch, DM 104−1048.

[180] *Henning*, Brief v. 29.08.1991 an das Luftfahrt-Bundesamt Braunschweig in Funktion des Direktors Technik der Interflug, Betreff: Information über die Übergabe der Flugzeuge A 310 an die Luftwaffe, in: BArch, DM 104−1048.

[181] Anlage 6.7. zur Liquidationszwischenschlussrechnung zum Stichtag 30.06.2000, AZ: IFLSRA67, dort S. 15 unter 4.5.2., in: BArch, DM 104−2423.

[182] Anlage 6.7. zur Liquidationszwischenschlussrechnung zum Stichtag 30.06.2000, AZ: IFLSRA67, dort S. 16 unter 4.5.2., in: BArch, DM 104−2423.

[183] Brief der Deutschen Handelsbank v. 27.08.1991 an das Bundesamt für Wehrtechnik und Beschaffung mit dem Betreff: Kaufvertrag über Airbus A 310−300, in: BArch, DM 104−2419.

B. 5 Flugzeuge vom Typ Iljuschin IL-18

Die Veräußerung der Flugzeuge des Typs Iljuschin IL-18[184] erfolgte im Gegensatz zu den anderen sowjetischen Flugmodellen nicht an einen ehemaligen Ostblockstaat, sondern an ehemalige Angestellte der Interflug. Im ersten Quartal 1991 gründeten vier ehemalige Mitarbeiter der Interflug-IL-18-Staffel die „IL-18 Air Cargo Vermittlungs GmbH", dessen Ziel im Aufbau einer neuen Fluggesellschaft mit den Flugzeugmodellen IL-18 bestand. Da die Schaffung von Organisationsstrukturen des neuen Unternehmens und die Einholung von Genehmigungen des Luftfahrtbundesamtes einige Zeit in Anspruch nahm, wurde der Flugbetrieb bereits bis zum 31. Oktober 1991 unter der Verantwortung der Interflug durchgeführt.[185] Die Unterstützung seitens der Interflug sollte ursprünglich bis zum 31. Oktober 1991 erfolgen. Die juristische Komplexität ergab sich daraus, dass eines der fünf Flugzeuge am 3. Oktober 1990 nach Art. 21 Abs. 1 EinigungsV kraft Vertrages auf die Bundesanstalt für Flugsicherung überging, was in der Flugzeugrolle nicht vermerkt wurde.[186] Daher mussten Anstrengungen unternommen werden, um den Bund zur Rückübereignung der IL-18 auf die Interflug zu bewegen. Hierbei leistete auch der Liquidator juristische Hilfe und konnte zur Rückübertragung des Flugzeuges IL-18 vom Bund auf die Interflug beitragen.[187] Dabei wurde ein gegenseitiger Haftungsausschluss bezüglich Ansprüchen vereinbart, die sich aus dem Zustand oder der Beschaffenheit des Flugzeugs ergeben konnten.[188] Mit der Weisung Nr. 20/91, die der Interflug am 11. Oktober 1991 zuging, ordnete der Liquidator die Beendigung des Flugbetriebes der IL-18 an und betraute eine Arbeitsgruppe mit der Überführung der Flugzeuge auf das neu zu gründende Unternehmen.[189] Nach vertraglicher Vereinbarung wurden der IL-18 Air Cargo Vermittlungs GmbH am 30. Oktober 1991 die vier weiteren Flugzeuge des Modells IL-18 übergeben.[190] Bis zum 31. Oktober 1991 umfasste das Flugprogramm der Airline neben ad-hoc und Special-Event-Charterflügen zwei weitere Charterketten. Die Charterketten wurden wiederum durch Charterverträge ermöglicht, die die Interflug für den Sommer 1991 vertraglich ab-

---

[184] Zu den technischen Daten der IL-18 sei verwiesen auf *Materna*, Flughafen Berlin Schönefeld 1963–1977. Heimatbasis der Interflug, Thüringen 2014, S. 34 ff.

[185] Anlage 6.7. zur Liquidationszwischenschlussrechnung zum Stichtag 30.06.2000, AZ: IFLSRA67, dort S. 10 unter 4.3.2., in: BArch, DM 104–2423.

[186] § 2 der Vereinbarung zwischen der Bundesrepublik Deutschland, der Interflug und the Ber Line v. 23.01.1992, in: BArch, DM 104–989.

[187] *N.N.*, Brief der Bundesanstalt für Flugsicherung v. 20.03.1991 an den Liquidator Wellensiek: in: BArch, DM 104–989.

[188] § 5 der Vereinbarung zwischen der Bundesrepublik Deutschland, der Interflug und the Ber Line v. 23.01.1992, in: BArch, DM 104–989.

[189] Weisung Nr. 20/91 des Liquidators zur Beendigung des Flugbetriebes der IL-18/ Überleitung auf das neue Unternehmen IL-18, in: BArch, DM 104–727.

[190] Nr. 3/4 des Vertrages Nr. 18600–05007 zwischen der Interflug und der IL-18 AIR CARGO Vermittlungs GmbH, in: BArch, DM 104–989, wobei sich der Vertragsgegenstand laut Anlage auch auf die Triebwerke, die Luftschrauben, die Hilfsenergieanlagen und die Flugzeugbestuhlung erstreckte.

schloss.[191] Schließlich konnte am 1. November 1991 die Fluggesellschaft, umbenannt in „the Ber Line", Berlin-Brandenburgisches Luftfahrtunternehmen GmbH,
den eigenständigen Betrieb aufnehmen. Mit Kaufvertrag vom 23. Januar 1992
konnte eine Einigung zwischen dem Bundesamt-Luftfahrt, der Interflug sowie der
„the Ber Line" über die Veräußerung des Flugzeuges an die „the Ber Line" erzielt
werden.[192]

C. 7 Flugzeuge vom Typ Iljuschin IL-62M und
15 Flugzeuge vom Typ Tupolew TU-134 A

Die sieben Flugzeuge vom Typ IL-62M[193] wurden an die usbekische Verwaltung
der Aeroflot in Taschkent veräußert.[194] Der Vertrag hierzu wurde am 14.06.1991
abgeschlossen. Der Verkaufspreis betrug 7.904.552,84 DM.[195] Der Vertragsgegen-
stand umfasste über die Flugzeuge hinaus auch deren eingebaute Triebwerke des
Modells D-30 KU, sowie 32 Reservetriebwerke desselben Modells und in den
Anlagen näher spezifiziertes luftfahrttechnisches Zubehör.[196] Die Löschung der
Motorflugzeuge aus der Luftfahrzeugrolle der Bundesrepublik Deutschland erfolgte
am 7. August 1991.[197] Flugzeuge vom Typ Tupolew TU-134 A[198] veräußerte die
Treuhandanstalt im Jahr 1991 an die Aeroflot Soviet Airlines in Moskau für eine
Summe in Höhe von 5.948.000 DM.[199]

---

[191] Anlage 6.7. zur Liquidationszwischenschlussrechnung zum Stichtag 30.06.2000, AZ:
IFLSRA67, dort S. 10 unter 4.3.2., in: BArch, DM 104–2423.

[192] Vereinbarung zwischen der Bundesrepublik Deutschland, der Interflug und the Ber Line
v. 23.01.1992, in: BArch, DM 104–989.

[193] Zu den technischen Daten der IL-18 sei verwiesen auf *Materna,* Flughafen Berlin
Schönefeld 1963–1977. Heimatbasis der Interflug, Thüringen 2014, S. 112.

[194] Bericht der AG Flugzeugverkäufe v. 05.09.1991, in: BArch, DM 104–709, Teil II bzw.
Anlage 2.2. zur Liquidationszwischenschlussrechnung mit dem Titel „Verwertung von Ma-
schinen/Betriebs- und Geschäftsausstattung/Sonstigem Umlaufvermögen", Az.: IFSRA2 Text
(D0D290), in: BArch, DM 104–2423.

[195] Anlage 2.2 zur Liquidationszwischenschlussrechnung zum Stichtag 30.06.2000 mit
dem Titel „Verwertung von Maschinen/Betriebs- und Geschäftsausstattung/Sonstigem Umlaufvermögen", Az.: IFSRA2 Text (D0D290), in: BArch, DM 104–2423.

[196] Vertrag Nr. 18 600–05905 v. 14.06.1991, Regelung Nr. 1, in: BArch, DM 104–709,
Teil I.

[197] Luftfahrt Bundesamt, Löschungsbescheinigung v. 07.08.1991, in: DM 104–709, Teil I.

[198] Zu den technischen Daten der IL-18 sei verwiesen auf *Materna,* Flughafen Berlin
Schönefeld 1963–1977. Heimatbasis der Interflug, Thüringen 2014, S. 82.

[199] Anlage 2.2 zur Liquidationszwischenschlussrechnung zum Stichtag 30.06.2000 mit
dem Titel „Verwertung von Maschinen/Betriebs- und Geschäftsausstattung/Sonstigem Umlaufvermögen", Az.: IFSRA2 Text (D0D290), in: BArch, DM 104–2423.

D. Zwischenergebnis

Insgesamt ist festzuhalten, dass die Veräußerung der Flugmaschinen durch juristische Hürden erschwert wurde. Einerseits musste der Bund zur Rückübereignung eines der Flugzeuge bewegt werden, welches kraft Art. 21 Abs. 1 EinigungsV auf die Bundesanstalt für Flugsicherung übergegangen war. Allerdings ist positiv zu werten, dass die Gründunggesellschafter der neuen Airline maßgeblich vom Liquidator unterstützt wurden. Er hatte entscheidend dazu beigetragen, dass das Flugzeug veräußert werden konnte. Die Unterstützung zeitigte für die Interflug und für die „the Berline" sehr positive Resultate. So bot die neue Gesellschaft etwa 100 ehemaligen Interflug Angestellten einen neuen Arbeitsplatz.[200] Umgekehrt wurde die Interflug damit von Sozialabfindungszahlungen in Höhe von 1,4 Millionen DM entlastet.[201] Durch den Fortbetrieb der Charterketten durch die neue Gesellschaft konnten Schadensersatzforderungen gegenüber der Interflug vermieden werden. Des Weiteren wurde mit der Veräußerung der Flugzeuge der IL-18 die Pflicht zur Verwertung erfüllt.[202] Gerade die Flugzeuge sowjetischer Herkunft bereiteten Schwierigkeiten, da sie die Sicherheitsauflagen im Westen nicht zu erfüllen vermochten. Die Unterstützung der ehemaligen Angestellten der Interflug bei der Gründung der Airline kann als Beispiel dafür herangezogen werden, dass trotz der Abwicklungsprozesse Bemühungen angestellt wurden, um den von der Abwicklung Betroffenen eine rechtliche wie tatsächliche Unterstützung zu leisten, von welcher beide Seiten profitieren würden.

Auch die Veräußerung der Airbus-Flugzeuge ist aufgrund der Überwindung der aufgetretenen Rechtsprobleme als Erfolg zu werten. Hierbei bildete die zunächst verweigerte Zustimmung durch den Haushaltsausschuss die größte Hürde. Ähnlich wie im Falle der IL-18 Flugmaschinen war es dem Engagement des Liquidators zuzuschreiben, dass der Ausschuss seine Einwilligung letztlich erteilte. Die Veräußerung der Airbus-Maschinen war deshalb so wichtig, weil sie mit 2,2 Millionen Mark monatlicher Zinslast und hohen Stillstandkosten verbunden waren.[203] Daher ist auch in zeitlicher Hinsicht positiv zu würdigen, dass die Maschinen bis Mitte des Jahres 1991 veräußert worden waren und außerdem 41 ehemalige Besatzungsmitglieder der Interflug vermittelt werden konnten.

Ebenso ist die Veräußerung der Flugzeuge sowjetischer Herkunft aufgrund der genannten Sicherheitsmängel als positiv zu werten. Daher kann auch die Veräußerung der übrigen sowjetischen Flugzeuge, nämlich sieben Flugzeuge vom Typ IL-62M und 15 Flugzeuge vom Typ TU-134AS als Erfolg bezeichnet werden.

---

[200] Anlage 6.7. zur Liquidationszwischenschlussrechnung zum Stichtag 30.06.2000, AZ: IFLSRA67, dort S. 11 unter 4.3.2., in: BArch, DM 104–2423.

[201] Anlage 6.7. zur Liquidationszwischenschlussrechnung zum Stichtag 30.06.2000, AZ: IFLSRA67, dort S. 11 unter 4.3.2., in: BArch, DM 104–2423.

[202] Anlage 6.7. zur Liquidationszwischenschlussrechnung zum Stichtag 30.06.2000, AZ: IFLSRA67, dort S. 11 unter 4.3.2., in: BArch, DM 104–2423.

[203] Liquidationskonzept v. 06.03.1991, S. 2, in: BArch, DM-2361.

§ 19 Zur Verwertung der Grundstücke

A. Die unterschiedliche Auslegung des § 11 Abs. 2 TreuhG zwischen der Treuhandanstalt und dem Bundesministerium für Finanzen

I. Die analoge Anwendbarkeit des § 11 Abs. 2 TreuhG auf die sog. Alt-GmbHs

Während der Liquidationsphase entbrannte zwischen dem Bundesministerium für Finanzen und der Treuhandanstalt ein Streit hinsichtlich der Vermögenszuordnung von Grund und Boden der Interflug. Die streitentscheidenden Regelungen waren solche des TreuhG.

Nach § 1 Abs. 1 Satz 1 TreuhG war das volkseigene Vermögen in der ehemaligen DDR zu privatisieren. § 1 Abs. 4 TreuhG legte dabei fest, dass die Treuhandanstalt nach Maßgabe dieses Gesetzes u. a. Inhaber der Anteile der Kapitalgesellschaften wurde, die durch Umwandlungen der im Register der volkseigenen Wirtschaft eingetragenen volkseigenen Kombinate, Betriebe, Einrichtungen und sonstigen juristisch selbständigen Wirtschaftseinheiten entstanden oder bis zum Inkrafttreten des TreuhG entstanden waren. Volkseigene Kombinate sollten in Aktiengesellschaften, Kombinatsbetriebe und andere Wirtschaftseinheiten in Kapitalgesellschaften, vorzugsweise in GmbHs, umgewandelt werden, § 11 Abs. 1 Satz 2 TreuhG.[204] Dreh- und Angelpunkt des oben erwähnten Rechtsstreits zwischen dem Bundesministerium für Finanzen und der Treuhandanstalt betraf § 11 Abs. 2 Satz 2 TreuhG. Danach bewirkte die Umwandlung gleichzeitig den Übergang des Vermögens aus der Fondsinhaberschaft der bisherigen Wirtschaftseinheit sowie des in Rechtsträgerschaft befindlichen Grund und Bodens in das Eigentum der Kapitalgesellschaft.

Wie bereits erläutert, wurde die Interflug aber als GmbH gegründet und wurde gerade nicht in das Register der volkseigenen Wirtschaft eingetragen. Daher war § 11 Abs. 2 Satz 2 TreuhG nach Auffassung des Bundesministeriums für Finanzen nicht auf die Interflug anwendbar.[205] Als Folge davon wäre das Betriebsvermögen nicht auf die Interflug übergegangen und die Treuhandanstalt als ihre Alleingesellschafterin nicht verfügungsbefugt gewesen. Art. 22 Abs. 1 Satz 1 EinigungsV bestimmte in diesem Fall den Übergang des Vermögens auf den Bund.

Die Treuhandanstalt vertrat die gegenteilige Auffassung und nahm eine analoge Anwendung des § 11 Abs. 2 Satz 2 TreuhG auf die Interflug an, da das TreuhG im

---

[204] Zum Vermögensübergang bei ehemals volkseigenen Betrieben: *Lambsdorff*, DtZ 1992, 102 ff.

[205] *König/Heimann*, Vermögenszuordnung im Aufgabenzuschnitt des öffentlichen Sektors der neuen Bundesländer – Ein Zwischenbericht –, Forschungsinstitut für öffentliche Verwaltung bei der Hochschule für Verwaltungswissenschaften Speyer, Speyerer Forschungsberichte 133, 1994, S. 60.

konkreten Fall eine Regelungslücke aufgewiesen habe.[206] Die Interflug sei faktisch wie ein volkseigener Betrieb behandelt worden, die Rechtsform der GmbH sei lediglich der internationalen Tätigkeit als Flugbetrieb geschuldet gewesen. Daher sei § 11 Abs. 2 Satz 2 TreuhG anwendbar gewesen und die Interflug infolgedessen Eigentümerin ihres Betriebsvermögens geworden. Dieses Rechtsproblem wurde im ursprünglichen Liquidationskonzept noch nicht gesehen.[207]

Diese Auffassung fand auch Eingang in die Rechtsprechung. So entschied etwa der Sondersenat für Zivilsachen des BezG Erfurt am 04. 11. 1992, dass § 11 Abs. 2 Satz 2 TreuhG den Sinn und Zweck verfolgt habe, auch Betriebe zu erfassen, die bereits im Zeitpunkt des Wirksamwerdens des TreuhG als GmbH existierten.[208] Dabei stützte sich das Gericht auf § 23 TreuhG, der § 11 Abs. 2 TreuhG für anwendbar erklärte. Zwar bezog sich § 23 TreuhG seinem Wortlaut nach nur auf solche Kapitalgesellschaften, die durch die Umwandl.-VO (DDR) entstanden bzw. vor Wirksamwerden des TreuhG entstanden waren. Nach Auffassung des BezG Erfurt war § 23 TreuhG aber auch auf die bereits existierenden Alt-Gesellschaften anwendbar.[209] Die Alt-GmbHs in der ehemaligen DDR hätten in ihrer „sachlich-rechtlichen Substanz" den sog. sozialistischen Wirtschaftsbetrieben entsprochen. Dabei bezieht es sich auf die Anordnung über die Rechtsträgerschaft an volkseigenen Grundstücken vom 7. Juli 1969. Dort, so das Gericht, seien die Alt-GmbHs den volkseigenen Betrieben gleichgestellt gewesen. Diese juristische Gleichstellung hätte die Anwendung des § 23 TreuhG und damit auch des § 11 Abs. 2 Satz 2 TreuhG auf die Alt-GmbHs gerechtfertigt. Diese Rechtsauffassung hatte der 2. Zivilsenat des BezG Erfurt bereits in einem früheren Beschluss vertreten.[210]

Mit dieser Rechtsfrage beschäftigte sich auch das BVerwG. Es entschied am 10. August 1994, dass eine analoge Anwendung des § 23 TreuhG nicht gerechtfertigt gewesen sei. Dem Gesetzgeber in der ehemaligen DDR sei die Rechtsform der GmbH durchaus bekannt gewesen. Die Tatsache, dass die Alt-GmbHs nicht unter § 11 Abs. 2 TreuhG gefasst wurden, habe daher keine planwidrige Regelungslücke dargestellt.[211] Vielmehr sei damit der Wille des Gesetzgebers zum Ausdruck gekommen, dass er die Alt-GmbH für nicht privatisierungsfähig oder aber für marktkonform erachtet habe.[212] Der wesentliche Unterschied zwischen der Alt-GmbH und einer auf Grundlage der Umwandl.-VO (DDR) entstandenen Kapitalgesellschaft habe darin gelegen, dass bei letzterer die Anteile nach § 1 Abs. 4 TreuhG i.V.m. § 3 Umwandl.-VO (DDR) auf die Treuhandanstalt übertragen worden wären.

---

[206] *König/Heimann*, Vermögenszuordnung im Aufgabenzuschnitt des öffentlichen Sektors der neuen Bundesländer – Ein Zwischenbericht –, S. 60.

[207] Liquidationskonzept v. 06. 03. 1991, in: BArch, DM-2361.

[208] BezG Erfurt, Beschl. v. 04. 11. 1992 – W 13/92, VIZ 1993, 120.

[209] BezG Erfurt, Beschl. v. 04. 11. 1992 – W 13/92, VIZ 1993, 120, 121.

[210] BezG Erfurt, Beschl. v. 22. 06. 1992 – 2 T 19/92, VIZ 1993, 28.

[211] BVerwG, Beschl. v. 10. 08. 1994 – 7B 49.94, VIZ 1994, 606.

[212] BVerwG, Beschl. v. 10. 08. 1994 – 7B 49.94, VIZ 1994, 607.

II. Stellungnahme

Die Auffassung des BVerwG ließ die geschichtlichen Umstände außer Betracht. Zum einen berichtete Klaus Henkes, der im Jahr 1978 Generaldirektor der Interflug wurde, dass die Rechtsform der GmbH lediglich deshalb beibehalten wurde, weil die Umwandlung in die Rechtsform der VEB zu kostspielig gewesen wäre.[213] Die Interflug hatte bereits in über 60 Ländern das Patent auf den Firmennamen beantragt, sodass es der Umänderung auf die Rechtsform der VEB bedurft hätte.[214] Zwar ist zuzustimmen, dass dem Gesetzgeber die Rechtsform der GmbH bekannt gewesen war. Daraus konnte allerdings entgegen der Auffassung des BVerwG noch nicht der Schluss gezogen werden, dass die DDR die Interflug für besonders marktkonform gehalten habe und deshalb bewusst diese Rechtsform gewählt hatte. Wäre dem so gewesen, so hätten auch andere Gesellschaften, etwa die Lufthansa Ost, in derselben Rechtsform gegründet werden müssen. Es ist aus geschichtlichen Gründen nicht ersichtlich, dass die DDR mit der Auswahl der Rechtsform der GmbH die ihrer Auffassung nach wirtschaftliche Einmaligkeit der Interflug untermauern wollte. Vielmehr muss der damalige Rechtsstreit mit der Lufthansa West Eingang in die Beurteilung finden. Die Gründung der Interflug erfolgte damals deshalb, weil die involvierten DDR-Politiker für den Fall des juristischen Unterliegens eine Alternativlösung sichern wollten. Vor diesem Hintergrund könnte es eine Rolle gespielt haben, dass die Rechtsform der GmbH den Vorteil einer schnellen Firmengründung bot und allein deshalb gewählt wurde. Diese Umstände ließ das BVerwG vermissen. Die einzige Phase in der Geschichte der ehemaligen DDR, in welcher die Gründung bzw. Umwandlung von Betrieben in Kapitalgesellschaften forciert wurde, war im Zuge der Verwaltung des sog. Volksvermögens durch die Treuhandanstalt. Selbst in dieser Phase sollte die Privatisierung, wie bereits ausgeführt, die Ausnahme bleiben. Daher wäre die analoge Anwendung des § 11 Abs. 2 Satz 2 TreuhG auf die Interflug geboten gewesen.

B. Agrarflugplätze

Der Agrarflug war ein weiterer eigenständiger Teil der DDR-Flugbetriebe. Ursprünglich wurde dieser nicht als eigener Betrieb geführt, sondern als Abteilung Wirtschaftsflug der Lufthansa Ost gegründet.[215] Die Aufgabenstellung konkretisierte § 4 Abs. 1 des Statuts der Lufthansa Ost.[216] Dort hieß es:

---

[213] MDR, Mit der Interflug in die halbe Welt, 10.03.2010, aufgerufen am 17.08.2018 unter https://www.mdr.de/damals/archiv/artikel87928.html.

[214] *Henkes*, zitiert in MDR, Mit der Interflug in die halbe Welt, 10.03.2010, aufgerufen am 17.08.2018 unter https://www.mdr.de/damals/archiv/artikel87928.html.

[215] *Seifert*, Weg und Absturz der Interflug, S. 189.

[216] Statut der „Deutschen Lufthansa", DDR GBl., 1956, Nr. 23, S. 205.

„Die Aufgaben der ‚Deutschen Lufthansa' bestehen insbesondere in folgendem: […] Durchführung von Flügen für geologische, geodätische, kartographische und meteorologische Zwecke sowie für Aufgaben auf dem Gebiet der Forschung, der Schädlingsbekämpfung und für andere Aufgaben land- und forstwirtschaftlicher Art."

Im Jahr 1956 erfolgten die ersten aviochemischen Versuchsflüge in Zusammenarbeit mit der Deutschen Akademie der Landwirtschaftswissenschaften.[217] Die Testflüge wurden von der tschechoslowakischen Luftverkehrsgesellschaft CSA – zavod „Agrolet" unterstützt. Da die erzielten Ergebnisse die DDR-Regierung überzeugte, wurde am 21. März 1957 das erste Agrarflugzeug des Typs L-60 DM-SID in das Luftfahrtregister der DDR eingetragen.[218] Es folgten weitere Flugzeuge, etwa des Typs Antonow-An-2S. Im Mai 1959 zählten 14 Flugzeuge zum Inventar der Abteilung Wirtschaftsflug, sowie 11 angestellte Piloten.[219] Im Jahr 1960 beflog die Abteilung 167.200 Hektar Land, der weit überwiegende Teil zum Zwecke der Schädlingsbekämpfung.[220] Im Jahr 1975 waren es insgesamt drei Millionen Hektar.[221]

Nach der Zusammenlegung der Lufthansa Ost mit der Interflug wurde die Abteilung Wirtschaftsflug nunmehr als eigenständiger Betriebsteil ausgebildet.[222] Vor der Abwicklung der Interflug beflog der Agrarflug knapp fünf Millionen Hektar Land mit 241 Flugzeugen.[223] Der bis dato dezentral geführte Agrarflug wurde mit der Einrichtung eines Direktionsgebäudes im Norden des Flughafens Berlin-Schönefeld zentralisiert.[224] Die Zentralisierung und der Ausbau des Agrarflugs führte allerdings zur finanziellen Schieflage, wie Breiler ausführt:

„Die festgelegte Zentralisierung fand statt, aber die nunmehr verstärkt einsetzende extensive Entwicklung des Agrarfluges führte die avisierte Selbstkostensenkung ohne staatliche Stützung ad absurdum. Die Quittung bekamen die Agrarflugbesatzungen nach 1990. Die Weiterentwicklung der Bodengeräte verdrängte die Agrarflugzeuge."[225]

Am 4. Oktober wurde ein notariell beurkundetes Kaufangebot bezüglich des beweglichen Sachanlagevermögens und des Umlaufvermögens an die FSB abgegeben.[226] Allerdings wurde die FSB kurze Zeit später liquidiert, weshalb das Angebot

---

[217] *Seifert*, Weg und Absturz der Interflug, S. 189; *Britt*, Flugzeuge als Helfer der Land- und Forstwirtschaft in der DDR, Agrartechnik, Heft 7, Juli 1957, S. 295.

[218] *Seifert*, Weg und Absturz der Interflug, S. 190.

[219] *Seifert*, Weg und Absturz der Interflug, S. 192.

[220] *Seifert*, Weg und Absturz der Interflug, S. 197.

[221] *Braunburg*, Interflug. Die deutsche Fluggesellschaft jenseits der Mauer, S. 138.

[222] *Seifert*, Weg und Absturz der Interflug, S. 198.

[223] *Braunburg*, Interflug. Die deutsche Fluggesellschaft jenseits der Mauer, S. 134.

[224] *Breiler*, Vom Fliegen und Landen, S. 126.

[225] *Breiler*, Vom Fliegen und Landen, S. 126.

[226] Kaufvertrag zwischen Interflug und FSB v. 04.10.1990, in: BArch, DM 104–1128, Teil I.

wieder aufgehoben wurde.[227] Anschließend wurden die Agrarflugplätze an die Treuhandanstalt Flugplatzverwaltungs GmbH veräußert, aber auf Weisung der Treuhandanstalt am 5. März 1993 wieder aufgehoben.[228] Hinsichtlich der Agrarflugplätze vertrat nämlich das Bundesministerium für Finanzen die Auffassung, dass diese nach Art. 22 EinigungsV Finanzvermögen des Bundes geworden waren.[229] Aus dem Bericht geht hervor, dass diesbezüglich ein Erlass des Bundesministeriums für Finanzen vom 14.12.1992 existierte, aufgrunddessen die Treuhandanstalt die Agrarflugplätze den kommunalen Träger übertrug, ohne dass ein Ausgleich für die Interflug erfolgte.[230]

C. Verkehrsflughäfen Berlin-Schönefeld, Erfurt, Leipzig und Dresden

Hinsichtlich der Verkehrsflughäfen in Berlin-Schönefeld[231] und in Erfurt vertrat das Bundesministerium für Finanzen die Ansicht, dass diese Bundesvermögen im Sinne des Art. 21 EinigungsV geworden seien.[232] Nach dieser Regelung wurde das Vermögen der ehemaligen DDR, das unmittelbar bestimmten Verwaltungsaufgaben diente (Verwaltungsvermögen), zum Bundesvermögen. Eine Ausnahme galt dann, wenn das Grundgesetz regelte, dass die Verwaltungsaufgaben von den Ländern, Gemeinden oder sonstigen Trägern öffentlicher Verwaltung wahrzunehmen war. Eine solche Ausnahme lag nach Auffassung des Bundesministeriums für Finanzen nicht vor. Es qualifizierte die Verkehrsflughäfen deshalb als Angelegenheit des Bundes. Trotz dieses Standpunktes stimmte das Bundesministerium für Finanzen den abgeschlossenen Verträgen mit dem Verkehrsflughafen Erfurt bzw. der vorhe-

---

[227] Anlage 6.7. zur Liquidationszwischenschlussrechnung zum Stichtag 30.06.2000, AZ: IFLSRA67, dort S. 14 unter 4.5.1., in: BArch, DM 104–2423.

[228] Anlage 6.7. zur Liquidationszwischenschlussrechnung zum Stichtag 30.06.2000, AZ: IFLSRA67, dort S. 14 unter 4.5.1., in: BArch, DM 104–2423; *König/Heimann*, Vermögenszuordnung im Aufgabenzuschnitt des öffentlichen Sektors der neuen Bundesländer – Ein Zwischenbericht –, S. 62, 63.

[229] Anlage 6.7. zur Liquidationszwischenschlussrechnung zum Stichtag 30.06.2000, AZ: IFLSRA67, dort S. 14 unter 4.5.1., in: BArch, DM 104–2423; *König/Heimann*, Vermögenszuordnung im Aufgabenzuschnitt des öffentlichen Sektors der neuen Bundesländer – Ein Zwischenbericht –, S. 63.

[230] Anlage 6.7. zur Liquidationszwischenschlussrechnung zum Stichtag 30.06.2000, AZ: IFLSRA67, dort S. 14 unter 4.5.1., in: BArch, DM 104–2423.

[231] Zum Flughafen Berlin-Schönefeld sei auf die Ausführungen in § 16 A. II., S. 181 ff. verwiesen.

[232] Anlage 6.7. zur Liquidationszwischenschlussrechnung zum Stichtag 30.06.2000, AZ: IFLSRA67, dort S. 14 unter 4.5.1., in: BArch, DM 104–2423; *König/Heimann*, Vermögenszuordnung im Aufgabenzuschnitt des öffentlichen Sektors der neuen Bundesländer – Ein Zwischenbericht –, S. 61.

rigen Vermögenszuordnung bezüglich Berlin-Schönefeld zur Interflug zu.[233] Bezüglich dem Verkehrsflugplatz Leipzig und Dresden wurden entsprechend der Rechtsauffassung des Bundesministeriums für Finanzen Grundstücksüberlassungsverträge abgeschlossen.

D. Ferienobjekte und Fliegerzentrum

Des Weiteren wurden sieben Ferienobjekte, darunter die Ferienheime an der Ostsee Ahlbeck und Seebad Heringsdorf, und das ehemalige Fliegerzentrum der Interflug verwertet. Die genannten Liegenschaften wurden im Rahmen der Entflechtung der Interflug nicht auf die ausgegliederten Flughafenbetriebe übertragen.[234] Der Grund lag in der bereits erwähnten unterschiedlichen juristischen Bewertung des Grundvermögens im Hinblick auf § 11 Abs. 2 TreuhG. Das Fliegerzentrum samt Simulationshallen befand sich in Berlin-Schönefeld.[235] Fünf der Ferienobjekte wurden an eine nicht näher konkretisierte Gesellschaft veräußert, an welcher „ehemalige Mitarbeiter der Interflug maßgeblich beteiligt waren".[236] Die Ferienheime Ostsee Ahlbeck und Seebad Heringsdorf wurden in Abstimmung mit der Treuhandanstalt im Bieterverfahren veräußert. „Wesentliche Teile" der erzielten Erlöse aller Objekte in Höhe von 13.422,00 DM wurden letztlich an den Bund übertragen.[237] Dies war eine Übereinkunft zwischen der Treuhandanstalt und dem Bundesministerium für Finanzen im Zusammenhang der rechtlichen Zuordnung auf Grundlage von § 11 Abs. 2 TreuhG. Das Bundesministerium für Finanzen hielt an seiner Auffassung fest, dass die genannten Objekte nach Art. 22 Abs. 1 EinigungsV Finanzvermögen des Bundes geworden waren.[238] Des Weiteren wurden folgende Objekte verkauft, deren Erlöse an den Bund überführt wurden:

---

[233] Anlage 6.7. zur Liquidationszwischenschlussrechnung zum Stichtag 30.06.2000, AZ: IFLSRA67, dort S. 14 unter 4.5.1., in: BArch, DM 104–2423; *König/Heimann*, Vermögenszuordnung im Aufgabenzuschnitt des öffentlichen Sektors der neuen Bundesländer – Ein Zwischenbericht –, S. 60.

[234] Anlage 2 zur Liquidationszwischenschlussrechnung zum Stichtag 30.06.2000, Az.: IFSRA2 Text (D0D290), dort S. 5 unter 107, in: BArch, DM 104–2423.

[235] Anlage 6.7. zur Liquidationszwischenschlussrechnung zum Stichtag 30.06.2000, Az.: IFSRA2 Text (D0D290), dort S. 18 unter 4.5.4., in: BArch, DM 104–2423.

[236] So einschließlich des Zitats: Anlage 6.7. zur Liquidationszwischenschlussrechnung zum Stichtag 30.06.2000, AZ: IFLSRA67, dort S. 18 unter 4.5.4., in: BArch, DM 104–2423.

[237] Anlage 2 zur Liquidationszwischenschlussrechnung zum Stichtag 30.06.2000, Az.: IFSRA2 Text (D0D290), dort S. 5 unter 107, in: BArch, DM 104–2423.

[238] Anlage 6.7. zur Liquidationszwischenschlussrechnung zum Stichtag 30.06.2000, AZ: IFLSRA67, dort S. 19 unter 4.5.4., in: BArch, DM 104–2423.

Datum der Veräußerung	Grundstück
26.02.1993	Ferienheim in Breitenbrunn
26.02.1993	Ferienheim in Kablow
26.02.1993	Ferienheim in Linow
12.05.1993	Ferienheim in Prerow
26.02.1993	Gästehaus in Rangsdorf
23.06.1993	Ferienheim in Seebad
02.09.1993	Ferienheim und Wohnhaus in Seebad in Ahlbeck
23.12.1993	Wohnhaus in Seebad

E. Teilbetrieb „Flugsicherung"

Der ehemalige Teilbetrieb „Flugsicherung" der Interflug wurde der Bundesanstalt für Flugsicherung übertragen. Der Liquidationsbericht hielt fest, dass dies „in Ausführung von Artikel 13 Absatz 2 des Einigungsvertrages" geschehen sei.[239]

Die Aufgabe des Betriebes bestand u.a. in der Sicherstellung des ordnungsgemäßen Flugverkehrs im Luftraum und grenzüberschreitenden Verkehr der DDR.[240] Hierzu zählte auch die Koordinierung der Flugverkehrsteilnehmer in- und ausländischer DDR-Flüge[241] oder die Leitung der Luftfahrzeuge am Boden.[242]

Ursprünglich war der Betrieb Flugsicherung im Jahre 1961 als staatliche Abteilung Flugsicherung in der Hauptverwaltung Zivile Luftfahrt des Ministeriums für Verkehrswesen gegründet worden.[243] Sie war weisungsabhängig vom Ministerium für Nationale Verteidigung.[244] Im Jahre 1972 ordnete der damalige DDR Verkehrsminister Otto Arndt die Eingliederung der staatlichen Flugsicherung als selbstständigen Betrieb in die Interflug an.[245] Zu diesem Zeitpunkt existierten zwei Flugsicherungsdiensstellen in Cottbus und in Neubrandenburg.[246] Ebenso zählte seit dem Jahr 1968 ein Flugsicherungsausbildungszentrum mit einem Radarsimulator zum Inventar der Flugsicherung. Jährlich wurden etwa 70.000 Flüge kontrolliert.[247]

---

[239] Anlage 2 zur Liquidationszwischenschlussrechnung zum Stichtag 30.06.2000, S. 2, Az.: IFSRA2 Text (D0D290), in: BArch, DM 104–2423.

[240] *Seifert*, Weg und Absturz der Interflug, S. 242.

[241] *Seifert*, Weg und Absturz der Interflug, S. 242.

[242] *Breiler*, Vom Fliegen und Landen, S. 135.

[243] *Seifert*, Weg und Absturz der Interflug, S. 242.

[244] *Seifert*, Weg und Absturz der Interflug, S. 242.

[245] *Breiler*, Vom Fliegen und Landen, S. 135.

[246] *Seifert*, Weg und Absturz der Interflug, S. 242.

[247] *Braunburg*, S. 144.

Die Ausbildung der Flugleiter erfolgte an der Ingenieurschule für Verkehrstechnik in Dresden und an der Akademie der Aeroflot in Leningrad. Nach der Eingliederung in die Interflug wurde die Technik der Flugsicherung stets erweitert.[248]

F. Eigentumsrechtliche Lage an den von der Flugservice & Development GmbH Berlin Schönefeld genutzten Grundstücken

Es stellte sich weiter die Frage, wie mit den an den Flughafen Flugservice & Development GmbH Berlin Schönefeld („FBS") vermieteten Grundstücke zu verfahren war. Diesbezüglich konnte mit dem Bundesministerium für Finanzen Einigkeit erzielt werden. So stimmte Bundesministerium für Finanzen mit Schreiben vom 12.12.1991 und vom 21.12.1992 der Vermögenszuordnung der an die FBS vermieteten Grundstücke an die Interflug zu.[249] Die Länder Berlin und Brandenburg erteilten ihre diesbezügliche Zustimmung zur Vermögenszuordnung an die Interflug am 03.11.1992 bzw. am 12.08.1992.

G. Zwischenergebnis

Die Verwertung der Grundstücke der Interflug haben gezeigt, dass zwischen dem Bundesministerium für Finanzen und der Treuhandanstalt juristische Differenzen hinsichtlich der Rechtsauslegung des § 11 Abs. 2 TreuhG vorherrschten. Die Treuhandanstalt vertrat dabei die Auffassung, dass § 11 Abs. 2 TreuhG analoge Anwendung auf die Interflug als sog. Alt-GmbH finden müsste. Das Bundesministerium für Finanzen argumentierte gegenteilig und setzte seine Ansicht durch. Auch die Rechtsprechung äußerte sich zu dieser Frage mit dem BVerwG höchstinstanzlich und lehnte eine Analogie zu § 11 Abs. 2 TreuhG ab. Wie aber dargelegt, vermochte die Ansicht des BVerwG nicht zu überzeugen, wonach dem DDR Gesetzgeber die Rechtsform der GmbH bekannt war und die Wahl dieser Rechtsform bewusst erfolgt sei, im Glauben, damit das jeweilige Unternehmen besonders konkurrenzfähig zu machen. Wie dargelegt, war die Interflug der Rechtsnachfolger der Lufthansa Ost. Diese war aber in der Rechtsform des VEB gegründet worden. Die Interflug hingegen wurde lediglich für den Fall des Scheiterns des Rechtsstreits mit der Lufthansa West gegründet. Hätte die Lufthansa Ost den Rechtsstreit gewonnen, so wäre die staatliche Airline der DDR in der Form der VEB fortgeführt worden. Daher kann keine andere Auslegung für die Interflug gelten. In diesem Zusam-

---

[248] Etwa durch den Radarkomplex Avia-D/Koren, vgl. *Breiler*, Vom Fliegen und Landen, S. 136 oder etwa durch die Einrichtung einer neuen Funkempfangstelle am Flughafen Berlin-Schönefeld, vgl. *Seifert*, Weg und Absturz der Interflug, S. 242.

[249] Brief der C&L Treuarbeit Deutsche Revision v. 09.05.1994 an das Bundesministerium für Finanzen mit dem Betreff: „Interflug GmbH i.L.", S. 3, in: BArch, DM 104–1128, Teil I.

menhang zeigt sich eine Parallele zum Zweiten Teil und Art. 13 Abs. 1 Satz 4 Einigungs V. Auch im Rahmen der Hochschulauflösung ergaben sich eine Vielzahl an Rechtsproblemen aufgrund unterschiedlicher Rechtsauslegungen.

§ 20 Zur Abwicklung der Arbeitsverhältnisse

A. Grundsätzliches

Der Liquidationsbeschluss zog eine erhebliche Anzahl an Kündigungen nach sich. Im Zuge dessen schlossen Interflug und dessen Gesamtbetriebsrat am 26.04. 1991 einen Interessenausgleich.[250] Die Vereinbarung enthielt lediglich fünf Regelungen, die zusammenfassend eine möglichst milde Abwicklung für die Mitarbeiter vorsahen. So wurde etwa allen Mitarbeitern in § 2 Abs. 1 des Interessenausgleiches die Möglichkeit eingeräumt, Umschulungs- und Fortbildungsmaßnahmen, beispielsweise im Bereich der Luftfahrt, in Anspruch zu nehmen. Nach § 2 Abs. 2 des Interessenausgleiches sollte die Berliner Qualifizierungsgesellschaft dabei eine Vermittlerrolle übernehmen. Die restlichen Regelungen fokussierten sich auf eine wirtschaftliche Ausführung der Abwicklung, etwa in Form der Ausgründung rentabler Betriebsteile, vgl. § 4 Abs. 1 des Interessenausgleiches. Auf Grundlage des Interessenausgleichs schlossen die Parteien am 29. April 1991 eine Betriebsvereinbarung zur Anpassung des Sozialplans vom 8. August 1991.[251] Die Betriebsvereinbarung enthielt u.a. Regelungen zur Auszahlung der Abfindungszahlung. Ferner wurde festgelegt, dass Mitarbeiter, die eine Ausbildungsmaßnahme der Berliner Qualifizierungsgesellschaft in Anspruch nahmen, Angehörige des Betriebes blieben. Nach Beendigung der Maßnahme, spätestens aber bis zum 30.06.1992, sollte die Kündigung erfolgen.

Am 8. Februar 1991 waren 2.968 Mitarbeiter bei der Interflug angestellt.[252] Das für die Interflug zuständige Arbeitsamt verhängte vor dem Hintergrund der Massenentlassung gemäß § 18 KSchG eine Kündigungssperre bis zum 2. Mai 1991.[253] Somit durften zwischen dem 8. Februar und dem 2. Mai 1991 keine betriebsbedingten Kündigungen ausgesprochen werden. Eine Ausnahme galt für Mitarbeiter,

---

[250] Interessenausgleich v. 26.04.1991 zwischen Interflug und dem Gesamtbetriebsrat, in: BArch, DM 104–727.

[251] Betriebsvereinbarung v. 29.04.1991 zur Anpassung des Sozialplans v. 08.08.1991, in: BArch, DM 104–727.

[252] Interflug Abt. Personalwesen, Entwicklung des Personalbestandes ab Beginn der Liquidation, 30.01.1992, S. 1, in: BArch, DM 104–727.

[253] Dies geht aus einer Übersicht mit dem Titel „Entwicklung des Personalbestandes ab Beginn der Liquidation" der Abteilung Interflug Personalwesen v. 30.01.1992 hervor, in: BArch, DM 104–727.

die die Voraussetzungen für die Antragstellung von Altersübergangsgeld erfüllten.[254] Daneben waren auch Aufhebungsverträge zulässig, sodass sich der Personalstand am 30. April 1991 auf 2.487 Mitarbeiter reduzierte.

Anschließend erfolgte am 14. Mai 1991 eine Umstrukturierung des Personalbestandes durch Weisung des Liquidators.[255] Fortan wurden die Mitarbeiter zu einer von drei Gruppen zugeordnet. Hierzu zählten Mitarbeiter der Abwicklungsgruppe, deren Aufgaben im unmittelbaren Zusammenhang mit der Auflösung des Unternehmens standen.[256] Eine weitere Gruppe bildeten die Mitarbeiter, die eine Qualifizierungsmaßnahme in Anspruch nahmen.[257] Ferner zählte der Liquidator auch solche Mitarbeiter auf, die in die Ausgründung von Unternehmensteilen der Interflug eingebunden waren.[258]

Nach dem Ablauf der Kündigungssperre reduzierte sich der Personalbestand bis zum 1. Januar 1992 u. a. infolge von 2.020 ausgesprochenen betriebsbedingten Kündigungen auf 344 Mitarbeiter.[259] Ein Jahr später blieben nur noch 36 Mitarbeiter übrig.[260] Von Mai 1994 bis zum Juni 2000 war es nur noch ein Mitarbeiter.[261]

B. Rechtsstreit bzgl. der Abfindungszahlung

Im Rahmen des Sozialplans entbrannte ein Rechtsstreit hinsichtlich der Abfindungszahlungen. Nach Punkt 2 des Sozialplans stand jedem Arbeitnehmer, dessen Arbeitsverhältnis aus Anlass der im Interessenausgleich vom 25. Juli 1990 beschriebenen Betriebsänderungen gekündigt wurde und denen keine Anschlussbeschäftigung in der Interflug, einer der neu zu gründenden Gesellschaften oder einer der im Interessenausgleich genannten Gesellschaften vermittelt werden konnte, eine Abfindungszahlung zu. Der Interessenausgleich sah dabei eine Unterstützung der Vermittlung von Mitarbeitern an den Lufthansa-Konzern vor.

---

[254] Interflug Abt. Personalwesen, Entwicklung des Personalbestandes ab Beginn der Liquidation, 30.01.1992, S. 1, in: BArch, DM 104−727.

[255] Weisung des Liquidators v. 14.05.1991 zur Umstrukturierung der Interflug i.L., in: BArch, DM 104−727.

[256] 1.1. der Weisung des Liquidators v. 14.05.1991 zur Umstrukturierung der Interflug i.L., in: BArch, DM 104−727.

[257] 1.3. der Weisung des Liquidators v. 14.05.1991 zur Umstrukturierung der Interflug i.L., in: BArch, DM 104−727.

[258] 1.2. der Weisung des Liquidators v. 14.05.1991 zur Umstrukturierung der Interflug i.L., in: BArch, DM 104−727.

[259] Interflug Abt. Personalwesen, Entwicklung des Personalbestandes ab Beginn der Liquidation, 30.01.1992, S. 2, in: BArch, DM 104−727.

[260] Anlage 6.7. zur Liquidationszwischenschlussrechnung zum Stichtag 30.06.2000, AZ: IFLSRA67, BArch, DM 104−727, dort S. 25 unter 4.6.2., in: BArch, DM 104−2423.

[261] Anlage 6.7. zur Liquidationszwischenschlussrechnung zum Stichtag 30.06.2000, AZ: IFLSRA67, BArch, DM 104−727, dort S. 25 unter 4.6.2., in: BArch, DM 104−2423.

Der Anspruch auf Abfindungszahlung wurde jedoch Gegenstand eines Rechtsstreits als 86 ehemalige Mitarbeiter Abfindungen verlangten, obwohl sie für eine Anschlusstätigkeit an die Lufthansa vermittelt worden waren.[262] Dabei stützten sie sich auf § 75 Abs. 1 BetrVG, wonach Arbeitgeber und der Betriebsrat darüber wachen, dass alle im Betrieb tätigen Personen nach Grundätzen von Recht und Billigkeit behandelt werden. Die Kläger argumentierten, dass es keinen Unterschied mache, ob ihnen betriebsbedingt gekündigt wurde, oder ob sie einen Aufhebungsvertrag schlossen bzw. eine Eigenkündigung aussprachen. Der Gleichbehandlungsgrundsatz habe nach § 75 Abs. 1 BetrVG eine Abfindungszahlung geboten.[263] Der angekündigte Personalabbau sowie die wirtschaftliche Aussichtslosigkeit habe die Mitarbeiter dazu bewegt, eine Anschlusstätigkeit zu suchen. Das Risiko des Arbeitsplatzverlustes hätten alle Mitarbeiter gleichsam getragen, unabhängig davon, ob eine Anschlusstätigkeit bei einem vom Sozialplan erfassten Unternehmen gefunden werden konnte oder nicht. Daher habe der Grundsatz der Gleichbehandlung eine Abfindungszahlung geboten.

Der Argumentation vermochte das ArbG Berlin jedoch nicht zu folgen. Das Gericht argumentierte, dass im Rahmen des Gleichbehandlungsgrundsatzes ein Vergleich zwischen dem Kläger und den restlichen Mitarbeiter angestellt werden musste. Hierbei stellte das ArbG Berlin fest, dass die Mitarbeiter mit einer Anschlusstätigkeit bei der Lufthansa nicht mit den übrigen Arbeitnehmern verglichen werden konnten. Der Lufthansa sei eine monopolartige Stellung in ihrer Branche zugekommen.[264] Die Tatsache, dass die Bundesrepublik Deutschland der Hauptaktionär der Lufthansa sei, lasse außerdem den Schluss einer wirtschaftlich soliden Lage der Lufthansa zu. Damit sei auch eine wirtschaftliche Absicherung der dort angestellten Mitarbeiter erfolgt. Zudem betonte das Gericht, dass der Sozialplan auch eine Abfindungszahlung für den Fall vorsah, dass den Mitarbeitern bei der neuen Gesellschaft innerhalb von 6 Monaten betriebsbedingt gekündigt wurde.[265] Daher sei der Ausschluss aus dem sachlichen Anwendungsbereich der Abfindungszahlung gerechtfertigt gewesen. Im Ergebnis wurde damit der Abfindungsanspruch aufgrund des Gleichbehandlungsgrundsatzes abgelehnt.

C. Stellungnahme

Aus juristischer Sicht war der Interflug und ihrer rechtlichen Auffassung der genannten Regelung beizupflichten. Aus den geschichtlichen Umständen war der Sinn und Zweck des Sozialplans darin zu sehen, den Angestellten der Interflug im Falle des Ausbleibens eine wirtschaftliche Milderung in Form einer Abfindung zu

---

[262] ArbG Berlin, Urt. v. 29.09.1992 – 42 Ca 2305/92, S. 5, in: BArch, DM 104–680.
[263] ArbG Berlin, Urt. v. 29.09.1992 – 42 Ca 2305/92, S. 5, in: BArch, DM 104–680.
[264] ArbG Berlin, Urt. v. 29.09.1992 – 42 Ca 2305/92, S. 13, in: BArch, DM 104–680.
[265] ArbG Berlin, Urt. v. 29.09.1992 – 42 Ca 2305/92, S. 13, in: BArch, DM 104–680.

zahlen. Keinesfalls konnte daraus entnommen werden, dass die Interflug den An-gestellten situationsunabhängig einen Geldbetrag als faktischen Schadensersatz zahlen wollte. Dies hätte bereits die Pflicht des Liquidators, die Abwicklung nach den Grundsätzen der Wirtschaftlichkeit zu betreiben, widersprochen. Auch in der Gesamtschau des § 3 der Betriebsvereinbarung ging nichts Gegenteiliges hervor. Die Regelung schloss eine Abfindungszahlung ohne Ausnahme aus, wenn das Ar-beitsverhältnis auf eine ausgegründete Gesellschaft, auf die Lufthansa oder das Angebot der Qualifizierungsgesellschaft annahm. Daher war die Maßnahme der Interflug, den Angestellten keine Abfindung zu zahlen, die durch einen Aufhe-bungsvertrag oder einer eigenen ausgesprochenen Kündigung den Betrieb verlassen hatten, juristisch als richtig zu werten. Damit wurde gleichzeitig die Möglichkeit ausgeschlossen, dass nicht noch andere Angestellte, ebenso mit dem Argument der Gleichbehandlung, entgegen den Regelungen der Betriebsvereinbarung eine Ab-findungszahlung eingeklagt hätten. Dies hätte eine erhebliche Summe gekostet und das Gesamtsaldo der Liquidierung negativ beeinflusst.

D. Zwischenergebnis

Damit bleibt festzuhalten, dass die Abwicklung der Arbeitsverhältnisse im Hinblick auf die vereinbarten Abfindungszahlungen juristische Komplikationen ergab. Der rechtliche Streitpunkt konnte aber gerichtlich geklärt werden, wobei das ArbG Berlin der Interflug Recht gab und eine Ungleichbehandlung ablehnte. Im Vergleich zum Zweiten Teil ist festzustellen, dass es weder im Zusammenhang des beschriebenen Rechtsstreites noch im Zusammenhang der restlichen Abwicklung der Arbeitsverhältnisse besondere prozessuale Probleme auftraten.[266] Rechtliche Streitpunkte bei der Hochschulauflösung wie etwa die Frage, ob die Angestellten sowohl vor dem Verwaltungs- als auch Arbeitsgericht klagen mussten, blieben bei der Interflug aus. Dasselbe galt für die Frage der Beweis- und Darlegungslast, die bei der Überführung der Hochschuleinrichtung eine besondere Problematik darstellte. Insgesamt ist festzuhalten, dass die prozessualen Probleme im Rahmen der Hoch-schulauflösung wesentlich komplexer ausfielen als bei der Abwicklung der Interflug.

§ 21 Die Abwicklung der Interflug im Spiegel der zeitgenössischen Medien

Vorliegend soll ein Einblick in die zeitgenössischen Medien und deren Auffas-sungen gegeben werden.

---

[266] Zu den prozessualen Problemen der Hochschulauflösung: Zweiter Teil, § 11, S. 151 ff.

Scharfe Kritik am Liquidationsbeschluss und an der Arbeitsweise im Zusammenhang mit der Interflug übte der damalige Geschäftsführer der Airline Kramer. Er behauptete, dass die Abwicklung der Interflug bereits vor längerer Zeit in Bonn gefallen war.[267] Dahinter habe das Motiv gelegen, der Lufthansa infolge der Abwicklung bestimmte Flugstrecken zu günstigen Erwerbspreisen zu übertragen. Mit dieser Auffassung stand Kramer nicht allein. Auch der damalige Vorsitzende des Gesamtbetriebsrates der Interflug, Suchowksy, sah den Liquidationsbeschluss als „politisch motivierte Entscheidung" an.[268] Die Berliner Zeitung kritisierte die Weisung der Treuhandanstalt vom Oktober 1990, dass die Geschäftsleitung der Interflug nicht in die Privatisierungs- bzw. Verhandlungsstrategie mit einbezogen wurde.

Die Treuhandanstalt wies diesen Vorwurf in der Frankfurter Allgemeinen Zeitung zurück und verwies darauf, dass sie die Geschäftsführung auffordern musste, die Gespräche mit British Airways aufzunehmen. Die Geschäftsführung der Interflug habe sich von Anfang an auf die Lufthansa als künftigen Partner eingestellt. Nach dem Scheitern der Verhandlungen habe sie anschließend nur noch das Ziel der Eigenständigkeit der Interflug verfolgt.[269]

Weiter verwies die Treuhandanstalt darauf, dass jeder potentielle Erwerber höchstens 500 der 2.900 Angestellten übernommen hätte. Die Interflug sei von der Lufthansa dafür kritisiert worden, dass sie vor ihrer Liquidation die Belegschaft durch ehemalige Stasi-Mitarbeiter erhöht haben soll.[270] Gleichzeitig räumte sie aber ein, dass im November 1990 andere Möglichkeiten außer der Liquidierung bestanden hätten. In diesem Zusammenhang betonte die Treuhandanstalt allerdings die Einwände durch das Bundeskartellamt und dem Bundesverkehrsministerium. Das Bundeskartellamt hatte die Übernahme der Interflug durch die Lufthansa untersagt. Auch das Bundesverkehrsministerium soll sich gegen die Übernahme durch eine ausländische Fluggesellschaft „gewehrt" haben.[271]

Der Liquidationsbeschluss rief auch große Kritik bei den potentiellen Bewerbern vor. So schrieb der Vertreter einer britischen Unternehmensgruppe dem damaligen Bundeswirtschaftsminister Möllemann:

> „Die Entscheidung der Treuhand weckt Irritationen und ist uns unverständlich. Es kann der Eindruck entstehen, daß die Treuhandgesellschaft durch ihr Verhalten einen geregelten Kauf der Interflug GmbH behindert und damit die Problematik auf die politische Ebene verlagert."[272]

---

[267] *N.N.*, Kam das „Aus" für Interflug aus Bonn?, Berliner Zeitung v. 12.02.1991.

[268] *N.N.*, Tiefer Schock in Schönefeld, Berliner Zeitung v. 12.02.1991.

[269] *N.N.*, Treuhand: Die Interflug keinem Abenteurer überlassen, FAZ v. 10.02.1991.

[270] *N.N.*, Treuhand: Die Interflug keinem Abenteurer überlassen, FAZ v. 10.02.1991.

[271] So einschließlich des Zitats *N.N.*, Treuhand: Die Interflug keinem Abenteurer überlassen, FAZ v. 10.02.1991.

[272] Brief des Vertreters des britischen Unternehmens v. 11.02.1991 an den Bundeswirtschaftsminister mit dem Betreff: Kauf Interflug GmbH, in: BArch, DM 104–687, Teil I.

Scharfe Kritik übte auch die Vertreterin der SunTravel Flugreisen GmbH:

„Man darf sich fragen, wie lange sich die Treuhand solches Amateurtum auf Kosten privater Schicksale in Form von verlorengegangener Arbeitsplätzen und auf Kosten der Allgemeinheit durch vergeudetes Volksvermögen noch leisten kann.“[273]

Auf der anderen Seite kritisierte die Deutsche Angestellten-Gewerkschaft die Geschäftsführung der Interflug dafür, in den Vorverhandlungen mit der Lufthansa ausschließlich eine Beteiligung von maximal 26 % akzeptiert und alle anderen Möglichkeiten kategorisch abgelehnt zu haben.[274] Der Generalkritik am Liquidationsbeschluss schloss sich die Gewerkschaft an und nannte die Entscheidung „einen schweren strukturpolitischen Fehler“.[275] Eine Wertung der genannten Gesichtspunkte folgt im kommenden Abschnitt. Im Vergleich zum Zweiten Teil fällt auf, dass die zeitgenössischen Medien aus dem Westen weniger kritisch reagiert haben als bei der Hochschulauflösung. Als die ersten Sektionen im Dezember 1990 aufgelöst wurden, wurde insbesondere von Die Zeit mit dem Vorwurf eines „kalte[n] Verwaltungsakt[s]“[276] juristisch undifferenzierte und pauschalisierte Kritik geäußert. Eine solche scharfe Kritik der westlichen Medien hat im Rahmen der Abwicklung der Interflug gefehlt.

§ 22 Gesamtwürdigung

Die Untersuchungen haben gezeigt, dass auch die Abwicklung der Interflug juristisch kompliziert war und die Liquidatoren vor unterschiedlichen rechtlichen Herausforderungen stellte.

Positiv zu werten war in jedem Fall der getroffene Interessensausgleich, der den Mitarbeitern Fortbildungs- und Umschulungsmaßnahmen zusicherte, sowie die Unterstützung der gemeinnützigen Berliner Qualifizierungsgesellschaft. So wurde den Angestellten zumindest eine Last auf dem angespannten Arbeitsmarkt genommen. Außerdem darf nicht ausgeklammert werden, dass auf die Vermittlung kein Anspruch bestanden haben dürfte, da die Nachfrage seitens der Arbeitnehmer angesichts von über 2.000 Kündigungen das Angebot überstiegen haben dürfte.

Ebenso positiv zu werten war auch die Hilfe zur Gründung der IL-18 Air Cargo Vermittlungs GmbH. Hierbei leistete der Liquidator der Interflug juristische Unterstützung. Wie erläutert, ergaben sich juristische Komplikationen vor dem Hin-

---

[273] Offener Brief der SunTravel Flugreisen GmbH v. 11.02.1991 an die Treuhandanstalt, in: DM 104–687, Teil I.

[274] *N.N.*, Gewerkschaft kritisiert Kartellamt, Handelsblatt v. 14.02.1991.

[275] *N.N.*, Interflug-Mitarbeiter: Wir könnten überleben, Berliner Morgenpost v. 14.02.1991.

[276] *Zimmer*, Abwicklung als kurzer Prozeß: Die Berliner Humboldt-Universität als Beispiel 1991, Die Zeit, Ausgabe 06/1991.

tergrund, dass die Flugmaschinen nach den Regelungen des EinigungsV auf den Bund übergingen und dieser zur Rückübereignung bewegt werden musste. Da die Aufnahme des Flugbetriebes eine Vielzahl an rechtlichen Genehmigungen bedurfte, ermöglichte die Interflug die vorzeitige Aufnahme des Betriebes unter ihrer Verantwortung bis zum 31. Oktober 1991. Die Vermittlung und damit Ermöglichung der Gesellschaftsgründung zeitigte eine Vielzahl positiver Ergebnisse. So bot die neue Gesellschaft etwa 100 ehemaligen Interflug Angestellten einen neuen Arbeitsplatz. Umgekehrt wurde die Interflug damit von Sozialabfindungszahlungen in Höhe von 1,4 Millionen DM entlastet. Aufgrund Fortbetriebs der Charterketten durch die neue Gesellschaft konnten auch Schadensersatzforderungen gegenüber der Interflug vermieden werden.

Große Schwierigkeiten bereiteten die Flugzeuge sowjetischer Herkunft, da sie die Sicherheitsauflagen im Westen nicht zu erfüllen vermochten. Daher kann die Veräußerung der u.a. sieben Flugzeuge vom Typ IL-62M und 15 Flugzeuge vom Typ TU-134AS als besonderer Erfolg bezeichnet werden. Verkompliziert wurden die Abwicklungsvorgänge allerdings durch die unterschiedliche Rechtsauslegung des § 11 Abs. 2 TreuhG i.V.m. § 23 TreuhG.

Im Gegensatz hierzu war die öffentliche Kommunikation und Begründung der Abwicklungsentscheidung durch die Treuhandanstalt intransparent und daher kritikwürdig. Die Tatsache, dass die Geschäftsführung nicht in die Entscheidung mit einbezogen wurde, wog schwer. Sie nährte das in Teilen der Bevölkerung existente Bild eines „Ausverkaufs" der Unternehmen der ehemaligen DDR an den Westen. Um solchen Vorstellungen entgegenzuwirken, wäre es unabdingbar gewesen, zumindest die Geschäftsführung in die Entscheidungsprozesse einzubinden.

Zwar hatte die Treuhandanstalt nachträglich Begründungen geliefert, wie etwa, dass die potentiellen Erwerber nur höchstens 500 Arbeitnehmer der Interflug übernommen hätten. Allerdings blieb eine substantielle Begründung für ihre Entscheidung bis heute offen. Die Treuhandanstalt selbst räumte ein, dass im November 1990 noch andere Möglichkeiten außer derjenigen der Liquidierung bestanden hätten. Die fehlende Aufklärung bzw. Kommunikation mag einer der Hauptgründe gewesen sein, weswegen der Abwicklungsentscheidung von einer nicht unerheblichen Anzahl an Autoren ein politisches Motiv unterstellt wurde. Insbesondere wurde die Lufthansa AG oftmals als zentraler Akteur der Geschehnisse dargestellt. Hierzu dürften auch die Äußerungen von Müller-Heydenreich beigetragen haben, der sich auf „mündliche Informationen" der Treuhandanstalt berufen hatte und den Grund seiner Entlassung darin sah, dass in Wirklichkeit der Vorstandsvorsitzende der Lufthansa AG entgegen der Auffassung von Müller-Heydenreich die sofortige Stilllegung der Interflug wünschte und diese über die „politischen Kanäle" bewirkt habe.

Tatsache ist, dass keine stichhaltigen zeitgenössischen Dokumente existieren, die belegen, dass die Interflug von den politischen Verantwortlichen trotz wirtschaftlicher Rentabilität vorsätzlich und politisch motiviert abgewickelt wurde. In der Literatur hat insbesondere eine Aktennotiz aus der Hauptgeschäftsleitung der Interflug vom 12. März 1991 Anklang gefunden. Dort hieß es:

> „In diesem Zusammenhang teilte Herr Dr. Wellensiek die Meinung des Herrn RA Müller-Heydenreich sowie der Geschäftsführung, wonach der politische Wille auf Fortbestehen der Interflug nicht vorhanden ist, auch wenn dies offiziell nicht verkündet wird. Diesen Randbedingungen sowie dem Beschluß der Treuhandanstalt wird er sein Handeln unterordnen müssen […] Insoweit Bewerber weiterhin ihr Interesse an einer komplexen Übernahme der Interflug bekunden, so werden diese Angebote auf ihren wirtschaftlichen Gehalt geprüft, wobei die Chancen auf deren Umsetzung auf Grund der eingetretenen Lage als sehr gering eingeschätzt werden."[277]

Der Rückschluss aus dieser Aktennotiz, die Bundesrepublik Deutschland habe unabhängig von der wirtschaftlichen Rentabilität der Interflug eine Abwicklungsentscheidung erzwungen, muss als Spekulation gewertet werden. Selbst Klaus Henkes, der als Generaldirektor der Interflug und als stellvertretender DDR-Verkehrsminister tätig war, sagte in einem Zeitungsinterview, dass er für die Interflug als Konkurrent der Lufthansa keine Chance gesehen hätte.[278] Aus der oben zitierten Notiz ging beispielsweise nicht eindeutig hervor, was dieser „politische Wille" genau beinhaltet haben soll. Er bezog sich auf das „Fortbestehen der Interflug". Dies ließ nicht klar erkennen, ob damit das Fortbestehen der Interflug im Allgemeinen gemeint war oder ob beispielsweise das Fortbestehen der Interflug in der damals vorhandenen Unternehmensstruktur gemeint war. Des Weiteren war auch nicht bekannt, ob und in welchem Umfang ein solcher „politische Wille" kausalen Einfluss auf die Abwicklungsentscheidung hatte. Daran anknüpfend durfte auch die Frage aufgeworfen werden, von welchen politischen Akteuren ein solcher „Wille" ausgegangen war, ob etwa vom Bundeskanzleramt, von der gesamten Bundesregierung oder lediglich von einzelnen Vertretern oder von einzelnen Ministerien. Des Weiteren sprach die Notiz davon, dass der Liquidator sein Handeln nach „diesen Randbedingungen" ausrichten musste. Es ist davon auszugehen, dass die Anwesenden kaum von einer „Randbedingung" gesprochen hätten, sofern der „politische Wille" den entscheidenden Impuls dargestellt hätte. Auch zeigt die Notiz, dass den potentiellen Erwerbern „geringe Chancen" zur Übernahme zugestanden wurden, davon, dass trotzdem eine reale Chance zur Übernahme bestand. Trotzdem finden sich immer wieder solche oder ähnliche Unterstellungen einer politischen Abwicklung, die nicht klar belegt werden können.[279]

In einem Literaturbeitrag wird etwa mit Verweis auf eine Vertragsurkunde erläutert: „Unglaublich aber wahr – die Interflug kostete nur 1 DM"[280], ohne Angaben zum Betriebsvermögen, welches zu diesem Zeitpunkt des Vertragsschlusses noch

---

[277] Interflug Hauptgeschäftsleiter, Aktennotiz v. 12.03.1991, Beratung mit RA Wellensiek am 12.03.1991, in: BArch, DM 104–687, Teil II.

[278] Interview mit *Henkes*, in: Zeitschrift Aero, Jg. 1999, Nr. 7/99, S. 87.

[279] Etwa *Breiler*, Vom Fliegen und Landen, der auf S. 253 von der Absicht von „Hintermännern aus Politik und Wirtschaft" spricht, ohne die Ausführungen zu konkretisieren.

[280] *Breiler*, Vom Fliegen und Landen, S. 266.

vorhanden war und ohne Angaben zum Datum. Wie bereits erläutert, war die Interflug ab dem Zeitpunkt der Entflechtung nur noch als Verkehrsfluggesellschaft tätig gewesen. Die Angabe des Kaufpreises in Höhe von 1 DM könnte beispielsweise darauf beruht haben, dass das wesentliche Betriebsvermögen, nämlich die Flugzeuge und die Grundstücke, bereits veräußert waren. Ein weiterer Anhaltspunkt hätte darin bestehen können, dass die Interflug bereits allen Mitarbeitern gekündigt hatte und daher künftig handlungsunfähig war, womit das Unternehmen faktisch keinen Wert mehr hatte. Hierzu wurden im genannten Beitrag aber keine Angaben gemacht, sodass beim Leser der Eindruck entstehen kann, dass die Interflug als uneingeschränkt betriebsfähiges Unternehmen mitsamt dem Betriebsvermögen für 1 DM veräußert wurde, was die genannte Quelle allerdings nicht belegt.

Die Ausführungen zeigen, dass zu viele Fragen unbeantwortet blieben und einzelne Schriftstücke nicht genügend Anhaltspunkte lieferten, um eine Abwicklungsentscheidung von staatlicher Stelle herzuleiten. Solange sich die Behauptungen nicht auf unzweideutige und aussagekräftige Dokumente beziehen, sind sie als reine Spekulation einzustufen, die dem gesamten Abwicklungsvorgang die Legitimität abzusprechen versuchen. Wie aber oben gezeigt, wurde der Abwicklungsprozess in der Gesamtwürdigung effektiv gestaltet. Hierfür sprach auch der Umstand, dass die Abwicklung mit einem positiven Saldo beendet werden konnte.[281] Als besonderen Erfolg konnte die Gründung des Unternehmens The Berline hervorgehoben werden.

§ 23 Ein Vergleich der Ergebnisse des Zweiten und Dritten Teils

Die Untersuchungsgegenstände dieser Arbeit haben aufgezeigt, dass die Abwicklungsprozesse im Zuge der deutschen Wiedervereinigung nicht nur juristisch komplex waren, sondern darüber hinaus unterschiedlich abliefen und sich unter keinem gemeinsamen Nenner einordnen ließen. Dies wurde am Beispiel der Hochschulauflösung und der Abwicklung der Interflug auf Grundlage des EinigungsV bzw. auf Grundlage des TreuhG verdeutlicht, die ihrerseits völlig unterschiedliche Anforderungen und Schwierigkeiten mit sich brachten.

Im Rahmen des Art. 13 Abs. 1 Satz 4 EinigungsV bildeten, wie aufgezeigt, vor allem rechtliche Auslegungsfragen den Schwerpunkt der Prozesse. Bei der Abwicklung der Interflug hingegen waren es u. a. die erfolgreichen Bemühungen um eine Veräußerung der Flugmaschinen unter angespannten Marktverhältnissen. Einzelne Verträge bedurften zudem der Genehmigung seitens der Landes- oder Bundesbehörden. Abschließend werden im Folgenden auf die wesentlichen Ge-

---

[281] Anlage 6.7. zur Liquidationszwischenschlussrechnung zum Stichtag 30. 06. 2000, AZ: IFLSRA67, dort S. 28 unter 5., in: BArch, DM 104 – 2423.

meinsamkeiten und Unterschiede der aufgezeigten Abwicklungs- und Auflösungsprozesse eingegangen.

A. Sinn und Zweck der jeweiligen Abwicklung

Die Analyse hat gezeigt, dass mit der Auflösung von (Teil-)Einrichtungen der Hochschullandschaft und der Abwicklung der Interflug unterschiedliche Ziele verfolgt wurden.

Im Falle der Auflösung der Hochschuleinrichtungen diente die Auflösung einem geisteswissenschaftlichen Erneuerungsprozess. Dieser Schritt war notwendig, da die Hochschulen im Zuge der drei Hochschulreformen zu Ausbildungsstätten des Marxismus-Leninismus mit umfassenden Denkverboten umgeformt worden waren. Zwar gab es Bestrebungen einzelner (Teil-)Einrichtungen, einen eigenen Erneuerungsprozess in Gang zu setzen, doch zeigte sich, dass die alten Strukturen der Funktionäre meistens unverändert geblieben waren. Rechtsgrundlage für die Auflösung war Art. 13 Abs. 1 Satz 4 EinigungsV, dessen Telos u. a. in der vereinfachten Liquidierung nicht mehr benötigter staatlicher (Teil)Einrichtungen bestand. Die Auflösungsentscheidung ermöglichte damit die Einleitung eines Erneuerungsprozesses mit dem Ziel der Ausbildung auf Grundlage einer freiheitlich-demokratischen Ordnung.

Die Abwicklung der Interflug war hingegen deshalb notwendig, weil sie wirtschaftlich nicht mehr profitabel war. Zwar war auch die Interflug im Zuge ihrer Militarisierung ab 1978 ideologiebelastet. Hierbei übte der derzeitige Generaldirektor der Interflug Klaus Henkes großen Einfluss aus, indem u. a. „politisch-moralische" Weisungen an angehende Piloten gestellt wurden. Im Gegensatz zur Hochschulauflösung spielte die Ideologiebelastung aber weder im Auflösungs- noch im Abwicklungsstadium der Interflug eine Rolle. Vielmehr sollte mit der Abwicklung der Betrieb der Interflug geordnet eingestellt und das Betriebsvermögen verwertet werden.

B. Übergang auf ein neues Verfassungs- und Wirtschaftssystem

Sowohl die aufgelösten (Teil-)Einrichtungen als auch die abgewickelte Interflug gingen zunächst in ein neues Verfassungs- bzw. Wirtschaftssystem über: Im Zeitpunkt des Beitritts der DDR zur Bundesrepublik Deutschland traten die Hochschuleinrichtungen in den Geltungsbereich des freiheitlich-demokratischen Grundgesetzes, welches die Wissenschaftsfreiheit in Art. 5 Abs. 3 GG garantiert. Die Freiheit der Forschung existierte in der ehemaligen DDR nicht.

Mit Inkrafttreten des Vertrags über die Wirtschafts-, Währungs- und Sozialunion zwischen der DDR und der Bundesrepublik Deutschland wurden außerdem die

Weichen für den Übergang in die soziale Marktwirtschaft und für die Schaffung von Privateigentum gelegt. Privatvermögen wurde in der ehemaligen DDR mit allen staatlichen Mitteln enteignet bzw. vergemeinschaftet, soweit es nicht um das Eigentum an persönlichen Gegenständen oder auch kleineren privat genutzten Grundstücken ging. Genannt sei hierbei die „Aktion Rose" vom 10. Februar 1953, bei welcher die an der Ostseeküste ansässigen Hoteliers und Restaurantbesitzer enteignet wurden oder die Landwirtschaftlichen Produktionsgemeinschaften, denen sich Landwirte anzuschließen hatten.

C. Begriffsbestimmung

Nach der dargestellten Untersuchung ergaben sich auch Unterschiede zwischen den Begriffen der „Abwicklung" i.S.v. Art. 13 Abs. 1 Satz 4 EinigungsV und der Stilllegung und Verwertung i.S.v. § 8 Abs. 1 TreuhG und ihren juristischen Gehalt.

Zwar war der Begriff der Stilllegung in § 8 Abs. 1 TreuhG inhaltlich nicht zwangsläufig mit der umfassenden Betriebsaufgabe gleichzustellen. Im Laufe der Zeit wurde die Stilllegung jedoch durch „Abwicklung" ersetzt, womit das Stadium nach der Auflösungsentscheidung gemeint war. Im Gegensatz hierzu meinte Art. 13 Abs. 1 Satz 4 EinigungsV nach der Intention der Vertragsparteien nicht die Regelung der Abwicklung, sondern die Auflösung. Die Regelung wurde insoweit an Art. 130 GG angelehnt, der entgegen seinem Wortlaut nur die Alternativen der Auflösung und Überführung eingeräumt hatte. Allerdings wurde die Begriffsbestimmung innerhalb des Art. 13 Abs. 1 Satz 4 EinigungsV in der Literatur und Rechtsprechung kontroverser diskutiert, als im Falle des § 8 Abs. 1 TreuhG. Ferner war im Fall des Art. 13 Abs. 1 Satz 4 EinigungsV die Abwicklungsentscheidung noch an eine weitere Voraussetzung geknüpft, nämlich an den Funktionswegfall der (Teil-)Einrichtung. Auch die Auslegung dieses Begriffs war umstritten. Er wurde zunächst weit ausgelegt, bevor die Rechtsprechung und Literatur einer engen Auslegung folgten.

D. Die Landesregierung und die Treuhandanstalt als jeweilige Verfügungsbefugte

Die Abwicklungsentscheidung auf Grundlage des TreuhG wurde zentral von der Treuhandanstalt getroffen. Im Gegensatz hierzu ordnete Art. 13 Abs. 1 Satz 4 EinigungsV die Entscheidung keiner zentralen Anstalt zu, sondern den jeweiligen Landesregierungen.

Die Ergebnisse der Untersuchung haben gezeigt, dass die Entscheidung von einem zentralen Akteur oder von verschiedenen Landesregierungen Vor- und Nachteile mit sich brachten.

Zu den Vorteilen einer zentralen Entscheidung zählte, dass die Treuhandanstalt im Laufe der Jahre verschiedene Leitfäden und Handbücher zur Abwicklung entwickelte und somit ein einheitliches Vorgehen und Verfahren sicherte. Im Gegensatz hierzu schlugen die Landesregierungen unterschiedliche Wege ein, wie die Beispiele in Berlin und in Sachsen gezeigt haben. In Berlin wurden zunächst sämtliche geisteswissenschaftliche Sektionen der Humboldt-Universität zu Berlin ohne jede juristische Differenzierung aufgelöst. Dieses Vorgehen wurde nachträglich für rechtswidrig erklärt. In Sachsen hingegen erfolgte die Abwicklungsentscheidung differenzierter. Dort wurde bspw. bei der Abwicklung der Marxismus-Leninismus Sektion in Leipzig der Bereich Logik herausgenommen. Wie die Untersuchung ferner gezeigt hat, waren die Empfehlungen der Arbeitsgruppe „Einigungsvertrag" des Hochschulausschusses der Kultusministerkonferenz vom 26.10.1990 nicht geeignet, um ein einheitliches Vorgehen der Landesregierungen zu gewährleisten.

E. Aufsicht

Ebenfalls ist festzustellen, dass die Treuhandanstalt unter der Rechts- und Fachaufsicht stand, die gem. Art. 25 Abs. 1 Satz 3 EinigungsV dem Bundesminister der Finanzen oblag. Die Entscheidungen der Landesregierungen unterstanden nach Art. 13 Abs. 1 Satz 4 EinigungsV keiner unmittelbaren Aufsicht. Ihre Entscheidungen waren allerdings gerichtlich überprüfbar.

Wie der Rechtsstreit um die analoge Anwendung des §§ 11 Abs. 1 Satz 2, 23 TreuhG auf die Alt-GmbHs gezeigt hat, hat das Bundesministerium für Finanzen als Aufsichtsbehörde unmittelbar auf die Abwicklung Einfluss genommen. Auch in den Fällen des Art. 13 Abs. 1 Satz 4 EinigungsV haben die Gerichte das Vorgehen der Landesregierungen z.T. für rechtswidrig erklärt und damit Einfluss auf den Abwicklungsprozess ausgeübt.

F. Kriterien zur Auflösungsentscheidung

Die Untersuchung hat ferner gezeigt, dass sich die Kriterien und das Verfahren zur Auflösungsentscheidung bei Art. 13 Abs. 1 Satz 4 EinigungsV und bei § 8 Abs. 1 TreuhG unterschiedlich gestalteten.

Bei § 8 Abs. 1 TreuhG wurde der sog. Leitungsausschuss als unabhängiges Beratungsgremium für die Treuhandanstalt tätig und beurteilte die Sanierungsfähigkeit und Sanierungswürdigkeit der Unternehmen. Die Mitglieder im Leitungsausschuss waren Vertreter von Wirtschaftsprüfungsgesellschaften. Die Bewertung durch den Leitungsausschuss erfolgte nummerisch von „1" bis „6", wobei die „1" für ein rentables und daher zügig zu privatisierendes Unternehmen stand und die „6" für die fehlende Sanierungsfähigkeit. Die Treuhandanstalt ist der Entscheidung in der Regel gefolgt. Nach der Auflösungsentscheidung ging der Prozess auf die Abteilung Abwicklung der Treuhandanstalt über. Nunmehr musste diese entscheiden, in welcher Form die Abwicklung erfolgen sollte, nämlich in Form der Gesamtvollstreckung oder in Form der Liquidation. Im Laufe der Zeit wurden mehrere Leitfäden zum Abwicklungsprozess herausgegeben.

Im Gegensatz hierzu statuierte Art. 13 Abs. 1 Satz 4 EinigungsV keine Pflicht zur Entscheidung. Wurde die (Teil-)Einrichtung nicht überführt, führte dies kraft Art. 13 Abs. 1 Satz 4 EinigungsV zu ihrer Auflösung. Die Landesregierungen wurden dabei durch den Wissenschaftsrat beraten, der die wissenschaftlichen Einrichtungen bewertete. Wie allerdings dargelegt, erfolgte die Begutachtung nicht obligatorisch und blieb oftmals aus. Im Gegensatz zur Abwicklung auf Grundlage des TreuhG existierten für die Entscheidungsfindung nach Art. 13 Abs. 1 Satz 4 EinigungsV keine Vorbilder in Wissenschaft oder Praxis, was u. a. zu großer Rechtsunsicherheit führte.

G. Verfassungsrechtliche und prozessuale Fragen

Verfassungsrechtliche als auch prozessuale Fragen spielten bei der Abwicklung der Interflug überhaupt keine Rolle. Im Gegensatz hierzu wurde die Wissenschaftsfreiheit gem. Art. 5 Abs. 3 Satz 1 GG im Rahmen der Hochschulauflösung immer wieder thematisiert.

Auch im Hinblick auf prozessuale Fragen ist festzustellen, dass sich diese bei der Hochschulauflösung komplexer gestaltete, als bei der Interflug. Bei den Angestellten aufgelöster (Teil-)Einrichtungen der Hochschulen ergab sich beispielsweise das Problem, welche Gerichtsbarkeit für ihr Begehren zuständig war. Eine Rechtsauffassung vertrat die Ansicht, dass der Angestellte vor dem Verwaltungs- und vor dem Arbeitsgericht klagen musste. Ebenso ergaben sich juristische Probleme hinsichtlich der Beweis- und Darlegungslast der Überführung der (Teil-)Einrichtung.

H. Verzögerungen des Auflösungs- bzw. des Abwicklungsprozesses infolge unterschiedlicher Interpretation des Rechts

Die Analyse hat außerdem gezeigt, dass sowohl die Auflösung von Hochschuleinrichtungen als auch die Abwicklung der Interflug durch unterschiedliche Auslegung der Rechtsgrundlagen erheblich verzögert wurde. Im Fall der Interflug war es die Auslegung des §§ 11 Abs. 1 Satz 2, 23 TreuhG und die Anwendbarkeit auf die sog. Alt-GmbHs. Das Bundesministerium für Finanzen lehnte die analoge Anwendbarkeit im Gegensatz zur Treuhandanstalt ab. Die Frage der Anwendbarkeit des §§ 11 Abs. 1 Satz 2, 23 TreuhG auf die Alt-GmbHs fand auch Eingang in die Rechtsprechung. Das BezG Erfurt bejahte die Analogie. Das BVerwG lehnte die analoge Anwendbarkeit der genannten Regelungen ab. Wie bereits erläutert, überzeugte das Urteil des BVerwG nicht, weil die Lufthansa Ost ursprünglich als volkseigener Betrieb gegründet worden war und die Interflug dessen Rechtsnachfolge antrat. Die Wahl der Rechtsform der GmbH bot Vorteile im internationalen Verkehr. Im Fall der Hochschulauflösung war die Frage, ob Art. 13 Abs. 1 Satz 4 EinigungsV einen Verwaltungsakt darstelle, der größte Streitpunkt, der von den Gerichten unterschiedlich beurteilt wurde. Jedenfalls bis zum Juni 1991 schien die Rechtsprechung geschlossen von einem Verwaltungsakt auszugehen, ehe das BVerwG mit Urteil vom 12.06.1992 entschied, dass die Auflösungsentscheidung eine organisationsrechtliche Maßnahme darstellte. Im Gegensatz zur Rechtsprechung zu §§ 11 Abs. 1 Satz 2, 23 TreuhG, war die Rechtsnatur des Art. 13 Abs. 1 Satz 4 EinigungsV Gegenstand einer Vielzahl von Gerichtsentscheidungen. Dabei zeigte sich vor allem, dass die anfängliche Rechtsprechung bei ihrer Auslegung die äußeren Umstände der deutschen Einheit und den Willen der Vertragsparteien ausgeklammert hatte. Daher verzögerte sich der Prozess im Falle des Art. 13 Abs. 1 Satz 4 EinigungsV im erheblicheren Maße als bei §§ 11 Abs. 1 Satz 2, 23 TreuhG.

I. Die Bedeutung der Hochschullandschaft und der Interflug

Zweifelsohne nahmen die Hochschuleinrichtungen und die Interflug eine bedeutende Rolle in der ehemaligen DDR ein. So sollte die Interflug als staatliche Airline die wirtschaftliche Schlagkraft der sozialistischen DDR in Osteuropa demonstrieren, nachdem der Rechtsstreit mit der Lufthansa AG um das Namensrecht verloren gegangen war.

Die Hochschulen sollten dem gegenüber gesellschaftsübergreifend das „sozialistische Bewusstsein" auf Grundlage des Marxismus-Leninismus verankern, wie es auch in der Hochschulverordnung festgelegt wurde. Im Laufe der Zeit wurde diese ideologische Denkweise durch die drei Hochschulreformen juristisch verankert und den (Teil-)Einrichtungen keine Forschungsfreiheit gewährt.

J. Kritik in den zeitgenössischen Medien

Auch die Abwicklung der Interflug wurde in den Medien thematisiert, aber nicht mit derselben Intensität wie bei der Hochschulauflösung. Die teils undifferenzierte und pauschalisierte Kritik im Rahmen der Hochschulauflösung, wie etwa der Vorwurf des „kalten Verwaltungsakts", blieb im Rahmen der Interflug aus. Hier wurden dagegen Vorwürfe der enttäuschten Bewerber um eine Übernahme der Interflug laut. Sowohl bei der Abwicklung der Interflug als auch bei der Auflösung der Hochschuleinrichtungen wurden zum Teil politische Motive unterstellt, die sich allerdings auf keine stichhaltigen Beweise stützen konnten.

Im Gesamtergebnis ist festzustellen, dass die juristischen Probleme im Rahmen der Hochschulauflösung in der Auslegung des Art. 13 Abs. 1 Satz 4 EinigungsV lagen. Die juristische Schwierigkeit bei der Abwicklung der Interflug lag hingegen darin, bestimmtes Betriebsvermögen veräußern zu können. Hierbei sei insbesondere auf die Veräußerung der drei Flugzeuge des Typs Airbus A 310–314 verwiesen, dessen Verkauf an das Bundesamt für Wehrtechnik durch den Bundestag genehmigt werden musste, was erst in einem zweiten Anlauf zur gewünschten Genehmigung führte.

Anlage:
Interview mit Hans Joachim Meyer am 9. Mai 2018
in der Katholischen Akademie in Berlin e.V.

Armin Teymouri: Sehr geehrter Herr Professor Meyer, die Vorläufige Hochschulordnung der DDR vom 26. September 1990 („VHO-DDR") sollte den Hochschulen ihrer Auffassung nach eine vorübergehende Amtshilfe einräumen. Die VHO-DDR sah in § 82 VHO das Selbstverwaltungsrecht vor. Die anfängliche Rechtsprechung, etwa das KreisG Dresden, sah dieses Recht durch die Auflösungsentscheidung nach Art. 13 Abs. 1 Satz 4 EinigungsV beeinträchtigt. Sollte das Selbstverwaltungsrecht Ihrer Intention nach nur jenen Hochschulen und deren Einrichtungen zu Gute kommen, die explizit von den Landesregierungen überführt wurden, oder auch jenen, die aufgelöst wurden?

Hans Joachim Meyer: Es ist noch komplizierter. Als die Bestimmung des Art. 13 Abs. 1 Satz 4 EinigungsV formuliert wurde, ist jedenfalls nach meiner Kenntnis, innerhalb der damaligen DDR-Regierung vor allen Dingen an Behörden gedacht worden. Die DDR war ein hochzentralisierter und sehr im Detail ausgearbeiteter Staat mit einem umfänglichen Verwaltungsapparat und es war ja klar, dass der Apparat und seine Besetzung für die neu entstehenden Länder nicht sehr geeignet waren. Also sollten die ostdeutschen Länder für eine beschränkte Zeit, nämlich bis zum 31. Dezember [1990,], die Möglichkeit haben, zu sagen, ein solcher Apparat mit dieser Aufgabenstellung ist nicht mehr nötig, deshalb wird er abgewickelt. Ich habe im Zusammenhang mit der VHO nicht an die Abwicklung gedacht. Auch mir war damals klar, dass wir eine personelle Erneuerung und ebenso eine strukturelle Neuordnung des Hochschulwesens brauchten, weil die DDR, im Gegensatz zu Westdeutschland, ausschließlich auf Spezialhochschulen gesetzt hatte und nicht auf die Neugründung von Universitäten. Das einzige, was sie tat, war, dass sie zunächst, wie auch schon in der BRD, der Technischen Hochschule Dresden, einer der ältesten Hochschulen Deutschlands, die um die Jahrhundertwende gegründet wurde, den Titel „Technische Universität" gab und dann in einem zweiten Schritt ebenso den Technischen Hochschulen Chemnitz und Magdeburg. Aber auch dann war man nicht willens, dem Begriff der Universität zu folgen, sondern ganz im Gegensatz zu den Technischen Universitäten in der BRD, legte man nur wenig Wert darauf, das Fächerspektrum weiter zu entfalten. Wenn Sie sich beispielsweise die TU Berlin im Vergleich mit der Berliner Freien Universität ansehen, ist das quasi eine weitere Universität, allerdings mit einem stark ausgebildeten ingenieur- und naturwissenschaftlichen Teil. Ich ging damals davon aus, dass sich die künftigen Länder ihre Hochschulen ansehen und anschließend entscheiden werden, welche Spezialhochschulen sie übernehmen oder inkorporieren oder welche für ihren Bedarf nicht geeignet waren. Wenn sie die VHO-DDR ansehen und mit dem damaligen Hochschulrahmengesetz (HRG) der BRD und den verschiedenen Landeshochschulgesetzen vergleichen, werden Sie bemerken, dass es sich um ein eingeschränktes akademisches Selbstverwaltungsrecht handelte. Es gab sehr viel mehr Interventionsrechte der Minister, weil uns klar war, dass das Hochschulwesen der DDR durch die drei Hochschulreformen, insbesondere durch die letzte Reform von 1968, also die III. Hochschulreform, völlig integriert wurde in diesen zentralisierten Staat und, wie Stalin es einmal formuliert hatte, ein Transmissionsriemen der Partei, richtiger, der Parteiführung war. Die Notwendigkeit personeller und struktureller Erneuerungen war unbestritten und mir auch klar. Andererseits ging ich davon aus, dass die wesentliche und eigentliche Erneuerung durch die neu zu gründenden Länder zu erbringen war.

Armin Teymouri: Das eingeräumte Selbstverwaltungsrecht der VHO-DDR war also kein juristischer Schutzschild der Hochschulen gegen die Abwicklung?

Hans Joachim Meyer: Für mich war das nicht so. Ich war mir natürlich darüber im Klaren, dass die Leute, für welche die akademische Selbstverwaltung ein bürgerliches Überbleibsel war, die ja auch im sozialistischen Staat als „Teufelszeug" galt, jetzt besonders laut wurden, weil sie die Selbstverwaltung als eine Art Schutzschild empfanden. Sie dürfen nicht vergessen, ich habe ja schon am Anfang meiner Tätigkeit als DDR-Minister für Bildung und Wissenschaft alle Marxismus-Leninismus-Einrichtungen [am 23. Mai 1990] aufgelöst und deren Hochschullehrer abberufen. Das war ja schon ein ministerieller Eingriff. Zu diesem Zeitpunkt hatten sich diese Einrichtungen in der Mehrzahl von Fällen bereits umbenannt, beispielsweise in „Institut für politische Wissenschaft" und Ähnliches. Insofern war die VHO für eine Übergangzeit bestimmt. Ich dachte jedenfalls nicht primär an die Abwicklung ganzer Einrichtungen, wenn diese nicht für die DDR spezifisch waren. Mein Ansatz zu Erneuerung war damals ein anderer: Im Zuge der III. Hochschulreform hatten viele Professuren im geistes- und gesellschaftswissenschaftlichen Bereich den Zusatz „sozialistisch" oder „marxistisch-leninistisch" erhalten. Diese Berufungsgebiete sollten jetzt neu definiert und dann neu ausgeschrieben werden. Die Neuberufungen sollten auf Vorschlag gesamtdeutscher Kommissionen erfolgen. Auch die bisherigen Lehrstuhlinhaber sollten sich bewerben können. Dieses Verfahren wäre genauer und auch fairer gewesen, hätte aber sicherlich einige Zeit beansprucht. Neben diese personelle Hochschulerneuerung hätte auch eine strukturelle Hochschulerneuerung treten müssen. Doch das wäre den ostdeutschen Ländern durch Gesetze genauso möglich gewesen wie schon vorher den altbundesdeutschen.

Im Zusammenhang mit der VHO-DDR sei erwähnt, dass es mir ein großes Anliegen war, diese in die Anlagen zum EinigungsV hineinzubekommen. Dahin führte zunächst kein Weg. Dann habe ich so lange mit Lothar de Maizière gesprochen, bis dieser, was er nicht gerne tat, Helmut Kohl einen Brief schrieb, und Kohl sagte zu, sich hierfür einzusetzen. Daraufhin wurde ich zu einer Sitzung vorgelassen. Dort hatte ich den Eindruck, dass mir zugesagt wurde, die VHO-DDR würde in die Liste der zunächst weiter geltenden rechtlichen Regelungen aufgenommen. Als ich weg war, ist deren Gültigkeit auf Intervention von Wolfgang Clement drastisch verkürzt worden, in meiner Abwesenheit. So geht man nicht mit einem gleichberechtigten Partner um, was wir letztlich ja auch nicht waren.

Armin Teymouri: In Ihrer Autobiographie führen Sie auf Seite 142 das Folgende aus:

> „Daher war ich […] strikt gegen eine ähnlich dominierende Position des Wissenschaftsrates gegenüber den Universitäten und Hochschulen in den wieder entstehenden Ländern. Denn noch hatte ich die Hoffnung, diese hätten die Kraft zu einer angemesseneren und ausgewogenen Sicht."

Diese Passage steht im Kontrast zu den Ergebnissen der abschließenden Sitzung der Gemeinsamen Bildungskommission vom 26.09.1990, wo u.a. dahingehend Einigkeit erzielt wurde, „den Wissenschaftsrat mit einer umfassenden Bestandsaufnahme der Wissenschafts- und Forschungslandschaft in der DDR zu betrauen […]." Die Bestandsaufnahme sollte sich dabei auf außeruniversitäre als auch universitäre Einrichtungen beziehen. Können Sie darüber berichten, weshalb der Wissenschaftsrat, entgegen dem Ergebnis der Gemeinsamen Bildungskommission, letztlich doch nicht alle Hochschuleinrichtungen begutachtete?

Hans Joachim Meyer: Für uns war der Wissenschaftsrat vor allem interessant und wichtig für die außeruniversitäre Forschung. Unsere Hoffnung war ja, dass die bestehenden außeruniversitären Einrichtungen in der BRD nun gleichsam Andock-Institutionen für die Institute der Akademie der Wissenschaften werden konnten. Außerdem wussten wir, dass die Bundesbeteiligung am Hochschulbau nur auf Empfehlung des Wissenschaftsrates möglich war. Andererseits war für mich der Wissenschaftsrat eine Institution, in der wir zunächst in keiner Weise präsent waren. Allerdings sei erwähnt, dass der Wissenschaftsrat dann einige ostdeutsche Wissenschaftler kooptierte. Außerdem hatte er vorgeschlagen, in den ostdeutschen Ländern Hochschulstrukturkommissionen einzurichten, was mir interessanter erschien. In einer solchen Kommission hatte ich ein Gegenüber, mit dem ich reden und verhandeln konnte. Wir hatten in Sachsen eine durchaus hochkarätige Kommission und ich legte Wert darauf, dass auch ostdeutsche Hochschullehrer darin vertreten waren, natürlich nicht solche, die von den Empfehlungen der Kommission unmittelbar betroffen sein konnten. Eine solche Kommission bewährte sich in Sachsen, aber leider nicht in allen neuen Bundesländern. Der Wissenschaftsrat bewertete dann im Osten Deutschlands große Wissenschaftsgebiete, nicht aber insgesamt die Universitäten.

Armin Teymouri: Aber wie kam es innerhalb der Gemeinsamen Bildungskommission zu dieser Kehrtwende?

Hans Joachim Meyer: Es ging ja einiges durcheinander. Zum Hintergrund: Der Wissenschaftsrat war bereits voll mit Bewertungen insbesondere der ostdeutschen

Akademieforschung beschäftigt. Außerdem gab es Leute, welche die Kultusministerkonferenz dazu bringen wollten, als eine Art gesamtdeutsches Kontrollgremium zu fungieren. Daran waren weder ich noch meine späteren ostdeutschen Ministerkollegen interessiert. Dann gab es ja die Rektorenkonferenz, zunächst die Westdeutsche Rektorenkonferenz [die im November 1990 zur Hochschulrektorenkonferenz umbenannt wurde], die nahm schon vorher die alten Universitäten im Osten Deutschlands als Neumitglieder auf, wodurch diese sich dann natürlich in ihrer Existenz bestätigt fühlten. In dieser widersprüchlichen Situation wurde der Vorschlag gemacht, in den wiedererstehenden ostdeutschen Ländern Hochschulstrukturkommissionen zur Bewertung der Hochschulen einzurichten. Dieser Vorschlag wurde meines Wissens auch vom Wissenschaftsrat unterstützt. Dies hielt ich für einen geeigneten und guten Vorschlag. Im Übrigen wäre auch gar nicht die Zeit gewesen, auf die Bewertung der einzelnen Hochschulen durch den Wissenschaftsrat zu warten. Mir war klar, dass der gesamte Prozess der personellen und strukturellen Hochschulerneuerung bis zum Ende der 1. Legislaturperiode der neuen Landtage abgeschlossen sein musste. Auf meinen Vorschlag hin bestimmte nämlich der Einigungsvertrag, dass die ostdeutschen Länder innerhalb von drei Jahren ein HRG-kompatibles Hochschulgesetz in Kraft setzen müssten. Das war die gleiche Frist, welche auch den alten Ländern nach dem Inkrafttreten des HRG eingeräumt worden war. Ursprünglich hieß es im Entwurf des Einigungsvertrages nur, die künftigen ostdeutschen Hochschulgesetze müssen HRG-kompatibel sein.

Armin Teymouri: Gab es im Rahmen der Gemeinsamen Bildungskommission Konsens zwischen den Delegationen der DDR und der BRD über die Notwendigkeit der Abwicklung der Hochschullandschaft?

Hans Joachim Meyer: Ich kann mich nicht daran erinnern, dass der Begriff der Abwicklung dort gefallen ist. Einig waren wir uns über die Notwendigkeit, die ostdeutschen Hochschulen zu erneuern. Über diese Erneuerung gab es grundsätzlichen Konsens. Insgesamt war es eine kuriose Situation, da ich als Minister der DDR Repräsentant einer Zentralregierung war und es mit den Ministern der bundesdeutschen Länder zu tun hatte. Das Erste, was die Landesminister parteiübergreifend einte, war, mir zu verstehen zu geben: „Du bist hier ja nur vorläufig, künftig haben wir es mit den ostdeutschen Landesministern zu tun." Die westdeutschen Landesvertreter waren nicht daran interessiert, sich mit dem DDR-Minister über künftige Politik zu verständigen, die dann in den ostdeutschen Ländern zu vollziehen war. Es gab durchaus die Strategie von westdeutschen Ländern, die Nähe zu Kräften in solchen ostdeutschen Ländern zu suchen, die ihnen voraussichtlich politisch nahestehen würden. So wurde etwa das künftig wiedererstehende Brandenburg von Nordrhein-Westfalen gepflegt und bemuttert. Die Sachsen waren so klug, zu zwei westdeutschen Ländern Kontakte aufzunehmen, nämlich zu Bayern und Baden-Württemberg. Ich hatte quasi zwei Partner, was durchaus von Vorteil sein konnte.

Armin Teymouri: Gab es im Rahmen der Gemeinsamen Bildungskommission einen besonderen Streitpunkt bezüglich der Hochschulabwicklung?

Hans Joachim Meyer: Ich habe die Gemeinsame Bildungskommission nicht als wichtige oder bedeutsame Einrichtung in Erinnerung. Es war für mich eine wertvolle Lernmöglichkeit, denn ich lernte so meine bundesdeutschen Kollegen im Streit kennen. Sie bildeten ja fast das ganze politische Spektrum der Bundesrepublik ab. Dass die dort gefassten Beschlüsse so wesentlich waren, kann ich aus meiner Erinnerung heraus nicht sagen. Erst später, als der ganze Kampf in Sachsen schon ausgestanden war, habe ich mitbekommen, dass ein leitender Beamter der Hochschulverwaltung in West-Berlin, später Berlin, jemanden schrieb, dass man in der Kommission der Kultusministerkonferenz erwogen hätte, alle ostdeutschen Hochschuleinrichtungen erstmal zu schließen. Das wäre natürlich eine Katastrophe gewesen, da die ostdeutschen Studenten in den Westen abgewandert wären.

Armin Teymouri: In Berlin löste die Landesregierung pauschal Sektionen der Humboldt-Universität zu Berlin auf, um sie anschließend unter neuen Namen zu eröffnen. Im sog. Warteschleifenurteil stellte das BVerfG fest, dass die bloße Überleitung auf einen neuen Rechtsträger keine Auflösung darstellte. Gab es solche Überlegungen der pauschalen Auflösung auch in der Landesregierung von Leipzig oder in Ihrem Ministerium?

Hans Joachim Meyer: Nein. Wir hatten einen anderen Ansatz: Eine Hochschuleinrichtung kann abgewickelt werden, wenn ihre bisherige Aufgabe entfällt und stattdessen eine neue Aufgabe zu erfüllen ist. Folgende Überlegung war mir also wichtig: Wenn ich eine rechtswissenschaftliche Sektion auflöse und eine neue juristische Einrichtung gründe, gelingt es uns dann, die Gerichte davon zu überzeugen, dass eine Einrichtung, die auf der Basis des Marxismus-Leninismus Staatsfunktionäre im weitesten Sinne ausbildete, eine andere Aufgabe erfüllte als die Juristenausbildung in einem freiheitlich-demokratischen Rechtsstaat? Das haben Richter unterschiedlich gesehen, aber wir haben uns letztlich durchgesetzt. Immer dann, wenn man großzügig mit der Abwicklungsmöglichkeit vorging, etwa wie in Berlin durch den von mir sehr geschätzten Manfred Erhardt, der zunächst flächendeckend den geisteswissenschaftlichen Bereich abwickelte, ist man ganz kräftig auf die Nase gefallen. Ich habe mich dagegen stets darum bemüht, bei der Abwicklung zu differenzieren. Selbst bei der Abwicklung der Sektion Marxistisch-leninistische Philosophie in Leipzig, habe ich den Bereich Logik herausgenommen. Ich habe beispielsweise auch nicht das Fach Geschichte pauschal abgewickelt, sondern lediglich Bereiche wie die Geschichte der UdSSR oder die Geschichte der Arbeiterbewegung. Ich denke, diese Vorgehensweise hat mir auch den Ärger erspart, den sich Manfred Erhard in Berlin einbrockte. Wir haben in Sachsen nur eine Hochschule ersatzlos abgewickelt, die zur Zeit der DDR Hochschule der Landwirtschaftlichen Produktionsgenossenschaften hieß und in Meißen ansässig war und sich dann, im Verlaufe des Revolutionsjahres 1990, selbstständig in Landwirtschaftliche Hochschule umbenannte. Außerdem wurden nach meiner Erinnerung damals das Franz-Mehring-Institut der Leipziger Universität, das bisher ML-Lehrer ausbildete, und eine Fachschule für Klubleiter ersatzlos abgewickelt. Trat dagegen an die Stelle einer Hochschuleinrichtung, also einer Sektion, mit einer alten fortfallenden Aufgabe eine neue Einrichtung, meist eine Fakultät, mit einer aus unserer Sicht neuen Aufgabe, so wurde zugleich die künftige Entwicklung definiert. Für den laufenden Lehrbetrieb wurde ein Studienprogramm mit einem, meist aus dem Westen stammenden, Direktor eingerichtet. Hier war die große Bereitschaft westdeutscher Professoren zur sofortigen Mithilfe sehr wichtig für den Erfolg. Sodann wurden von mir Gründungsdekane, wiederum meist aus dem Westen, berufen und im Zusammenwirken mit diesen Gründungskommissionen eingesetzt. In einigen Fällen wirkten auch ostdeutsche Professoren dort mit. Vertreter der Studentenschaft und des akademischen Mittelbaus vor Ort waren stets gleichberechtigte Kommissionsmitglieder.

Armin Teymouri: Die pauschale Abwicklung von Sektionen wurde noch nicht einmal in Erwägung gezogen?

Hans Joachim Meyer: Nicht über die genannten Fälle hinaus. In Sachsen gab es allerdings Personen, welche vorschlugen, die ganze Professorenschaft wegzuräumen und durch Personen aus dem Mittelbau zu ersetzen. Ich war davon überzeugt, dass dieser Weg nicht funktionieren würde.

Armin Teymouri: Da die Abwicklung von einem Großteil der Einrichtungen der DDR ein bis dato beispielloses Projekt war, hat man damals in Sachsen alle Details der Abwicklung der wissenschaftlichen Einrichtungen regeln wollen und können?

Hans Joachim Meyer: Zunächst muss ich feststellen, dass von einer Abwicklung eines Großteils der Einrichtungen der DDR keine Rede sein kann – weder in Sachsen noch in den anderen ostdeutschen Ländern. Es gab also keine juristische Abwicklung der DDR. Wenn man einmal von Ostberlin absieht, gilt das auch für die Hochschulen – in Sachsen wie in den anderen ostdeutschen Ländern. Die Abwicklung von Hochschulen oder Teilen von Hochschulen bis Ende 1990 waren Sonderfälle im Prozess der personellen und strukturellen Erneuerung des ostdeutschen Hochschulwesens, der im Wesentlichen im Jahre 1993 zum Abschluss kam. Als ich Anfang November 1990 mein Amt in Sachsen übernahm, musste ich erkennen, dass der Weg der Erneuerung über die Neudefinition und Neuausschreibung von Lehrgebieten, wie in der VHO vorgesehen, zu viel Zeit in Anspruch genommen hätte. Also habe ich unter dem Druck der politischen Realität innerhalb weniger Tage eine Abwicklungsliste vorgelegt, die freilich große Proteste von unterschiedlichsten Seiten hervorrief. Ich wusste aber, dass ich das durchstehen musste und hatte großes Vertrauen in mein Konzept, den Lehrbetrieb durch vorläufige Studienprogramme weiterzuführen und für die institutionelle Neugründung Gründungskommissionen und Gründungsdekane zu berufen. Darauf verwendete ich zunächst einen großen Teil meiner Zeit.

Armin Teymouri: Die Gerichte betonten hinsichtlich der Rechtsgrundlage zur Abwicklung der Hochschulen, Art. 13 Abs. 1 Satz 4 EinigungsV, dass diese den Zweck der vereinfachten Liquidierung verfolgt habe. Würden Sie rückblickend sagen, dass der Zweck der Schnelligkeit und Leichtigkeit in der Hochschulabwicklung in Sachsen erreicht wurde?

Hans Joachim Meyer: Ich würde zunächst sagen: nein. Denn ich bin der Meinung, dass diejenigen, die diesen Passus im EinigungsV formulierten, primär an Behördenapparate dachten, die Aufgaben erfüllten, die es in der BRD nicht mehr gab. Insofern war es für uns hinsichtlich der Hochschulabwicklung eine Interpretationsfrage zu sagen: die Aufgaben der Sektion Rechtswissenschaften der Leipziger Universität werden nicht weitergeführt, da es keine Aufgabenidentität dahingehend gibt, entweder Juristen für einen freiheitlich-demokratischen Rechtsstaat auszubilden oder in der sozialistischen DDR Juristen als Staats- und Rechtsfunktionäre auszubilden. Aber natürlich wurde durch unseren Entschluss die Hochschulerneuerung in den abgewickelten und dann neu aufgebauten Wissenschaftsgebieten beschleunigt, wenn auch der Wandel dadurch ein zu hohes Maß an Radikalität erhielt.

Armin Teymouri: Wenn Art. 13 Abs. 1 Satz 4 EinigungsV für die Behördenabwicklung vorgesehen war, welche Rechtsgrundlage sollte dann der Hochschulabwicklung dienen?

Hans Joachim Meyer: Diese Regelung war so generell gefasst, dass sie nicht nur für Behörden verwendet werden konnte. Dass ich mich in Sachsen dazu entschloss, diese Regelung zu verwenden, war eine Reaktion auf die politische Realität in Sachsen, also, wenn Sie so wollen, Ergebnis von politischem Druck. Mir war klar, dass, wenn ich nicht rasch handle, mir das Heft aus der Hand genommen würde. Und das konnte nach meiner Überzeugung nur schlimm werden für Wissenschaft und Hochschulen. Also habe ich mich in Sachsen dazu entschlossen, zu diesem Mittel zu greifen, als die Ministerien dazu aufgefordert wurden, Vorschläge für die Abwicklung zu machen. Ich beschloss, Fakten zu schaffen, in dem ich an der institutionellen Ebene ansetzte statt Lehrstühle neu zu definieren und neu zu besetzen, weil dafür keine Zeit war. Auch dieser Weg hätte zur Erneuerung geführt und er wäre im Einzelfall wohl auch gerechter gewesen.

Armin Teymouri: Die Arbeitsgruppe „Einigungsvertrag" des Hochschulausschusses der Kultusministerkonferenz arbeitete am 26.10.1990 bereits einen Empfehlungsentwurf aus, in welchem bezüglich der Hochschulabwicklung auch schon auf Art. 13 Abs. 1 Satz 4 EinigungsV abgestellt wurde.

Hans Joachim Meyer: Dort saßen zum genannten Zeitpunkt ausschließlich westdeutsche Vertreter. In einer Sitzung der Kultusministerkonferenz, etwa Ende November 1990, also nach der Konstituierung der ostdeutschen Landesregierungen, gab es dann die Idee, per Beschluss durchzusetzen, alle ostdeutschen Professoren als Professoren alten Rechts (also DDR-Rechts) zu behandeln. Dieser Beschluss ist damals aber nicht zustande gekommen, weil ich das nicht wollte. Ich wollte mir nicht in dieser Weise die Hände binden lassen.

Armin Teymouri: Der Einigungsvertrag beinhaltete bezüglich der Abwicklung der Hochschullandschaft kein geregeltes Verfahren. Ebenso wenig wurde ein etwaiger Rechtsschutz geregelt. War dies beabsichtigt und inwiefern hat das Fehlen einer klaren Prozedur die Arbeit der Abwicklung erschwert und verzögert?

Hans Joachim Meyer: Da der Anwendungsbereich dieser Regelung offenblieb, gab es auch kein geregeltes Verfahren. Ich glaube auch nicht, dass für den Hochschulbereich das ganze Prozedere samt Abwicklung, Sicherung des Studienbetriebs, Bildung der Gründungskommission etc. in der VHO hätte geregelt werden können. Daran wäre mit Sicherheit der Westen nicht interessiert gewesen und hätte es darum auch nicht in die Anlagen zum Einigungsvertrag aufgenommen. Jedenfalls hatte ich in Sachsen, als wir uns entschlossen, diese Regelung zu nutzen, eigene Gestaltungsmöglichkeiten. Bedenken Sie vor allem: Es gab niemanden, der vor dem Tag der Einheit offen von einer Abwicklung der Hochschullandschaft der DDR redete. Eine solche hat dann ja auch nicht stattgefunden. Sondern die Abwicklung einzelner Einrichtungen war ein Element der Hochschulerneuerung im Osten Deutschlands.

Armin Teymouri: Wieso hat man sich bei der Abwicklung nicht mehr Zeit genommen?

Hans Joachim Meyer: Die Landesregierungen waren ja an der Ausarbeitung des EinigungsV nicht beteiligt. Ich kann auch nicht sagen, dass in der DDR-Regierung dieser Passus [Art. 13 Abs. 1 Satz 4 EinigungsV] detailliert behandelt worden ist. Ich kann mich daran nicht erinnern. Ich weiß nur, dass es Leute gab, die sagten, den Passus könne man auch auf Schulen und Hochschulen anwenden. Dies habe ich in einer in meiner Autobiographie erwähnten Rede kritisiert. Im Übrigen wäre ich nicht daran interessiert gewesen, nach dem 31. Dezember 1990 weitere Einrichtungen im Hochschulwesen abzuwickeln. Dafür war ein solcher Schritt zu radikal und politisch zu kontrovers.

Armin Teymouri: Welche Rolle spielten verfassungsrechtliche Aspekte, insbesondere die Wissenschaftsfreiheit aus Art. 5 GG, im Rahmen der Abwicklung? Gab es Bedenken hinsichtlich der Auflösung der Hochschuleinrichtungen?

Hans Joachim Meyer: In der Landesregierung wurde dies jedenfalls nicht diskutiert. Sicherlich gab es solche Bedenken. Wir standen damals auf den Standpunkt, dass jenes Personal, das abgewickelt wurde, das Wort der Wissenschaftsfreiheit jedenfalls bis September bzw. Oktober 1989, also vor der friedlichen Revolution in der DDR, nicht in den Mund nahm. Der Rückgriff auf das Prinzip der Wissenschaftsfreiheit mag in Berlin berechtigter Weise eine Rolle gespielt haben, wo ich ja z. B. Wissenschaftler aus dem Bereich der Anglistik kannte, welche Wissenschaftsfreiheit jedenfalls in ihrer Lehre und Forschung praktizierten. Hätte man denen gesagt, ihr habt kein Recht auf Wissenschaftsfreiheit, hätte ich dies für einen Skandal gehalten. Es spielte zumindest bei uns in Sachsen deshalb keine Rolle, weil wir die Gründe für die Abwicklung bestimmter Hochschuleinrichtungen in der öffentlichen Debatte präzise benannten. Denjenigen, die uns das Argument der Wissenschaftsfreiheit vorgehalten hätten, konnten wir erwidern: Seit wann steht ihr denn für die Wissenschaftsfreiheit ein?

Armin Teymouri: Sowohl in der Literatur als auch in der Rechtsprechung war die Frage umstritten, ob die Abwicklungsentscheidung auf Grundlage von Art. 13 Abs. 1 Satz 4 EinigungsV einen angreifbaren Verwaltungsakt darstellte. Können Sie in diesem Zusammenhang darüber berichten, ob Ihnen oder Ihren Kollegen diese Frage im Zeitpunkt der Abwicklungsentscheidung bewusst war?

Hans Joachim Meyer: Solche Überlegungen spielten für uns keine Rolle. Meiner Erinnerung nach argumentierte die Hochschule der Landwirtschaftlichen Produktionsgenossenschaften in Meißen in diese Richtung, war damit aber nicht erfolgreich.

Armin Teymouri: Sowohl in der anfänglichen zeitgenössischen Literatur als auch in der Rechtsprechung wurde teilweise die Auffassung vertreten, dass alle unter dem Anwendungsbereich des Art. 13 EinigungsV fallenden (Teil-)Einrichtungen, also auch Hochschuleinrichtungen, mit Wirksamkeit des Einigungsvertrages automatisch aufgelöst worden seien. Begründet wurde dies mit der Wortlautauslegung, wonach die Landesregierung die „Abwicklung" regelte und eben nicht die „Auflösung". Können Sie darüber berichten, ob diese Auslegung dem Willen der Vertragsparteien nahe kam oder ob sie fernliegend war?

Hans Joachim Meyer: In diese Richtung ging wohl der erwähnte Vorschlag des leitenden Beamten der Hochschulverwaltung in West-Berlin. In der sächsischen Landesregierung dachte jedenfalls niemand daran. Es gab, wie bereits erläutert, in Sachsen Strömungen, die uns dazu bewegen wollten, alle Professoren abzuberufen und danach die unbesetzten Stellen aus dem Mittelbau heraus zu besetzen. Juristische Überlegungen spielten bei solchen Forderungen keine Rolle. Ganz generell halte ich die Vorstellung, die DDR-Regierung hätte einen Einigungsvertrag unterzeichnet, durch den alle ostdeutschen Hochschulen aufgelöst worden wären, für völlig abwegig. Wer eine solche Auffassung vertritt, hat vom Zustandekommen der deutschen Einheit durch den Beschluss der demokratisch legitimierten Volkskammer der DDR, der Ordnung des Grundgesetzes beizutreten, nichts verstanden. Wie auch nichts vom Wesen der Vereinigung als geschichtlichen Prozess durch das Handeln freier und sich befreiender Menschen. Schließlich begann der Weg zur deutschen Einheit am 9. Oktober 1989 in Leipzig wie in dieser Zeit in vielen ostdeutschen Städten. Wer kann im Ernst glauben, die ostdeutschen Demonstranten hätten die dortigen Hochschulen auflösen wollen?

Armin Teymouri: Weshalb wurden im EinigungsV im Gegensatz zur Hochschullandschaft weit weniger bedeutsame Einrichtungen explizit geregelt?

Hans Joachim Meyer: In der Tat hat das Hochschul- und Bildungswesen insgesamt keine Rolle gespielt, weil die Hochschulen zur Kompetenz der wieder entstehenden ostdeutschen Länder gehören würden. Was eine Rolle gespielt hat, war die Zeugnisfrage und die Anerkennung der Abschlüsse, also Rechte der künftigen Bundesbürger. Entscheidend blieb jedoch, dass die DDR der Ordnung des Grundgesetzes beitrat, in der die Kulturhoheit eine Sache der Länder war und blieb. Deswegen war ein eigener Hochschulartikel im EinigungsV nicht notwendig. Bei Gesprächen mit Kollegen aus Westdeutschland kam immer die Sorge hervor, dass ich nicht zu zentral agieren sollte, da meine Aufgabe nur vorübergehend sei und in Zukunft die Länder dies selbst regeln würden. Im Hintergrund traten die alten Bundesländer ja auch bereits mit denjenigen Kräften in Kontakt, die auf die jeweilige neue Landesbildung hinsteuerten, wobei sie wohl meinten, sie würden sich mit denen im Osten schon einigen.

Armin Teymouri: Kooperierten die Landesregierungen im Rahmen der Abwicklungen der Hochschulen miteinander? Fand ein gemeinsamer Austausch aus?

Hans Joachim Meyer: Ein solcher Austausch fand am Rande der bereits genannten Berliner Kultusministerkonferenz im November 1990 statt. Dort haben wir uns aber nicht auf eine Linie verständigt. Dies lag unter anderem daran, dass die Länder bereits zu unterschiedlichen Zeitpunkten an die Öffentlichkeit gegangen waren und unterschiedliche Konzepte verfolgten. Ich kannte ja die meisten Kollegen, die anfingen, in den ostdeutschen Ländern politisch tätig zu werden, noch nicht. Jedenfalls gab es kein gemeinsames Konzept.

Armin Teymouri: Haben Sie oder Ihre damaligen Kollegen damit gerechnet, dass die abgewickelten Hochschulen bzw. Hochschuleinrichtungen gegen ihre Abwicklungsentscheidung klagen würden?

Hans Joachim Meyer: Damit musste man rechnen, ich tat es jedenfalls. Allerdings bestanden im November 1990 die meisten Universitäts- und Hochschulleitungen in Sachsen, wie insgesamt in der ehemaligen DDR, bereits aus Persönlichkeiten, die im Laufe des Jahres 1990 durch freie akademische Wahlen in ihre Ämter gekommen waren. Und diese wollten ihre Hochschulen erneuern und traten eindeutig und glaubhaft dafür ein. Zwar protestierten sie gegen den Eingriff der Regierung, was ich nachvollziehen konnte, aber sie klagten nicht dagegen vor Gericht, weil dies den auch von ihnen gewollten Erneuerungsprozess nur aufgehalten hätte. Abgewickelte Teileinrichtungen wurden nach meiner Erinnerung von den Gerichten nicht als klageberechtigt anerkannt. Und wenn Einrichtungen ersatzlos abgewickelt wurden, wie die Hochschule in Meißen, so entsprach dies eindeutig der Möglichkeit des Einigungsvertrages.

Ein Sonderfall war die Deutsche Hochschule für Körperkultur und Sport (DHFK) in Leipzig. Sachsen konnte eine Einrichtung dieser Größe nicht finanzieren. Und der Bund war nicht dazu zu bewegen, wie im Fall der Kölner Sporthochschule, sich an der Finanzierung zumindest zu beteiligen. Also mussten wir diese Einrichtung stark verkleinern und als Sportwissenschaftliche Fakultät in die Universität Leipzig integrieren. Der 1990 neu gewählte Rektor der DHFK wurde dann Gründungsdekan dieser neuen Fakultät der Leipziger Universität.

Armin Teymouri: Bereitete die rechtliche Abwicklung einer bestimmten (Teil-) Einrichtung der Hochschulen besondere Schwierigkeiten auf und wenn ja, weshalb?

Hans Joachim Meyer: Die meisten Auseinandersetzungen gab es natürlich in Leipzig. Das hatte unterschiedliche Gründe. Es hat schon etwas mit sächsischer Geschichte zu tun. Leipzig fühlte sich immer als etwas Besonderes in Sachsen und war dies als Universitäts-, Messe- und Musikstadt ja auch. Leipzig gehörte jahrhundertelang zu den führenden deutschen Städten. Wenn Sie mal in Leipzig sind, werden Sie feststellen, dass sich das Rektorat der Universität in einem palaisartigen

Gebäude befindet. Das Gebäude war bis 1918 die Mietwohnung des Königs von Sachsen, d. h. es war städtisches Eigentum und der König wohnte dort nur zur Miete. Die Leipziger lehnten es stets ab, dass auf dem Territorium ihrer Stadt ein königliches Palais errichtet wird. Leipzig war dazu die einzige Volluniversität in Sachsen. Und Leipzig ist nach Heidelberg die zweitälteste ununterbrochen bestehende Universität im heutigen Deutschland. Juristen, Philosophen, Historiker und Wirtschaftswissenschaftler gehörten seit Jahrhunderten zum Gesicht dieser Universität. Vor diesem Hintergrund war es abzusehen, dass ein ministerieller Eingriff großen Widerstand hervorrufen würde. Die meisten Probleme gab es daher im Rahmen der Teilabwicklung der Leipziger Universität. Zugleich gab es dort auch aktive und wichtige Kräfte der Selbsterneuerung. Den Namen „Karl Marx", den die DDR-Regierung der Universität Leipzig gegeben hatte, obwohl Karl Marx nie in Leipzig war, hat diese dann durch eigenen Entschluss abgelegt. Ohne das große Engagement von Wissenschaftlern der Universität Leipzig wie auch der anderen sächsischen Universitäten und Hochschulen wäre die personelle und strukturelle Hochschulerneuerung in diesem Land nicht gelungen. Verglichen damit war die Abwicklung einiger weniger Hochschulinstitutionen ein nur kurzzeitig brisantes Problem.

Armin Teymouri: Herr Professor Meyer, ich bedanke mich bei Ihnen für dieses Interview.

Quellenverzeichnis

Arbeitsgruppe „Einigungsvertrag" des Hochschulausschusses der Kultusministerkonferenz, Empfehlungsentwurf, 26.10.1990, in: LASA, L 2, Nr. 651.

Bundesanstalt für vereinigungsbedingte Sonderaufgaben, Offizielle Webseite, Rubrik „Wir über uns", abgerufen am 05.08.2018 unter: http://www.bvs.bund.de/003_menue_links/01_wir/index.html.

Bundesanstalt für vereinigungsbedingte Sonderaufgaben, „Schnell privatisieren, entschlossen sanieren, behutsam stilllegen", Abschlussbericht der BvS.

Bundesminister für Bildung und Forschung, Presse INFO BMBWv.16.05.1990, Ausgabe 70/1990, abgerufen am 10.03.2018 unter: https://deutsche-einheit-1990.de/wp-content/uploads/BArch-DR4−93-BildungskommissionMai.pdf.

Bundesminister für Verkehr, Brief v. 19.12.1991 mit Eingangsstempel v. 07.01.1991 an die Interflug, in: BArch, DM 104−2361.

Bundesregierung, Protokoll der 156. Kabinettssitzung vom 11.10.1956, abgerufen am 20.08.2018 unter http://www.bundesarchiv.de/cocoon/barch/01/k/k1956k/kap1_2/kap2_55/para3_2.html.

Bundesrepublik Deutschland, Vertrag zwischen der Bundesrepublik Deutschland und der Französischen Republik zur Regelung der Saarfrage vom 27. Oktober 1956, BGBl. 1956 II, S. 1589 ff.

Bundesrepublik Deutschland/Interflug/the Ber line Berlin-Brandenburgisches Luftfahrtunternehmen GmbH, Vereinbarung v. 23.01.1992, in: BArch, DM 104−989.

C&L Treuarbeit Deutsche Revision, Brief v. 09.05.1994 an das Bundesministerium für Finanzen mit dem Betreff: „Interflug GmbH i.L.", S. 2, in: BArch, DM 104−1128, Teil I.

Deutsche Handelsbank, Brief v. 27.08.1991 an das Bundesamt für Wehrtechnik und Beschaffung, Betreff: Kaufvertrag über Airbus A 310−300, in: BArch, DM 104−2419.

Deutscher Bundestag, Bericht der Bundesregierung zur Wissenschaft und Forschung im geteilten Deutschland, 08.09.1969, Drs. V/4631.

Deutscher Bundestag, Denkschrift zum Vertrag zwischen der Bundesrepublik Deutschland und der Deutschen Demokratischen Republik über die Herstellung der Einheit Deutschlands (Einigungsvertrag), 31.08.1990, Drs. 11/7760.

Deutscher Bundestag, Stenographischer Bericht der 222. Sitzung des Deutschen Bundestages (11. Wahlperiode) am 05.09.1990, abgerufen am 03.03.2018 unter http://dipbt.bundestag.de/doc/btp/11/11222.pdf.

Deutscher Bundestag, Unterrichtung durch die Bundesregierung. Erläuterungen zum Vertrag zwischen der Bundesrepublik Deutschland und der Deutschen Demokratischen Republik über die Herstellung der Einheit Deutschlands vom 31. August 1990, 10.09.1990, Drs. 11/7817.

Deutscher Bundestag, Unterrichtung durch die Bundesregierung. Materialien zur Deutschen Einheit und zum Aufbau in den neuen Bundesländern, 08.09.1995, Drs. 13/2280.

Deutscher Bundestag, Untersuchungsausschuss, Bericht vom 29.08.1994, Drs. 12/8404, aufgerufen am 25.07.2018 unter http://dipbt.bundestag.de/doc/btd/12/084/1208404.pdf.

Deutscher Bundestag, Webarchiv, abrufbar unter: http://webarchiv.bundestag.de.

Deutscher Bundestag, Wissenschaftlicher Dienst, Einzelfragen zur Treuhandanstalt, 09.08.2011, Ausarbeitung WD 4 – 3000 – 126/11, abgerufen am 30.07.2018 unter: https://www.bundestag.de/blob/408104/2f2ca8f2c33169f6b4cdcdfff554dad5/wd-4-126-11-pdf-data.pdf.

Deutscher Hochschulverband, Presseinformation vom 18.12.1990, in: LASA, L 2, Nr. 651.

Die wissenschaftlichen und technischen Mitarbeiter der Sektion Staats- und Rechtswissenschaft der Martin-Luther-Universität Halle-Wittenberg, Öffentliche Stellungnahme zur Abwicklungsentscheidung der Landesregierung, undatiert, in: LASA, L 2, Nr. 651.

Gemeinsame Bildungskommission, Mitteilung über die 1. Sitzung der Gemeinsamen Bildungskommission am 16. Mai 1990 in Bonn, in: Köhler/Knauss/Zedler (Hrsg.), Der bildungspolitische Einigungsprozess 1990, S. 64 ff.

Gemeinsame Bildungskommission, Mitteilung über die 2. Sitzung der Gemeinsamen Bildungskommission am 21.06.1990 in Berlin, abgerufen am 10.03.2018 unter: https://deutsche-einheit-1990.de/wp-content/uploads/BArch-DR4–33-Bd1-Bildungskommission.pdf.

Gemeinsame Bildungskommission, Protokoll über die 1. Sitzung der Gemeinsamen Bildungskommission am 16. Mai 1990 in Bonn, in: Köhler, Gabriele/Knauss, Georg/Zedler, Peter (Hrsg.), Der bildungspolitische Einigungsprozess 1990 Verlauf und Ergebnisse der deutsch-deutschen Verhandlungen zum Bildungssystem, Opladen 2000, S. 57 ff.

Gemeinsame Bildungskommission, Protokoll über die 2. Sitzung der Gemeinsamen Bildungskommission am 21.06.1990 in Bonn, in: Köhler, Gabriele/Knauss, Georg/Zedler, Peter (Hrsg.), Der bildungspolitische Einigungsprozess 1990 Verlauf und Ergebnisse der deutsch-deutschen Verhandlungen zum Bildungssystem, Opladen 2000, S. 78 ff.

Gesamtberliner Landesregierung, Beschluß Nr. 275/90 vom 18.12.1990 der, entnommen aus: VG Berlin, Beschl. v. 20.02.1991 – 7 A 25/91, LKV 1991, 173.

Henning, Hans-Joachim, Brief v. 29.08.1991 an das Luftfahrt-Bundesamt Braunschweig in Funktion des Direktors Technik der Interflug, Betreff: Information über die Übergabe der Flugzeuge A 310 an die Luftwaffe, in: BArch, DM 104 – 1048

Interflug, Abteilung Personalwesen, Übersicht zur Entwicklung des Personalbestandes ab Beginn der Liquidation, 30.01.1992, S. 1, in: BArch, DM 104 – 727.

Interflug, Abteilung Rechnungswesen, Brief v. 12.11.1991 an den Liquidator Wellensiek über Forderungen der Interflug gegenüber den Flughafenbetrieben, in: BArch, DM 104 – 717, Teil I.

Interflug, Aktennotiz v. 09.02.1991 des Hauptgeschäftsleiters, in: BArch, DM 104 – 687, Teil II.

Interflug, Aktennotiz v. 12.03.1991 des Hauptgeschäftsleiters, Beratung mit RA Wellensiek am 12.03.1991, in: BArch, DM 104–687, Teil II.

Interflug, Beratungsvertrag mit der Lufthansa AG v. 25.03.1991, in: BArch, DM 104–2419.

Interflug, Betriebsvereinbarung v. 29.04.1991 zur Anpassung des Sozialplans v. 08.08.1991, in: BArch, DM 104–727.

Interflug, Forderungs- bzw. Abtretungsvertrag mit der Treuhandanstalt v. 24.06.1991, in: BArch, DM 104–1128, Teil I.

Interflug, Interessenausgleich v. 26.04.1991 mit dem Gesamtbetriebsrat, in: BArch, DM 104–727.

Interflug, Kaufvertrag v. 04.10.1990 mit der FBS Flugservice & Development GmbH Berlin Schönefeld, in: BArch, DM 104–1128, Teil I.

Interflug, Niederschrift über die Gesellschafterversammlung der Interflug v. 01.03.1991, in: BArch, DM 104–2365.

Interflug, Niederschrift über die Gesellschafterversammlung v. 07.03.1991, in: BArch, DM 104–2419.

Interflug, Vereinbarung v. 25.06.1991 mit der Gemeinnützigen Berliner Qualifizierungsgesellschaft für Berufe im Luftverkehr mbH, in: BArch, DM 104–2419.

Interflug, Vertrag Nr. 18600–05007 mit der IL-18 Air Cargo Vermittlungs GmbH, undatiert, in: BArch, DM 104–989.

Interflug, Vertrag Nr. 18 600–05905 v. 14.06.1991 mit der usbekischen Verwaltung der Zivilluftfahrt, in: BArch, DM 104–709, Teil I.

Interflug, Vertrag v. 25.03.1991 zwischen der Interflug und der Lufthansa, in: BArch, DM 104–2419.

Kehl, Brief des Regierungsdirektors Kehler, 10.12.1990, in: LASA, L 2, Nr. 651.

Landeskabinett von Sachsen-Anhalt, Niederschrift über die 7. Sitzung am 11. Dezember 1990 in Magdeburg, in: LASA, L 2, Nr. 650.

Landtag von Sachsen-Anhalt, Beschluss vom 31.01.1990, Drs. 1/08/129, in: Privatbesitz von Werner Sobetzko.

Landtag von Sachsen-Anhalt, Verkürzte stenografische Niederschrift zur Anhörung des Ausschusses für Wissenschaft, Bildung und Kultur zum Thema „Abwicklung von Hochschuleinrichtungen" am 14.02.1991 in Merseburg, in: LASA, L 2, Nr. 650.

Luftfahrt Bundesamt, Löschungsbescheinigung v. 07.08.1991, in: DM 104–709, Teil I.

Mehlig, Johannes, Offener Brief der Initiativgruppe zur Erneuerung der Martin-Luther-Universität Halle, Halle (Saale), 25.05.1990, in: UAHW, Rep. 9, Nr. 515.

Meyer, Hans Joachim, E-Mail vom 31.05.2018.

Meyer, Hans Joachim, Nicht öffentlicher Brief an den Rektor der Universität Leipzig vom 12.12.1990 mit der Aufforderung zur Unterrichtung der Mitarbeiter über die Auflösung der Einrichtung, in: Reader zur Abwicklung und den Studentischen Protesten Dez. '90/Jan. '91 in Leipzig, Teil I, hrsg. von den roten studenten, die ihre roten professoren an ihrer roten uni retten wollten, seilschaften verlag leipzig 1991.

Ministerium für Bildung, Wissenschaft und Kultur des Landes Sachsen-Anhalt, Arbeitsempfehlungen zur Durchführung des Kabinettsbeschlusses vom 11.12.1990 zur Abwicklung von Fachbereichen an den Universitäten und Hochschulen des Landes Sachsen-Anhalt, in: LASA, L 2, Nr. 651.

Ministerium für Bildung, Wissenschaft und Kultur des Landes Sachsen-Anhalt, Brief an das Bundesministerium für Bildung und Wissenschaft zur Übermittlung von Daten zum wissenschaftlichen Personal der Hochschulen in Sachsen-Anhalt, 21.02.1991, in: LASA, L 2, Nr. 651.

Ministerium für Wissenschaft und Forschung des Landes-Sachsen, Klageerwiderungsschrift an das KreisG Magdeburg v. 02.01.19912 (3 VG A 441/91), in: LASA, L 2, Nr. 652.

Ministerrat der DDR, Beschluß zur Gründung der Anstalt zur treuhänderischen Verwaltung des Volkseigentums (Treuhandanstalt) v. 01.03.1990, DDR GBl. 1990, Teil I, Nr. 14, S. 107.

Ministerrat der DDR, Beschluss vom 27.04.1955, nachgewiesen bei Seifert, Weg und Absturz der Interflug. Die Geschichte des Unternehmens, S. 25.

Müller-Heydenreich, Eckhart, Brief v. 17.07.2007 an Herrn Schumann, abgedruckt bei Breiler, S. 260.

Müller-Heydenreich, Eckhart, Liquidationskonzept v. 06.03.1991, S. 1, in: BArch, DM 104–2361.

N.N., Aktennotiz von Vertretern der UdSSR, Datum unbekannt, nachgewiesen bei Seifert, Weg und Absturz der Interflug. Die Geschichte des Unternehmens, S. 16.

N.N., Anonymisierter Beschwerdebrief eines Professors der Wirtschaftswissenschaften der Martin-Luther-Universität Halle-Wittenberg vom 15.05.1991, in: UAHW, Rep. 9, Nr. 515.

N.N., Bericht der AG Flugzeugverkäufe der Interflug v. 05.09.1991, in: BArch, DM 104–709, Teil II.

N.N., Brief der Bundesanstalt für Flugsicherung v. 20.03.1991 an den Liquidator Wellensiek, in: BArch, DM 104–989.

N.N., Brief des Vertreters eines britischen Unternehmens v. 11.02.1991 an den Bundeswirtschaftsminister mit dem Betreff: Kauf Interflug GmbH, in: BArch, DM 104–687, Teil I.

N.N., Dokument mit dem Titel „Ausgliederung des Betriebes Agrarflug aus der Interflug", in: BArch, DM 104–1128, Teil I.

N.N., FBS IF A 0636, Plan der einzuleitenden Maßnahmen zur Durchsetzung der Rechte der Deutschland Lufthansa, nachgewiesen bei Seifert, Weg und Absturz der Interflug. Die Geschichte des Unternehmens, S. 79.

N.N., Gesprächsnotiz der Lufthansa Ausbildungsbasis v. 11.04.1991, in: BArch, DM 104–2419.

Politbüro, Beschluss v. 16.07.1963, nachgewiesen bei Seifert, Weg und Absturz der Interflug. Die Geschichte des Unternehmens, S. 84, 85.

Sächsisches Staatsministerium für Wissenschaft, Erlass vom 09.01.1991 zur Umsetzung der Beschlüsse der sächsischen Staatsregierung vom 11.12.1990 und vom 07.01.1991 über die Abwicklung von Einrichtungen an Universitäten und Hochschulen, in: Reader zur Abwicklung und den studentischen Protesten Dez. '90/Jan. '91 in Leipzig, hrsg. von den roten studenten, die ihre roten professoren an ihrer roten uni retten wollten. seilschaften verlag leipzig, Leipzig 1991, Teil II.

Schäuble, Wolfgang, Rede vom 05.09.1990 im Deutschen Bundestag, in: Stenographischer Bericht der 222. Sitzung des Deutschen Bundestages (11. Wahlperiode) am 05.09.1990, S. 17484 ff., abgerufen am 03.03.2018 unter http://dipbt.bundestag.de/doc/btp/11/11222.pdf.

Schroll, Heike, Vorwort im Findbuch des Bezirksinstituts für Blutspende- und Transfusionswesen Berlin – C. Rep. 740, III., abgerufen am 03.05.2018 unter: http://www.content.landes archiv-berlin.de/php-bestand/crep740-pdf/crep740.pdf.

Sekretariat der Ständigen Konferenz der Kultusminister der Länder in der Bundesrepublik Deutschland, Entwurf der Arbeitsgruppe „Einigungsvertrag" des Hochschulausschusses v. 26.10.1990 zu den Empfehlungen zur strukturellen und personellen Erneuerung der Einrichtungen der Wissenschaft in den Ländern Berlin, Brandenburg, Mecklenburg-Vorpommern, Sachsen, Sachsen-Anhalt und Thüringen, in: Ergebnisvermerk v. 30.10.1990, in: LASA, L 2, Nr. 651.

Sekretariat der Ständigen Konferenz der Kultusminister der Länder in der Bundesrepublik Deutschland, Ergebnisniederschrift über die 3. Sitzung der Gemeinsamen Bildungskommission am 26. September 1990 in Bonn, S. 92 ff.

Sekretariat der Ständigen Konferenz der Kultusminister der Länder in der Bundesrepublik Deutschland, Ergebnisvermerk v. 30.10.1990, in: LASA, L 2, Nr. 651.

Sekretariat der Ständigen Konferenz der Kultusminister der Länder in der Bundesrepublik Deutschland, Gemeinsame Mitteilung über die 3. und abschließende Sitzung der Gemeinsamen Bildungskommission der Bundesrepublik und der Deutschen Demokratischen Republik am 26. September 1990 in Bonn, in: Köhler/Knauss/Zedler (Hrsg.), Der bildungspolitische Einigungsprozess 1990, S. 102 ff.

Sektion Philosophie der Martin-Luther-Universität Halle-Wittenberg, Klageschriftsatz an das KreisG Magdeburg v. 21.01.1991, in: LASA, L 2, Nr. 661.

Sobetzko, Werner, Rede vor dem Landtag von Sachsen-Anhalt am 20.12.1990, in: Plenarprotokoll 1/6, 20.12.1990, S. 177, in: Privatbesitz von Werner Sobetzko.

SunTravel Flugreisen GmbH, Offener Brief v. 11.02.1991 an die Treuhandanstalt, in: DM 104 – 687, Teil I.

Teymouri, Armin, Interview mit Hans Joachim Meyer vom 09.05.2018.

Teymouri, Armin, Interview mit Wolfgang Schäuble vom 09.05.2019.

Treuhandanstalt, Brief v. 08.02.1991 an die Interflug, Betreff: Privatisierung der Interflug, in: BArch, DM 104 – 2365.

Treuhandanstalt, Brief v. 15.02.1991 an die Interflug, Betreff: Bürgschaft für Interflug, in: BArch, DM 104 – 709, Teil II.

Treuhandanstalt, Einnahmen-/Ausgabenrechnung der Periode 01.03.1991 – 30.06.2000, in: Anlage 2 zur Liquidationszwischenschlussrechnung, AZ: IFLSRA2 Text (D9D290), 28.11. 2002, in: BArch, DM 104 – 2423.

Treuhandanstalt, Grundsatzvereinbarung zwischen der Treuhandanstalt, der Interflug, der Flughafen Berlin-Schönefeld GmbH, der Flughafen Dresden GmbH, der Flughafen Erfurt GmbH, der Flughafen Leipzig GmbH, der FBS Flugservice & Development GmbH Berlin

Schönefeld und der Berliner Spezialflug GmbH v. 04.10.1990, in: BArch, DM 104–1128, Teil I.

Treuhandanstalt, Liquidationsverlauf der Interflug (Treuhandanstalt-Nr. 7797), in: Anlage 6.7. zur Liquidationszwischenschlussrechnung, AZ: IFLSRA67, 28.11.2002, in: BArch, DM 104–2423.

Treuhandanstalt, Organisationshandbuch, in: Anlage 12 zum Untersuchungsausschuss des Deutschen Bundestages, Bericht vom 29.08.1994, Drs. 12/8404, aufgerufen am 10.08.2018 unter http://dipbt.bundestag.de/doc/btd/12/084/1208404.pdf.

Treuhandanstalt/Interflug, Forderungs- bzw. Abtretungsvertrag v. 24.06.1991, in: BArch, DM 104–1128, Teil I.

Weiprecht, Hein, Aktennotiz v. 12.05.1954 in Funktion des Staatssekretärs im Ministerium für Verkehrswesen der DDR, nachgewiesen bei Seifert, Weg und Absturz der Interflug, S. 12.

Wellensiek, Jobst, Brief v. 23.03.1991 an das Bundesamt für Wehrtechnik in Funktion des Liquidators, Betreff: „Angebot zum Verkauf von 3 Luftfahrzeugen Airbus A 310", in: DM 104–693, Teil I.

Wellensiek, Jobst, Presseinformation v. 14.03.1991 in Funktion des Liquidators, in: BArch, DM 104–687, Teil II.

Wellensiek, Jobst, Weisung des Liquidators v. 14.05.1991 zur Umstrukturierung der Interflug i.L., in: BArch, DM 104–727.

Wellensiek, Jobst, Weisung Nr. 20/91 zur Beendigung des Flugbetriebes der IL-18/Überleitung auf das neue Unternehmen IL-18, in: BArch, DM 104–727.

Wissenschaftlicher Dienst des Deutschen Bundestages, Einzelfragen zur Treuhandanstalt, 09.08.2011, Ausarbeitung WD 4–3000–126/11, abgerufen am 30.07.2018 unter: https://www.bundestag.de/blob/408104/2f2ca8f2c33169f6b4cdcdfff554dad5/wd-4-126-11-pdf-data.pdf.

Wissenschaftsrat, Empfehlungen zu Forschung und Lehre auf dem Gebiet der Rechtswissenschaft in den neuen Ländern, 13.03.1991, Drs. 96/91.

Wissenschaftsrat, Perspektiven für Wissenschaft und Forschung auf dem Weg zur deutschen Einheit. Zwölf Empfehlungen, 06.07.1990, Drs. 9847/90.

Rechtsprechungsverzeichnis

ArbG Berlin, Urt. v. 20.06.1991, Rs. 98 Ca9794/90, LKV 1992, 100 ff.

ArbG Berlin, Urt. v. 29.09.1992–42 Ca 2305/92, in: BArch, DM 104–680.

BAG, Urt. v. 10.05.1989, Rs. 6 AZR 660/87, NZA 1989, 759 ff.

BAG, Urt. v. 03.09.1992, Rs. 8 AZR 45/92, NZA 1993, 120 ff.

BAG, Urt. v. 15.10.1992, Rs. 8 AZR 145/92, NZA 1993, 407 ff.

BAG, Urt. v. 28.01.1993, Rs. 8 AZR 169/92, NZA 1993, 1037 ff.

BAG, Urt. v. 18.03.1993, Rs. 8 AZR 331/9, NZA 1993, 601 ff.

BAG, Urt. v. 23.09.1993, Rs. 8 AZR 268/92, NZA 1994, S. 881 ff.

BAG, Urt. v. 21.07.1994, Rs. 8 AZR 293/92, NZA 1995, 737 ff.

BAG, Urt. v. 27.10.1994, Rs. 8 AZR 687/92, NZA 1995, 735 ff.

BAG, Urt. v. 15.12.1994, Rs. 8 AZR 23/93, BeckRS 9998, 151795.

BezG Dresden, Urt. v. 17.06.1992, Rs. 2 BDB 47/91.

BezG Erfurt, Beschl. v. 22.06.1992–2 T 19/92, VIZ 1993, 28 ff.

BezG Erfurt, Beschl. v. 04.11.1992 – W 13/92, VIZ 1993, 120 ff.

BezG Erfurt, Urt. v. 20.03.1992, Rs. 1 B 8/91, LKV1993, 274 ff.

BezG Magdeburg, Urt. v. 25.06.1991, Rs. OVG M 6/91, in: LASA, L 2, Nr. 652.

BVerfG, Urt. v. 20.01.1966, Rs. 1 BvR 140/62, NJW 1966, 723 ff.

BVerfG, Urt. v. 06.11.1968, Rs. BvR 727/6, NJW 1969, 267 ff.

BVerfG, Urt. v. 31.07.1973, NJW 1973, 1539 ff.

BVerfG, Urt. v. 10.6.1975, Rs. 2 BvR 1018/74, NJW 1975, 1355 ff.

BVerfG, Urt. v. 20.12.1991, Rs. 1 BvQ 10/9, LKV 1992, 133 ff.

BVerwG, Beschl. v. 10.08.1994–7B 49.94, VIZ 1994, 606 ff.

BVerwG, Urt. v. 12.06.1992, Rs. 7 C 5/92, LKV 1992, 375 ff.

BVerwG, Urt. v. 19.07.1994, Rs. 6 C 27/92, LKV1995, 222 ff.

BVerwGE 18, 40 ff.

BVerwGE 45, 39 ff.

KreisG Dresden, Urt. v. 05.06.1991, Rs. 35 D 99/90 (4), LKV1991, 381 ff.

KreisG Erfurt, Urt. v. 15.08.1991, Rs. 16 D 74/91, NJ 1991, 562 ff.

KreisG Gera-Stadt, Urt. v. 23.05.1991, Rs. 1 D 41/90, LKV 1991, 274 ff.

KreisG Halle, Urt. v. 13.02.1991, Rs. 2 VG B 6/9, in: LASA, L 2, Nr. 653.

KreisG Halle, Urt. v. 25.02.1991, Rs. 2 VG B 10/91, LKV 1991, 273 ff.

KreisG Leipzig-Stadt, Urt. v. 12.06.1991, Rs. I K 31/91, LKV 1992, 143 ff.

KreisG Leipzig-Stadt, Urt. v. 29.01.1992, Rs. I K 218/91, LKV 1993, 101 ff.

LAG Berlin, Urt. v. 18.11.1991, Rs. 12 Sa 44/91, NZA 1992, 361 ff.

OVG Berlin, Urt. v. 02.12.1991, Rs. 4 S 36/91, LKV 1992, 97 ff.

OVG Berlin, Urt. v. 06.06.1991, Rs. 8 S 76/91, LKV 1991, 269 ff.

OVG Berlin, Urt. v. 24.06.1991, Rs. 8 S 79/91, LKV 1991, 343 ff.

VG Berlin, Urt. v. 20.02.1991, Rs. LKV. 1991, 173 ff.

Gesetzesverzeichnis

5. Durchführungsverordnung zum Treuhandgesetz, DDR GBl., 1990, Teil I, S. 1466.

Aktiengesetz vom 6. September 1965 (BGBl., Teil I, S. 1089), das zuletzt durch Artikel 9 des Gesetzes vom 17. Juli 2017 (BGBl., Teil I, S. 2446) geändert worden ist.

Bundeshaushaltsordnung v. 19.08.1969, BGBl., Teil I, S. 1284.

Bürgerliches Gesetzbuch in der Fassung der Bekanntmachung vom 2. Januar 2002 (BGBl. I S. 42, 2909; 2003 I S. 738), das zuletzt durch Artikel 7 des Gesetzes vom 31. Januar 2019 (BGBl. I S. 54) geändert worden ist.

Gesamtvollstreckungsordnung der DDR, DDR GBl., 1990, Teil I, Nr. 32, S. 285.

Gesetz betreffend die Gesellschaften mit beschränkter Haftung, Gesetz vom 20.04.1892 (RGBl., Teil I, S. 477), zuletzt geändert durch Gesetz vom 17.07.2017 (BGBl., Teil I, S. 2446).

Gesetz über das einheitliche sozialistische Bildungssystem vom 25.06.1965, DDR GBl. 1990, Teil I, S. 299 ff.

Gesetz über die Eröffnungsbilanz in Deutscher Mark und die Kapitalneufestsetzung vom 23.09. 1990, BGBl., Teil I, S. 1842.

Gesetz über die Feststellung der Zuordnung von ehemals volkseigenem Vermögen in der Fassung der Bekanntmachung vom 29.03.1994, BGBl. 1994, Teil I, S. 709.

Gesetz zur Änderung und Ergänzung der Verfassung der DDR (Verfassungsgrundsätze), GBl. DDR, Teil I, S. 299 ff.

Gesetz zur Privatisierung und Reorganisation des volkseigenen Vermögens vom 17. Juni 1990, DDR GBl. 1990, Teil I, Nr. 33, S. 300 ff.

Handelsgesetzbuch in der im Bundesgesetzblatt Teil III, Gliederungsnummer 4100–1, veröffentlichten bereinigten Fassung, das zuletzt durch Artikel 8 Absatz 4 des Gesetzes vom 8. Juli 2019 (BGBl. I S. 1002) geändert worden ist.

Hochschulrahmengesetz v. 26.01.1976, BGBl., Teil I, S. 185 ff.

Kreditwesengesetz in der Fassung der Bekanntmachung vom 9. September 1998 (BGBl. I S. 2776), das zuletzt durch Artikel 6 des Gesetzes vom 8. Juli 2019 (BGBl. I S. 1002) geändert worden ist.

Satzung der Treuhandanstalt v. 18.07.1990, DDR GBl., 1990, Teil I, Nr. 33, S. 300.

Statut der Anstalt zur treuhänderischen Verwaltung des Volkseigentums, in: BArch, DC-20/I/3/ 2935, abgerufen am 06.06.2018 unter: https://deutsche-einheit-1990.de/wp-content/uploads/ DC_20_I_3_2935_0120.pdf.

Statut der „Deutschen Lufthansa", DDR GBl., Teil I, 1956, Nr. 23, S. 205.

Verfassung der Deutschen Demokratischen Republik 06.04.1968 (DDR GBl., Teil I, S. 425) in der Fassung des Gesetzes zur Ergänzung und Änderung der Verfassung der Deutschen Demokratischen Republik vom 07.10.1974, DDR GBl., Teil I, Nr. 47, 27.09.1974.

Verordnung über die Aufgaben der Universitäten, wissenschaftlichen Hochschulen und wissenschaftlichen Einrichtungen mit Hochschulcharakter vom 25.02.1970, DDR GBl. 1970, Teil II, Nr. 26, S. 189–195.

Verordnung über die Berufung und Stellung der Hochschullehrer an den wissenschaftlichen Hochschulen, DDR GBl., 1968, Teil II, 997 ff.

Verordnung zur Umwandlung von volkseigenen Kombinaten, Betrieben und Einrichtungen in Kapitalgesellschaften v. 01.03.1990, DDR GBl. 1990, Teil I, Nr. 14, S. 107.

Vertrag über die Schaffung einer Währungs-, Wirtschafts- und Sozialunion zwischen der Bundesrepublik Deutschland und der Deutschen Demokratischen Republik v. 25.06.1990, BGBl 1990, Teil II, S. 518 ff.

Vertrag zwischen der Bundesrepublik Deutschland und der Deutschen Demokratischen Republik über die Herstellung der Einheit Deutschlands v. 31.08.1990, BGBl., Teil II, S. 885 ff.

Vorläufige Hochschulordnung v. 26.09.1990, GBl. DDR, Teil I, S. 1585 ff.

Literaturverzeichnis

Alemann, Florian von/*Scheffczyk*, Fabian, Kommentierung zu § 35 VwVfG, in: Bader, Johann/ Ronellenfitsch, Michael (Hrsg.), Beck'scher Online-Kommentar VwVfG mit VwVG und VwZG, 2018.

Arnold, Arndt, Kommentierung zu § 60 GmbHG, in: Henssler, Martin/Strohn, Lutz (Hrsg.), Gesellschaftsrecht, München 2016.

Ascheid, Reiner, Aktuelle Rechtsprechung zum Einigungsvertrag, NZA 1993, 97 ff.

Bader, Johann/*Ronellenfitsch*, Michael (Hrsg.), Beck'scher Online-Kommentar VwVfG mit VwVG und VwZG, 39. Aufl. 2018.

Badura, Peter, Die innerdeutschen Verträge, insbesondere der Einigungsvertrag, in: Isensee/ Kirchhof, HStR VIII, § 189, Rn. 10 ff.

Bartz, Olaf, Der Wissenschaftsrat, Stuttgart 2007.

Bath, Clemens, Behördenabwicklung nach der Wiedervereinigung, NVwZ-Beil. 2001, 27 ff.

Berger-Delhey, Ulf, Das sog. Warteschleifenurteil des Bundesverfassungsgerichts und seine Folgen, ZTR 1991, 418 ff.

Bernhard, Henry, „Leistungseugenik einer Diktatur", 07.03.2018, abrufbar auf der Webseite des Deutschlandfunks unter https://www.deutschlandfunk.de/doping-in-der-ddr-leistungseu genik-einer-diktatur.890.de.html?dram:article_id=412452 (abgerufen am 03.07.2018).

Bethge, Herbert, Kommentierung zu § 31 BVerfGG in: Maunz/Schmidt-Bleibtreu/Klein/ Bethge (Hrsg.), Kommentar zum Bundesverfassungsgerichtsgesetz, 56. EL Sept 2019.

Böick, Markus, Die Treuhand: Idee – Praxis – Erfahrung 1990–1994, Göttingen 2018.

Braunburg, Rudolf, Interflug. Die deutsche Fluggesellschaft jenseits der Mauer, 1992.

Breiler, Klaus, Vom Fliegen und Landen. Zur Geschichte der ostdeutschen Luftfahrt, Leipzig 2012.

Bundesstiftung zur Aufarbeitung der SED-Diktatur, Erläuterungen zum Ministerium für Wirtschaft der ehemaligen DDR, abgerufen am 14.04.2018 unter https://deutsche-einheit-1 990.de.

Burkhardt, Anke, Militär- und Polizeihochschulen in der DDR. Wissenschaftliche Dokumentation, hrsg. vom Institut für Hochschulforschung an der Martin-Luther-Universität Halle-Wittenberg. Wittenberg 2000.

Czada, Roland, Vom Plan zum Markt. Die radikale Massenprivatisierung der Treuhandanstalt, abgerufen am 03.08.2018 unter http://www.politik.uni-osnabrueck.de/POLSYS/Archive/fs_ tha/einleit.htm.

Däubler, Wolfgang, Die sogenannte Warteschleife auf dem verfassungsrechtlichen Prüfstand, NJ 1991, 233 ff.

Denhard, Albrecht, Hochschul-„Abwicklung"? Die Rechtslage nach dem „Warteschleifen"-Urteil des BVerfG, NJ 1991, 295 ff.

Deutsch, Erwin, Die Abwicklung und Evaluierung der Juristischen Sektion der Universität Halle, in: Goydke, Jürgen/Rauschning, Dietrich u. a. (Hrsg.), Vertrauen in den Rechtsstaat: Beiträge zur deutschen Einheit im Recht. Festschrift für Walter Remmers u. a., Köln/München 1995, 317 ff.

Deutsche Bundesregierung, Der „Runde Tisch" tagt zum letzten Mal, aufgerufen am 20. 07. 2018 unter: https://www.bundesregierung.de/Content/DE/Artikel/2014_Deutsche_Einheit/1 990-03-12-der-runde-tisch-tagt-zum-letzten-mal.html.

Deutscher Bundestag, Die Währungs-, Wirtschafts- und Sozialunion vom 1. Juli 1990 – Entscheidender Schritt zur Deutschen Einheit, aufgerufen am 03. 08. 2018 unter https://www.bundestag.de/blob/379774/378f312e32542d5765f03b5e04226bf5/die-waehrungs-wirtschaft-und-sozialunion-vom-1-juli-1990-data.pdf.

Deutschlandfunk Kultur, Ein Buch über die Treuhandanstalt. Negativ-Mythos der Wendezeit, Interview mit dem Historiker Böick v. 03. 08. 2018, aufgerufen am 10. 08. 2018 unter: https://www.deutschlandfunkkultur.de/ein-buch-ueber-die-treuhandanstalt-negativ-mythos-der.1 008.de.html?dram:article_id=424604.

Ebbing, Frank, Die Verkaufspraxis der Treuhandanstalt, Köln 1995.

Ebenroth, Carsten Thomas/*Boujong*, Karlheinz/*Joost*, Detlev/*Strohn*, Lutz, Handelsgesetzbuch – §§ 1–342e, 3. Aufl., München 2014.

Erfurth, Helmut, Interflug, 2009.

Erichsen, Hans-Uwe, Verfassungsrechtliche Determinanten staatlicher Hochschulpolitik, NVwZ 1990, 8 ff.

Fink, Heinrich, Die Abwicklung von Hochschuleinrichtungen der ehemaligen DDR und die Auswirkungen auf die Arbeitsverhältnisse der dort beschäftigten Arbeitnehmer, Wissenschaftsrecht, Wissenschaftsverwaltung, Wissenschaftsförderung: Zeitschrift für Recht und Verwaltung der wissenschaftlichen Hochschulen und der wissenschaftspflegenden und -fördernden Organisationen und Stiftungen 1993, 18 ff.

Fink, Heinrich, Ist die Abwicklung von Hochschuleinrichtungen in den neuen Bundesländern gescheitert?, MittHV 1991, 204 ff.

Fischer, Wolfram/*Hax*, Herbert/*Schneider*, Hans K., Treuhandanstalt. Das Unmögliche wagen, 1993.

Fischer, Wolfram/*Schröter*, Harm, Die Entstehung der Treuhandanstalt, in: Fischer/Hax/Schneider, Treuhandanstalt. Das Unmögliche wagen, 1993, S. 17 ff.

Fritsch, Oliver, Vergiftet von der DDR, 26. 03. 2018, aufgerufen am 03. 07. 2018 auf Zeit-online unter https://www.zeit.de/sport/2018-02/doping-ddr-sport-dopingopfer-kinder-folgen-hilfe.

Geipel, Ines, Bundeszentrale für politische Bildung, Staatsplan „Sieg". Die Stasi im Leistungssport, 06. 01. 2017, abgerufen am 04. 07. 2018 unter http://www.bpb.de/geschichte/deutsche-geschichte/stasi/219625/sport.

Germelmann, Claas-Hinrich, Die prozessuale Überprüfbarkeit der Auflösungsentscheidung nach Art. 13 EinigungsV, NZA 1991, 629 ff.

Germelmann, Claas-Hinrich, Nochmals: Die prozessuale Überprüfbarkeit der Auflösungsentscheidung nach Art. 13 EinigungsV, NZA 1992, 207 ff.

Gimmy, Marc Andre, Das Unmögliche wagen – Eine Würdigung der Arbeit der Treuhandanstalt, in: VIZ 1994, 633 ff.

Goette, Wulf/*Habersack*, Mathias/*Kalss*, Susanne (Hrsg.), Münchener Kommentar zum Aktiengesetz – §§ 179–277, 4. Aufl., München 2016.

Götz, Aly, „Die Abwicklung produziert unlösbare Konflikte", taz 12.01.1991, S. 14.

Goydke, Jürgen/*Rauschning*, Dietrich/*Robra*, Rainer/*Schreiber*, L. Hans/*Wulff*, Christian (Hrsg.), Vertrauen in den Rechtsstaat: Beiträge zur deutschen Einheit im Recht. Festschrift für Walter Remmers, Köln/München [u.a.] 1995.

Günther, Hellmuth, „Abwicklungs"-Beschluß mit „Ruhens"-Folge als Verwaltungsakt gegenüber den Beschäftigten?, DÖD 1991, Ausgabe 10, 221 ff.

Hahn, André, Der Runde Tisch. Das Volk und die Macht. Politische Kultur im letzten Jahr der DDR, 1998.

Hartmer, Michael, Die Abwicklung der Übernahme, MittHV 1991, 4 ff.

Hauck-Scholz, Peter, Voraussetzungen und Folgen der „Warteschleife", LKV 1991, 225 ff.

Heinrichs, Thomas/*Weinbach*, Heike, Mit PhilosophInnen ist ein Staat zu machen. Selbstaufgabe und Abwicklung der DDR-Philosophie, hochschule ost 1998, 130 ff.

Heintze, Markus, Erziehung, Wissenschaft, Kultur, Sport, in: Isensee, Josef/Kirchhof, Paul (Hrsg.), Handbuch des Staatsrechts, Band IX: Die Einheit Deutschlands – Festigung und Übergang, Heidelberg 1997, § 218.

Helkenberg, Peter, Detailfragen des „Warteschleifenurteils" des BVerfG – Eine Entgegnung auf Legerlotz, NZA 1992, 201, NZA 1992, 684 ff.

Henkes, Klaus, „Jeder der nicht wieder untergekommen ist, ist ein ganz armer Kerl", Interview, in: Zeitschrift Aero, Jahrgang 1999, Nr. 7/99, S. 87.

Henssler, Martin/*Strohn*, Lutz (Hrsg.), Gesellschaftsrecht, 3. Aufl., München 2016.

Hoffmann, Dierk, Im Laboratorium der Marktwirtschaft: Zur Geschichte der Treuhandanstalt 1989/90 bis 1994. Ein neues Forschungsprojekt des Instituts für Zeitgeschichte, Vierteljahreshefte für Zeitgeschichte, 66. Jahrgang., Heft 1, Januar 2018, S. 167 ff.

Humboldt-Universität zu Berlin, 1945–1989: Die wirtschaftswissenschaftliche Sektion zur Zeit der DDR, abgerufen am 06.12.2017 unter: http://hicks.wiwi.hu-berlin.de/history/start.php?type=iireform&links=0.

Isensee, Josef/*Kirchhof*, Paul (Hrsg.), Handbuch des Staatsrechts der Bundesrepublik Deutschland, Band IX: Die Einheit Deutschlands – Festigung und Übergang, Heidelberg 1997.

Isensee, Josef/*Kirchhof*, Paul, Handbuch des Staatsrechts der Bundesrepublik Deutschland, Bd. VIII, Grundrechte: Wirtschaft, Verfahren, Gleichheit, Heidelberg 1995.

Jürgs, Michael, Ein Land im Sonderangebot, Der Spiegel, Ausgabe 06/1997, S. 100 ff.

Kehm, Barbara, Hochschulen in Deutschland. Entwicklung Probleme, Bundeszentrale für politische Bildung, aufgerufen am 05.08.2018 unter http://www.bpb.de/gesellschaft/bildung/zukunft-bildung/205721/hochschulen-in-deutschland?p=all.

Klein, Hans, Art. 130 GG, in: Maunz, Theodor/Dürig, Günther (Hrsg.), Grundgesetz Kommentar – Stand: 86 EL, 2019.

Kloepfer, Michael, Öffentlich-rechtliche Vorgaben für die Treuhandanstalt, in: Fischer, Wolfram/Hax, Herbert/Schneider, Hans Karl, Treuhandanstalt. Das Unmögliche wagen. Forschungberichte, S. 41 ff.

Koch, Jens, § 262 AktG, in: Goette, Wulf/Habersack, Mathias/Kalss, Susanne (Hrsg.), Münchener Kommentar zum Aktiengesetz – §§ 179–277, München 2016.

Köhler, Gabriele/*Knauss*, Georg/*Zedler*, Peter (Hrsg.), Der bildungspolitische Einigungsprozess 1990: Verlauf und Ergebnisse der deutsch-deutschen Verhandlungen zum Bildungssystem, Opladen 2000.

König, Klaus/*Heimann*, Jan, Vermögenszuordnung im Aufgabenzuschnitt des öffentlichen Sektors der neuen Bundesländer – Ein Zwischenbericht – 400031983018, Forschungsinstitut für öffentliche Verwaltung bei der Hochschule für Verwaltungswissenschaften Speyer, Speyerer Forschungsberichte 133, 1994.

Konrad-Adenauer-Stiftung, Militarismus im Alltag, abgerufen am 25.09.2018 unter: http://www.kas.de/wf/de/71.6617/.

Körting, Erhart, Keine gesonderte Anfechtung bei der Abwicklung von Einrichtungen der ehemaligen DDR, NZA 1992, 205 ff.

Kowalczuk, Ilko-Sascha, „Ich habe ein behindertes Kind" – DDR-Doping und die Folgen, 30.09.2005, Webseite der Bundeszentrale für politische Bildung, abgerufen am 04.07.2018 unter http://www.bpb.de/geschichte/deutsche-einheit/kontraste/42507/ddr-doping-und-die-folgen.

Krause, Andreas, Formaldehyd für die elfte Feuerbachthese. Denken im Staatsdienst: Streit um Marxismus und die Abwicklung der DDR-Philosophie, hochschule ost 1998, 121 ff.

Krause, Günther/*Luft*, Christa/*Steinitz*, Klaus (Hrsg.), Wirtschaftstheorie in zwei Gesellschaftssystemen Deutschlands – Erfahrungen – Defizite – Herausforderungen, Berlin 2011.

Kreyenberg, Peter, Die Rolle der Kultusministerkonferenz im Zuge des Einigungsprozesses, in: Mayntz, Renate (Hrsg.), Aufbruch und Reform von oben – Ostdeutsche Universitäten im Transformationsprozeß, Frankfurt am Main/New York 1994, 191 ff.

Krull, Wilhelm, Im Osten wie im Westen – nichts Neues? Zu den Empfehlungen des Wissenschaftsrates für die Neuordnung der Hochschulen auf dem Gebiet der ehemaligen DDR, in: Mayntz, Renate (Hrsg.), Aufbruch und Reform von oben – Ostdeutsche Universitäten im Transformationsprozeß, Frankfurt am Main/New York 1994, 205 ff.

Kuhrt, Nicola, „Ich hatte Angst vor den verborgenen Überwachern", Interview v. 11.11.2014, abgerufen am 27.09.2018 auf Spiegel Online unter http://www.spiegel.de/wissenschaft/mensch/mauerfall-ddr-forscher-reich-angst-vor-den-ueberwachern-a-999790.html.

Kupferschmidt, Walter, 41 Jahre Hochschule für Ökonomie Berlin – eine Bilanz, in: Krause, Günther/Luft, Christa/Steinitz, Klaus (Hrsg.), Wirtschaftstheorie in zwei Gesellschaftssystemen Deutschlands – Erfahrungen – Defizite – Herausforderungen, Berlin 2011, 84 ff.

Kupferschmidt, Walter, Abwicklung einer „Kaderschmiede" – Vor 20 Jahren wurde die HfÖ aufgelöst. Großes wissenschaftliches Potenzial ging verloren, Sozialistische Tageszeitung vom 24. 09. 2011.

Laabs, Dirk, Der deutsche Goldrausch: Die wahre Geschichte der Treuhand, 2012.

Lambrecht, Wolfgang, Neuparzellierung, die hochschule 2007, 171 ff.

Lambsdorff, Konstantin, Vermögensübergang bei ehemals volkseigenen Betrieben, DtZ 1992, 102 ff.

Legerlotz, Christoph, Mutterschutz und besonderer Kündigungsschutz nach dem Einigungsvertrag, NZA 1992, 201 ff.

Lehmann, Gerhard/*Kalb*, Lothar/*Rogalski*, Norbert/*Schröter*, Detlev/*Wonneberger*, Günther (Hrsg.), Deutsche Hochschule für Körperkultur Leipzig 1950 – 1990, Aachen 2007.

Leptien, Constanze, Ausbildung und Umschulung von Juristen aus den neuen Bundesländern, DtZ 1994, 14 ff.

Lieberwirth, Rolf, Geschichte der Juristischen Fakultät der Universität Halle-Wittenberg nach 1945, Köln/München 2008.

Lorz, Rainer, Kommentierung zu § 131 HGB, in: Ebenroth, Carsten Thomas (Hrsg.), Handelsgesetzbuch – §§ 1 – 342e, München 2014.

Mager, Ute, Kommentierung zu Art. 130 GG, in: v. Münch/Kunig, Kommentar zum Grundgesetz, 6. Auflage, 2012, Art. 130, 1597 ff.

Markovits, Inga, Gerechtigkeit in Lüritz, 2. Aufl., München 2014.

Markovits, Inga, Diener zweier Herren. DDR-Juristen zwischen Recht und Macht, Berlin 2020.

Marquadt, Udo, Die philosophische Wende. Von der Abwicklung der DDR-Philosophie, hochschule ost 1998, 170 ff.

Martens, Bernd, Die Wirtschaft der DDR, 30. 03. 2019, Bundeszentrale für politische Bildung, aufgerufen am 08. 07. 2018 unter: http://www.bpb.de/geschichte/deutsche-einheit/lange-we ge-der-deutschen-einheit/47076/ddr-wirtschaft.

Marxen, Klaus/*Werle*, Gerhard, Gefangenenmisshandlung, Doping und sonstiges DDR-Unrecht, Band 7 der Dokumentation Strafjustiz und DDR-Unrecht, Berlin 2009, S. 205 ff.

Materna, Horst, Flughafen Berlin Schönefeld 1963 – 1977. Heimatbasis der Interflug, Thüringen 2014.

Maunz, Theodor/*Dürig*, Günther (Hrsg.), Grundgesetz Kommentar – Stand: 86 EL, 2019.

Maunz, Theodor/*Schmidt-Bleibtreu*, Bruno/*Klein*, Franz/*Bethge*, Herbert, Kommentar zum Bundesverfassungsgerichtsgesetz, 56. EL Sept 2019.

Maurer, Reinhart, Der Liberalismus siegt. Die Abwicklung und das Schweigen der Philosophen, hochschule ost 1998, 138 ff.

Mayntz, Renate, Aufbruch und Reform von oben – Ostdeutsche Universitäten im Transformationsprozeß, Frankfurt am Main/New York 1994.

MDR, Der Zentrale Runde Tisch von Berlin, 14. 06. 2011, abgerufen am 22. 07. 2018 unter https://www.mdr.de/damals/archiv/artikel60690.html.

MDR, Die Deutsche Hochschule für Körperkultur, 22. 10. 2010 abgerufen am 20. 04. 2018 unter www.mdr.de/damals/archiv/artikel101700.html.

MDR, Mit der Interflug in die halbe Welt, 10. 03. 2010, aufgerufen am 17. 08. 2018 unter https:// www.mdr.de/damals/archiv/artikel87928.html.

Meyer, Hans Joachim, Erneuern und Bewahren – Reden, Aufsätze und Pressebeiträge zur Hochschul- und Wissenschaftspolitik. Teil I: 1990 bis 1993, Dresden 1997.

Meyer, Hans Joachim, In keiner Schublade – Erfahrungen im geteilten und vereinten Deutschland, Freiburg im Breisgau 2015.

Michaels, Heinz, Begehrtes Flugobjekt, Die Zeit v. 09. 11. 1990, abgerufen am 25. 07. 2018 unter: https://www.zeit.de/1990/46/begehrtes-flugobjekt/komplettansicht.

Morgenstern, Karl, Interflug – die Airline der DDR, in: AERO International, Online Portal der Zivilluftfahrt, abgerufen am 25. 08. 2018 unter http://www.aerointernational.de/industrie-tech nik-nachrichten/interflug-die-airline-der-ddr.html.

Morgenstern, Karl, Piloten mit Parteibuch, 10. 09. 2008, in: Spiegel Online, abgerufen am 10. 08. 2018 unter: http://www.spiegel.de/reise/aktuell/50-jahre-ddr-airline-interflug-piloten-mit-parteibuch-a-577250.html.

Müller-Enbergs, Helmut/*Wielgohs*, Jan/*Hoffmann*, Dieter/*Herbst*, Andreas/*Kirschey-Feix*, Ingrid, Wer war wer in der DDR? Ein Lexikon ostdeutscher Biographien, 5. Ausgabe. Ch. Links Verlag, Berlin 2010. Online abrufbar unter https://www.bundesstiftung-aufarbeitung. de/wer-war-wer-in-der-ddr-%2363%3B-1424.html (aufgerufen am 02. 07. 2018).

Münch, Ingo von/*Kunig*, Philip (Hrsg.), Grundgesetz Kommentar, 6. Auflage, München 2012.

Münch, Ursula, 1990: Grundgesetz oder neue Verfassung?, 01. 09. 2008, Bundeszentrale für politische Bildung, abgerufen am 20. 05. 2019 unter http://www.bpb.de/geschichte/deutsche-geschichte/grundgesetz-und-parlamentarischer-rat/38984/deutsche-einheit.

Muszynski, Bernhard (Hrsg.), Wissenschaftstransfer in Deutschland – Erfahrungen und Perspektiven bei der Integration der gesamtdeutschen Hochschullandschaft, Wiesbaden 1993.

NDR, LPG: Vom Bauern zum Agrargenossen, 21. 09. 2016, abgerufen am 13. 03. 2018 unter: www.ndr.de/kultur/geschichte/chronologie/LPG-Vom-Kleinbauern-zum-Agrargenossen,lpg1 01.html.

Niemetz, Daniel, Wolf Biermann und seine Ausbürgerung, MDR v. 16. 11. 1976, abgerufen am 23. 04. 2018 unter: https://www.mdr.de/zeitreise/ddr/biermann-ausbuergerung-ddr-100.html.

N.N., Begehrtes Flugobjekt, Die Zeit v. 09. 11. 1990, Nr. 46/1990, abgerufen am 10. 08. 2018 unter: https://www.zeit.de/1990/46/begehrtes-flugobjekt/komplettansicht.

N.N., Begriffe des Verwaltungsrechts, LKV 1992, 56 ff.

N.N., Bundeszentrale für politische Bildung, Die Frage nach den Kosten der Wiedervereinigung, 28. 09. 2015, abgerufen am 10. 08. 2018 unter: http://www.bpb.de/geschichte/deutsche-einheit/zahlen-und-fakten-zur-deutschen-einheit/212659/die-frage-nach-den-kosten-der-wie dervereinigung.

N.N., Bundeszentrale für politische Bildung, Handwörterbuch des politischen Systems der Bundesrepublik Deutschland: Treuhandanstalt, abgerufen am 20. 07. 2018 unter http://www.

bpb.de/nachschlagen/lexika/handwoerterbuch-politisches-system/202195/treuhandanstalt? p=all.

N.N., DDR Hochschulen: Gesunde Ehe, Der Spiegel, Ausgabe 26/1969, 41 ff.

N.N., DDR im Herbst 1989: Die Planwirtschaft am Boden, Handelsblatt, 27.10.2014, abgerufen am 07.07.2018 unter: https://www.handelsblatt.com/politik/deutschland/mauerfall/ddr-im-herbst-1989-die-planwirtschaft-am-boden/10895952-all.html.

N.N., Die Flucht ist nicht zu stoppen, Der Spiegel, Ausgabe 45/1989, S. 20 ff.

N.N., Flugzeuge als Helfer der Land- und Forstwirtschaft in der DDR, Agrartechnik, Heft 7, Juli 1957.

N.N., Gewerkschaft kritisiert Kartellamt, Handelsblatt v. 14.02.1991.

N.N., Interflug-Mitarbeiter: Wir könnten überleben, Berliner Morgenpost v. 14.02.1991.

N.N., Kam das „Aus" für Interflug aus Bonn?, Berliner Zeitung v. 12.02.1991.

N.N., „Mit dem Latein am Ende" – Spiegel-Serie über Krise und Zukunft der deutschen Hochschulen, Ausgabe 26/1969, 90 ff.

N.N., Orte des Jammerns, Der Spiegel, Ausgabe 01/1990, 24 ff.

N.N., Rührt euch, weitermachen, Der Spiegel, Ausgabe 44/1975, 202 ff.

N.N., Sehr, sehr hoher Preis, Der Spiegel, Ausgabe 26/1988, S. 75 ff.

N.N., „Sie werden Millionäre haben", Der Spiegel, 36/1990, S. 148.

N.N., Tiefer Schock in Schönefeld, Berliner Zeitung v. 12.02.1991.

N.N., Treuhand: Die Interflug keinem Abenteurer überlassen, Frankfurter Allgemeine Zeitung v. 10.02.1991.

N.N., Weltrekorde für den SC DHfK Leipzig, Leipziger Internet Zeitung, 04.06.2015, abgerufen am 17.03.2018 unter https://www.l-iz.de/melder/sportmelder/2015/06/der-sc-dhfk-ist-offiziell-erfolgreichster-sportverein-der-welt-93047.

N.N., Wo sind sie geblieben?, Aero, Magazin für Luftfahrt, Jahrgang 1999, Nr. 7/99, S. 84.

N.N., Zur Person: Robert Havemann, Die Zeit, Ausgabe 12/1979, abgerufen am 10.04.2018 unter: https://www.zeit.de/1964/12/abrechnung-mit-havemann.

Oetker, Harmut/*Säcker*, Franz Jürgen, in: Rebmann, Kurt/Säcker, Franz Jürgen (Hrsg.), Münchener Kommentar: Bürgerliches Gesetzbuch. Zivilrecht im Einigungsvertrag, München 1991, S. 277 ff.

Pasternack, Peer, Abwicklung und „Aufwicklung" – Zu ihren Voraussetzungen und Wirkungen, Das Hochschulwesen 1991, 249 ff.

Pasternack, Peer, Demokratische Erneuerung. Eine universitätsgeschichtliche Untersuchung des ostdeutschen Hochschulumbaus 1989–1995. Mit zwei Fallstudien: Universität Leipzig und Humboldt-Universität zu Berlin, Weinheim 1999.

Pasternack, Peer, Gründer-Zeit in Leipzig Miszellen, in: Muszynski, Bernhard (Hrsg.), Wissenschaftstransfer in Deutschland – Erfahrungen und Perspektiven bei der Integration der gesamtdeutschen Hochschullandschaft, Wiesbaden 1993, 273 ff.

Ploenus, Michael, Wie der Marxismus-Leninismus aus den Universitäten der DDR verschwand. Das Beispiel Jena, in: Wüstenhagen, Jana/Bohse, Daniel (Hrsg.), Zehn Jahre „Hallische Beiträge zur Zeitgeschichte", Halle (Saale) 2006/1, 66 ff.

Reader zur Abwicklung und den Studentischen Protesten Dez. '90/Jan. '91 in Leipzig, Teil I und Teil II, hrsg. von den roten studenten, die ihre roten professoren an ihrer roten uni retten wollten, seilschaften verlag leipzig 1991.

Rebmann, Kurt/*Säcker*, Franz Jürgen (Hrsg.), Münchener Kommentar: Bürgerliches Gesetzbuch. Zivilrecht im Einigungsvertrag, München 1991.

Reimers, Karl Friedrich, Von der DDR-Journalistik an der Karl-Marx-Universität zur Kommunikations- und Medienwissenschaft an der heutigen Universität Leipzig, hochschule ost 1997, 9 ff.

Richter, Hedwig, Die DDR, Schöning 2009.

Rogalski, Norbert, Studienpläne – Grundlage zur Ausbildung, in: Lehmann, Gerhard/Kalb, Lothar u. a. (Hrsg.), Deutsche Hochschule für Körperkultur Leipzig 1950–1990, Aachen 2007, 237 ff.

Sachs, Michael, Kommentierung zur § 43 VwVfG in: Stelkens/Bonk/Sachs, Verwaltungsverfahrensgesetz, 9. Auflage 2018.

Schäuble, Wolfgang, Der Vertrag. Wie ich über die deutsche Einheit verhandelte, Taschenbuchausgabe, Stuttgart 1993.

Scheer, Udo, Rezension zu *Geipel*, Verlorene Spiele, 23.04.2001, aufgerufen am 04.07.2018 auf der Webseite des Deutschlandfunks unter https://www.deutschlandfunk.de/ines-geipel-verlorene-spiele.730.de.html?dram:article_id=101568.

Schlicht, Uwe, „Die Universität trug leider nichts zur Wende bei", Tagesspiegel v. 29.09.2010, abgerufen am 29.04.2018 unter https://www.tagesspiegel.de/wissen/ddr-hochschulen-nach-1989-die-universitaet-trug-leider-nichts-zur-wende-bei/1945276.html.

Schluchter, Wolfgang, Der Um- und Neuaufbau der Hochschulen in Ostdeutschland. Ein Erfahrungsbericht am Beispiel der Universität Leipzig. Teil 1, in: hochschule ost, Nr. 8/93, Teil 1, S. 29 ff

Schmidt, Karsten, Kommentierung zu § 131 HGB, in: Schmidt, Karsten (Hrsg.), Münchener Kommentar zum Handelsgesetzbuch, München 2016.

Schmidt, Karsten (Hrsg.), Münchener Kommentar zum Handelsgesetzbuch, 4. Aufl., München 2016.

Schneider, Ulrich Johannes, Der Skandal der Abwicklung. Selbstvergessen – Wie deutsche Philosophen die DDR-Geschichte verdrängen, hochschule ost 1998, 71 ff.

Schöne, Jens, Die Landwirtschaft der DDR 1945–1990, Erfurt 2005.

Schroeder, Klaus, Der SED-Staat. Geschichte und Strukturen der DDR 1949–1990, Wien/Köln/Weimar 2013.

Seifert, Karl-Dieter, Weg und Absturz der Interflug. Die Geschichte des Unternehmens, Zweibrücken 2008.

Sievers, Ulrich, Die Abwicklung von Treuhandunternehmen, Hamburg 1995.

Sinn, Hans-Werner/*Sinn*, Gerlinde, Kaltstart: Volkswirtschaftliche Aspekte der deutschen Vereinigung, 1993.

Stelkens, Paul/*Bonk*, Joachim/*Sachs*, Michael, Verwaltungsverfahrensgesetz, 9. Auflage 2018.

Stern, Klaus/*Schmidt-Bleibtreu*, Bruno, Einigungsvertrag und Wahlvertrag, München 1990.

Stober, Rolf, Zum Sanierungsauftrag der Treuhandanstalt, Studien zum öffentlichen Wirtschaftsrecht, Band 28, Köln/Berlin/Bonn/München 1993.

Thoss, Bruno, Die Lösung der Saarfrage 1954/55, Vierteljahreshefte für Zeitgeschichte, Jahrgang 38 (1990), Heft 2, S. 225 ff.

Tüffers, Henning, Das Ende der „Abwicklung"?, MittHV 1991, 156 ff.

Walsdorf, Hanna, Bewegte Propaganda – Politische Instrumentalisierung von Volkstanz in den deutschen Diktaturen, Würzburg 2010.

Wandel, Eckhard, Abwicklung nicht sanierungsfähiger Unternehmen durch die Treuhandanstalt, in: Fischer/Hax/Schneider, Treuhandanstalt. Das Unmögliche wagen, 1993, S. 283 ff.

Weidenfeld, Werner/*Korte*, Karl-Rudolf, Handbuch zur deutschen Einheit, Bonn 1994.

Wensierski, Peter, Akte aus dem Sack, Der Spiegel, Ausgabe 19/2005, abgerufen am 10.09. 2018 unter http://www.spiegel.de/spiegel/print/d-40325357.html.

Will, Rosemarie, Die Humboldt-Universität im vereinigten Berlin, die hochschule ost 1991, 17 ff.

Wolter, Henner, Das Bundesverfassungsgericht zur „Warteschleife" nach dem Einigungsvertrag. Ansätze zur Erforschung eines neuen Rechtsinstituts, ZTR 1991, Ausgabe 7, S. 273 ff.

Wonneberger, Günther, Deutsche Hochschule für Körperkultur (DHfK) 1950–1990 – Überblick, in: Lehmann, Gerhard/Kalb, Lothar u.a. (Hrsg.), Deutsche Hochschule für Körperkultur Leipzig 1950–1990, Aachen 2007, 14 ff.

Wüstenhagen, Jana/*Bohse*, Daniel (Hrsg.), Zehn Jahre „Hallische Beiträge zur Zeitgeschichte", Halle (Saale) 2006/1.

Zimmer, Dieter E., Abwicklung als kurzer Prozeß – Die Berliner Humboldt-Universität als Beispiel 1991, Die Zeit, Ausgabe 06/1991.

Zimmer, Dieter E., Sag mir, wo die Forscher sind – Die Abwicklung ist über die DDR-Wissenschaft gefegt, die Bilanz zwiespältig, Die Zeit, Ausgabe 32/1992.

Zundel, Reinhold, Nochmals: Zur Warteschleife des Einigungsvertrages – Bemerkungen zur „Warteschleife", dem Urteil des Bundesverfassungsgerichts und den „Ansätzen zur Erforschung eines neuen Rechtsinstituts" von Henner Wolter (ZTR Heft 7/91), ZTR 1991, S. 311 ff.

Stichwortverzeichnis